"十二五"普通高等教育本科国家级规划教材

高等学校交通运输与工程类专业教材建设委员会规划教材

公路养护与管理

（第二版）

侯相琛　曹丽萍　**主编**
张金喜　马松林　**主审**

人民交通出版社股份有限公司
China Communications Press Co.,Ltd.

内 容 提 要

本书共分 12 章,内容包括公路养护与管理概述、路基的养护与维修、路面技术状况评定、路面养护维修技术、公路防灾与冬季养护、桥涵构造物的养护与维修、公路隧道的养护与维修、公路交通工程及沿线设施养护、公路绿化及其管护、公路养护安全作业、公路管理组织机构与工作内容、公路管理系统简介。

本书可作为土木工程专业(道路桥梁方向)、道路桥梁与渡河工程专业本科生教材,亦可供从事公路养护与管理的工程技术人员参考。

本教材有配套课件,可通过加入道路工程课群教学研讨 QQ 群(328662128)索取。

图书在版编目(CIP)数据

公路养护与管理/侯相琛,曹丽萍主编. —2 版
—北京:人民交通出版社股份有限公司,2017.5

ISBN 978-7-114-12735-9

Ⅰ.①公… Ⅱ.①侯… ②曹… Ⅲ.①公路养护—技术管理—高等学校—教材 Ⅳ.①U418

中国版本图书馆 CIP 数据核字(2015)第 314198 号
审图号:GS(2019)3406 号

"十二五"普通高等教育本科国家级规划教材
高等学校交通运输与工程类专业教材建设委员会规划教材

书　　名:	公路养护与管理(第二版)
著 作 者:	侯相琛　曹丽萍
责任编辑:	刘永超　李　瑞
出版发行:	人民交通出版社股份有限公司
地　　址:	(100011)北京市朝阳区安定门外外馆斜街 3 号
网　　址:	http://www.ccpress.com.cn
销售电话:	(010)59757973
总 经 销:	人民交通出版社股份有限公司发行部
经　　销:	各地新华书店
印　　刷:	北京虎彩文化传播有限公司
开　　本:	787×1092　1/16
印　　张:	23.25
字　　数:	549 千
版　　次:	2010 年 7 月　第 1 版 2017 年 5 月　第 2 版
印　　次:	2022 年 7 月　第 2 版　第 7 次印刷　总第 12 次印刷
书　　号:	ISBN 978-7-114-12735-9
定　　价:	45.00 元

(有印刷、装订质量问题的图书由本公司负责调换)

第二版前言

《公路养护与管理》是高等学校道路、桥梁与渡河工程,以及土木工程专业的一门专业课。课程所涉及的内容广泛,综合性和实践性强。本课程的任务是通过课程教学使学生掌握公路养护与管理的基本内容和基本方法,为学生毕业后从事相关工作打下良好的基础。

本教材的第一版于 2010 年 7 月进行第 1 次印刷,使用至今已经进行了 5 次印刷。这期间,公路养护技术得到了迅猛发展,相关的标准也在不断更新。因此,本教材在 2010 年版本的基础上,进行了系统性的修订,增补了近几年国内外最新的比较成熟的成果,全书所有章节均进行了重新编写。其中,重点将第三章公路沥青路面养护与维修和第四章公路水泥混凝土路面养护与维修合并后重新划分为:第三章路面技术状况评定和第四章路面养护维修技术,增加了第七章公路隧道的养护与维修。

再版后的教材共分十二章:第一章公路养护与管理概述、第八章公路交通工程及沿线设施养护、第九章公路绿化及其养护、第十章公路养护安全作业、第十一章公路管理组织机构与工作内容、第十二章公路管理系统简介由哈尔滨工业大学侯相琛编写,第二章路基的养护与维修、第三章路面技术状况评定、第四章路面养护维修技术、第五章公路防灾与冬季养护、第七章公路隧道的养护与维修由哈尔滨工业大学曹丽萍编写,第六章桥涵构造物的养护与维修由哈尔滨工业大学吴红林编写,由哈尔滨工业大学侯相琛、曹丽萍主编,并担任全书统稿工作,由北京工业大学张金喜教授、哈尔滨工业大学马松林教授主审。

限于编者水平有限,难免有疏误之处,敬请有关院校师生和读者提出宝贵意见,以便及时修改完善。

侯相琛　曹丽萍

2016 年 11 月

第一版前言

  《公路养护与管理》是高等学校道路、桥梁与渡河工程,以及土木工程专业的一门专业课。课程所涉及的内容广泛,综合性和实践性强。本课程的任务是通过课程教学使学生掌握公路养护与管理的基本内容和基本方法,为学生毕业后从事相关工作打下良好的基础。

  公路投入使用之后,在行车荷载、自然因素、人为因素等的作用下,公路基础设施各方面的性能会发生改变。为了保持或恢复公路基础设施各方面的使用品质,使公路网安全、畅通和运营经济,必须对其进行养护和管理。我国具有庞大的公路网,为保证路网具有较高的服务水平,养护和管理任务十分艰巨。随着经济的发展和技术的进步,公路养护与管理的技术水平也在不断提高。新材料、新技术、新工艺、新方法的应用大大提高了公路网养护和管理的效率和水平,为我国经济建设和社会发展做出了应有的贡献。

  本教材依据《中华人民共和国公路法》、现行的《公路养护技术规范》(JTG H10—2009)、《公路技术状况评定标准》(JTG H20—2007)以及《公路沥青路面养护技术规范》(JTJ 073.2—2001)、《公路水泥混凝土路面养护技术规范》(JTJ 073.1—2001)、《公路桥涵养护规范》(JTG H11—2004)、交通运输部《路政管理规定》等有关法律、法规及规范,并吸收国内外公路养护方面最新研究成果编写而成，力求反映当前公路养护与管理的技术现状与发展方向。

本课程是《路基路面工程》《桥梁工程》《交通工程》等课程之后的一门专业课，其内容与诸多专业课和专业基础课密切相关，因此，在教学过程中应突出重点，以掌握基本概念和应用为主。不同类型的学校可根据对学生培养的特点，侧重不同的内容，采用不同的教学手段进行教学，有条件的应安排实践环节，提高教学效果。

本书共十一章，第一、四、九、十章由哈尔滨工业大学马松林编写，第七、八、十一章由哈尔滨工业大学侯相深编写，第二、三、五章由哈尔滨工业大学曹丽萍编写，第六章由哈尔滨工业大学吴红林编写。全书由哈尔滨工业大学马松林、侯相深主编，并担任全书统稿工作，由北京工业大学张金喜主审。

限于编者水平有限，难免有疏误之处，敬请有关院校师生和读者提出宝贵意见，以便及时修改完善。

编　者

2010 年 6 月

目录
CONTENTS

第一章

公路养护与管理概述

【学习目的与要求】

　　本章的主要目的是让学生对本门课程有一个宏观的认识与了解。通过本章的学习,使学生认识到路网的适应性及公路养护与管理的必要性和重要性,掌握公路养护与管理的任务、公路养护工程的分类,了解公路养护的技术政策与组织模式、公路养护管理的发展方向。

第一节　我国公路网概况

　　随着我国国民经济的快速发展,对交通运输的需求在不断增加,公路建设随之得到了迅猛的发展。公路建设和管理水平的现代化代表着现代化交通的发展方向,也是衡量一个国家现代化水平的重要标志。实现公路管理的现代化、科学化、规范化和系统化,对于充分发挥公路快速、安全、经济、舒适的功能和特点具有十分重要的意义。

　　我国自20世纪80年代末期修建第一条高速公路以来,公路建设取得了令人瞩目的巨大成就,1996—2015年间公路里程的增长态势见图1-1。高速公路的发展,更是极大提高了我国公路网的整体技术水平,优化了交通运输结构,对缓解交通运输的"瓶颈"制约发挥了重要作用,有力地促进了我国经济发展和社会进步,1996—2015年间高速公路里程增长态势见图1-2。

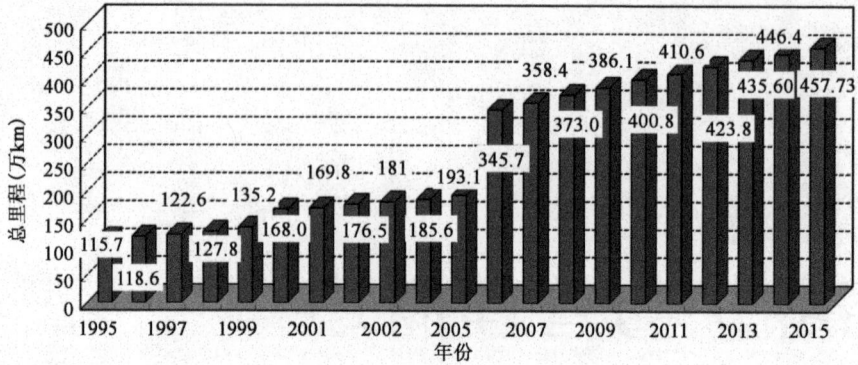

图 1-1　我国公路增长态势图

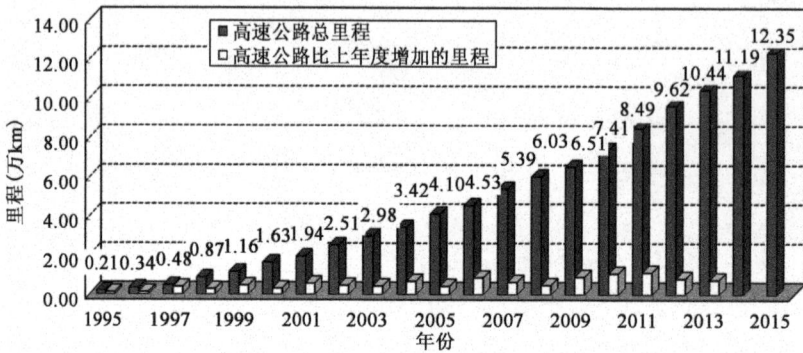

图 1-2　我国高速公路里程增长态势图

根据《2017 年交通运输行业发展统计公报》，截至 2017 年底，全国公路总里程达 477.35 万 km（公路养护里程为 467.46 万 km，占公路总里程的 97.9%），其中：高速公路 13.65 万 km，二级及以上等级公路里程 62.22 万 km。全国通公路的乡（镇）占全国乡（镇）总数的 99.99%，通公路的建制村占全国建制村总数的 99.98%。截至 2012 年底，全国有铺装路面和简易铺装路面公路里程 279.86 万 km，占总里程的 66.0%，各类型路面里程分别为：有铺装路面 229.51 万 km，其中沥青混凝土路面 64.19 万 km，水泥混凝土路面 165.32 万 km；简易铺装路面 50.35 万 km；未铺装路面 143.89 万 km。

截至 2015 年底，高速公路通车里程突破 6 000km 的省为 6 个，分别是：广东（7 018km）、河北（6 333km）、河南（6 305km）、湖北（6 204km）、四川（6 016km）。

随着公路交通基础设施建设规模的扩大和公路技术等级的提高，公路运输在综合交通运输体系中所发挥的作用非常突出。表 1-1 给出了 2015 年度各种运输工具运输服务状况的统计情况，表明公路运输仍然是旅客运输、货物运输分担率最高的运输方式。

根据《国家公路网规划（2013 年～2030 年）》，国家公路网规划总规模 40.1 万 km，由普通国道和国家高速公路两个路网层次构成。国家高速公路网（图 1-3）由 7 条首都放射线、11 条南北纵向线、18 条东西横向线，以及地区环线、并行线、联络线等组成，约 11.8 万 km，另规划远期展望线约 1.8 万 km。此外，还包括 6 条地区性环线以及若干条并行线、联络线等。

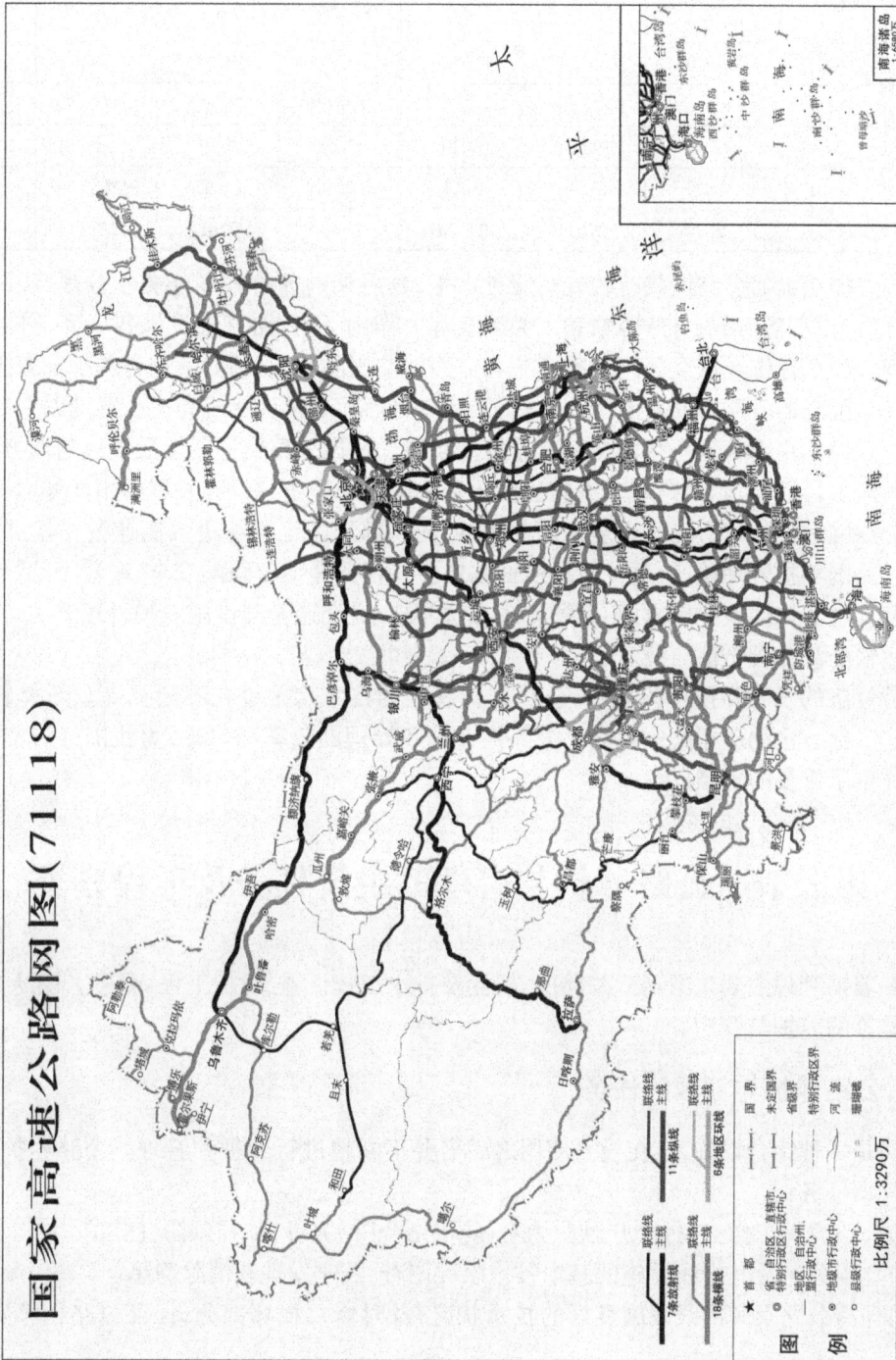

图 1-3　国家高速公路布局方案图

2015 年度各种运输工具运输服务状况统计表　　　表 1-1

运输方式	旅客运输量（亿人）	旅客运输量分担率（%）	旅客周转量（亿人公里）	旅客周转量分担率（%）	货物运输量（亿吨）	货物运输量分担率（%）	货物周转量（亿吨公里）	货物周转量分担率（%）
综合	194.32	100.00	30 047.01	100.00	410.00	100.00	173 689.76	100.00
公路	161.91	83.32	10 742.66	35.75	315.00	76.83	57 955.72	33.37
铁路	25.35	13.05	11 960.60	39.81	33.58	8.19	23 754.31	13.68
水运	2.71	1.39	73.08	0.24	61.36	14.97	91 772.45	52.84
民航	4.36	2.24	7 270.66	24.20	0.06	0.01	207.27	0.12

保证这样庞大的公路网具有较高的服务水平，其后期的养护管理任务十分艰巨。公路投入使用之后，在车辆荷载、自然因素和人为因素等的作用下，公路基础设施各方面的性能都会发生改变。为了保持或恢复公路基础设施各方面的使用品质，必须对其进行养护和管理。

从发达国家的公路交通发展历程看，美国从 20 世纪 50 年代建成高速公路网以来，经历了基础设施建设—路网管理—智能交通三个发展阶段。我国公路交通的发展模式与西方发达国家略有不同。目前，虽然公路基础设施建设仍是我国国民经济建设和发展的主战场之一，但国家干线公路网建设的重心已经逐步向西部转移，而东部地区已相继进入高速公路发展的第二阶段——路网养护管理阶段，这一阶段所面临的主要任务是使公路网安全、畅通、舒适、耐久和高效运营。主要体现在三个方面：交通管理方法与技术、交通基础设施养护管理方法与技术以及交通运输经济分析方法与技术。

随着经济的发展和技术的进步，公路养护管理的技术水平也在不断提高。新材料、新技术、新工艺、新方法的应用大大提高了公路网养护和管理的效率和水平，为我国经济建设和社会发展作出了重要的贡献。

第二节　公路养护与管理的主要任务及工程分类

公路养护管理主要包括：路基、路面、桥涵及排水工程设施、防护工程、交通工程设施、其他附属设施等的养护与管理。

一、公路养护与管理的任务

公路是一种综合设施，其在投入使用之后需要不断地进行养护和管理。公路养护主要包括以下几项任务：

（1）公路养护工作必须贯彻"预防为主、防治结合"的方针，加强预防性养护。

（2）加强公路及其沿线设施的基本技术状况调查，及时发现和消除隐患。

（3）保持公路及其沿线设施良好的技术状况，及时修复损坏部分，保证公路行车安全、畅通、舒适。

（4）吸收和采用新技术、新工艺、新材料、新设备等先进的科学技术措施，不断提高公路养护技术水平，有效延长公路的使用寿命，降低公路设施的寿命周期成本，提高养护资金使用效率。

表1-2

公路养护工程分类

工程项目		小修保养工程	中修工程	大修工程	改建工程
路基	保养： 1. 整理路肩、边坡，修剪路肩杂草，清除杂物，保持路容整洁； 2. 疏通边沟，保持排水系统畅通； 3. 清除挡土墙、护栏滋生的杂草，以及清除松动石块，流通挡土墙泄水孔，疏通涵洞内积石块； 4. 路缘带的修理 小修： 1. 小段开挖边沟、截水沟或分期铺砌边沟； 2. 清除零星塌方，填补路基沉陷的处理； 3. 桥头接线或涵顶跳车的处理； 4. 修理挡土墙、护坡、护坡道、泄水槽、护栏和防冰雪设施等局部损坏； 5. 局部加固路肩		1. 局部加宽，加高路基或改善个别急弯、陡坡、视距； 2. 全面修理、护坡、护栏滋生的杂草，接长或个别增建挡土墙、护栏及铺砌边坡； 3. 清除较大塌方，大面积翻浆、沉陷处理； 4. 整段开挖边沟、截水沟或铺砌边沟； 5. 过水路面的处理； 6. 平交道口的改善； 7. 整段加固路肩	1. 在原路技术等级内整段改善线形； 2. 拆除、重建或增建较大挡土墙、护坡等防护工程； 3. 大塌方的清除及善后处理	整段加宽路基，改善公路线形，提高技术等级
路面	保养： 1. 清除路面泥土、杂物，保持路面整洁； 2. 排除路面积水、积雪、积沙，撒布防滑料，保障交通畅通； 3. 砂土路面刮平、修理车辙； 4. 碎砾石路面勾缝、添加路面砂、扫面补沙等病害的处理； 5. 处理沥青路面的泛油、拥包、裂缝、松散等病害； 6. 水泥混凝土路面日常清缝、灌缝及填塞裂缝； 7. 路缘石的修理和刷白 小修： 1. 局部处理砂石路面的翻浆变形，添加定料； 2. 碎石路面修补坑槽、沉陷，整段修理磨耗层或补沙； 3. 桥头、涵顶跳车的处理； 4. 沥青路面修补坑槽、沉陷，处理波浪，局部龟裂、啃边等病害； 5. 水泥混凝土路面板块的修理		1. 砂石路面处理翻浆和调整横坡； 2. 碎砾石路面局部路段加厚、加宽，调整路拱，加铺磨耗层，处理严重病害； 3. 沥青路面整段封面； 4. 沥青路面严重病害的处理； 5. 水泥混凝土路面严重病害的处理； 6. 水泥混凝土路面材料接缝病害的整段更换； 7. 整段安装、更换路缘石； 8. 桥头搭板或过渡段路面的整修	1. 整段用稳定材料改善土路； 2. 整段加宽、加铺碎石路面； 3. 整段加厚或翻修碎砾石路面； 4. 翻修或补强重铺装，简易铺装路面； 4. 补强、重铺或加宽铺装路面，简易铺装路面	1. 整线整段提高公路技术等级，铺筑或铺筑路面； 2. 新铺碎砾石路面； 3. 水泥混凝土路面病害处理后，补强或改造为沥青混凝土路面

续上表

工程项目	小修保养工程	中修工程	大修工程	改建工程
桥梁、涵洞、隧道	保养： 1. 清除污泥、积雪、杂物，保持桥面清洁； 2. 疏通涵管、疏导桥下河槽； 3. 伸缩缝养护、泄水孔疏通、钢支座加润滑油，栏杆喷刷油漆； 4. 桥涵的日常养护； 5. 保持隧道内及洞口清洁 小修： 1. 局部修理、更换栏杆和修理泄水孔、伸缩缝、支座和桥面的局部轻微损坏； 2. 修补墙、台及河床铺底和防护工的微小损坏； 3. 涵洞进出口铺砌的加固修理； 4. 通道的局部维修和疏通修理排水沟； 5. 清除隧道洞口碎落岩石和修理污工接缝，处理渗漏水	1. 修理、更换木桥的较大损坏构件及防腐； 2. 修理更换中小桥支座、伸缩缝及个别构件； 3. 大中型钢桥的全面除锈、喷刷油漆和各部构件的检修； 4. 永久性桥墩、台和侧墙及桥面的修理和小型桥面的加固； 5. 重建、增建、接长涵洞； 6. 桥梁河床铺底或调治构造物的修复和加固； 7. 隧道工程局部防护与加固； 8. 通道的修理与加固； 9. 排水设施的更换； 10. 各类排水泵站的修理	1. 在原技术等级内加宽、加高，加固原大中型桥梁； 2. 改建、增建小型桥梁技术性简单的中桥； 3. 增改建较大的河床铺底和永久性调治构造物； 4. 吊索、斜拉桥的修理与个别零件的调整更换； 5. 大桥桥面铺装的更换； 6. 大桥支座、伸缩缝的修理更换； 7. 通道的改建； 8. 隧道的通风和照明、排水设施的大修或更新； 9. 隧道的较大防护、加固工程	1. 提高公路技术等级，加宽、加高大中型桥梁； 2. 增改建小型桥梁立体交叉； 3. 增建公路通道； 4. 新建渡口的公路接线、码头引线； 5. 新建短隧道工程
交通工程及沿线设施	保养： 标志牌、里程碑、百米桩、界牌、轮廓标等的埋置、维护或定期清洗 小修： 1. 护栏、隔离栅、轮廓标、标志牌、里程碑、百米桩、防雪栏栅等的维修、油漆或分段置更换； 2. 路面标线的局部补画	1. 全线新设或更换永久性标志牌、里程碑、百米桩、界牌、轮廓标、界牌等； 2. 护栏、隔离栅、防雪栏栅的全面修理更换； 3. 整段路面标线画设； 4. 通信、监控、收费、供配电设施的维修	1. 护栏、隔离栅、防雪栏栅等增设； 2. 通信、监控、收费、供配电设施的更新	1. 整段增设护栏、隔离栅； 2. 整段增设通信、监控、收费、供配电设施
绿化	保养： 1. 行道树、花草的抚育、抹芽、修剪、治虫、施肥； 2. 苗圃内幼苗的抚育、灭虫、施肥、除草 小修： 1. 行道树、花草缺株的补植； 2. 行道树冬季刷白	更新、新植行道树、花草，开辟苗圃等		

(5)加强公路的技术改造和升级,以适应社会经济发展对公路交通业的新需求。

二、公路养护工程分类

按照公路养护作业性质、工程范围和工程量大小、技术难度,我国公路养护工程划分为小修保养工程、中修工程、大修工程和改建工程四类(表1-2)。

1. 小修保养工程(Routine Maintenance)

小修保养工程指对公路及其沿线设施经常进行维护保养和修补其轻微损坏部分的作业。

2. 中修工程(Intermediate Maintenance)

中修工程指对公路及其沿线设施的一般性损坏部分进行定期的修理加固,以恢复公路原有技术状况的工程。

3. 大修工程(Heavy Maintenance)

大修工程指对公路及其沿线设施的较大损坏进行周期性的综合修理,以全面恢复到原技术标准的工程。

4. 改建工程(Highway Reconstruction)

改建工程指对公路及其沿线设施因不适应现有交通量增长和荷载需要而进行全线或逐段提高技术等级指标,显著提高其通行能力的较大工程项目。

对于当年发生较大自然灾害的公路的抢修和修复工程,一般列为专项工程。对当年不能修复的项目,视其规模大小,列入下年度的中修、大修或改建工程计划。

第三节　公路技术状况评价指标体系概述

公路技术状况评定是公路养护与管理中的一项重要内容,目前,我国的公路技术状况评定主要依据《公路技术状况评定标准》(附条文说明)(JTG H20—2007)进行。其中要求对路面、路基、桥隧构造物及沿线设施四部分内容进行技术状况评定,分别采用路面使用性能指数 PQI(Pavement Quality or Performance Index)、路基技术状况指数 SCI(Subgrade Condition Index)、桥隧构造物技术状况指数 BCI(Bridge, Tunnel and Culvert Condition Index)和沿线设施技术状况指数 TCI(Traffic-facility Condition Index)表征,总体公路技术状况采用公路技术状况指数 MQI(Maintenance Quality Indicator)表征。MQI 体系具体关系,见图1-4。

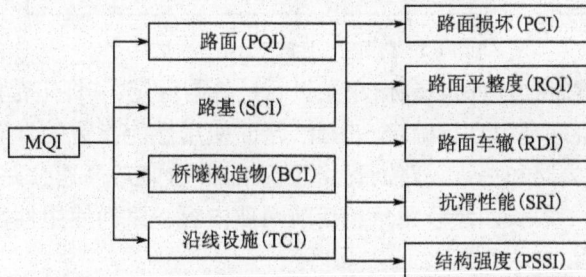

图1-4　公路技术状况评价指标体系

公路技术状况指数 MQI 与各分项指标之间的关系见式(1-1)：

$$\text{MQI} = w_{\text{PQI}}\text{PQI} + w_{\text{SCI}}\text{SCI} + w_{\text{BCI}}\text{BCI} + w_{\text{TCI}}\text{TCI} \tag{1-1}$$

式中：w_{PQI}——路面使用性能指数(PQI)在 MQI 中的权重，取值为 0.70；

w_{SCI}——路基技术状况指数(SCI)在 MQI 中的权重，取值为 0.08；

w_{BCI}——桥隧构造物技术状况指数(BCI)在 MQI 中的权重，取值为 0.12；

w_{TCI}——沿线设施技术状况指数(TCI)在 MQI 中的权重，取值为 0.10。

上述四部分分项内容无论是在内容上，还是在属性上都有本质差别，将属性不同的四部分内容结合在一起用一个指标表示，完全出于管理上对公路技术状况整体评价的需要。

为了掌握路面的状况，选择相应的养护措施，制订养护政策，规划养护工程项目，编制养护计划，进行路面大、中修或路面改建设计都需要进行路面技术状况调查和评定。路面使用性能是公路技术状况评定中最重要的一项内容，路面使用性能检测与评定主要包括路面损坏、路面平整度、路面抗滑性能、路面结构强度以及路面车辙五项内容。其中，高速公路和一级公路沥青路面需要检测和评定五项内容，路面车辙作为一个单独的评价指标；其他等级公路沥青路面只需要检测和评定前四项内容，路面车辙包含在路面损坏中，不做单独评定。高速公路和一级公路水泥混凝土路面只检测和评定路面损坏、路面平整度和路面抗滑性能三项内容，其他等级公路水泥混凝土路面只检测前两项内容。砂石路面只包括路面损坏一项内容。

当进行具体检测时，对应于路面使用性能的检测指标分别为路面破损率 DR(Pavement Distress Ratio)、国际平整度指数 IRI(International Roughness Index)、横向力摩擦系数 SFC (Side-way Force Coefficient)或摆式仪摆值 BPN(British Pendulum Number)、弯沉 l 和车辙深度 RD(Rutting Depth)，经过计算将会得到各项使用性能的评价指标：路面损坏状况指数 PCI (Pavement Condition Index)、路面行驶质量指数 RQI(Ridding Quality Index)、路面抗滑性能指数 SRI(Skidding Resistance Index)、路面结构强度指数 PSSI(Pavement Structure Strength Index)和路面车辙深度指数 RDI(Rutting Depth Index)。各项评价指标经过计算后可以得到路面使用性能的综合评价指标——路面使用性能指数 PQI。

路面使用性能与各项内容之间的关系，见图1-5。

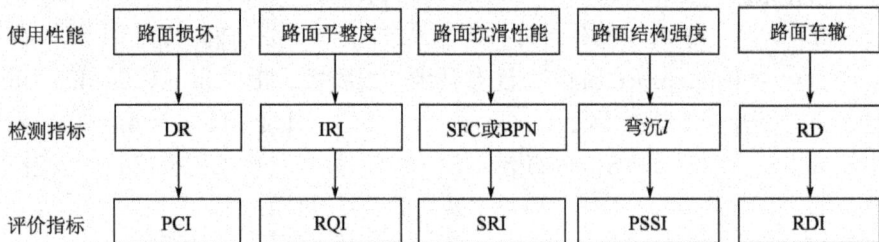

使用性能	路面损坏	路面平整度	路面抗滑性能	路面结构强度	路面车辙
检测指标	DR	IRI	SFC或BPN	弯沉l	RD
评价指标	PCI	RQI	SRI	PSSI	RDI

图1-5　路面使用性能评价指标关系图

由于路面结构强度是抽样评定指标，单独进行计算与评定，其评定范围根据路面大中修养护需求等因素由公路管理部门自行确定。因此，路面使用性能指数的计算因公路等级和路面类型而有所不同，高速公路和一级公路沥青路面包括四项内容，高速公路、一级公路水泥混凝土路面包括三项内容，二、三、四级公路只包括前两项内容。路面使用性能指数 PQI 的计算模型见式(1-2)。

$$\text{PQI} = w_{\text{PCI}}\text{PCI} + w_{\text{RQI}}\text{RQI} + w_{\text{RDI}}\text{RDI} + w_{\text{SRI}}\text{SRI} \tag{1-2}$$

式中:w_{PCI}——路面损坏(PCI)在PQI中的权重;

$\quad w_{RQI}$——路面平整度(行驶质量指数,RQI)在PQI中的权重;

$\quad w_{RDI}$——路面车辙(RDI)在PQI中的权重;

$\quad w_{SRI}$——路面抗滑性能(SRI)在PQI中的权重。

各分项指标的权重,见表1-3。

PQI分项指标权重　　　　　　　　　　　　　　　　　　表1-3

路面类型	权重	高速公路、一级公路	二、三、四级公路
沥青路面	w_{PCI}	0.35	0.60
	w_{RQI}	0.40	0.40
	w_{RDI}	0.15	—
	w_{SRI}	0.10	—
水泥混凝土路面	w_{PCI}	0.50	0.60
	w_{RQI}	0.40	0.40
	w_{SRI}	0.10	—

路面使用性能检测与调查以1km路段为基本单元(主要用于路网总体评价),高速公路和一级公路按上行方向(桩号递增方向)和下行方向(桩号递减方向)分别检测,二、三、四级公路可不分上下行。使用快速检测方法和设备采集路面技术状况评定所需数据时,每个检测方向至少要检测一个主要行车道。

《公路技术状况评定标准》(附条文说明)(JTG H20—2007)规定了最低检测和调查频率,见表1-4。有条件的省市或地区可根据实际情况适当增加部分指标的检测与调查频率或者按照季度检测,以确保公路技术状况的变化能够被及时掌握。

公路技术状况评定最低检测与调查频率　　　　　　　　　　　表1-4

检测内容		检测频率	路面损坏(PCI)	路面平整度(RQI)	路面抗滑性能(SRI)	路面车辙(RDI)	路面结构强度(PSSI)
路面PQI	沥青路面	高速公路、一级公路	1年1次	1年1次	2年1次	1年1次	抽样检测
		二、三、四级公路	1年1次	1年1次	—	—	—
	水泥混凝土路面	高速公路、一级公路	1年1次	1年1次	2年1次	—	—
		二、三、四级公路	1年1次	1年1次	—	—	—
	砂石路面		1年1次	—	—	—	—
路基SCI			1年1次				
桥隧构造物BCI			采用最新桥梁、隧道和涵洞技术状况评定结果				
沿线设施TCI			1年1次				

第四节　公路养护的技术政策与组织管理

一、公路养护的技术政策

公路养护工作应遵循下列技术政策:

（1）贯彻实施"智慧交通"战略，坚持"科技兴交、科学养路"的方针，大力推广和应用先进的养护技术、机械装备和科学的管理方法。

（2）贯彻实施"绿色交通"战略，重视资源节约和环境保护。

（3）贯彻实施"平安交通"战略，注重养护生产作业安全及减少对通行车辆的影响。

实施公路养护工程应遵循下列原则：

（1）注重基础数据调查，建立完善的公路技术状况及交通状况检测与评价机制，建立健全公路养护管理数据库。

（2）注重前期准备工作，建立完备的各种材料试验及施工质量检验监督机制，确保工程质量。

（3）注重科学决策，建立健全路面、桥梁、绿化、设备、设施、人员、资产等管理系统，以全寿命周期成本最小和社会效益最大为目标，实现决策最优化。

（4）注重养护生产组织，采取有效措施保证生产作业安全，最大限度地发挥养护技术人员的优势和养护机具设备的效率，显著提高劳动生产率。

（5）注重投资效益，分析论证养护技术方案的经济效益和社会效益，平衡公路养护的短期和长期效益。

（6）注重技术进步，积极采用新技术、新材料、新工艺，不断提升养护管理技术水平，推动养护技术更新换代。

二、公路养护质量考核与评定

如同新建公路要进行质量验收和评定一样，公路养护的质量也同样要进行评定。

1. 公路养护的质量要求

保持路面整洁，横坡适度，行车舒适；路肩整洁，边坡稳定，排水畅通；构造物完好；沿线设施完善；绿化协调美观，力争构成畅、洁、绿、美的公路交通环境。

2. 公路养护的质量评定

根据路况实际达到质量要求的程度，划分为优、良、中、次、差五个等级，作为衡量养护质量的主要依据。具体评定方法按照现行《公路技术状况评定标准》（附条文说明）（JTG H20—2007）执行（本书在以后的叙述中将其简称为《公路技术状况评定标准》）。

3. 桥梁养护的质量评定

对桥梁开展经常检查、定期检查和特殊检查，并且根据检查结果，将桥梁技术状况划分为一、二、三、四、五类，作为衡量桥梁养护质量、确定桥梁养护对策级别的依据。同时，还要对桥梁的承载力、通行能力、抗洪能力等适应性开展周期性评定，以作为桥梁改造升级的依据。具体评价方法按照现行《公路桥涵养护规范》（JTG H11—2004）相关规定执行。

三、公路养护管理组织模式

我国公路养护管理组织模式一般为：

一级及一级以下公路，一般设省（自治区、直辖市）公路管理局、地（市）公路管理处、县（区）公路管理站（段）三级管理组织。每级管理部门分设不同的处、科、室，各自完成相应的工作。

高速公路，一般设省（自治区、直辖市）高速公路管理局，在每条或几条高速公路下设管理处。每级管理部门分设不同的处、科、室。

各级管理部门组成技术管理体系,负责管辖范围内公路养护与管理工作。主要工作包括:

(1)贯彻执行国家有关公路技术法规和公路养护、修建的技术政策和规章制度。负责制订本地区公路养护技术管理的有关规定和办法。

(2)定期组织检查公路各项工程设施的技术状况,提出或审定各类养护工程的技术措施和方案。

(3)依据法律法规要求,负责组织履行养护工程建设程序,监督养护工程实施及其竣工验收,参与组织新建、改建工程的竣工验收。

(4)负责组织公路交通状况调查,系统地观测公路使用状况,掌握各项技术经济指标,充实和修订公路路况技术档案,逐步建立数据库系统。

(5)掌握国内外公路科技发展动态,积极引进、开发、推广公路养护新技术、新材料、新工艺,组织科技交流和培训专业人才。

(6)地(市)级以下管理机构配备足够数量的专职养护工程技术人员。

(7)为实现公路养护工程逐步达到机械化的目标要求,对公路养护机械的配备标准及其相应的技术指标提出意见和建议。

第五节　公路养护与管理的发展方向

公路网的养护与管理是一个工作范围大、项目繁杂、技术对策多样、需要持续投入资金的多层次决策的系统工程。随着社会、经济的发展和技术的进步,公路网养护与管理逐步向更加完善的检测技术智能化、养护决策科学化、养护技术现代化、养护管理信息化方向发展。

一、检测技术智能化

公路交通基础设施的各个组成部分,如路基路面、桥涵构造物、交通工程及沿线设施、公路绿化等技术状况的检查、监测、检测与评定,虽然目前还没有完全实现自动化,但随着技术的不断创新和进步,涌现了一大批具有自动检测功能和数据自动处理功能的检测装备。

(1)多功能道路综合检测车的开发与应用,已基本实现了路面技术状况(路面表面损坏、路面平整度、沥青路面车辙、路面抗滑性能)的自动检测与数据处理。

(2)落锤式弯沉仪(FWD)、自动弯沉车、摩擦系数测定车等实现了路面弯沉、摩擦系数的快速检测、数据自动处理。

(3)桥梁检测车的开发与应用,已实现了桥梁结构和表面损坏的快速检测和数据存储。

(4)3D 雷达、超声波检测技术的应用,已实现了各类结构的厚度、内部缺陷及材料等技术参数的快速检测。

(5)通过预埋高精度、长寿命传感器,并建立数据自动采集、远程实时传输与分析系统,已逐步实现大型桥梁、特大型桥梁、重要道路边坡、隧道等的实时健康监测和灾害预警。

(6)通过前方数字图像获取、模式识别等技术的应用,已实现了对交通工程及沿线设施状况、公路绿化等进行快速检查与分析。

上述这些技术都是高新技术在交通领域应用的最新成果，虽然已经部分实现了自动化，但还需要大量的人工辅助，今后将通过采用人工智能技术、数字化技术、光机电一体化技术等进一步提高检测技术的自动化程度和智能化程度。

二、养护决策科学化

通过各种先进技术手段对公路交通基础设施的技术状况进行检测，其目的是通过对检测数据的分析，建立公路交通基础设施不同性能方面的评价模型并对其技术状况作出科学的评价，为制订合理的养护维修对策提供科学依据，为制订公路网养护投资规划奠定基础。

公路养护决策是一个系统工程问题。一个路网采用什么样的养护策略，路网的养护规划如何制订等，这些都需要一套行之有效的科学方法。目前，常用到的决策方法可以分为：决策树法(Decision Tree)、排序法(Ranking)、数学规划的优化方法、人工智能的优化方法和近似优化方法等。数学规划的优化方法主要包括：整数规划(IP:Integer Programming)、线性规划(LP:Liner Programming)、目标规划(GP:Goal Programming)、动态规划（DP:Dynamic Programming)等，人工智能的优化方法主要包括遗传算法、人工神经网络、模糊逻辑等。

这些方法的应用大大提高了公路网养护决策的科学化水平，为实现在有限的养护资金水平下最大限度地提高路网的服务水平提供了科学依据。但是目前这些方法的应用还存在一定的局限性，如：如因不同路网特性的影响，还不能够将高速公路网、国省干道网、农村公路网等一并考虑；因模型有效时限的影响，还不能作出更合理的五年以上的养护规划；因计算机性能的影响，还不能将每一个养护单元直接作为规划变量参与规划计算；因某些社会效益还难以量化的影响，养护规划分析中有关效益的目标函数还不够准确、全面等。所有这些不足，必将随着技术的进步和对路网特性认识的深化而不断完善，养护决策科学化也必将越来越受到重视。

三、养护技术现代化

随着科技的进步和经济的发展，公路养护技术也得到了飞跃式的发展。新设备、新材料、新工艺等不断在公路养护中得到应用。

公路养护设备发展到了全面机械化程度，并且不断向着高度集成、小型化、智能化、低碳环保方向发展。例如：沥青路面养护从小面积快速修复机具到大面积就地热再生设备、路面裂缝灌缝系列设备、路面破碎机械、除冰雪设备、桥梁加固工作平台、交通工程设施维护工作平台、路基边坡整治工程机械、公路绿化专用设备、公路养护作业安全隔离与警示设备等。这些设备的应用极大地提高了公路养护的效率和质量，收到了很好的经济和社会效益。随着时间的推移，公路养护机械将会继续向养护机械装备专业化、标准化、系列化方向发展，以保障养护工程质量，提高养护生产效率，降低劳动强度，改善劳动环境。

公路养护材料呈现了向着高性能、低成本、绿色、环保、低碳、可持续等方向的发展态势。例如高性能灌缝胶、环保型除雪剂、常温沥青混合料、低温沥青混合料、稀浆混合料、沥青再生剂、温拌沥青混凝土、自密实混凝土等新型路面养护材料，碳纤维、芳纶纤维、FRP等新型桥梁养护加固材料，都是近些年研制开发的，并且已得到了广泛的应用。

伴随着养护新材料的诞生,公路养护技术工艺也快速跟进,并且也向着安全、规范、高效、低碳方向发展。例如体外预应力加固桥梁工艺、路面预防性养护工艺(稀浆封层、微表处、宏表处等)、超薄磨耗层施工工艺、路面灌缝工艺、路面热再生工艺、冷再生工艺等,都得到了行业的认可,逐渐出现普及化的态势。

四、养护管理信息化

公路养护和管理工作也是一个系统工程,采用信息化管理技术是提高公路养护管理水平、实现高效有序的组织管理的必然途径。

目前,路面管理系统、桥梁管理系统在我国的公路管理部门中已得到了比较广泛的应用,基本上实现了为国家级、省市级公路管理数据库提供基础数据,为公路养护管理部门提供养护决策的依据数据的目标。但在养护管理部门网上办公系统、养护计划管理、路政管理、设备管理、人员管理、材料管理、绿化管理、交通工程设施管理、养护作业管理、应急管理等方面,亟待开发可靠、实用、高效的信息化管理系统,搭建公路养护管理部门的公共信息化平台,逐步实现可视化监控、移动化办公、远程指挥与控制的管理体系。

【复习思考题】

1. 公路养护与管理的任务是什么?
2. 简述公路养护的质量要求。
3. 我国公路养护工程的分类和主要内容。
4. 我国公路养护与管理的发展方向体现在哪几方面?

第二章

路基的养护与维修

【学习目的与要求】

通过本章的学习,了解路基病害对路面工程的影响,掌握路基病害的主要类型、产生原因及处治措施,掌握路基翻浆与滑坍的发生过程;了解路基养护工作的主要内容、基本要求,了解滑坍病害的主要类型、产生原因及防治措施,了解特殊地区路基养护的基本方法。

路基是公路的重要组成部分,是路面的基础,与路面共同承担着车辆荷载的作用。路基的强度和稳定性是保证路面强度、稳定性和良好路用性能的基本条件。因此,为了保证公路的正常使用品质,必须对路基进行周期性、预防性、科学合理的养护,使其经常处于良好的技术状态,不致发生较大的变形和其他病害。本章主要介绍路基养护的内容与要求、路基的日常养护与维修,并针对翻浆与滑坍两种病害的产生原因、影响因素以及主要防治措施进行重点介绍。

第一节 路基养护的内容与要求

一、路基养护的内容

为了使路基满足密实、稳定、均匀的基本要求,必须采取措施防止地面水和地下水浸入路

基,保持排水系统完好、路基各部尺寸和坡度符合规定,并及时消除不稳定的因素。为此,路基养护工作的内容包括:

(1)维修、加固路肩及边坡。

(2)疏通、改善、铺砌排水系统。

(3)维护、修理各种防护构造物及透水路堤,管护两旁公路用地。

(4)清除坍方、积雪、积砂等堆积物,处理塌陷,检查险情,预防水毁。

(5)观察、预防及处理翻浆、滑坡、泥石流等病害。

(6)有计划地局部加宽、加高路基,改善急弯、陡坡和视距,使之逐步达到要求的技术标准。

二、路基养护的要求

路基养护的基本要求是通过日常巡视和定期检查,发现病害并及时查明原因,采取有效措施进行维修和加固,使之符合下列要求:

(1)通过日常巡查,发现病害及时处治,使路基保持良好稳定的技术状况。

(2)路肩无病害,边坡稳定。

(3)排水设施无淤塞、无损坏、排水通畅。

(4)挡土墙等附属设施良好。

(5)加强不良地质路基边坡崩塌、滑坡、泥石流等灾(病)害的巡查、防治、抢修工作。

水是导致路基产生病害的重要因素,因此,要特别注意保持路基排水系统处于完好状态。在各种养护维修工作中,要保证工程质量,不可马虎从事。应及时总结治理路基失稳的成功经验或失败教训,针对具体路段,制订出切合实际的、有效的预防和维修措施,使日常养护维修工作系统化、规范化,以逐步提高路基养护管理水平。

第二节 路基的日常养护与维修

路基的日常养护与维修要结合路基的主要损坏类型进行,主要内容包括:路肩的维修与加固、边坡的维修与加固、排水系统的维修与加固和支挡防护工程的维修与加固。

一、路基损坏类型与评定

(一)路基损坏类型

根据对路基各部分常见病害形式的调查,《公路技术状况评定标准》将路基损坏类型分为8类,包括:路肩及边沟不洁、路肩损坏、边坡坍塌、水毁冲沟、路基构造物损坏、路缘石损坏、路基沉降以及排水系统淤塞。

1.路肩及边沟不洁

路肩、边沟不洁指路肩及边沟部位有杂物、油渍、垃圾或堆积物等(图2-1)。路肩、边沟不洁将影响公路美观;同时,路肩部位的杂物垃圾如被风吹至路面或空中也会对行车安全造成一定的威胁。路肩部位的油渍如不及时清理会腐蚀路肩,造成路肩损坏。

路肩边沟不洁不分轻重,计量时按行车方向的长度计算,以 m 为单位,每 1m 路肩边沟不洁扣0.5分,不足1m的按1m计。丈量长度时可用皮尺进行准确测量,也可用其他方式如步子丈量或利用公路上其他标准长度参照物目测估计。

a)路肩不洁　　　　　　　　　　　　　　　　b)边沟不洁

图2-1　路肩及边沟不洁

2. 路肩损坏

路肩是路基基本构造的组成部分,由外侧路缘带、硬路肩以及保护性土路肩组成。路肩损坏(图2-2)指土路肩、硬路肩或紧急停车带表面出现各种损坏,如坑槽、裂缝、松散等。硬路肩产生的损坏可参照同类型路面的损坏形式进行识别,土路肩产生的损坏主要指路肩出现沉陷、坑槽和露骨等损坏。造成路肩损坏的主要原因包括排水不畅、雨水冲刷、施工或材料不良以及外力作用等,此外车辆在紧急停车带检查修理时也会给路肩留下千斤顶痕迹及油污,形成路肩坑槽等损坏。

a)　　　　　　　　　　　　　　　　b)

图2-2　路肩损坏

路肩损坏不分类统计,而是将所有形式的损坏按面积累加,以 m^2 为计量单位,累计面积不足 $1m^2$ 的按 $1m^2$ 计。路肩损坏分为轻度、重度两个等级,其中按路面损坏分类标准,轻度和中度的损坏都归为轻度路肩损坏,重度损坏在路肩损坏中也归为重度路肩损坏。路肩损坏的测量与路面损坏相同,根据不同的损坏类型按长度或面积进行丈量和记录。

3. 边坡坍塌

边坡包括路堑边坡和路堤边坡,对路肩有重要的保护作用。边坡坍塌是指边坡发生岩石塌落、缺口、冲沟、沉陷和塌方等(图2-3)。引起边坡坍塌的主要原因包括:边坡设计坡度过大、切坡过多、岩石风化、洪水冲刷以及冰雪春融等。严重的边坡坍塌会堵塞路面、边沟,威胁交通安全。

图2-3 边坡坍塌

边坡坍塌按处进行记录和统计。根据坍塌边坡的长度将损坏程度分为轻、中和重三个等级,其中坍塌长度小于等于5m的计为轻度损坏,坍塌长度介于5~10m的计为中度损坏,坍塌长度大于10m的计为重度损坏。边坡坍塌的长度按沿行车方向的长度实地丈量或目测估计。

4. 水毁冲沟

水毁冲沟是另一种形式的边坡损坏,它是指边坡出现冲沟、缺口、因水冲蚀而引发的局部沉陷等损坏(图2-4),水毁冲沟损坏会严重影响路基的稳定性。路基压实不够、工程地质不良、路基填料土质差、路基排水不畅或缺乏防护等都会造成水毁冲沟损坏。

水毁冲沟损坏按处进行记录和统计。按冲沟的深度将损坏分为轻、中和重三个等级,其中冲沟深度小于等于0.2m的计为轻度损坏,冲沟深度介于0.2~0.5m的计为中度损坏,冲沟深度大于0.5m的计为重度损坏。测量冲沟深度时用直尺架在冲沟两侧,测定直尺与冲沟底部的最大距离。

5. 路基构造物损坏

路基构造物损坏指路肩边坡挡土墙等圬工砌体出现断裂、沉陷、倾斜、局部坍塌、松动、较大面积勾缝脱落等损坏(图2-5)。路基本身不稳定或构造物施工不良是造成路基构造物损坏的主要原因。

路基构造物损坏以处为计量单位。按损坏长度分为轻、中和重三个等级,其中损坏长度小于等于5m的计为轻度损坏,损坏长度介于5~10m的计为中度损坏,损坏长度大于10m的计

图2-4 水毁冲沟

17

为重度损坏。路基构造物损坏的长度按损坏沿行车方向的长度实地丈量或目测估计。

a)边坡损坏　　　　　　　b)边坡损坏　　　　　　　c)挡土墙损坏

图 2-5　路基构造物损坏

6.路缘石缺损

路缘石包括中央分隔带和路肩边侧的缘石和挡水带的缘石，路缘石缺损是指路缘石损坏或缺少（图 2-6）。路缘石损坏按长度测量和统计，以 m 为单位，不分轻重。测量时，按损坏沿行车方向的长度进行实地丈量或目测估计。

7.路基沉降

路基沉降是指路基出现深度大于 30mm 的整体下沉（图 2-7）。路基沉降易发生在高填方路段，严重时会直接影响到公路的正常使用，并导致路面损坏。路面标线扭曲通常是路基发生整体沉降的标志之一。路基施工时压实不足、填筑方案不合理以及路基承载力不足是造成路基沉降的主要原因。

图 2-6　路缘石缺损　　　　　　　　　　图 2-7　路基沉降

路基沉降损坏以处为单位进行记录和统计。按路基沉降的长度分为轻、中和重三个等级，其中损坏长度小于等于 5m 的计为轻度损坏，长度介于 5 ~ 10m 的计为中度损坏，长度大于 10m 的计为重度损坏。损坏长度按沉降部分沿行车方向的长度实地丈量或目测估计。

8.排水系统淤塞

路基排水系统包括边沟、排水沟、截水沟及暗沟等。排水系统淤塞指各种排水设施发生淤积或堵塞（图 2-8）。排水系统淤塞导致水无法从路面或路基及时排出，会加剧水对公路的损坏。沟内杂草未能及时清除，或有垃圾、碎砾石、土等堆积物，是造成排水系统淤塞的主要原因。

按淤积程度及排水情况将损坏分为轻度和重度,并采用不同的计量方法。对排水系统发生淤积,但仍可排水,只是过水面积减小的情况,计为轻度损坏;对排水系统发生全截面堵塞,无法排水的情况,计为重度损坏,以处为计量单位。轻度损坏按长度计量,以 m 为单位;重度损坏按处记录和统计。

目前,世界各国还没有开发出用于路基检测的快速检测设备,因此,路基损坏主要依靠人工检测,有条件的地区还可以借助便携式路况数据采集仪进行现场记录、汇总、计算与评定。

图 2-8 排水系统淤塞

(二)路基状况评定

路基技术状况用路基技术状况指数(SCI)评价,按照式(2-1)计算:

$$SCI = \sum_{i=1}^{8} w_i (100 - GD_{iSCI}) \tag{2-1}$$

式中:GD_{iSCI}——第 i 类路基损坏的总扣分(Global Deduction),最高分值为100,按表2-1的规定计算;

w_i——第 i 类路基损坏的权重,按表2-1取值;

i——路基损坏类型。

路基损坏扣分标准表   表2-1

类型(i)	损坏名称	损坏程度	计量单位	单位扣分	权重(w_i)
1	路肩及边沟不洁	一	m	0.5	0.05
2	路肩损坏	轻	m²	1	0.10
		重		2	
3	边坡坍塌	轻	处	20	0.25
		中		30	
		重		50	
4	水毁冲沟	轻	处	20	0.25
		中		30	
		重		50	
5	路基构造物损坏	轻	处	20	0.10
		中		30	
		重		50	
6	路缘石缺损	一	m	4	0.05
7	路基沉降	轻	处	20	0.10
		中		30	
		重		50	
8	排水系统淤塞	轻	m	1	0.10
		重	处	20	

在路基损坏中,不同的路基损坏类型会对路基损坏产生不同的影响效果。为了反映不同类型损坏的影响程度,《公路技术状况评定标准》在路基中引进了权重参数 w_i。SCI 损坏扣分值确定的主要依据是抽样调查和专家调查。下面结合一个算例给出路基损坏的评定方法。

[**例 2-1**] 对某段公路的路基损坏进行了检测,路基长度为 1km,经检测该段路基共包括路肩及边沟不洁、路肩坑槽、边坡坍塌、路基挡土墙损坏、水毁冲沟、路基沉降 6 种损坏,具体损坏长度(面积)如表 2-2 所示。

路基损坏扣分标准表
表 2-2

路基损坏类型	损坏长度(面积)、程度
路肩及边沟不洁	共两处,一处长度为 2.5m,一处长度为 4.3m
路肩坑槽	有效面积 $0.7m^2$,轻度
边坡坍塌	共一处,长度为 4.0m,轻度
路基挡土墙损坏	共一处,长度为 3.0m,轻度
水毁冲沟	共一处,沟深 0.2m,轻度
路基沉降	共一处,沉降长度为 7.8m,中度

(1)计算扣分值

根据表 2-2 中的结果可以看出:

路肩及边沟不洁:共两处,不足 1m 的按照 1m 计算,共 8m,该项扣分 $= 8 \times 0.5 = 4$ 分。

路肩坑槽:轻度,不足 $1m^2$ 按照 $1m^2$ 计算,共扣 1 分。

边坡坍塌:共一处,长度 4.0m,轻度,扣 20 分。

路基挡土墙损坏:共一处,长度 3.0m,轻度,扣 20 分。

水毁冲沟:共一处,深度 0.2m,轻度,扣 20 分。

路基沉降:共一处,长 7.8m,中度,扣 30 分。

结果见表 2-3 中第二列。

(2)计算每项得分

以路肩及边沟不洁为例进行计算:

该项得分 $= 0.05 \times (100 - 4) = 4.8$ 分。

其他各项的计算结果见表 2-3 中第四列。

路基损坏计算结果
表 2-3

路基损坏类型	扣分值 GD_{iSCI}	权重 w_i	该项得分
路肩及边沟不洁	4	0.05	4.8
路肩坑槽	1	0.10	9.9
边坡坍塌	20	0.25	20
路基挡土墙损坏	20	0.10	8
水毁冲沟	20	0.25	20
路基沉降	30	0.10	7

(3)计算最终评分

经计算,该段路基的最终得分为各项得分之和,为 69.7 分。

二、路肩的维修与加固

路肩的功能是保护路面边缘,加强路基的稳定性,便于行人和非机动车的通行,也可用于紧急情况下的临时停车,偶尔兼供错车之用。如果养护不当,路肩松软,往往使路面边缘发生毁坏,即所谓的"啃边"破坏。水是导致路肩松软的主要原因,因此,减少或消除水对路肩的危害是路肩养护与维修工作的重点。下面将分别介绍土路肩的维修与加固、陡坡路段(纵坡大于5%)路肩的防排水治理、路肩上养护材料的堆放。

1. 土路肩的维修与加固

土路肩上出现车辙、坑洼或与路面产生错台现象时,必须及时整修,并用与原路基相同的土填平夯实,使其顺适。

土路肩过高妨碍路面排水时,应铲削整平。宜在雨后土壤湿润状态下,结合清理边沟同时进行。土路肩横坡度过大时,宜采用良好的砂土以及其他合适的材料填补压实,不得使用清沟挖出的淤泥或含有草根的土壤填补。填补厚度大于150mm时,应分层夯压密实。砂性土或粉性土地段,应掺拌黏性土加固表面,以提高路肩的稳定性。土路肩横坡过小时,应削高补低整修至规定坡度。土或有草的路肩应满足其横坡度比路面坡度大1%~2%的要求,以利排水。

公路路肩通常不用于行车,但从功能上要求其能承受车辆荷载。因此,为减少路肩养护工作量,对于行车密度大的路线,应该有计划地将土路肩改铺成硬路肩。

硬路肩的类型主要包括以下几种:

(1)砂石加固的硬路肩。如泥结碎(砾)石、烧陶粒路肩。

(2)稳定类路肩。如石灰土、二灰碎石、泥结碎(砾)石、水泥土路肩等。

(3)有铺面结构的硬路肩。如在基层上作沥青表面处治的综合结构路肩。

(4)草皮加固的硬路肩。

为了防止雨水对路肩的冲刷以及雨中会车时路肩泥泞、陷车,应对路肩进行加固。主要加固方法是:采用粗砂、小砾石、风化石、炉渣、碎砖、贝壳等粒料掺拌黏土,铺筑加固层,加固厚度不小于50mm。应尽量采用挖槽铺压,也可在雨后路肩湿软时直接将粒料撒铺到路肩上,并进行碾压。

2. 陡坡路段(纵坡大于5%)路肩的防排水治理

陡坡路段的纵坡较大时(>5%),暴雨易将路肩冲成纵横沟槽,甚至冲坏路堤边坡,可根据路基排水系统的情况,采取如下措施:

(1)自纵坡坡顶起每隔20m左右两边交错设置宽0.3~0.5m的斜向截水明槽,并用碎(砾)石填平;同时,在路肩边缘处设置高0.1m、上边宽0.1m、下边宽0.2m的拦水土埂。在每条截水明槽处留一淌水口,其下面的边坡用草皮或砌石加固,使水集中由槽内流出,见图2-9。

(2)在暴雨中可沿路肩截水明槽下侧临时设置阻水埂,迫使雨水从槽内排出,但雨后应立即铲除。

(3)中、低级路面的路肩上自然生长的草皮应予保留。植草皮应选择适宜于当地土壤的种子。成活后需加以维护和修整,使草高不超过0.15m,丛集的杂草应铲除重铺以保持路容美观。如路肩草中淤积砂土过多妨碍排水时,应立即铲除,以恢复路肩应有的横坡度。

(4)路肩外侧易被洪水冲缺或牲畜踩踏形成缺口处,可用石块、水泥混凝土预制块或草皮铺砌宽 0.2m 左右的护肩带,既可消除病害,又能美化路容。

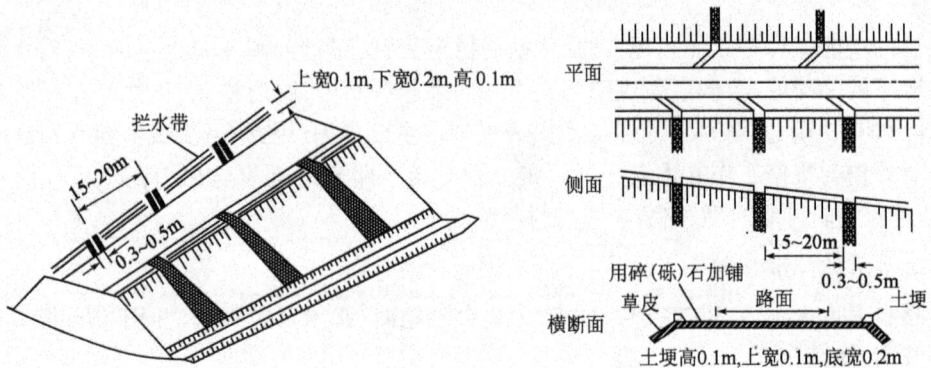

图 2-9　路肩截水明槽

3. 路肩上养护材料的堆放

应该根据地形情况,选择适宜地点,设置堆料坪,堆料坪的间距以 200~500m 为宜。堆料坪长 5~8m,宽约 2m。机械化养路或高级路面,可以不设堆料坪。

对于改善工程及修补路肩坑槽所需的砂石材料,如果必须堆放在路肩上时,应选择在较宽的路段沿一边堆放,但不得在桥头引道、弯道内侧、陡坡等处堆放。料堆离路面边缘应至少保持 0.3m,料堆长度不大于 10m,以利行车。每隔 10~20m 必须留出不小于 1m 的空隙以利排水。堆料的时间一般不宜超过 10 天。

三、边坡的维修与加固

边坡包括路堑边坡和路堤边坡,是路基的重要组成部分,主要用于保证路基稳定。

1. 边坡养护与维修的要求

边坡养护与维修的要求是使边坡坡面经常保持平顺、坚实、无裂缝,遇有缺口、坍塌、高边坡碎落、侧滑等病害,应分别针对具体情况采取各种相应的加固整修措施。

2. 边坡稳定的影响因素

影响路堤边坡稳定的主要因素包括填料种类、边坡高度以及路堤的类型。

影响路堑边坡稳定的因素较为复杂,除了路堑深度和坡体土石的性质之外,地质构造特征、岩石的风化和破碎程度、土层的成因类型、地面水和地下水的影响、坡面的朝向以及当地的气候条件等都会影响路堑边坡的稳定性。土质(包括粗粒土)路堑边坡,则应考虑边坡高度、土的密实程度、地下水和地面水的情况、土的成因及生成年代等因素。

3. 石质边坡的维修与加固

对于石质路堑边坡,应经常注意边坡坡面岩石风化发展情况,以及边坡上的危岩、浮石的变动,及时发现问题,并采取适当的处理措施,如抹面、喷浆、勾缝、灌浆、嵌补、锚固等,以免堵塞边沟或危及行车和行人。

4. 土质边坡的维修与加固

对于土质边坡、碎落台、护坡槽等,如经常出现缺口、冲沟、沉陷、塌落或受洪水、边沟流水冲刷及浸水时,应根据水流、土质等情况,选用种草、铺草皮、栽灌木丛、铺柴束、篱格填石、投放石笼、干砌或浆砌片石护坡等措施,进行防护和加固处理,见图2-10～图2-12。

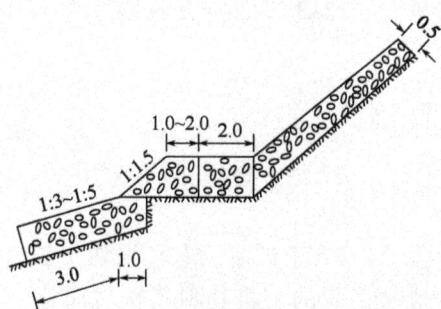

a) 单层石笼护坡

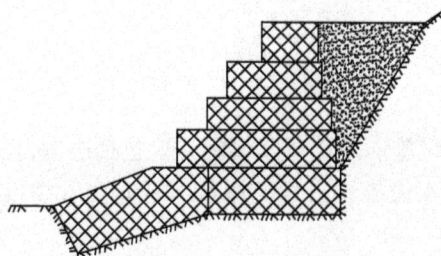

b) 多层石笼护坡

图2-10 石笼护坡(尺寸单位:m)

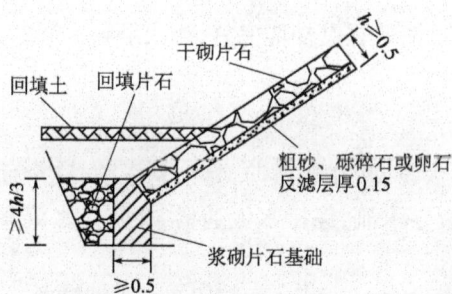

图2-11 干砌片石护坡(尺寸单位:m)

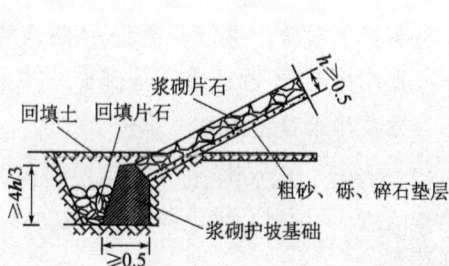

图2-12 浆砌片石护坡(尺寸单位:m)

边坡如发生坍塌需要修整时,不能在边坡上贴土修补,应在毁坏的地段上,从下到上先挖成土台阶,再分层填土夯实,夯实后的宽度要稍超出原来的坡面,以便最后切出坡面。

5. 植物坡面防护技术

为使边坡状况尽可能与周边自然景观相协调,在有条件的路段应优先采取坡面植物防护技术,如种植灌木丛、铺草皮或种植香根草(一种从马达加斯加等国引进的生长繁殖快、耐旱又耐涝的禾科多年植物)。也可采用"液压喷播""客土喷播"和"岩质坡面喷混植生技术"等技术措施。

"液压喷播"是利用液态播种原理,先将植物种子(草种、花种或树种)或植物体的一部分(芽、根、茎等可发芽萌生的部分),经科学处理后混入水中,并配以一定比例的专用配料(如肥料、纸浆、黏合剂、保水剂、土壤改良剂等),通过喷播机搅拌,利用高压泵体的作用,喷播在公路路基坡面,促使其生长而形成坡面植被的技术措施。

"客土喷播"技术主要应用于稳定的砂、砾质以及风化岩质边坡坡面,将植物种子、保水材料(高吸水树脂)、稳定材料(水泥和合成树脂类土壤稳定剂)、疏松材料(木糠、谷壳等)客土和肥料等,经科学配方和混合,通过压缩空气喷于坡面,经过良好养护,生长成植被。

"岩质坡面喷混植生技术"是对裸露的岩质边坡,利用人工配制的有机植物生长基材,配以黏结剂、固网技术,喷射于坡面,使这层适合于植物生长的有机物料紧贴坡面,通过成孔物质的合理配置,使种植基土壤固体、气体、液体三相物质处于平衡状态,创造草类与灌木的良好生长环境,再选用草、灌、藤等种子混合配方,进行液态喷播,以得到石质坡面生态复合功能。

四、排水设施的维修与加固

路基排水设施分为地面排水设施和地下排水设施。地面排水设施主要包括边沟、截水沟、泄水槽、排水沟、跌水及急流槽、拦水带等;地下排水设施主要包括暗沟、盲沟、有管渗沟、洞式渗沟及防水隔离层等。

1.路基排水设施的功能

路基排水设施的主要功能是将路基范围内的土基湿度降低到一定的限度以内,保持路基常年处于干燥状态,确保路面具有足够的强度和稳定性。

2.路基排水设施的养护要求

路基排水设施应进行经常性、预防性的养护和维修,确保其功能完好、排水顺畅。同时,根据实际使用情况,不断改善路基排水条件。

3.路基排水设施的日常养护

(1)对边沟、截水沟、排水沟以及暗沟(管)等排水设施,在春融前,特别是汛前,应全面进行检查疏浚,下雨时必须上路巡查,及时排除堵塞、疏导水流,保持水流通畅,并防止水流集中冲坏路基。

(2)暴雨后应进行重点检查,如有冲刷、损坏,须及时修理加固,如有堵塞应立即清除。

(3)路堤边坡出现冲沟或缺口时,选用与原路基相同的填料填筑夯实,路堑段应将截水沟内的积水引至坡外。

(4)针对现有排水系统不完善的部分逐步加以改进、完善,充分发挥各种排水设施的功能。

(5)有中央分隔带的路面,确保中央分隔带的排水畅通无阻。设有集中排水设施的中央分隔带的集水井、横向排水管,应经常清淤、维修,确保排水畅通。

(6)雨季前后应对拦水缘石及泄水槽进行检查维修,保持其完好,连接处平顺无裂缝。未设置拦水缘石及泄水槽的路段,宜通过养护手段逐步完善。

(7)如高速公路路面局部积水,应针对积水原因,及时采取清扫、整平路面及增设排水设施等相应措施。雨后应采取措施排除高速公路互通立交区内的积水。所有从排水设施中排出的水,不得冲毁农田或其他建筑物,同时,还应注意不能污染环境。

（8）如发现渗沟、盲沟出水口处长草、堵塞,应进行清除和冲洗;对有管渗沟应经常检查疏浚,以保证管内水流通畅;如发现反滤层淤塞失效,应翻修并剔除其中较小颗粒的砂石,以保证其排水;如发现位置不当,则应另建渗沟或盲沟。

五、支挡、防护工程的维修与加固

本部分重点介绍挡土墙和护岸设施的维修与加固。

1. 挡土墙

挡土墙是支承路基填土或山坡土体,以防填土或土体失稳的构造物,是公路的重要组成部分,其技术状况的好坏对公路的安全运营影响较大。挡土墙的维修与加固首先要对其进行检查。

（1）挡土墙检查

除经常检查挡土墙是否有损坏外,每年还应在春秋两季各进行一次定期检查,北方冰冻严重地区尤应注意,主要检查挡土墙在冰冻融化后墙身及基础的变化情况,以及冰冻前应采取的防护措施效果。另外,在反常气候、地震或重型车辆通过等特殊情况下应及时进行检查,发现裂缝、断裂、倾斜、鼓肚、滑动、下沉或表面风化、泄水孔堵塞、墙后积水、周围地基错台、空隙等情况,应查明原因,并观察其发展情况,采取相应的维护修理、加固措施,并做好工作记录,建立技术档案备查。

（2）挡土墙加固

当挡土墙发生倾斜、局部鼓出、滑动或下沉等病害时,可采用下列方法之一进行加固。

①锚固法。适用于水泥混凝土或钢筋混凝土挡土墙。该方法采用直径 25mm 以上的高强螺纹钢筋作锚杆,穿入预先钻好的孔内,灌入水泥砂浆,将锚杆固定,待砂浆达到一定强度后对锚杆进行张拉,并固紧锚头,见图 2-13。必要时,在加固前,可先在挡土墙外侧设置锚杆的断面处现浇宽 300～400mm、厚 150～250mm 的水泥混凝土条块,以供埋置锚头之用。

②套墙加固法。用钢筋混凝土在原挡土墙外侧加宽基础,加厚墙身(图 2-14)。施工时,先挖除墙后一部分填土,减除一部分土压力,以保证安全。采用该方法时,应注意新旧基础、墙体的结合,应凿毛旧基础和旧墙体,设置联系石榫,必要时可设置钢筋锚增强连接。

③增建支撑墙加固法。在挡土墙外,增建新的支撑墙,其基础埋置深度、尺寸和间距,应通过计算确定,见图 2-15。

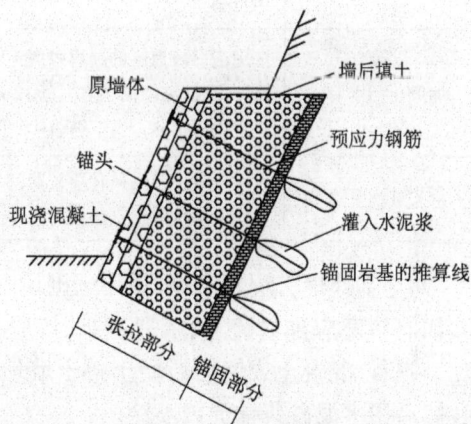

图 2-13　锚固法加固挡土墙

④如挡土墙损坏严重,必要时也可将损坏的部分拆除重建。但必须注意新旧墙的不均匀沉降,在新旧墙结合处应设置沉降缝,并注意新旧挡土墙接头的协调,还应根据公路所在地区地形及水文地质等条件合理选择挡土墙类型,各类挡土墙的适用条件见表 2-4。

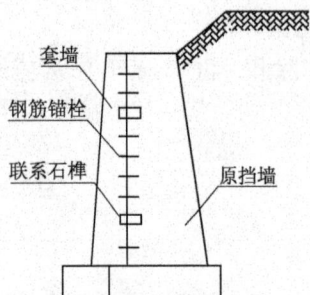

图 2-14　套墙加固法挡土墙

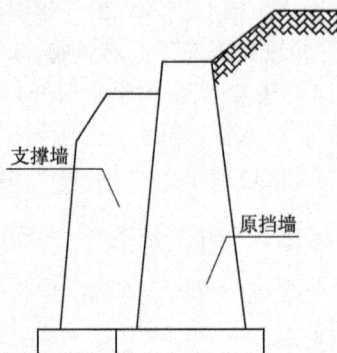

图 2-15　支撑墙加固挡土墙

各类挡土墙适用条件　　　　　　　　　　表 2-4

挡土墙类型	适　用　条　件
重力式挡土墙	适用于一般地区、浸水地区和地震地区的路肩、路堤和路堑等支挡工程。墙高不宜超过 12m，干砌挡土墙的高度不宜超过 6m。高速公路、一级公路不应采用干砌挡土墙
半重力式挡土墙	适用于不宜采用重力式挡土墙的地下水位较高或较软弱的地基上，墙高不宜超过 8m
悬臂式挡土墙	宜在石料缺乏、地基承载力较低的填方路段采用，墙高不宜超过 5m
扶壁式挡土墙	宜在石料缺乏、地基承载力较低的填方路段采用，墙高不宜超过 15m
锚杆挡土墙	宜用于墙高较大的岩质路堑地段，可用作抗滑挡土墙，可采用肋柱式或板壁式单级墙或多级墙，每级墙高不宜大于 8m，多级墙的上、下级墙体之间应设置宽度不小于 2m 的平台
锚定板挡土墙	宜使用在缺少石料地区的路肩墙或路堤式挡土墙，但不应建筑于滑坡、坍塌、软土及膨胀土地区。可采用肋柱式或板壁式，墙高不宜超过 10m。肋柱式锚定板挡土墙可采用单级墙或多级墙，每级墙高不宜大于 6m，上、下级墙体之间应设置宽度不小于 2m 的平台，上、下两级墙的肋柱宜交错布置
加筋土挡土墙	用于一般地区的路肩式挡土墙，但不应修筑在滑坡、水流冲刷、崩塌等不良地质地段。高速公路、一级公路墙高不宜大于 12m，二级及二级以下公路不宜大于 20m。当采用多级墙时，每级墙高不宜大于 10m，上、下级墙体之间应设置宽度不小于 2m 的平台
桩板式挡土墙	用于表土及强风化层较薄的均质岩石地基，挡土墙高度可较大，也可用于地震区的路堑或路堤支挡或滑坡等特殊地段的治理

　　如地基处理工程复杂，可采用干砌块石或码砌石笼进行加固。挡土墙的泄水孔应保持通畅，如有堵塞应加以疏通；疏通困难时，应视墙后地下水情况增设泄水孔，或加做墙后排水设施。砖、石、混凝土或钢筋混凝土挡土墙墙面出现碱蚀或风化时，可将风化表层凿除，露出新茬，然后用水泥砂浆抹面或喷涂。

　　2. 护岸设施

　　应在洪水期前后详细观察、检查护岸设施的作用和效果是否达到稳定、完好，如发现损坏，应及时修理和加固。

　　传统的沿河路堤边坡的防护、加固措施已在路基工程中讲述。用土工模袋做护岸是一项较新的技术(图 2-16),土工模袋就像一个中间带有许多节点的超大型塑料编织袋,其规格可以按照工程要求加工。施工时,将模袋平铺于岸坡上(也可按设计要求延伸至水下),从袋口(可以多处同时施工)连续灌注流动性良好的混凝土或水泥砂浆,使充满混凝土浆体的模袋紧贴在岸坡上,形成一个稳固的、连续的、具有凸起的大面积混凝土浆体壁,起到护岸和消能的作用。这项技术的特点是施工速度快、简便、经济,而且可以省去管养工作,尤其适用于冲刷严重的沿河路堤。

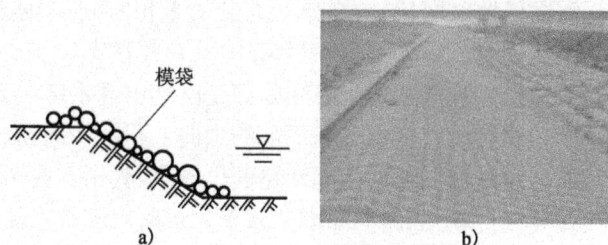

图 2-16 土工模袋护岸

3. 透水路堤的养护

受季节性影响或长期浸水的路堤、沿河路堤和桥头引道等,其路堤的下部每年遭受短期或长期的淹没,这些路堤称为透水路堤。透水路堤透水层及设置于其内的泄水管应保持稳定和良好的透水(泄水)性能,上下游护堤铺砌应保持平整、密实,若有损坏应及时修复。当透水层失去透水性能影响路堤稳定且无法修复时,应考虑改建为桥涵。透水路堤顶面与路基之间应设置厚 0.3~0.5m 的隔离层,以防止毛细水上升而软化上部路基。如果上部路基发软变形,说明隔离层失去作用,应及时进行维修。

第三节 常见路基病害防治

一、路基翻浆的防治

路基翻浆主要发生在我国东北、华北、西北、西南等季节性冰冻地区的春融时节,以及盐渍、沼泽、水网等地区。因地下水位高、排水不畅、路基土质不良、含水过多,经行车反复作用,路基会出现弹簧、裂缝、鼓包、冒泥等现象,称为翻浆。翻浆的发生,不仅会破坏路面,妨碍行车,增加道路养护的工作量,严重的还会中断交通,对国民经济建设、国防战备都具有一定的危害。

(一)翻浆发生的过程及其影响因素

1. 翻浆发生的过程

秋季,由于降水或灌溉的影响,地面水下渗、地下水位升高,使路基水分增多,为冬季水分积聚提供了必要条件。

冬季气温下降,路基上部土首先开始冻结,此时土孔隙内的自由水在 0℃时开始冻结,形成冰晶体。当温度继续下降时,与冰晶体接触的土颗粒表面的薄膜水(弱结合水在 -0.1~

－10℃时开始冻结）受冰的结晶力作用,迁移到冰晶体上面冻结。因此,该部分土粒表面的水膜变薄,破坏了原来的吸附平衡状态,产生剩余分子引力,将汲取邻近土粒的薄膜水。同时,当水膜变薄时,薄膜水内的离子浓度增加,产生渗透压力差。在土粒分子引力和渗透压力差的共同作用下,薄膜水就从水膜较厚处向水膜较薄处迁移,并逐层向下传递。在温度为 0 ～ －3℃（－5℃）的条件下,当未冻区有充足的水源供给时,水分发生连续迁移,致使路基上部大量聚冰。

如果冻结线在某一深度停留时间较长,水分有充分的聚积时间,当水源供给充足时,便在冻结线附近形成聚冰层。它通常只出现在路基上部的某一深度范围内,一般有 0.05 ～ 0.3m 厚。聚冰层可能有一层或多层。凡聚冰层所在之处即是路基土含水率最大之处。

冻胀是翻浆过程中的一个阶段。冬季土基下部的水向上积聚并冻结成冰,就会形成冻胀,过大的冻胀会使柔性路面产生鼓包、开裂,使刚性路面出现拱起、错台或断板。次年春融时期,由于路面结构层的吸热和导温性较强,路面下的路基土先于路肩下的土体融化,于是路基下残余未融化的冻土形成凹槽,融化后的水分难以排出,路基上部处于过湿状态。

当融化至聚冰层时,路基湿度变大,有时甚至超过液限,导致路基在融化过程中强度显著降低,以致丧失承载能力,在车辆荷载作用下发生弹簧、开裂、鼓包、车辙,严重时泥浆外冒,路面大面积破坏,就形成了翻浆,见图 2-17。

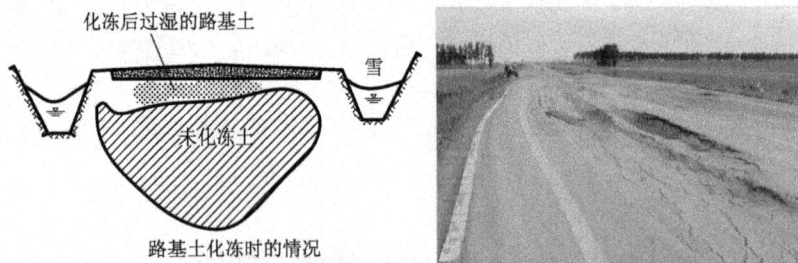

图 2-17　路基翻浆

2. 翻浆的影响因素

公路翻浆的主要影响因素有:土质、温度、水、路面、车辆荷载、人为因素等,其中土质、温度、水三者的共同作用是形成翻浆的三个自然因素。

（1）土质

粉性土是最容易翻浆的土,当粉性土和黏性土含有大量腐殖质和易溶盐时,则更易形成翻浆,砂土在一般情况下不会发生翻浆。

（2）温度

当初冻的时候气温较高或冷暖交替出现,温度在 0 ～ －3℃（或 －5℃）之间停留时间较长,冻结线长期停留在路面下较浅处时,就会使大量水分积聚到距路面很近的地方,产生严重翻浆。春融期,天气骤暖,土基急速融化,则会加重翻浆的程度。

（3）水

秋雨及灌溉会使路基土的含水率增加,使地下水位升高,将会加剧翻浆的程度。

（4）路面

路面结构与类型对翻浆也有一定的影响,例如,在比较潮湿的土基上铺筑沥青路面后,由于沥青面层透气性较差,路基土中的水分不能通畅地从表面蒸发,使水分滞积于土基顶部与基层,导致路面失稳变形,以致出现翻浆。

(5)车辆荷载

路基翻浆是通过行车荷载的作用形成和暴露出来的,当其他条件相同时,在翻浆季节,交通量越大,车辆轴载越重,则翻浆越为严重。

(6)人为因素

①设计方案不合理。如路基设计高度不够,特别是低洼地带,路线没有避开不利的水文地质地带,缺乏防治翻浆的措施,以及路面结构设置不当、厚度偏薄等。

②施工质量有问题。填筑方案不合理、不同土质填料混杂填筑,或采用大量的粉质土、腐殖土、盐渍土、大块冻土等劣质填料,或分层填筑时压实度不足。

③养护措施不当。排水设施堵塞,路拱有反向坡,路面、路肩积水,对翻浆估计不足,且无适当的抢防措施。

(二)翻浆的分类和分级

根据路基土水分来源的不同,将翻浆分为地下水类、地面水类、土体水类、气态水类及混合水类5类,见表2-5。根据路面变形的破坏程度不同将翻浆分为轻型、中型和重型三个等级,见表2-6。

翻浆分类 表2-5

序号	翻浆类型	导致翻浆的水分来源
①	地下水类	受地下水的影响,土壤经常潮湿,导致翻浆。地下水包括上层滞水、潜水、层间水、裂隙水、泉水、管道漏水等。潜水多见于平原区,层间水、裂隙水、泉水多见于山区
②	地面水类	受地面水的影响,使土基潮湿,导致翻浆。地面水主要指季节性积水,也包括路基、路面排水不良而造成路旁积水和路面积水
③	土体水类	因施工遇雨或用过湿的土填筑路堤,造成土基原始含水率过大,在负温度作用下使上部含水率显著增加,导致翻浆
④	气态水类	在冬季强烈的温差作用下,土中水主要以气态形式向上运动积聚于土基顶部和路面结构层内,导致翻浆
⑤	混合水类	受地下水、地面水、土体水或气态水等两种以上水类综合作用产生的翻浆。此类翻浆需要根据水源主次定名,如地下水类、地面水类等

翻浆分级 表2-6

翻浆等级	路面变形破坏程度
轻型	路面龟裂、湿润,车辆行驶时有轻微弹簧
中型	大片裂纹、路面松散,局部鼓包、车辙较浅
重型	严重变形、翻浆冒泥、车辙很深

(三)翻浆的防治措施

防治翻浆的基本途径是:防止地面水、地下水或其他水分在冻结前或冻结过程中进入路基上部;在春融期,可将聚冰层中的水分及时排除或暂时蓄积在透水性好的路面结构层中;改善土基及路面结构;采用综合措施防治。各种防治翻浆的措施见表2-7。

各种防治翻浆措施 表2-7

编号	措施种类	适用翻浆类型	翻浆等级	适用地区或条件	使用说明
1	路基排水	①②⑤	轻、中、重	平原、丘陵、山区	适用于一切新旧道路
2	提高路基	①②⑤	轻、中、重	平原、洼地、平地	新旧路均可用,必要时也可与本表中的3、4、5、6、7、9任一类组合应用
3	砂桩、砂砾、垫层	①②③⑤	中、重	产砂、砾地区	新旧路均可用,主要做垫层或与2、4类组合应用
4	石灰土结构层	①②③④⑤	轻、中、重	缺少砂、石地区	新旧路均可用,做基层或垫层,或与3、5类措施组合应用
5	煤渣、石灰土结构层	①②③④⑤	中、重	缺少砂、石地区,煤渣供应有保证	新旧路均可用,做基层或垫层,或与4类措施组合应用
6	透水性隔离层	①⑤	中、重	产砂、石地区	适用于新路
7	不透水隔离层	①②④⑤	中、重	沥青、油毡、塑料薄膜供应有保证	多用于新路
8	盲沟	①⑤	轻、中、重	坡腰或横向地下水出露地段,地下水位高的地段	新旧路均可使用
9	换土	①②③⑤	中、重	产砂砾或水稳性好的材料地区	适用于新旧路

注:1. 表2-5～表2-7内容摘自《公路养护技术规范》(JTG H10—2009)。

2. 表2-7中适用翻浆类型见表2-5。冰冻地区的潮湿路段上,不宜采用石灰土做基(垫)层。

具体的防治措施包括如下几个方面:

1. 做好路基排水及提高路基

做好路基排水是预防和处理地面水类和地下水类翻浆的首要措施。良好的路基排水可以防止地面水或地下水浸入路基,使路基土体保持干燥。

提高路基是一种效果显著、简便易行、比较经济的常用措施。增大路基边缘至地下水或地面水位间的距离,使路基上部土层保持干燥,在冻结过程中不致因过分聚冰而失稳。提高路基的措施适用于取土方便的路段,并宜采用透水性良好的土填筑路基。在重冰冻地区及粉性土地段,提高路基时还要与其他措施,如砂垫层、石灰土等配合使用。

2. 铺设隔离层

隔离层设在路基顶面下 0.5～0.8m 处,目的在于阻断毛细水上升通道,保持上部土基干燥,防止翻浆发生。地下水位或地面积水水位较高,又不宜提高路基时,可铺设隔离层。

隔离层按使用材料可分为透水性隔离层和不透水性隔离层两类。

(1)透水性隔离层

其位置应在地下水位以上,一般在土基 0.5～0.8m 深度处,在盐渍土地区的翻浆路段,其深度应同时考虑防止盐胀和次生盐渍化等要求,用粗集料(碎石、砾石、粗砂或炉渣)铺筑,其厚度一般为0.1~0.2m,且宜做成3%的排水横坡。为了防止淤塞,应在隔离层的上面和下面铺设10~20mm的泥炭、草皮或炉渣、石屑、针刺无纺布等透水性材料防淤层。路基与边坡连接部位,应铺大块片石防止碎落。隔离层上部与路基边缘的高差不小于0.5m,底部高出边沟底0.2~0.3m,见图2-18。

（2）不透水隔离层

不透水路基可设置不透水隔离层,设置深度与透水性隔离层相同。当路基较窄时,隔离层可横跨全部路基,称为贯通式,见图2-19a）；当路基较宽时,隔离层可铺至延出路面边缘外0.5~0.8m,称为不贯通式,见图2-19b）。

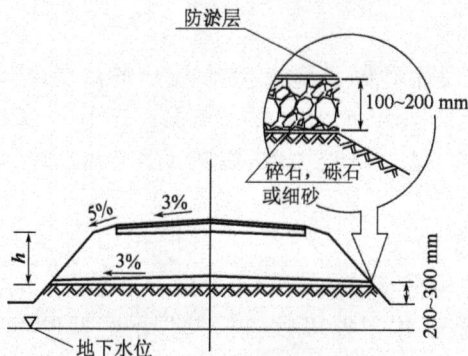

图2-18 透水性隔离层

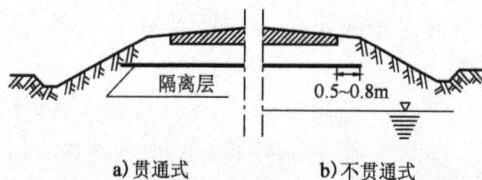

图2-19 不透水隔离层

不透水隔离层所用材料和厚度如下所示。

①沥青含量为8%~10%的沥青土或6%~8%的沥青砂,厚度为25~35mm。

②直接喷洒沥青,厚度为2~3mm。

③用油毛毡（一般为2~3层）或不易老化的特制塑料薄膜摊铺（盐渍土地区不可用塑料薄膜）。

3.设置路肩盲沟或渗沟

（1）路肩盲沟

为及时排除春融期间路基中的自由水,达到疏干路基上部土体的目的,可在路肩上设置横向盲沟。该方法适合于路基土透水性较好的地下水类翻浆路段。盲沟布置应与路中心线垂直,如路段纵坡大于1%时,则宜与路中心线呈60°~75°的交角,两边交错排列,间距5~10m,深度0.2~0.4m,宽度0.4m左右。盲沟应用渗水性良好的碎（砾）石填充,沟底宜做成4%~5%的坡度。盲沟出水口应高出边沟水面0.2m,出口按一般盲沟处理,见图2-20。

（2）排水渗沟

为了降低路基的地下水位,可在边沟下设置盲沟或有管渗沟,见图2-21。为了拦截并排除流向路基的层间水,可采用截水渗沟。

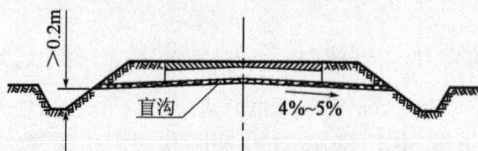

图2-20 横向盲沟布置图

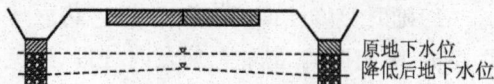

图2-21 路基两侧边沟下面的盲沟

4.换土

对因土质不良造成翻浆的路段,可在路基上部换填水稳定性好、冰冻稳定性好、强度高的粗颗粒土,以提高土的强度和稳定性。

一般可根据地区情况、道路等级、行车要求、换填材料等因素确定换土厚度。一些地区的经验认为,在路基上层换填 0.4~0.6m 厚的砂性土,路基可以基本稳定。换土厚度也可以根据强度要求,按路面结构层厚度的计算方法计算确定。

用换土法治理翻浆路段,发现翻浆苗头,应及时进行开挖,用较少的工作量可取得较好的效果。换土适合于路基高程受到限制,不能加高路基,且附近有砂性土的路段。

5.改善路面结构层

在路面结构中铺设砂(砾)垫层。砂(砾)垫层是用砂砾、粗砂或中砂做成的垫层,它具有较大的空隙,能隔断毛细水的上升,春融时能蓄水、排水;冻融过程中体积变化小,可减小路面的冻胀和沉陷。它还具有一定的强度,能将荷载进一步扩散,以减小路基的应力和应变。

(1)砂(砾)垫层的厚度可按蓄水原则或排水原则设置

蓄水原则是指春融期间,路基融化后的过量水分能全部集中于砂垫层中。根据蓄水的需要并考虑砂(砾)垫层被污染后降低蓄水能力的情况,中湿路段砂(砾)垫层的经验厚度为 0.15~0.20m,潮湿路段为 0.2~0.3m。

排水原则是将春融期汇集于砂垫层中的水分通过路肩盲沟排走,其厚度应由路面强度及砂(砾)垫层构造和施工要求决定,一般为 0.1~0.2m。

(2)铺设水泥稳定类、石灰稳定类或石灰工业废渣类基(垫)层

这类基(垫)层具有良好的板体性、水稳定性和抗冻稳定性,可以提高路面的整体强度,起到减缓和防止路基冻胀和翻浆的作用。但在重冰冻地区潮湿路段,石灰土不宜直接采用,须与其他措施配合应用,如在石灰土下铺设砂垫层等。

(3)设置防冻层

对于高级和次高级路面结构层的总厚度除满足强度要求外,还应满足防冻层厚度要求,以避免路基内出现较厚的聚冰带,导致路面冻胀和开裂。

(四)翻浆路段的养护

翻浆路段一年四季都在发生变化,因此,在各个季节里,应采取不同的养护措施,加强预防性的防治工作,以防止或减轻翻浆病害。

1.秋季养护

对于翻浆路段来说,秋季养护的中心内容是排水,尽可能防止水分进入路基,保持路基处于干燥状态,以减少冬季冻结过程中由于温差作用向路面下土层积聚的水分,这是一项最根本的措施。所以,秋季养护要做好下列工作。

(1)随时整修路面、路肩、边坡。路面应维护好路拱和平整度,如有裂纹、松散、车辙、坑槽、搓板、纵向冲沟等病害,应及时处理,避免积水。路肩应保持规定的排水横坡,尤其应在雨后夯压密实,保持路肩坚实平整。边坡要保持规定坡度、拍压密实,防止冲刷和坍塌阻塞边沟,造成积水。

（2）修整地面排水设施,保证地面排水通畅。

（3）检查地下排水设施,保证地下水能及时排出。

2. 冬季养护

冬季养护的中心内容是采取措施减轻路基内的水分在温差作用下向路基上层积聚的程度,同时要防止水分渗入路基。冬季养护要做好下列工作:

（1）及时清除翻浆路段的积雪。雪层导温性能差,具有保温作用,将减缓路基土壤冻结速度,使冻结线长期停留在路基上层,使路基下层水分有机会大量积聚到路基上层,致使翻浆加重。

（2）经常上路检查,发现路面出现裂缝、坑槽等病害要及时修补,融化雪水要及时排除。

（3）经常发生翻浆的路段,应在翻浆前做好准备工作,有翻浆苗头的路段,应及早进行抢修,包括准备好抢防的用料。

3. 春季养护

春季是翻浆的暴露时期,在天气转暖的情况下,翻浆发展很快,养护工作的中心内容是抢防。当路面出现潮湿斑点、松散、龟裂时,表明翻浆已开始露头。有鼓包、车辙、大片裂缝、行车颠簸、路基发软等现象发生时,应采取以下措施:

（1）在两边路肩上每隔 $3\sim5m$ 交错开挖横沟,沟宽一般 $0.3\sim0.4m$,沟的深度根据解冻深度逐渐加深,直到路面底层以下,沟的外口高于边沟沟底。

（2）路面坑洼严重的路段,除横沟外,还应顺路面边缘加修纵向小盲沟或渗水井。渗水井的直径大小以不超过 $0.4m$ 为宜,井与井的间距应根据实际情况确定,沟或渗水井的深度应至路面底层以下。如交通量不大,也可挖成明沟。

（3）如条件许可,应尽量绕道行车或限制重车通过,避免因行车碾压,加剧路面破坏。

（4）在交通量较小的县乡公路上,可以用木料、树枝等做成柴排,铺在翻浆路段上,上面再铺碎石、砂土,以临时维持翻浆期间通车,防止将路面压坏。

4. 夏季养护

夏季是翻浆的恢复期,这时养护工作的中心内容是修复翻浆破坏的路基和路面,采取措施根治翻浆。首先,要查明翻浆的原因,对病害路段的长度、发生时间、损坏特征、养护情况,以及季节的气温变化情况等进行调查分析,做好记录,确定治理方法和措施。

二、滑坍的防治

滑坍是最常见的路基病害,也是水毁路基的普遍现象。根据其形成条件、原因和规模大小,大体可分为:坍塌、崩塌、滑坡和泥石流四种形式(图 2-22)。本节主要介绍滑坡与崩塌的产生原因及其防治方法。

(一)滑坡

1. 滑坡形成的主要原因

路基山坡土体或岩体,由于长期受地面水、地下水活动的影响,结构被破坏,逐渐失去支撑力,在自重力作用下,整体沿着一定软弱面(或带)向下滑动,这种地质现象称之为滑坡。这种滑动一般是缓慢的,可延续相当长的时间,但坡度较陡时,也会突然下滑。

a)滑坡

b)泥石流

c)崩塌

d)坍塌

图2-22 滑坍的四种形式

发育完整的滑坡，一般都具备图2-23所示的形态。包括后缘环形滑坡壁、与滑坡壁毗邻的封闭滑坡洼地、微向后倾的滑坡台阶、滑动面与滑床，以及各种类型的滑坡裂缝和滑坡面等。

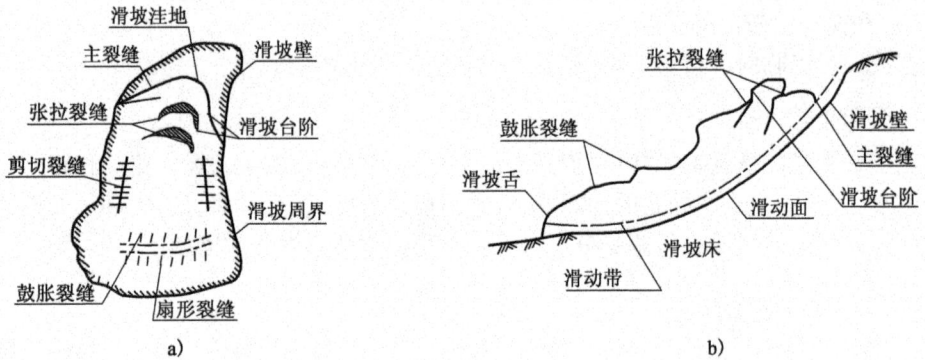

图2-23 滑坡形态示意图

滑坡形成的原因很多，主要包括地质因素和水的作用。

（1）地质因素

包括具有蓄水构造层、聚水条件、软弱面（或带），以及有向路基倾斜的岩层山坡等地质条件。

①山坡表层为渗水的土或岩层，下层为不透水的土或岩层（形成隔水层），且岩层向路基倾斜。在这种情况下，当有地下水经常活动时，就会使表层土（或岩层）沿隔水层滑动，造成滑坡。

②山坡岩层软硬交错，且其软弱面向路基倾斜，由于风化程度不同或地下水侵蚀等原因，使岩层可能沿某一软弱面向下滑动。

③路线穿过软硬不均的岩石断开地带,而断开地带为地下水集中活动地区时,开挖路堑容易引起滑坡。

（2）水文因素

水是加剧滑坡的重要条件,表现情况主要包括以下几种。

①雨水渗入。大量雨水渗入边坡,使土体潮湿软化,增加土体重量,降低土的强度,从而加速滑坡的活动。

②地下水。地下水量增加,浸湿滑坡面,降低滑坡面的抗滑能力,从而加速滑坡的形成。

③排水设施布设不合理。例如在渗水性强的边坡上设置天沟,沟内没有铺设防水层,当地面水集中流入天沟内时,水分大量渗入土体内部,以致产生滑坡。

④溪河水位涨落。水分渗入坡体内,润湿滑坡面,或河水冲刷滑坡坡脚,减弱支撑力,引起坡体下滑。

⑤灌溉渠道或水田。边坡上有灌溉渠道或水田,没有进行适当处理,渗漏严重,使土体潮湿软化,增加土体自重,降低土的强度,从而导致滑坡。

2. 滑坡的防治

滑坡的类型很多,且成因复杂,因此,要针对各种不同情况采取不同的防治措施。公路上的滑坡多发生于路基上边坡,这是由于修筑公路破坏了地貌的自然平衡。因此,防治滑坡的措施应以上方排水疏导为主,再配合抗滑支撑措施,或上部减重,维持边坡平衡。

（1）地面排水

滑坡体以外的地面水,应予拦截引离;滑坡体上的地面水要注意防渗并尽快汇集引出。各种地面排水措施的适用条件、布置要求,以及设计和施工原则列于表2-8。

滑坡排水措施表

表2-8

排水措施	适用条件	布置及设计施工原则
环形截水沟	滑体外	截水沟应设在滑坡可能发展的边界5m以外,根据需要可以设置数条,分段拦截地表水,向一侧或两侧的自然沟系排出。在坡度陡于1:1的山坡上,常采用陡地排水槽来拦截山坡上方的坡面径流。沟槽断面以满足宣泄坡面径流为准,如土质渗水性强,应采用黏性土、石灰三合土或浆砌片石铺砌防渗层
树枝状排水系统	滑体内	结合地形条件,允分利用自然沟系,作为排水渠道,汇集并旁引坡面径流于滑坡体外排出,排水布置应尽量避免横切滑体,主沟宜与滑移方向一致。支沟与主沟斜交30°~45°。如土质松软,可将土夯成沟形。上铺黏性土或石灰三合土加固。通过裂缝处,可采用搭叠式木质水槽或陶管、混凝土槽、钢筋混凝土槽,以防山坡变形拉断水沟,使坡面水集中下渗
明沟与渗沟相配合的引水工程	滑体内的泉水或湿地	目的在于排除山坡上层滞水和疏干边坡土体含水,埋入地下部分类似集水渗沟,露出地面部分是排水明沟
平整夯实自然山坡坡面	滑体内	如山坡土质疏松,坡面水易于阻滞下渗,应整平夯实坡面。填塞裂缝,防止坡面径流汇集下渗
绿化工程（植树、铺种草皮）	山坡滑体内	绿化工程是配合表面排水的一项有效措施,特别对于渗水严重的黏性土滑坡和浅层滑坡,效果显著。在滑坡面上植灌木及阔叶果树,可疏干滑体水分,根系起加固坡面土层的作用。铺种草皮可滞缓坡面径流流速,防止冲刷,减少下渗,避免坡面泥土淤塞沟槽

（2）地下排水

应用较多的排除滑坡地下水的工程措施有各种渗沟,主要包括以下几种。

①支撑渗沟:用以支撑不稳定的滑坡体,兼起排除和疏干滑坡体内地下水的作用,适用深度(高度)为2~10m。支撑渗沟包括主干沟和支沟两种,见图2-24a)。主干沟一般顺滑坡方向平行修筑,布置在地下水露头处或由土中水形成坍塌的地方;支沟应根据坡面汇水情况合理布置,一般可与滑坡移动方向呈30°~45°交角,并可伸展到滑坡范围以外,起到挡截地下水的作用。

支撑渗沟断面一般采用矩形,深度不宜超过10m,宽度为2~4m。基底应设在滑动面以下的稳定地层内0.5m,并设置2%~4%的排水纵坡。若滑坡面较陡,应将沟底基脚筑成台阶形,将沟底埋入稳定的干硬岩层内,以加强渗沟的支撑作用及稳定性。台阶宽不宜小于1~2m,高深比宜为1:1.5~1:2,以免施工时台阶本身形成坍塌。底部应采用浆砌片石铺砌隔水层,厚度为0.2~0.3m。为防止淤积,在支撑渗沟的进水侧壁及顶端应做0.2m厚的砂砾反滤层,见图2-24b)。

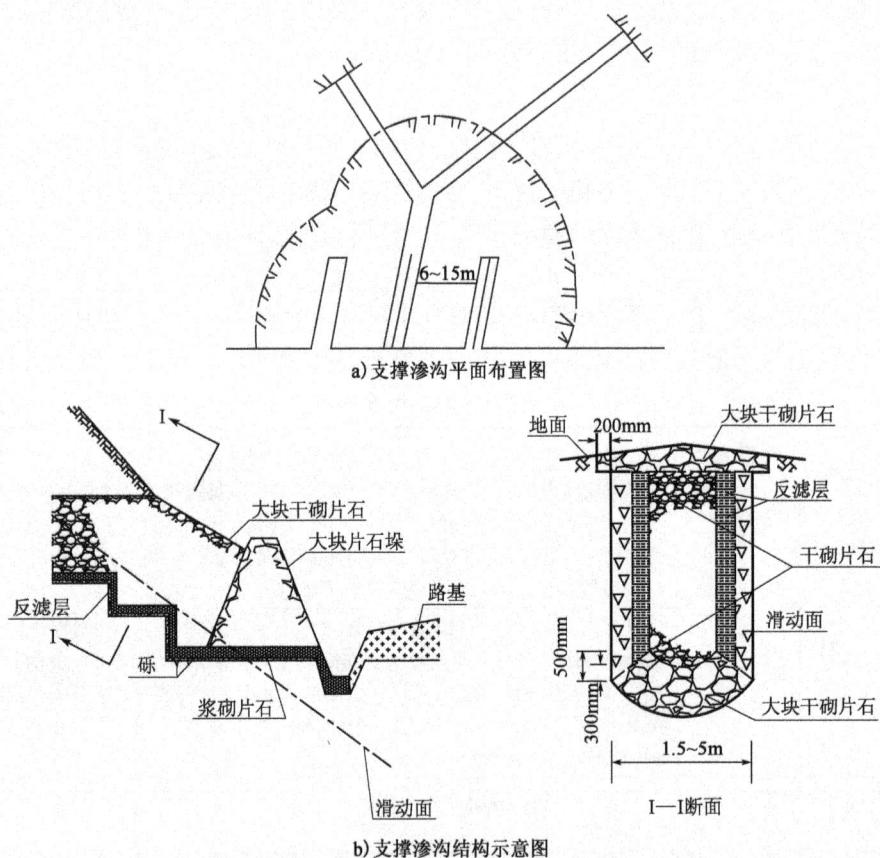

a)支撑渗沟平面布置图

b)支撑渗沟结构示意图

图2-24 支撑渗沟平面布置与结构示意图

②边坡渗沟。当滑坡前缘的路基边坡有地下水均匀分布或坡面大片潮湿时,可修建边坡渗沟,以疏干和支撑边坡,同时也能起到阻截坡面径流和减轻坡面冲刷的作用。

边坡渗沟的平面形状有垂直形、分支形及拱形。分支渗沟的主沟主要起支撑作用,而支沟则起疏干作用。分支渗沟可以互相连接成网状布置,见图2-25。

③截水渗沟。当有丰富的深层地下水进入滑坡体时,可在垂直于地下水流的方向上设置截水渗沟,以拦截地下水,并排出滑坡体外,见图2-26。

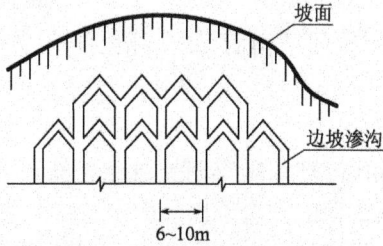

图 2-25　边坡渗沟

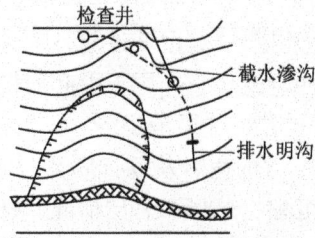

图 2-26　截水渗沟

（3）减重

减重就是在滑坡体后缘挖除一定数量滑坡土体或岩体，使滑坡体稳定下来。这种措施适用于推动式滑坡，一般滑动面不深，滑床上陡下缓，滑坡后壁或两侧有岩层外露或土体稳定不可能再发展的滑坡。减重主要是减小滑体的下滑力，而不能改变其下滑趋势，所以减重常与其他措施配合使用。

（4）支挡工程

支挡工程分如下几类：

①抗滑垛。一般用于滑体不大、自然坡度平缓、滑动面位于路基附近或坡脚下部较浅处的滑坡。片石垛可用片石干砌或石笼堆成，是依靠片石垛的自重以增加抗滑力的一种简易抗滑措施，见图 2-27。

②抗滑挡土墙。在滑坡下部修建抗滑挡土墙是整治滑坡常用的有效措施之一。对于大型滑坡，挡土墙常作为排水、减重等综合措施的一部分；对中、小型滑坡，挡土墙常与支撑渗沟联合使用。其优点是对山体的破坏少，稳定滑坡收效快。抗滑挡土墙一般多采用重力式结构，其尺寸应经计算确定。

③抗滑桩（图 2-28）。抗滑桩是一种利用桩的支撑作用稳定滑坡体的有效抗滑设施。一般适用于非塑性体层和小厚度滑坡前缘，以及使用重力式支撑建筑物圬工量过大、施工困难的场合。

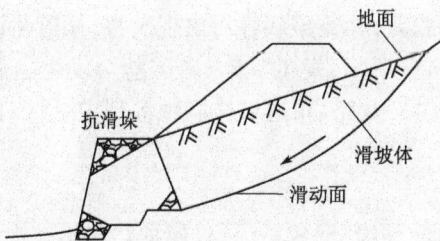

图 2-27　干砌片石抗滑垛

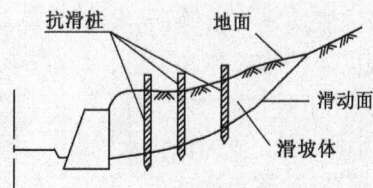

图 2-28　抗滑桩

（二）崩塌

崩塌是岩体突然而猛烈地从陡峻的斜坡上崩离翻滚而下的现象。崩塌可发生在高峻的自然山坡上，也可发生在高陡的人工路堑边坡上。发生崩塌的物体一般为岩体，但某些土坡也会发生崩塌。崩塌的规模有大有小，由于岩体风化、破碎比较严重，边坡上经常发生小块岩石的坠落，这种现象称为碎落；一些较大岩块的零星崩落称为落石，规模巨大的崩塌也称山崩。

崩塌与滑坡的明显区别是：崩塌发生急促，破坏体散开，并有倾倒、翻滚现象，而滑坡体一般总是沿着固定滑动面(或带)整体地、缓慢地向下滑动。

公路路堑开挖过深、边坡过陡,或由于切坡使软弱结构面暴露,都会使边坡上的岩体失去支撑,在水流冲刷或地震作用下引起崩塌。

防治崩塌的措施主要有:

(1)路基上方的危岩及危石应及时检查清除,特别在雨季前要细致检查。如有威胁行车安全的路段,可根据地形和岩层情况,采用嵌补、支顶的方法予以加固。

(2)在小型崩塌或落石地段,应尽量采取全部清除的办法。如由于基岩破坏严重,崩塌、落石的物质来源丰富,则宜修建落石平台、落石槽等拦截结构物。

(3)存在软弱结构面而易引起崩塌的高边坡,可根据情况采用支撑墙或支护墙等措施,以支撑边坡,并防止软弱结构面的张开或扩大。

(4)受河水冲刷而易形成崩塌的边坡,河岸要做防护工程。

(5)在可能发生崩塌的地段,必须做好地面排水设施。

第四节　特殊地区路基养护

特殊地区主要指盐渍土地区、黄土地区、沙漠地区、多年冻土地区、泥沼和软土地区等,特殊地区路基需要采取特殊的养护方式。

一、盐渍土地区路基

地表1m以内的土层,易溶盐(如氯化盐、硫酸盐、碳酸盐等)含量大于0.3%的称为盐渍土。在我国西北、东北的干旱气候地区及沿海平原地区分布有大面积的盐渍土。其含盐量通常是5%~20%,有的甚至高达60%~70%。由于土中含有易溶盐,土的物理、力学性质和筑路性质发生变化,引起许多路基病害。盐渍土在干旱季节和干旱地区,因盐类的胶结和吸湿、保湿作用,有利于路基稳定,而一旦受到雨水、冰雪融化的淋湿,含水率将急剧增加,出现湿化塌堤、沉陷、路基发软,致使强度降低甚至失去承载力,导致路基容易出现病害,如道路泥泞、路基翻浆及冻胀病害加重等;受水浸时,路基强度显著下降,发生沉陷;硫酸盐会发生盐胀作用,使土体表面层结构破坏和疏松,以致产生路面被拱裂及路肩、边坡被剥蚀等现象。针对这些情况,主要采用下述措施加以防治:

(1)加密、加大或加深排水沟。

(2)加深、加宽边沟产生的弃土,可堆筑在边沟外缘,形成护堤,以保护路基不被水淹。

(3)原来没有覆盖层或覆盖层已失散了的、盐湖地区用盐晶块修筑的路基表面,宜用砂土混合料进行覆盖和恢复。路肩出现车辙、坑槽、泥泞,应清除浮土,泼洒盐水湿润,再填补碎盐晶块整平夯实,仍用砂、土混合料覆盖压实。

(4)秋冬季节或春融季节,路肩容易出现盐胀隆起,甚至翻浆,对隆起的应予以铲平,使地面水及时排除。

(5)当边坡出现沟槽、溶洞、松散等病害时,也可采用盐壳平铺或砂砾黏土平铺拍实加固。

(6)为防止边坡水土流失,在坡脚处增设各宽2m的护坡道,护坡道宜高出常水位0.2m以上。护坡道上可选择种植一些耐盐性的树木或草本植物(如红杨、甘草、白茨等)以增强边坡稳定。

（7）在过盐地区，对于高等级道路，为防止路肩风蚀、泥泞以及防止水分从路肩部分下渗，而造成路面沉陷，其路肩可考虑采用下列措施防护：

①用粗粒渗水材料掺在土内封闭路肩表层。

②用沥青材料封闭路肩。

③就地取材，用0.15m厚的盐壳加固。

（8）对于硫酸盐渍土路基，为处治边坡疏松、风蚀和人畜踩踏而造成的破坏，可根据需要和可能，采取把卵石、砾石、黏土和盐壳平铺在路堤边坡上等措施。

二、黄土地区路基

黄土主要分布在昆仑山、秦岭、山东半岛以北的干旱和半干旱地区，其中以黄土高原的黄土沉积最为典型。黄土地区路基雨水容易发生沉陷、坍塌、边沟冲深和蚀宽、边坡松散等病害，应根据各种病害特征采取相应的处治措施。

（1）对于疏松的坡面，宜拍打密实，或用轻碾自坡顶沿坡面碾实，如坡度缓于1:1，雨量适宜草类生长的坡面，可用种草、铺草皮等方法加固。

（2）雨量较小、冲刷不严重的坡面，可采用黏土掺拌铡草进行抹面，并每隔0.3~0.4m打入木楔，增强草泥与坡面的结合。

（3）雨雪量较大的地区，无论坡度大小，宜用石灰、黄土、细砂三合土或加炉渣的四合土进行抹面加固。

（4）对坡脚易受雨水冲刷或坡面剥落严重地段应进行修理加固。

（5）路基上出现的陷穴，首先要查清造成陷穴的水的来源、水量、发展情况等，可采用灌砂、灌泥浆填塞或挖开填塞孔道后再回填夯实的方法处理，也可以设地下暗管、盲沟。

（6）公路通过纵横向沟壑时，沟壑边坡疏松土层，应采用挖台阶办法清除，台阶宽度不小于1m，见图2-29。

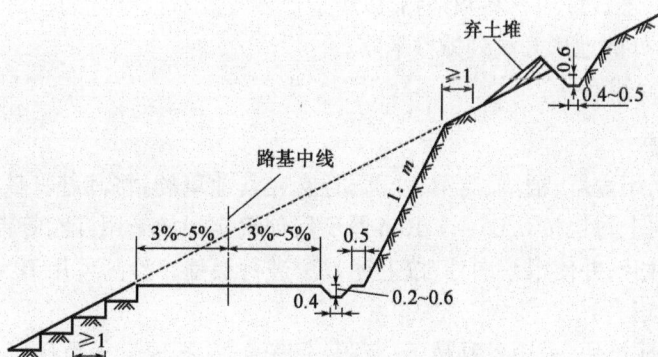

图2-29　边坡疏松土挖台阶(尺寸单位:m)

（7）因地表水侵蚀，路肩上出现坑凹时，可用砂土混合料改善表层。采用无机结合稳定类半刚性基层、沥青表处面层或其他硬化结构硬化路肩时，在路肩尚未硬化路段，为防止地表水渗入路面底层中，应每隔0.2~0.3m设置一处盲沟。盲沟口与边坡急流槽相接，盲沟与盲沟之间铺设塑料薄膜防水层，见图2-30。

（8）在高路堤（路堤高度大于12m）地段，为防止路基下沉，应在垫层下铺设塑料薄膜防水层（塑料薄膜厚度不小于0.14mm），且必须设置盲沟，路面宜采用水泥混凝土预制块铺砌。

（9）通过沟壑时，如未设置防护工程，应在上游一侧路基边坡底部先铺设塑料薄膜或其他隔水材料，然后在隔水层上直接铺浆砌片石坡脚，铺砌高度高于水位0.2~0.5m，见图2-31。

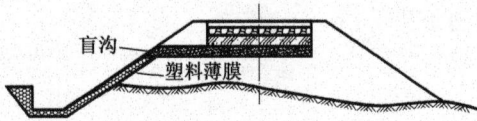

图2-30 路肩未硬化，设置盲沟与铺塑料薄膜

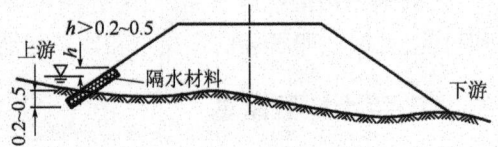

图2-31 坡脚铺设塑料薄膜及片石铺砌（尺寸单位:m）

三、沙漠地区路基

我国沙漠地区主要分布在北方干旱、半干旱地区，由于气候比较干燥、雨量稀少、风沙大，地表植被均较稀疏、低矮，容易发生边坡或路肩被风蚀、整个路基被风沙掩埋等情况。沙漠地区路基的养护往往需要大量的防护材料，因此，沙漠地区路基养护应采取"固、阻、输、导"等措施进行综合治理。

1. 沙漠路基病害的防护措施

（1）对路基两侧原有的沙障、石笼、风力加速堤、用黏土覆盖的植被、防沙栅栏等措施，如有被掩埋、倾倒、损坏和失效的，应拔高、扶正或修理补充。

（2）对路基的砌石护坡或草格防沙设施，如有塌方破坏，应及时修理，保持完好状态。

（3）必须维护路基两侧现有植物的正常生长，并有计划地补植防沙树木和防护林。

（4）路基边坡上出现的风蚀、空洞、塌缺应予填实并加做护坡。

（5）路肩上严禁堆放任何材料和杂物，以免造成沙丘。对公路上的积沙，应及时清除运到路基下风侧20m以外的地形开阔处摊撒平顺。

2. 砂质路基的防护措施

（1）柴草类防护

①层铺防护：采用麦草、稻草、芦苇、沙蒿、野麻或其他草类，将其基杆砍成0.3~0.5m的短节，从坡脚开始向上每层按0.05~0.10m厚度层铺捣实。如采用沙蒿等带有根系的野生植物时，可将其根茎劈开，并使根系向外，按上述方法进行层铺。沙蒿可用10年以上，其他多为3~5年，材料用量大。

②平铺植物束成笆块，采用各种枝条、芦苇、芨芨草等，扎成直径为0.05~0.10m的束把，或编织成笆块，沿路基坡脚向上平铺，以桩钉固定，可用5~10年，材料用量大。

③平铺或叠铺草皮，以0.4~0.5m²为一块挖取草皮，其厚度为0.05~0.10m，沿路基坡脚向上错缝平铺或叠铺，一般可用3~5年，如能成活，可起永久稳固边坡作用。

（2）土类防护

①黏土防护：采用塑性指数大于7的黏土，用于边坡时，厚度为0.05~0.10m;用于路肩时，厚度为0.10~0.15m。为增加抗冲蚀强度和避免干裂，可掺10%~15%的砂或20%~

30%的砾石(体积分数)。

②盐盖防护:可将盐盖打碎为50mm的碎块,予以平铺(松软的盐盖可直接平铺而形成硬壳)。

3. 砾、卵石防护

(1)平铺卵石防护:用于边坡时,厚度为0.05~0.10m;用于路肩时,厚度为0.10~0.15m,分平铺、整平、夯实几步进行。

(2)格状砾卵石防护:用于边坡时,厚度为50~70mm;用于路肩时,厚度为0.10~0.15m,先用粒径0.1m以上的卵石在边坡上做成1m×1m或2m×2m并与路肩边缘呈45°角的方格,格内平铺粒径较小的砾石;路肩平铺砾石,应进行整平并夯实。

4. 沥青防护

(1)平铺沥青砂:采用10%~20%热沥青与80%~90%的风积沙混合,直接平铺、拍实。

(2)直接喷洒沥青:采用低标号沥青,熬热后喷洒在边坡上,然后撒一薄层风积沙。

四、多年冻土地区

多年冻土指天然条件下,冻结状态持续三年或三年以上的土地。多年冻土约占地球陆地面积的26%,主要分布在高纬度或高海拔的寒冷地区。我国多年冻土约有190万km²,主要分布在青藏高原、大兴安岭和小兴安岭地区,以及阿尔泰山、天山、祁连山和喜马拉雅山等山地。低温地带的多年冻土往往含存大量水分,或夹有冰层,易引起的路基病害主要有:路堑边坡坍塌、路基底发生不均匀沉陷;或由于水分向路基上部积聚而引起冻胀、翻浆;路基底的冰丘、冰堆往往使路基鼓胀,引起路基、路面的开裂与变形,而融化后又发生不均匀沉陷等。针对其病害的不同情况,可以采取以下措施:

(1)多年冻土地区的路基养护,应遵循"保护冻土"的原则,填土路基坡脚20m范围内不得破坏原地貌,取土坑应设在坡脚20m以外。

(2)多年冻土地区路基应注意加强排水,排水沟、截水沟应保持深度不小于0.6m,沟底宽度0.4~0.6m,边坡坡率一般为1:1.0~1:1.5。截水沟应设置于填土路基坡脚上方20m以外、路堑坡顶5m以外。当地下冰层较厚时,排水沟、截水沟不宜过深,必要时可加设挡水埝。当路基处于有涎流冰的山坡时,可在路基上侧边沟外增设聚冰坑和挡冰墙,也可在公路边沟外侧上方10~15m外山坡开挖与路线平行的深沟,沟深1~1.2m,底宽0.8~1.0m,以截断活动层泉流,使冬季涎流冰聚集到离公路较远处。

(3)养护材料尽量选用砂砾等非冻胀性材料,不适宜用黏土、重黏土等毛细作用强、冻胀性大的养护材料。

(4)受地形限制,路基填筑高度不够时,应铺筑保温隔离层,隔温材料可采用泥炭、炉渣、碎砖等,防止热融对冻土的破坏。

(5)提高溪旁路基的高度,使其高于流冰面0.6m以上。因受地形或纵坡限制不能提高路基时,可在临水一侧路外加筑堤埝或从中部凿开一道水沟,用树枝杂草覆盖加铺土保温,使水流沿水沟流动,避免溢流上路。如地形许可,可将溪流改至远离公路处通过。

五、泥沼及软土地带

我国东北的大小兴安岭、长白山、三江平原、松辽平原及青藏高原和西北地区的湖盆洼地和高寒山地均分布有泥沼；在湖塘、盆地、江河湖海沿岸和山河洼地，则分布有近代沉积的软土。泥沼、软土地带的路基，多因地面低洼、降水充足、地下水位高、含水饱和、透水性小、压缩性大、抗剪强度低，在填土荷载和车辆荷载下，容易出现沉降、冰冻膨胀、弹簧、沉陷、滑动、基底向两侧挤出等病害。路基损坏的整治应针对病害情况，采取下列措施：

（1）降低水位

当在路基两侧开挖沟渠的工程量不大时，可加深路堤两侧边沟，以降低水位，促进路基土渗透固结，达到稳固路基的效果。

（2）修筑反压护道

当路堤下沉，两侧或路堤下坡一侧隆起时，可采取在路堤两侧或一侧填筑适当高度与宽度的护道，在护道重力作用下，使路堤两侧（或单侧）有被挤出隆起的趋势得以平衡保证路堤稳定，见图 2-32。

图 2-32　用反压护道加固软土路堤

（3）换土

将病害处路堤下软土全部挖出，换填强度较高、渗透性较好的砂砾石、碎石，见图 2-33。

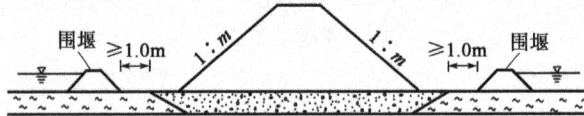

图 2-33　换填砂砾石（碎石）

抛石挤淤。抛石挤淤为强迫换土的一种形式，适用于软土液性指数大，层厚较薄，片石能沉达下部硬卧层的路基。采用较大的片（块）石，直径一般不小于 0.3m。先将病害路段路堤挖到软土层，抛石自路堤中部开始，逐步向两侧展开，使淤泥挤出，在片（块）石抛至一定高度后（一般要露出淹没水面），用压路机碾压，然后在其上铺设反滤层，再填土至路基设计高度，见图 2-34。

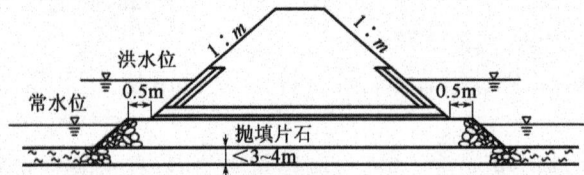

图 2-34　抛石挤淤

（4）侧向压缩

在路堤坡脚砌筑纵向结构，限制软土侧向挤出，可采用板桩、木排桩、钢筋混凝土桩、片石齿墙等，见图 2-35a）、b）。

（5）挤密法

在软土路基中采取冲击或振动等方法形成一定直径的孔，在孔中灌以砂、石、灰土或石灰

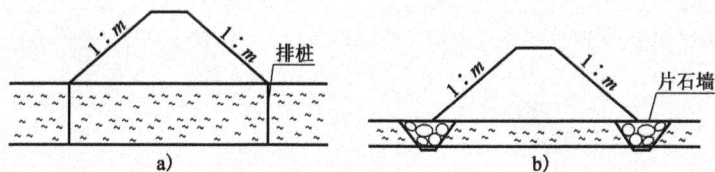

图 2-35　两种侧向压缩方法

等材料,捣实而成直径较大的桩体,利用横向挤密作用,使路基土粒彼此靠紧,孔隙减小。桩体具有较高的承载能力,群桩的面积约占松散土加固面积的 20%,桩和原土组成复合地基,达到加固的作用。

除上述方法外,还可以采用砂石垫层、石灰桩、砂井(桩)、袋装砂井、塑料排水板,以及土工织物滤垫等方法,以改善排水条件,稳定路基。目前,较常用的技术还包括:现浇水泥混凝土薄壁筒桩、粉体喷射搅拌桩、复合载体夯扩桩等。

"现浇水泥混凝土薄壁筒桩"是一种空心薄壁结构,其主要原理是根据筒桩的设计壁厚,制作成钢质双层环状桩体(类似钢质模板),连同环形水泥混凝土桩尖打入路基土层,在上层钢质桩体形成的夹层空间内灌入水泥混凝土(同时逐渐拔出钢质桩体,桩尖脱离留于基底),形成换桩薄壁桩,利用其桩身内外的摩阻力及桩尖阻力提高地基及路基土的承载力。

"粉体喷射搅拌桩"是利用专用的粉喷搅拌钻机,将水泥等粉体固化剂强行喷入软土地基中,利用固化剂与软土之间所产生的一系列物理化学反应,使软土结成具有一定强度的不规则桩体而形成复合地基的技术措施。

"复合载体夯扩桩"是利用打桩设备,将软土层在钢质护筒内用细长重锤夯压至设计深度,而后填入碎石、碎砖、干硬性水泥混凝土等填充料继续夯压,在其底部挤密土体,形成复合载体(挤密体),然后灌注水泥混凝土桩身,振捣密实(同时缓慢拔出护筒),从而形成深度复合地基,提高地基的变形模量,使其承载能力较原状土的承载能力有较大幅度的提高。

【复习思考题】

1. 简述路基养护工作的内容与要求。

2. 简述路基损坏类型及评定方法。

3. 陡坡路段路肩的防排水治理有哪些措施?

4. 挡土墙损坏有哪些加固方法?

5. 简述路基翻浆的形成过程、影响因素及防治措施。

6. 试述滑坡产生的原因及防治滑坡的措施。

7. 简述盐渍土路基的防治措施。

8. 简述泥沼及软土地带病害的防治措施。

第三章

路面技术状况评定

【学习目的与要求】

通过本章的学习,掌握路面的损坏类型及识别方法,掌握路面技术状况评定的主要内容,掌握路面使用性能的评价指标与评价体系、典型病害的检测方法、数据处理与分析方法;了解国内外检测设备的使用以及检测技术的发展概况,通过案例分析了解公路路面技术状况评定的过程。

路面投入使用后,由于车辆荷载、自然因素、人为因素的作用,以及路面自身的缺陷,路面会出现各种不同的损坏,如果不及时进行养护维修就会影响路面的使用性能和使用寿命。因此,路面的技术状况评定尤为重要,本章将分别对路面使用性能的技术状况评定方法进行介绍。

第一节　路面损坏状况检测与评定

路面在使用过程中会不可避免地出现各种损坏,路面损坏状况检测与评定也是路面养护与管理中最重要、最根本的一项内容。但是,由于损坏的形式多样、诱因复杂决定了损坏状况的定量描述非常困难。因此,如何客观地、科学地定量描述路面的损坏状况,采用怎样的检测与评价方法才能兼顾到评价结果的准确性与数据采集的简便性是一个难题。本节将对沥青路面、水泥混凝土路面、砂石路面的损坏类型与识别进行介绍,进而介绍路面损坏状况的检测与评定方法。

一、沥青路面损坏类型与识别

《公路技术状况评定标准》中将沥青混凝土路面的损坏分为 11 类 21 种损坏。分别为:龟裂,分轻、中、重三级,块状裂缝、纵向裂缝、横向裂缝、坑槽、松散、沉陷、车辙、波浪拥包,均分轻、重两级;泛油和修补不分级。各种损坏类型及不同损坏程度的权重见表 3-1。

沥青路面损坏类型和权重

表 3-1

类型 i	损坏名称	损坏程度	权重 w_i	计量单位
1	龟裂	轻	0.6	面积 m²
2		中	0.8	
3		重	1.0	
4	块状裂缝	轻	0.6	面积 m²
5		重	0.8	
6	纵向裂缝	轻	0.6	长度 m（影响宽度:0.2m）
7		重	1.0	
8	横向裂缝	轻	0.6	长度 m（影响宽度:0.2m）
9		重	1.0	
10	坑槽	轻	0.8	面积 m²
11		重	1.0	
12	松散	轻	0.6	面积 m²
13		重	1.0	
14	沉陷	轻	0.6	面积 m²
15		重	1.0	
16	车辙	轻	0.6	长度 m（影响宽度:0.4m）
17		重	1.0	
18	波浪拥包	轻	0.6	面积 m²
19		重	1.0	
20	泛油	—	0.2	面积 m²
21	修补	—	0.1	面积 m²

1. 龟裂

龟裂是沥青路面最为严重的一种裂缝形式,在路面上呈相互交错的小网格状裂缝,因形状类似乌龟背壳而被称为龟裂(图 3-1)。龟裂发生的程度及密度(范围)是判断路面是否存在结构性损坏及承载能力是否满足要求的重要依据。

按裂缝块度、缝宽及裂缝有无变形,分为轻度、中度和重度三种。轻度龟裂为初期裂缝,裂区无变形、无散落,缝较细,主要裂缝宽度小于 2mm,主要裂缝块度为 0.2~0.5m。中度龟裂为龟裂的发展期,裂缝区有轻度散落或轻度变形,主要裂缝宽度为 2~5mm,部分裂缝块度小于 0.2m。重度龟裂特征显著,裂块较小,裂缝区变形明显、散落严重,主要裂缝宽度大于 5mm,大部分裂缝块度小于 0.2m。

图 3-1　龟裂

龟裂损坏的统计按龟裂外接矩形面积计量,测量时分别实地丈量并记录龟裂的外接矩形长和宽,然后计算损坏面积。有时同一片区域中存在不同严重程度的龟裂损坏,无法进行分块区分时,应按其中最严重的程度记录和统计。

龟裂产生的最主要原因是疲劳破坏。在车辆荷载的反复作用下,沥青路面结构逐渐失去承载能力,疲劳破坏就会产生。对于渠化交通比较明显的道路,一开始是沿轮迹带出现单条或多条不规则的小裂缝,而后在裂缝间出现横向和斜向连接缝,形成裂缝网。遇到路面结构局部软弱的情况,在少量重复荷载甚至一次荷载作用下,也会产生局部小面积的龟裂。由于承载能力不足产生的龟裂在路面结构中都是自下而上产生的,裂缝贯穿整个路面结构。龟裂是沥青路面最主要的结构性病害之一,其发生的程度及密度(范围)是养护工程师用于判断路面是否存在结构性损坏及承载能力是否足够的重要依据。

2. 块状裂缝

块状裂缝(块裂)表现为纵向和横向裂缝交错而使路面分裂成多边形大块,块裂的网格在形状和尺寸上都有别于龟裂(图 3-2)。按照裂缝块度的大小,分为轻度和重度两个等级。

图 3-2　块状裂缝

轻度块裂:缝细、裂缝区无散落,裂缝宽度在 3mm 以内,大部分裂缝块度大于 1.0m。
重度块裂:缝宽、裂缝区有散落,裂缝宽度在 3mm 以上,主要裂缝块度为 0.5～1.0m。
损坏的统计按块裂外接矩形面积计量,测量时分别实地丈量并记录块裂的外接矩形长和宽,然后计算损坏面积。如同一片区域中存在不同严重程度的块裂损坏且无法进行分块区分时,应按其中最严重的程度记录和统计。

块裂主要是由面层材料的低温收缩和沥青老化所引起,与车辆荷载作用的关系不大。块裂可能出现在整个路面宽度内,范围较大,其深度一般仅限于路面表面,对路面承载能力和功能性能都没有太大影响。有时由于基层材料强度不足发生的碎裂也会反射到面层上来,形成图3-2c)所示的块裂。

3. 纵向裂缝

纵向裂缝(纵裂)是与道路中线大致平行的单条裂缝,有时伴有少量支缝(图3-3)。按裂缝宽度及边缘破坏情况分为轻度、重度两个等级。纵向裂缝按长度计算,并按0.2m的影响宽度换算成损坏面积。

轻度纵向裂缝:缝细、裂缝壁无散落或有轻微散落,无支缝或有少量支缝,缝宽在3mm以内。

重度纵向裂缝:缝宽,裂缝壁有散落、有支缝,主要缝宽大于3mm。

纵裂长度按裂缝在行车方向的投影长度实地丈量或目测估计,如同一条裂缝的不同部分损坏程度不同,应根据不同的损坏程度分段测量和统计。

纵裂产生的主要原因包括:

(1)疲劳损坏。

在重复荷载作用下,路面承载能力逐渐不足,就会在经常承受荷载的路面轮迹带处首先产生多条平行的小纵裂,逐渐发展就会成为龟裂[图3-3b)]。

(2)路基不均匀沉降。

由于不均匀沉降和裂缝的反射作用也会在路表产生纵缝。在半填半挖路基的分界处、新旧路结合部或路面加宽处,由于路基压实不够,发生不均匀沉降,就会在这些位置产生纵向裂缝[图3-3c)]。

(3)路基不均匀冻胀。

季节性冻土地区由于路基填料不均匀或路基含水率差异或地下水等因素引起的不均匀冻胀,也会导致路面出现纵向开裂。

(4)混合料摊铺时纵向施工搭接质量不好,或者旧路面层纵向裂缝的反射作用,也往往会在路面的中线处产生纵裂。

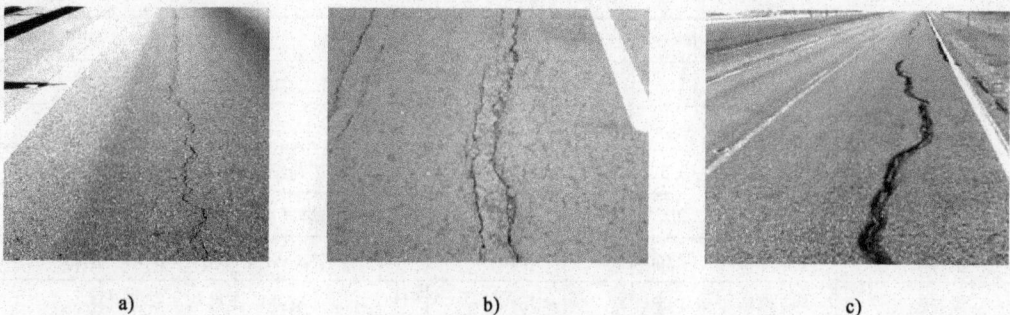

a)　　　　　　　　　　　　b)　　　　　　　　　　　　c)

图3-3　纵向裂缝

4. 横向裂缝

横向裂缝(横裂)是与道路中线近似垂直的单条裂缝,有时伴有少量支缝(图3-4)。按裂缝宽度及边缘破坏情况分为轻度、重度两个等级。横向裂缝按长度计算，并按 0.2m 的影响宽度换算成损坏面积。横裂长度按裂缝在垂直于行车方向的投影长度实地丈量或目测估计。

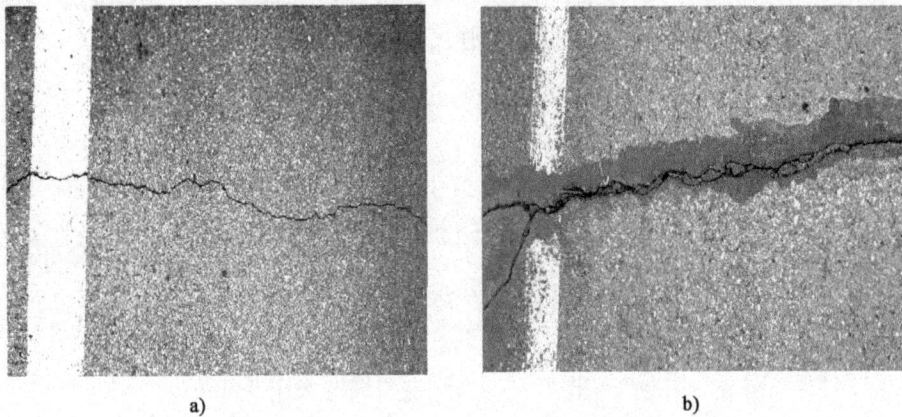

图 3-4　横向裂缝

轻度横向裂缝：缝细、裂缝壁无散落或有轻微散落，无支缝或有少量支缝，缝宽在 3mm 以内。

重度横向裂缝：缝宽、裂缝贯通整个路面、裂缝壁有散落并伴有少量支缝，主要缝宽大于 3mm。

横裂产生的主要原因包括：

（1）温度变化。如果沥青劲度过大或沥青变硬，在气温下降的时候由于温度应力就容易在垂直于行车方向形成间距大致相同的横向裂缝。因此，在气候寒冷地区横缝是一种较为常见的裂缝形式。由低温收缩产生的横向裂缝是自上往下发展的，初期裂缝一般细且浅。

（2）反射裂缝。半刚性基层裂缝或旧路面裂缝的反射裂缝也是沥青路面产生横向裂缝的一个重要原因。这种横向裂缝是自下而上发展的，因此贯穿整个路面结构。

（3）沥青路面与构造物连接处填土压实不足、固结沉陷等也易在相应的位置产生横向裂缝。

根据裂缝发生的位置、深度及是否等间距发生可以大致判断横裂发生的具体原因。

为便于分析，将不同的裂缝类损坏的损坏类型、块度大小、主导缝宽、裂区情况等按照块度大小汇总于表 3-2。

裂缝类损坏汇总表　　　　　　　　　　　　　　　　　表 3-2

损坏类型	块度大小	主导缝宽	裂区情况
块裂轻	大部分块度 >1m	≤3mm	缝细、裂区无散落
块裂重	主要块度 0.5～1m	>3mm	缝宽、裂区有散落
龟裂轻	主要块度 0.2～0.5m	<2mm	缝细、裂区无变形、无散落
龟裂中	部分块度 <0.2m	2～5mm	裂区有轻度散落或轻度变形
龟裂重	大部分块度 <0.2m	>5mm	裂区变形明显、散落严重
纵裂轻	无支缝或少量支缝	≤3mm	裂缝壁无散落或轻微散落
纵裂重	有支缝	>3mm	裂缝壁有散落
横裂轻	无支缝或少量支缝	≤3mm	裂缝壁无散落或轻微散落
横裂重	有支缝	>3mm	裂缝壁有散落

5. 坑槽

坑槽是局部集料散失而在路面表面形成的坑洞,可涉及不同的路面结构层,见图3-5。按坑槽的深浅及有效面积的大小,将坑槽分为轻度、重度两个等级,按面积进行计量。

轻度坑槽:坑浅,有效坑槽面积在 $0.1m^2$(约$0.3m \times 0.3m$)以内。

重度坑槽:坑深,有效坑槽面积大于 $0.1m^2$(约$0.3m \times 0.3m$)。

坑槽的有效面积按坑槽外接矩形面积计量。

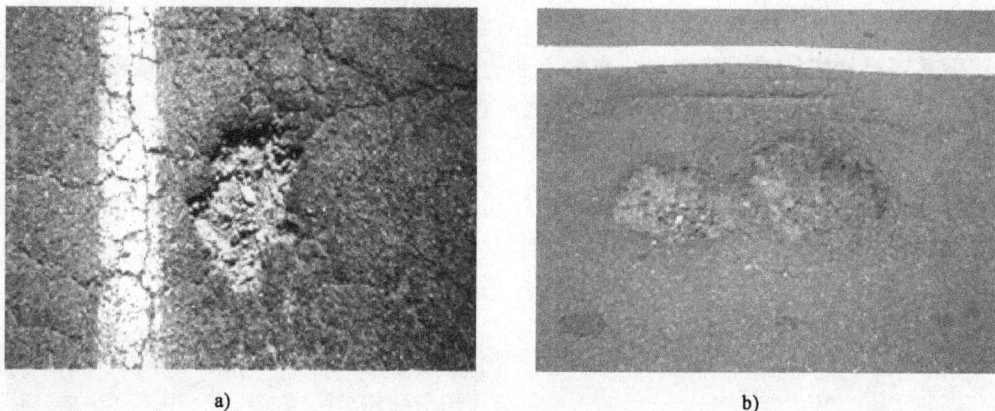

a)   b)

图3-5 坑槽

坑槽产生的主要原因包括:

(1)其他病害衍生。当车轮驶过龟裂、松散等病害区域时,会带走已经碎裂的小块面层材料,形成坑槽。坑槽可深可浅,浅的坑槽仅限于路面表层,往往是表面松散发展的结果。深的坑槽可深至整个面层结构,一般是由龟裂发展而成。随着水分的进入,在车辆荷载的作用下,坑槽的面积和深度都会不断扩大。

(2)施工质量不好或水损害。单独发生的坑槽可能是由于路面施工质量不好,如压实不足、上面层厚度不够引起的,也可能是由水损坏引起。这类坑槽多发生在面层较厚的高等级沥青路面上。

6. 松散

松散是一种从路面表面向下不断发展的集料颗粒流失和沥青结合料流失而造成的路面损坏(图3-6)。松散按损坏严重程度不同分为轻度、重度两个等级,松散损坏面积按损坏所涉及区域的外接矩形面积计量。

轻度松散:路面细集料散失,出现脱皮、麻面等表面损坏。

重度松散:路面粗集料散失,表面出现脱皮、麻面、露骨、剥落、小坑洞等损坏。

松散是由于沥青和集料之间失去黏结而产生的。沥青混合料中沥青用量偏少、低温施工或沥青和集料黏结性差、沥青老化变硬、压实不

图3-6 松散

足或局部集料级配不均匀,都有可能在沥青路面表面形成松散。沥青路面的松散不仅造成面层的磨耗、厚度降低,而且松散路面的积水、散落的集料对路面安全性有潜在的威胁。

7. 沉陷

沉陷是路面表面产生的大于 10mm 的局部凹陷变形,是沥青路面主要结构性破坏形式之一,见图 3-7。按沉陷深度大小及对行车舒适性的影响分为轻度、重度两个等级,按面积计量。

轻度沉陷:深度为 10 ~ 25mm,正常行车无明显感觉。

重度沉陷:深度大于 25mm,正常行车有明显感觉。

沉陷产生的主要原因是路基不均匀沉降、路面局部开挖回填压实不足或桥涵台背填土不实。路面基层结构损坏或不稳定也会产生路面的局部沉陷变形。路面沉陷直接影响道路行车舒适性及安全性,因此出现后必须及时进行修复。

8. 波浪拥包

波浪拥包是指由于局部沥青面层材料移动而在路面表面形成的有规律的纵向起伏,波峰和波谷间隔很近,见图 3-8。此类病害对路面行驶质量影响较大,按波峰波谷的大小不同将其分为轻度、重度两个等级,按涉及的面积进行计量。

图 3-7　沉陷

图 3-8　波浪拥包

轻度波浪拥包:波峰波谷高差小,高差为 10 ~ 25mm。

重度波浪拥包:波峰波谷高差大,高差大于 25mm。

波浪拥包产生的主要原因包括:

(1)路面材料及设计与施工缺陷。材料组成设计差(如油石比过大、细料过多)、施工质量差,使面层材料不足以抵抗车轮水平力的作用。

(2)面层与基层之间存在不稳定夹层。面层在车辆荷载水平力作用下推移变形就会形成波浪拥包。

(3)路基冻胀。路基冻胀也会在路面局部形成拥包。

9. 车辙

车辙是在沥青路面表面形成的沿轮迹方向深度大于 10mm 的纵向凹陷,见图 3-9。车辙可分为结构型车辙、流动型车辙(失稳型车辙)、压密型车辙及磨耗型车辙。结构型车辙是指路面结构层及土基在车辆荷载重复作用下,材料压缩产生的永久累积变形,车辙断面一般呈两边高中间低的 U 形,同时常伴有块裂、龟裂和坑槽发生。流动型车辙是指炎热季节仅在沥青混凝土层内产生的侧向流动变形而形成的车辙,车辙断面一般呈 W 形,轮迹带处下陷周边隆起。压密型车辙是指由于路面施工缺陷如混合料温度过低、压实次数过少等造成沥青面层压实度不足,而在车辆荷载作用下进一步压密产生的车辙,其断面一般也呈 W 形。磨耗型车辙是指由于重载渠化交通对路面的磨耗作用形成的车辙。车辙会导致行车舒适性的降低,雨天车辙的积水对行车安全性也有极大的威胁。

a)   b)

图 3-9 车辙

按车辙深度的不同分为轻度、重度两个等级,按长度计量,并按 0.4m 的影响宽度换算为损坏面积。

轻度车辙:辙槽浅,深度为 10 ~ 15mm。

重度车辙:辙槽深,深度 15mm 以上。

10.泛油

沥青混合料中的沥青向上迁移至路面表面,形成一层有光泽的沥青膜,被称为泛油(图 3-10)。泛油损坏不分严重程度等级,按泛油涉及的面积计量。

泛油主要是由于沥青材料或设计缺陷造成的。沥青含量过多,混合料中空隙过少、拌和控制不严,沥青高温稳定性差是产生泛油的主要原因。施工时黏层油用量不当,或雨水渗入使下层沥青与石料剥离,在动水压力作用下,沥青膜剥落上浮也会形成路面表面的泛油。

泛油一般发生在天气炎热时,天冷时又不存在逆过程,因而沥青永久地积聚在路面表面,致使路面宏观构造深度不足,路面抗滑能力降低,泛油是影响道路行驶安全性的主要病害之一。

11.修补

修补(图 3-11)指因龟裂、坑槽、松散、沉陷、车辙等损坏处理后在路面表面形成的补丁部分。除裂缝修补外,其余均按修补涉及的面积计量。

二、水泥混凝土路面损坏及识别

根据现行《公路技术状况评定标准》中所规定的评价方法,裂缝、板角断裂、边角剥落分为轻、中、重三级,破碎板、错台、接缝料损坏分轻、重两级,坑洞、拱起、露骨、唧泥和修补不分级。具体损坏类型和权重见表 3-3。

图 3-10　泛油

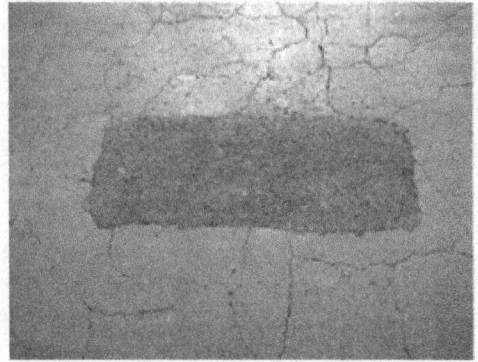

图 3-11　修补

水泥混凝土路面损坏类型和权重　　　　　　　　　　　　表 3-3

类　型　i	损坏名称	损坏程度	权　重　w_i	计量单位
1	破碎板	轻	0.8	面积（m²）
2		重	1.0	
3	裂缝	轻	0.6	长度（m）（影响宽度：1.0m）
4		中	0.8	
5		重	1.0	
6	板角断裂	轻	0.6	面积（m²）
7		中	0.8	
8		重	1.0	
9	错台	轻	0.6	长度（m）（影响宽度：1.0m）
10		重	1.0	
11	唧泥	—	1.0	长度（m）（影响宽度：1.0m）
12	边角剥落	轻	0.6	长度（m）（影响宽度：1.0m）
13		中	0.8	
14		重	1.0	
15	接缝料损坏	轻	0.4	长度（m）（影响宽度：1.0m）
16		重	0.6	
17	坑洞	—	1.0	面积（m²）
18	拱起	—	1.0	面积（m²）
19	露骨	—	0.3	面积（m²）
20	修补	—	0.1	面积（m²）

　　水泥混凝土路面在构造形式、结构受力及损坏形态等方面都与柔性路面大不相同。水泥混凝土路面因其面层板的刚度高、脆性大，又有接缝，因此在行车和环境因素的不断作用下常表现出多种损坏模式，且与沥青路面有较大不同。

1. 裂缝

裂缝是指板块上只有一条裂缝,可以为横向、纵向［图 3-12a）］或不规则的斜裂缝［图3-12b）］,按裂缝长度计量,用 1.0m 的影响宽度换算成损坏面积。按裂缝缝宽及边缘碎裂情况分为轻、中和重三个等级。

轻度裂缝:裂缝较窄、小于 3mm,裂缝处未剥落,裂缝未贯通板厚。

中度裂缝:裂缝宽度为 3~10mm,裂缝边缘有碎裂现象。

重度裂缝:裂缝较宽,大于 10mm,边缘有碎裂并伴有错台出现。

a)纵向裂缝

b)斜向裂缝和纵向裂缝

图 3-12　裂缝

裂缝通常由于收缩应力、重载反复作用、温度或湿度翘曲应力、丧失地基支撑等因素单独或多种因素综合作用而产生。施工时切缝不及时也会导致水泥混凝土出现裂缝。

2. 板角断裂

板角断裂(图 3-13)指水泥混凝土的板角由于纵横接缝相交且交点距离等于或小于板边长度的一半的裂缝造成的板体断开。损坏按断裂板角的面积计量,按裂缝宽度和板角的松动程度分为轻、中和重三种等级。

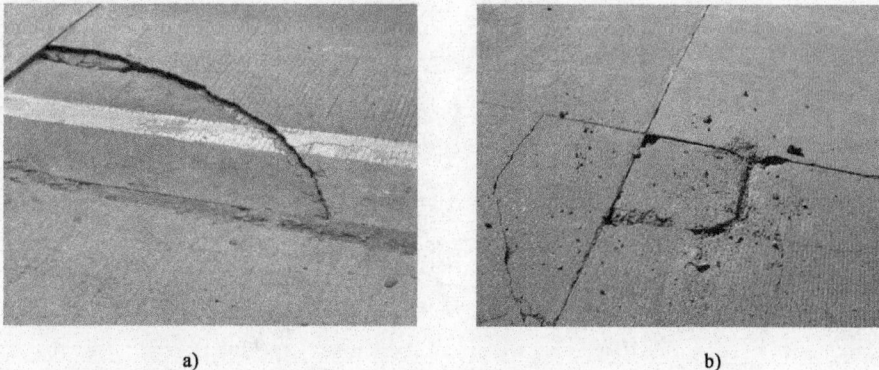

a)

b)

图 3-13　板角断裂

轻度板角断裂:裂缝宽度小于 3mm,裂缝未破碎,断裂处未出现错台。

中度板角断裂:裂缝宽度为 3~10mm,裂缝边缘有碎裂现象。

重度板角断裂:裂缝宽度大于 10mm,裂缝边缘有碎裂现象,并伴有错台或沉陷现象。

板角断裂需和斜向裂缝区分开来,主要看裂缝与纵横缝交点的距离是否小于板边长度的一半。板角是水泥混凝土路面较薄弱的部位,由于施工的原因,板角相对于其他部位来说强度稍低,但却处于不利的受力位置,因此在重载反复作用及温度和湿度翘曲应力作用下,再加上地基软弱、唧泥和传荷能力差等因素,就会出现板角断裂损坏。

3. 破碎板

破碎板(图 3-14)指混凝土板被多条裂缝分为 3 个以上板块,损坏按水泥混凝土板整块面积计量。根据破碎板块的活动情况,将损坏分成轻、重两种等级。

轻度破碎板:破碎板未发生松动和沉陷。

重度破碎板:破碎板块有松动、沉陷和唧泥等现象。

破碎板是较为严重的一种损坏形式,通常是在重载作用下由横向裂缝、纵向裂缝、斜向裂缝及板角断裂进一步发展形成的。在荷载的作用下,破碎板会进一步破碎直至完全失去整体性。

a)   b)

图 3-14　破碎板

4. 错台

错台(图 3-15)指水泥混凝土路面板的纵向或横向接缝两边板块出现大于 5mm 的高差,损坏按发生错台的接缝长度计量,换算成损坏面积时乘以 1m 的影响宽度。根据错台两边高差的大小,分为轻和重两个等级。

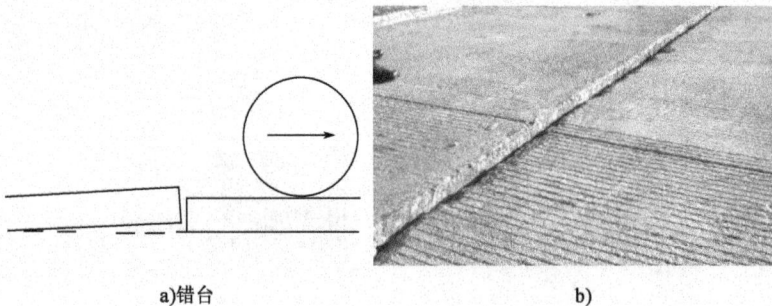

a)错台   b)

图 3-15　错台示意图

轻度错台:高差小于 10mm。

重度错台:高差 10mm 以上。

由于接缝处渗水,在高速行车条件下造成基层材料反复受到冲刷,板底堆积被冲刷掉的材料,造成接缝一端的面板向上抬起,从而形成错台,有的错台是由于唧泥将基层表面的细料带走后水泥混凝土路面板下沉所致。此外,在施工时胀缝的填缝板未予牢固固定,在振捣时被振歪或使缝壁倾斜,或接缝的上部填缝料同下部接缝板未能对齐,两板伸胀挤压过程也会导致错台。错台是水泥混凝土路面最为常见的损坏之一,也是造成水泥混凝土路面行驶舒适性下降的主要原因之一。

5. 唧泥

唧泥指水泥混凝土板块在车辆驶过后,接缝处有基层泥浆涌出(图3-16)。损坏按唧泥处接缝的长度计量,换算成损坏面积时乘以1m的影响宽度。损坏不分严重程度。

唧泥的明显标志是接缝附近的路面表面有污渍或基层材料沉积物,唧泥是造成水泥混凝土路面板板底脱空的主要原因。

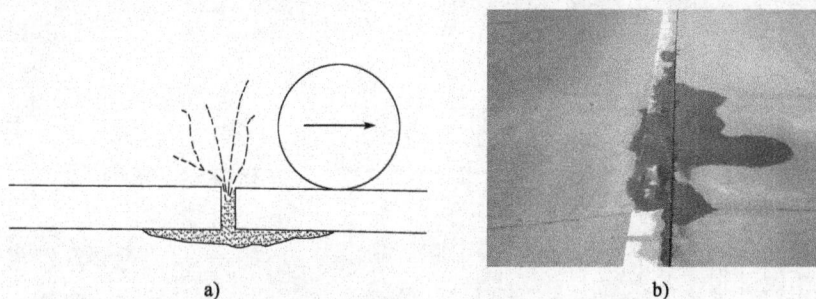

a)   b)

图3-16 接缝处唧泥示意图

6. 边角剥落

边角剥落(图3-17)指沿接缝方向的板边出现裂缝、破碎或脱落现象,裂缝面一般不是垂直贯穿板厚,而是与板面呈一定角度。损坏按发生剥落的接缝长度计量,换算成损坏面积时乘以1m的影响宽度。按剥落的深度分为轻、中和重三个等级。

轻度边角剥落:浅层剥落。

中度边角剥落:中深层剥落,接缝附近水泥混凝土多处开裂。

重度边角剥落:深层剥落,接缝附近水泥混凝土多处开裂,深度超过接缝槽底部。

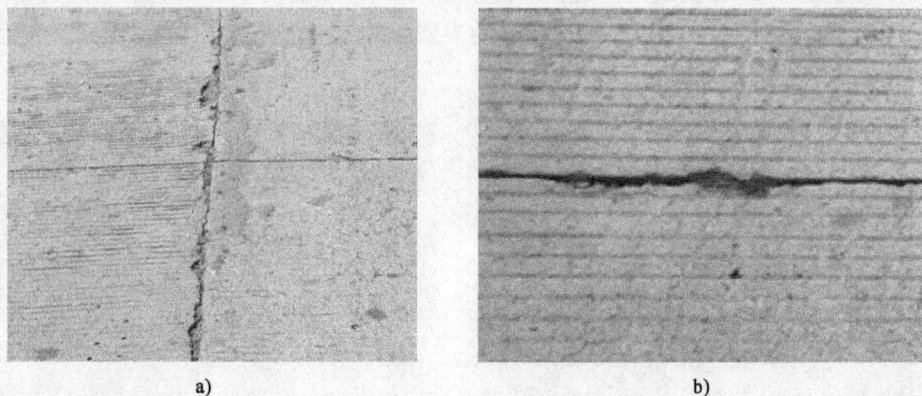

a)   b)

图3-17 边角剥落

由于接缝和边角处形状较"锐",是路面的薄弱点,在车辆荷载和其他因素的作用下,很容易出现边角剥落破坏。

7. 接缝料损坏

在车轮的碾压和吸力，以及板的伸缩作用下，水泥混凝土路面接缝处的接缝料会出现损坏，包括接缝料被剥蚀造成接缝料缺失，或出现挤出等现象，称为接缝料损坏（图3-18）。按出现接缝料损坏的接缝长度计量，换算成损坏面积时乘以1m的影响宽度。按接缝料剥落的程度分为轻、重两个等级。

轻度接缝料损坏：填料老化，不密水，但尚未剥落脱空，未被砂、石、泥土等填塞。

重度接缝料损坏：三分之一以上接缝出现空缝或被砂、石、土填塞。

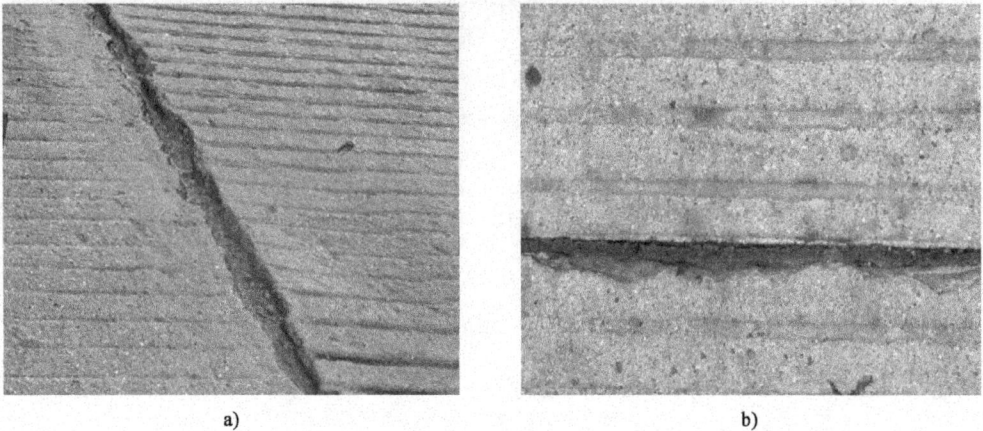

a)   b)

图3-18　接缝料损坏

8. 坑洞

由于水泥混凝土材料质量原因，在车轮的反复作用下，水泥混凝土材料逐渐被剥离，形成有效直径大于30mm、深度大于10mm的局部坑洞（图3-19）。损坏按单个坑洞外接矩形面积或坑洞群所涉及的面积计量，损坏不分轻重。

9. 拱起

拱起损坏（图3-20）指横缝两侧的板体发生明显抬高，高度大于10mm，损坏按拱起所涉及的板块面积计算。损坏不分轻重。造成拱起的主要原因是由于混凝土的热膨胀没有空间释放（没有设置胀缝或设置不合理）。

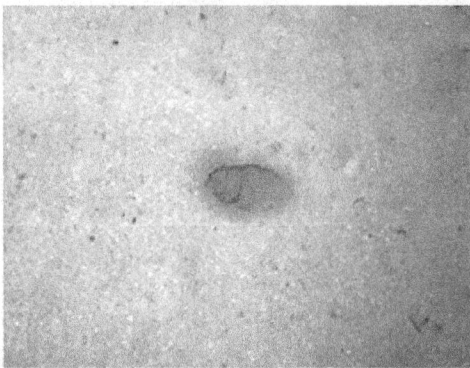

图3-19　坑洞

图3-20　拱起

10.露骨

露骨指板块表面出现细集料散失、粗集料暴露或表层疏松剥落等现象（图3-21），损坏按面积计量，损坏不分轻重。露骨主要是由于混凝土表面灰浆不足，洒水提浆造成水泥混凝土路面表层强度不足引起的。

11.修补

修补指裂缝、板角断裂、边角剥落、坑洞和层状剥落的修补面积（图3-22）或修补影响面积（裂缝修补按长度计算，影响宽度为0.2m），损坏不分轻重。修补后又出现损坏，按原损坏类型分类统计。

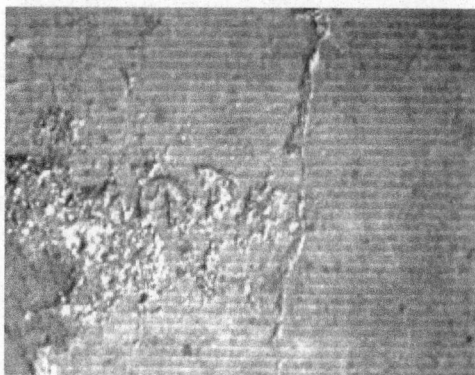

图3-21 露骨

图3-22 修补

三、砂石路面损坏类型与识别

砂石路面又称无铺装路面。《公路技术状况评定标准》中将砂石路面的损坏类型分为6类：路拱不适、沉陷、波浪搓板、车辙、坑槽和露骨，所有损坏不分严重程度等级。砂石路面损坏类型和权重见表3-4。

砂石路面损坏类型和权重   表3-4

类 型 i	损坏名称	权 重 w_i	计量单位
1	路拱不适	0.1	长度（m）（影响宽度：3.0m）
2	沉陷	0.8	面积（m²）
3	波浪搓板	1.0	面积（m²）
4	路面车辙	1.0	长度（m）（影响宽度：0.4m）
5	坑槽	1.0	面积（m²）
6	露骨	0.8	面积（m²）

1.路拱不适

路面横坡过大或过小，小于2%或大于4%，或路面中线偏移，或应设超高而无超高或反超高。按沿行车方向的长度计量，换算为损坏面积时乘以3.0m的影响宽度。路拱不适的主要原因是施工时路面高程控制不严，或设计原因。

2.沉陷

路面表面的局部凹陷,按面积计量。沉陷通常是由于路基承载力不足、路基土或基层材料的不均匀沉降、路基压实不足或路堤边坡失稳等引起的。

3.波浪搓板

峰谷高差大于30mm的搓板状纵向连续起伏,按面积计量。通常沿轮迹带较为显著,在加速和减速路段(如转弯处、上坡、下坡和交叉口处)较易出现。面层材料组成不当或施工不当等,都会引起波浪搓板。

4.车辙

轮迹处深度大于30mm的纵向带状凹槽,按沿行车方向的长度计算,换算成损坏面积时乘以0.4m的影响宽度。砂石路面车辙是由于路面或路基强度不足,道路结构过分潮湿,车辆荷载反复作用造成的。

5.坑槽

路面上深度大于30mm、直径大于0.1m的坑洞,按坑槽外接矩形面积计量。道路结构强度不足,含水率过大和行车的作用,是产生坑槽的主要原因。

6.露骨

表面黏结料和细集料散失、主集料外露,按面积计算。

四、路面损坏状况的检测与评定方法

路面损坏的类型多样、诱因复杂,对其进行检测需要专业理论和实际经验相结合,因此,损坏状况检测以往只能采用人工目测和经验判断的方式完成。但是,随着科学技术的进步,检测技术逐步向机械化、自动化发展,对路面损坏状况的检测与评定也更加准确、科学。为准确评价各种损坏对路面结构的完好程度和使用性能的影响,应建立科学的路面损坏状况评价方法——包括选取评价指标、构建量化的评价指标和评价模型以及制订评价标准等。不同国家根据各自的实际情况对损坏类型有着不同的分类,并建立了相应的评定方法。我国经过多年的发展,也形成了几种不同的评定方法。本教材中介绍的评价方法主要依据《公路技术状况评定指南》,下面分别介绍路面损坏状况检测指标、检测设备和评价方法。

1.路面损坏状况检测指标

路面损坏状况一般采用损坏类型、严重程度和损坏范围来表征。路面的损坏类型和严重程度不同,对路面使用性能的影响也不相同。因此,对路面损坏状况进行评价时,针对沥青路面11类21种损坏类型(表3-1)和水泥混凝土路面11类20种损坏类型(表3-3)给出了各自的权重。首先,假定路面没有任何损坏时的评分为100分,计算损坏面积占检测面积的比例DR,建立DR与路面损坏状况指数PCI之间的关系。因此,路面损坏状况检测指标是路面破损率DR,它表征了各种损坏的折合损坏面积之和与路面调查面积的百分比。在实际调查中,假设第 i 类路面损坏的面积为 A_i ,则第 i 类损坏的折合损坏面积 $\overline{A_i}$ 为:

$$\overline{A_i} = w_i \times A_i \tag{3-1}$$

式中: $\overline{A_i}$ ——第 i 类损坏的折合损坏面积 (m^2) ;

A_i——第 i 类路面损坏的面积(m^2)；

w_i——第 i 类损坏的权重,按照《公路技术状况评定标准》选取；

i——考虑损坏程度(轻、中、重)的第 i 类路面损坏类型。

由于沥青路面的横裂、纵裂、车辙和水泥混凝土路面的裂缝、错台、唧泥、边角剥落、接缝料损坏是按照长度进行检测的,因此,在计算时需要将其乘以相应的影响宽度折算为损坏面积。路面破损率 DR 的计算公式为:

$$DR = 100 \times \frac{\sum_{i=1}^{i_0} w_i A_i}{A} = \frac{\sum_{i=1}^{i_0} \overline{A_i}}{A} \times 100 \tag{3-2}$$

式中:A——调查的路面面积(调查长度与有效路面宽度之积,m^2)；

i_0——包含损坏程度(轻、中、重)的损坏类型总数,沥青路面取 21,水泥混凝土路面取 20,砂石路面取 6；

DR——路面破损率。

2. 路面损坏状况检测方法和检测设备

路面损坏状况的调查主要分为传统的人工调查法、图片比照法和图片识别法 3 种。由于路面损坏的复杂性,目前尚未完全实现对路面损坏状况的自动化检测。但随着信息技术的发展,路面损坏检测技术已经取得了重要进展,为这一问题的解决提供了较好的条件,可以大幅度地减少人们的工作强度。

(1)传统人工调查法

人工调查法是指在封闭或不封闭交通的情况下,采用目测和简单工具丈量的方式,人工记录各种路面损坏的类型、严重程度和数量。人工检测方法应用最为广泛,它在人力资源丰富的地区和低交通量及低等级公路上具有相当的优势,但是在交通量大的高速公路和干线公路上使用时实施困难、检测速度慢,不适应大规模公路检测的要求。

(2)图片比照法

图片比照法就是借助于事先拍摄好的,并经过路面养护专家审定的、若干套路况各等级的标准图片来给待评分路段打分。美国的纽约州运输部门采用的即是图片比照法,具体方法是:

①首先,对每种路面结构类型按照表面损坏和基层损坏两类,各准备一套不同路面损坏状况等级的标准标定图片。

②每套标准图片都是经过精心挑选的,并附有简明的描述信息,按照损坏的严重程度给每张图片标以评分值。

③测量时可以开车进行。评分人员坐在驾驶员旁边,直接将眼前路面和标准图片对比,选择最接近的图片的评分值作为该路段的损坏评分值。

该方法速度快、效率高,但是比较主观笼统、模糊,精度较低。

(3)图像识别法

图像识别法是通过路面损坏状况自动化检测设备获取路表数字图像,通过计算机软件自动识别(或部分人工干预识别)实现不同路面损坏类型的识别和统计计算。路面损坏状况的自动化检测设备一般称为多功能路面快速检测设备。发达国家对这一领域的研究开展较早,虽然早期曾受到硬件技术的限制,但长期的实验研究积累了丰富的经验。近年来,随着计算机、摄影/摄像、图像处理以及 GPS 全球定位系统等技术的快速发展,为开发新型高效的多功能路面快速检测设备提供了条件,多功能路面快速检测设备可以同时采集多类公路路况信息,形成较为完整的数据库,大大节省了检测时间和检测费用。

根据图像采集和识别技术的发展,大致可以将路面损坏快速检测设备分为四代。基于摄影技术的第一代路面损坏快速检测设备以法国开发的路面损坏快速检测设备(Gerpho)为代表,该设备采用了高速摄影技术,在试验室通过人工判读的方式进行路面损坏数据处理与分析。基于模拟摄像(电视)技术的第二代多功能路面快速检测设备以英国运输研究所 TRL (Transport Research Laboratory)通过路面损坏识别技术研究和技术集成开发的 HARRIS(Highway Agency Routine Road Investigation System)路况综合检测系统为代表。该系统的主要功能包括路面损坏、路面平整度、路面车辙和前方图像的自动检测。其中,路面损坏检测和识别系统采用了 3 套高性能 CCD 摄像机,检测结果存储在磁带上。基于数字摄像/照相技术的第三代多功能路面快速检测设备以加拿大 RoadWare 公司研制开发的路况综合检测系统 ARAN (Automatic Road Analyzer)为代表,该设备是一种采用一体式、模块化、多测量平台的路况基础数据采集装备,可以同时采集路面损坏(裂缝)、路面平整度、路面车辙、路面纹理、道路几何形状、前方图像等多项数据。基于线扫描相机技术的第四代多功能路面快速检测设备以美国的 WayLink 设备为代表,该设备采用线扫描相机采集路面损坏图像,速度达到了 12 帧/s,前方图像检测采用了 1/3in❶ 的 3 个 CCD 数字摄像机,检测速度为 20～80km/h。路面损坏图像处理软件能够识别 2mm 以上的路面裂缝。

目前,3D 激光扫描技术的进步为路面损坏检测提供了新的技术途径,路面损坏识别由二维图像识别向三维图像重建转变。加拿大 Optech 公司生产的 ILRIS-3D 是一套便携式的激光影像与数字化的测图系统,由高度集成的数字影像获取设备和复杂高效的软件工具组成。ILRIS-3D 是一台方便携带的外业用仪器,主机内有测量距离可达 1 500m 的高精度激光测距系统、微处理器、大型 LCD 监视器和 600 万像素的数码相机,这种数码相机可以在自动生成精确的几何 3D 点云时更精确地跟踪目标。操作人员可通过一台无线 PDA(Personal Digital Assistant)划定扫描仪需要扫描区域的大小、方位,还可以根据需要调整扫描范围和点的密度。ILRIS-3D 将获得的被测对象表面点云数据连接起来,可构成不规则三角网(TIN)立体模型或规则格网(Grid)立体模型。从点云模型中提取三维特征因子后,就可以方便地构建目标的三维模型,进行空间仿真和虚拟现实的研究。

目前,国内常用的自动化检测设备有交通运输部公路科学研究院的路况快速检测系统(CiCS)[图 3-23a)]、哈尔滨工业大学的多功能道路检测车[图 3-23b)]以及南京理工大学开发的 JG-1 型路面综合检测车等,此外,也有一些部门正在致力于研发新的检测设备。

以哈尔滨工业大学的多功能道路检测车为例,对快速检测设备的原理进行简要介绍。目前,哈尔滨工业大学多功能道路检测车是以二维的图像识别为基础,正在进行三维激光扫描的升级改造。检测车主要由路面图像采集及数据分析、路面车辙测量及数据分析、路面平整度测量及数据分析、路面表面构造深度检测及数据分析、前方图像采集、人工照明(闪光仪)、综合定位等子系统组成(图 3-24)。

①路面图像采集及数据分析子系统

---

❶1 in = 0.0254m。

a)交通运输部公路研究院的路况快速检测系统
(CiCS)

b)哈尔滨工业大学的多功能道路检测车

图 3-23 路面状况自动化检测设备

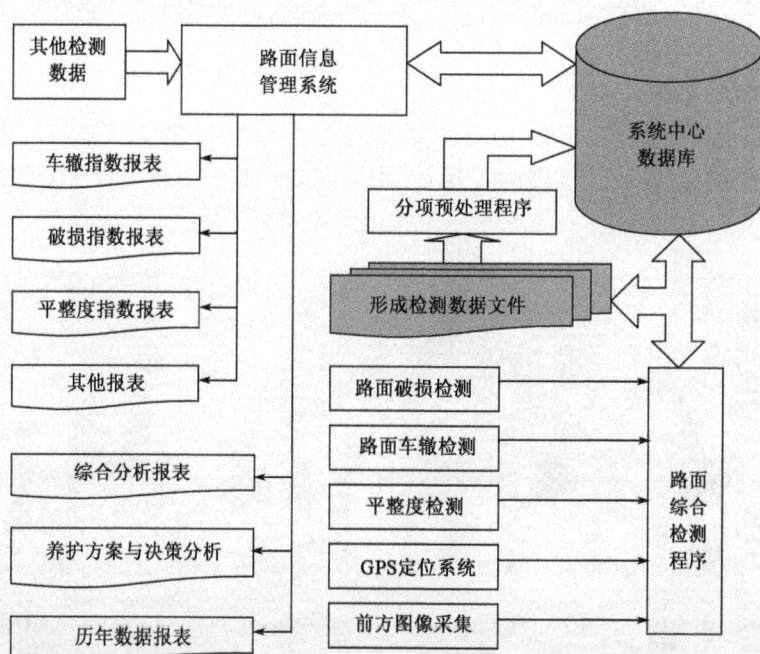

图 3-24 检测车系统构成

路面图像采集及数据分析子系统由图像采集、A/D 转换、速度匹配、综合定位、人工照明（闪光仪）、数据分析等部分组成。在检测速度为 0 ~ 120km/h 时，通过人工照明与图像采集系统同步工作，可以有效采集路面裂缝类病害信息，运用全程回放、人工判读以及自动分类统计的方法对图像进行处理，通过对快速检测设备采集回来的图片进行自动识别，可以得到损坏的类型、严重程度和面积，并通过计算得到各路段的路面损坏状况指数 PCI。

②路面平整度测量及数据分析子系统

路面平整度测量子系统采用双激光测距机与双加速度传感器组合测量左右轮迹平整度，车速为 0 ~ 120km/h 时可以给出正确的平整度数据。在正常车速行驶时，平整度测量采样间隔可以达到 20mm，并且有效解决了车辆随机振动积分漂移问题，一次测量距离不受限制。

③沥青路面车辙测量及数据分析子系统

沥青路面车辙测量子系统采用了 17 个红外激光器多点同步测量技术，可根据需要自由地设定传感器数量及位置，能够实现自动化采集和数据处理的一体化。该子系统采用的红外传感器测量精度高，而且对采集的数据实时储存，便于采集过后对数据进行再现和再分析，能够实现车速在 0 ~ 120km/h 的连续测量。

④路面表面构造深度测量及数据分析子系统

路面纹理测量子系统采用两个激光纹理仪测量路面构造深度，将激光测距传感器安装在车体轮迹带前方，在车辆行驶的过程中检测出路面集料表面到车体传感器的高程数据，然后对这一线性数据序列进行数据处理、计算得出路面集料的平均构造深度。激光传感器采样频率为 20kHz，测量精度达 0.001mm。

⑤前方道路图像采集子系统

前方道路图像采集系统采用 1 ~ 2 台彩色面阵数字 CCD 相机，每张图片 640 × 480 像素，最大采集频率 22 帧/s，远距离拍摄正前方或右前方图片，既可以用于公路资产管理，又可以作为路面评价的辅助手段。

⑥人工照明子系统

由于自然光的不均匀性、阴影、阴天、夜晚等都会使采集的路面图像质量产生较大的差异，从而给路面裂缝的自动识别带来难度。因此，采用人工光源是提高图像质量的最有效途径之一，图 3-25 给出了自然光和人工光源照射下拍摄图像的对比情况。

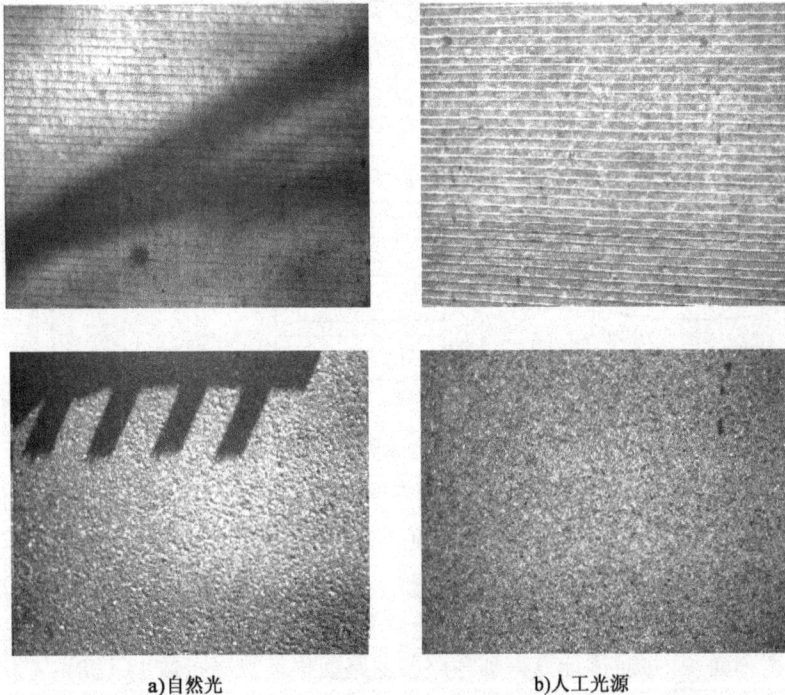

a)自然光　　　　　　　　　　　b)人工光源

图 3-25　不同光源下采集的图像示例

⑦综合定位子系统

综合定位子系统采取了"GPS + 测距仪定位技术 + 里程桩号标定"的综合定位技术，具有较高的定位精度，完全满足路面养护与评价的需要。

沥青路面数字图像采集系统的控制界面见图 3-26，图中上部给出了由 3 个相机采集的图像合并后的单个车道宽度的路面损坏情况，中部给出了平整度随桩号的变化曲线、车辙曲线以及前方摄像图像等信息。

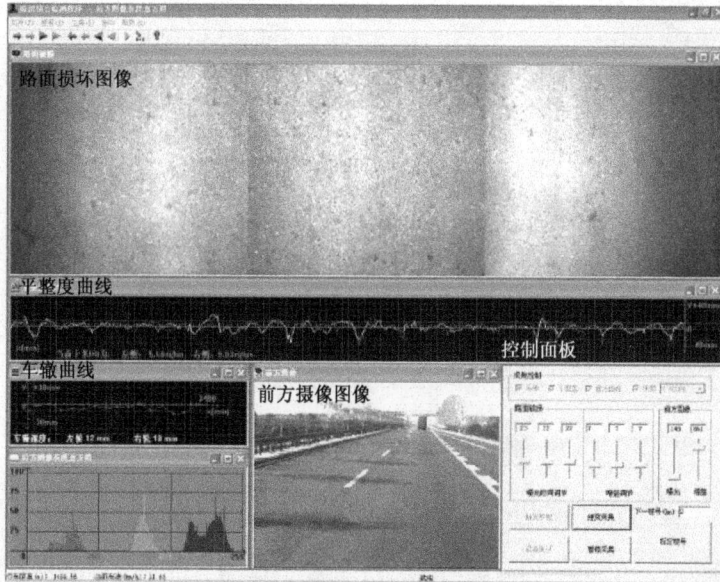

图 3-26　采集系统的控制界面示例

沥青路面损坏图像识别系统界面见图 3-27，图中给出了单个行车道宽度、长度为 4.0m 范围内的路面损坏图像、损坏类型及损坏面积。水泥混凝土路面损坏图像识别系统界面见图 3-28，图中给出了单个行车道宽度、长度为 4.0m 范围内的路面损坏图像、损坏类型及损坏面积。

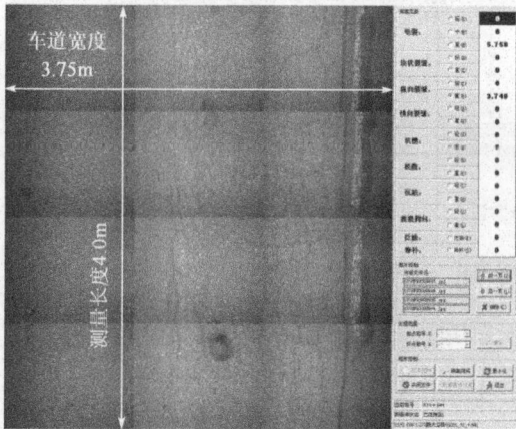

图 3-27　沥青混凝土路面损坏图像识别系统界面

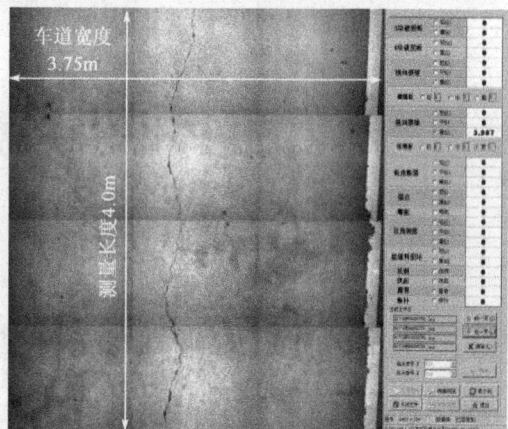

图 3-28　水泥混凝土路面损坏图像识别系统界面

图像识别后的系统将自动对采集数据进行处理，计算评价单元内的各种损坏的面积、破损率及 PCI，沥青路面和水泥混凝土路面数据分析示例分别见图 3-29 和图 3-30。

3.路面损坏状况评定方法

路面损坏状况评价采用路面损坏状况指数 PCI，按式（3-3）由路面破损率 DR 计算得出。

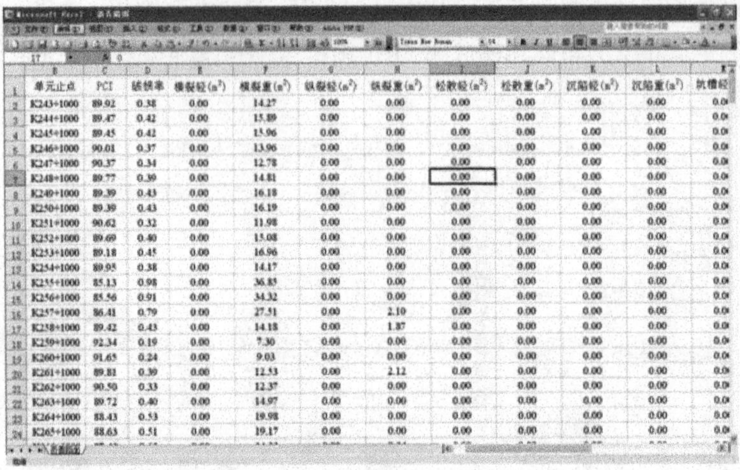

	单元止点	PCI	破损率	横裂轻(m²)	横裂重(m²)	纵裂轻(m²)	纵裂重(m²)	松散轻(m²)	松散重(m²)	沉陷轻(m²)	沉陷重(m²)	坑槽轻
2	K243+1000	89.92	0.38	0.00	14.27	0.00	0.00	0.00	0.00	0.00	0.00	0.0
3	K244+1000	89.47	0.42	0.00	15.89	0.00	0.00	0.00	0.00	0.00	0.00	0.0
4	K245+1000	89.45	0.42	0.00	15.96	0.00	0.00	0.00	0.00	0.00	0.00	0.0
5	K246+1000	90.01	0.37	0.00	13.96	0.00	0.00	0.00	0.00	0.00	0.00	0.0
6	K247+1000	90.37	0.34	0.00	12.78	0.00	0.00	0.00	0.00	0.00	0.00	0.0
7	K248+1000	89.77	0.39	0.00	14.81	0.00	0.00	0.00	0.00	0.00	0.00	0.0
8	K249+1000	89.39	0.43	0.00	16.18	0.00	0.00	0.00	0.00	0.00	0.00	0.0
9	K250+1000	89.39	0.43	0.00	16.19	0.00	0.00	0.00	0.00	0.00	0.00	0.0
10	K251+1000	90.62	0.32	0.00	11.98	0.00	0.00	0.00	0.00	0.00	0.00	0.0
11	K252+1000	89.69	0.40	0.00	15.08	0.00	0.00	0.00	0.00	0.00	0.00	0.0
12	K253+1000	89.18	0.45	0.00	16.96	0.00	0.00	0.00	0.00	0.00	0.00	0.0
13	K254+1000	89.95	0.38	0.00	14.17	0.00	0.00	0.00	0.00	0.00	0.00	0.0
14	K255+1000	85.13	0.98	0.00	36.85	0.00	0.00	0.00	0.00	0.00	0.00	0.0
15	K256+1000	85.56	0.91	0.00	34.32	0.00	0.00	0.00	0.00	0.00	0.00	0.0
16	K257+1000	86.41	0.79	0.00	27.51	0.00	2.10	0.00	0.00	0.00	0.00	0.0
17	K258+1000	89.42	0.43	0.00	14.18	0.00	1.87	0.00	0.00	0.00	0.00	0.0
18	K259+1000	92.34	0.19	0.00	7.30	0.00	0.00	0.00	0.00	0.00	0.00	0.0
19	K260+1000	91.65	0.24	0.00	9.03	0.00	0.00	0.00	0.00	0.00	0.00	0.0
20	K261+1000	89.81	0.39	0.00	12.53	0.00	2.12	0.00	0.00	0.00	0.00	0.0
21	K262+1000	90.50	0.33	0.00	12.37	0.00	0.00	0.00	0.00	0.00	0.00	0.0
22	K263+1000	89.72	0.40	0.00	14.97	0.00	0.00	0.00	0.00	0.00	0.00	0.0
23	K264+1000	88.43	0.53	0.00	19.98	0.00	0.00	0.00	0.00	0.00	0.00	0.0
24	K265+1000	88.63	0.51	0.00	19.17	0.00	0.00	0.00	0.00	0.00	0.00	0.0

图 3-29　沥青路面数据分析示例

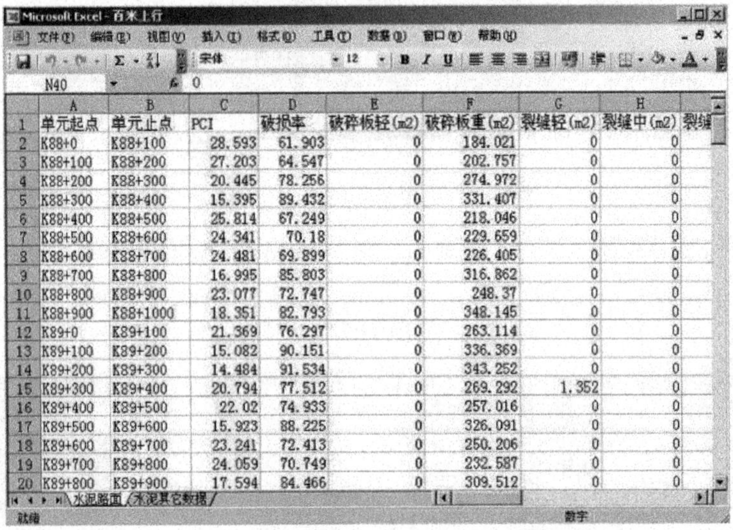

	单元起点	单元止点	PCI	破损率	破碎板轻(m2)	破碎板重(m2)	裂缝轻(m2)	裂缝中(m2)
2	K88+0	K88+100	28.593	61.903	0	184.021	0	0
3	K88+100	K88+200	27.203	64.547	0	202.757	0	0
4	K88+200	K88+300	20.445	78.256	0	274.972	0	0
5	K88+300	K88+400	15.395	89.432	0	331.407	0	0
6	K88+400	K88+500	25.814	67.249	0	218.046	0	0
7	K88+500	K88+600	24.341	70.18	0	229.659	0	0
8	K88+600	K88+700	24.481	69.899	0	226.405	0	0
9	K88+700	K88+800	16.995	85.803	0	316.862	0	0
10	K88+800	K88+900	23.077	72.747	0	248.37	0	0
11	K88+900	K88+1000	18.351	82.793	0	348.145	0	0
12	K89+0	K89+100	21.369	76.297	0	263.114	0	0
13	K89+100	K89+200	15.082	90.151	0	336.369	0	0
14	K89+200	K89+300	14.484	91.534	0	343.252	0	0
15	K89+300	K89+400	20.794	77.512	0	269.292	1.352	0
16	K89+400	K89+500	22.02	74.933	0	257.016	0	0
17	K89+500	K89+600	15.923	88.225	0	326.091	0	0
18	K89+600	K89+700	23.241	72.413	0	250.206	0	0
19	K89+700	K89+800	24.059	70.749	0	232.587	0	0
20	K89+800	K89+900	17.594	84.466	0	309.512	0	0

图 3-30　水泥混凝土路面数据分析示例

$$PCI = 100 - a_0 DR^{a_1} \tag{3-3}$$

式中：a_0——沥青路面采用 15.00，水泥混凝土路面采用 10.66，砂石路面采用 10.10；

a_1——沥青路面采用 0.412，水泥混凝土路面采用 0.461，砂石路面采用 0.487。

《公路技术状况评定标准》中，将路面质量分为优、良、中、次、差五个等级，要求评价标准符合表 3-5 的规定。

路面损坏状况评价标准　　表 3-5

评价指标＼评价等级	优	良	中	次	差
路面损坏状况指数 PCI	≥90	80≤PCI<90	70≤PCI<80	60≤PCI<70	<60

第二节　路面平整度检测与评定

　　自从开始修建道路以来，人们就对道路面表面的平整问题非常重视。路面平整度是路面评价的一个重要指标，不仅影响驾驶员及乘客的行驶舒适性，还与车辆振动、运行速度、轮胎摩擦、车辆运营费等有关。因此，对路面平整度的研究尤为重要，我国的《公路技术状况评定标准》将其列为路面使用性能的一个单独的评价指标。

　　路面平整度描述的是道路路面纵向的高程变化情况，它从行车舒适性、安全性和车辆运营经济性等方面影响路面行驶质量和服务水平。路面平整度是一个涉及人、车、路三方面的指标，不只作为路面施工验收控制指标，而且是设计阶段的控制指标。

　　由于路面平整度问题本身的复杂性，从不同角度出发，对路面平整度所给出的定义有很多种。中华人民共和国交通行业标准《公路工程名词术语》(JTJ 002—87)及国家标准《道路工程术语标准》(GBJ 124—88)将路面平整度(Surface Evenness)定义为：路面表面纵向凹凸量的偏差值。该定义比较模糊，只涉及路的特性，而对人、车方面没有提及。美国试验与材料协会ASTM(American Society for Testing Materials)的定义(E867)为：道路平整度(Traveled Surface Roughness)是路面表面相对于理想平面的竖向偏差，而这种偏差会影响到车辆动力特性、行驶质量、路面所受动荷载及排水。这个定义比较合理，它明确了路面平整度测量的参照系，有利于测定；而且定义中将人车路三方面因素进行综合考虑，对其所导致的影响论述较清楚。但是，该定义并没有给出平整度的评价方法和评价标准。

一、路面平整度检测指标

　　路面平整度的检测指标采用世界银行于 1982 年在巴西制定的国际平整度指数 IRI 表示，其定义为：模拟 1/4 车模型（由固定的弹簧体质量与非弹簧体质量以及弹簧和阻尼组成）在 80km/h 的速度下，一定行驶距离内车身悬架系统总位移与行驶距离之比（单位为 m/km）。世界银行同时还发布了通过路面纵断面高程数据计算 IRI 的标准计算程序。

　　IRI 作为道路平整度检测的标准尺度已经被世界各国广泛采用，这主要是因为 IRI 指标具有如下特点：

　　(1)IRI 代表的是纵断面各点高程偏差的统计值，具有时间和空间的稳定性。

　　(2)IRI 与所有道路平整度检测设备都具有良好的相关性，便于把不同设备的测试结果统一向 IRI 转换和标定。

　　1/4 车模型，见图 3-31。图中，m_s 为弹簧质量，即车身部分质量；m_u 为非弹簧质量，即轮胎质量；k_s 为车身悬架刚度；k_t 为轮胎刚度；C_s 为悬架阻尼。

　　将弹簧质量体和非弹簧质量体分别独立成隔离体，分别分析其平衡过程。

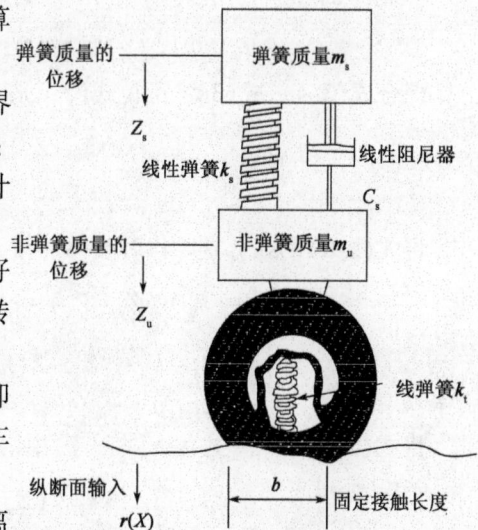

图 3-31　1/4 车模拟模型

弹簧体的平衡模型如图 3-32 所示。

规定坐标轴正方向竖直向下,并假设 $Z_s > Z_u$,则线性弹簧 K_s 处于压缩状态,弹簧质量体的动力平衡方程见式(3-4)。

$$F_{m_s} = - m_s \cdot \ddot{Z}_s$$

$$F_{k_s} = k_s \cdot (Z_s - Z_u)$$

$$F_{C_s} = C_s \cdot (\dot{Z}_s - \dot{Z}_u)$$

$$F_{m_s} - F_{k_s} - F_{C_s} = 0 \tag{3-4}$$

$$\Rightarrow - m_s \cdot \ddot{Z}_s - k_s \cdot (Z_s - Z_u) - C_s \cdot (\dot{Z}_s - \dot{Z}_u) = 0$$

$$\Rightarrow m_s \cdot \ddot{Z}_s + k_s \cdot (Z_s - Z_u) + C_s \cdot (\dot{Z}_s - \dot{Z}_u) = 0$$

非弹簧体的平衡模型如图 3-33 所示。

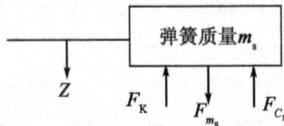

图 3-32 弹簧体的平衡模型   图 3-33 非弹簧体的平衡模型

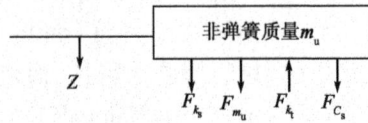

对于非弹簧质量体,一般 $Z_u > y$,则非弹簧质量体的动力平衡方程见式(3-5)。

$$F_{m_u} = - m_u \cdot \ddot{Z}_u$$

$$F_{k_s} = k_s \cdot (Z_s - Z_u)$$

$$F_{C_s} = C_s \cdot (\dot{Z}_s - \dot{Z}_u)$$

$$F_{k_t} = k_t \cdot (Z_u - y)$$

$$F_{m_u} + F_{k_s} + F_{C_s} - F_{k_t} = 0 \tag{3-5}$$

$$\Rightarrow - m_u \cdot \ddot{Z}_u + k_s \cdot (Z_s - Z_u) + C_s \cdot (\dot{Z}_s - \dot{Z}_u) - k_t \cdot (Z_u - y) = 0$$

$$\Rightarrow m_u \cdot \ddot{Z}_u - k_s \cdot (Z_s - Z_u) - C_s \cdot (\dot{Z}_s - \dot{Z}_u) - k_t \cdot (Z_u - y) = 0$$

综合式(3-4)、式(3-5)可得式(3-6):

$$\begin{cases} m_s \cdot \ddot{Z}_s + k_s \cdot (Z_s - Z_u) + C_s \cdot (\dot{Z}_s - \dot{Z}_u) = 0 \\ m_u \cdot \ddot{Z}_s - k_s \cdot (Z_s - Z_u) - C_s \cdot (\dot{Z}_s - \dot{Z}_u) + k_t \cdot (Z_u - y) = 0 \end{cases} \tag{3-6}$$

将式(3-6)两端分别除以弹簧体质量 m_s 可得式(3-7):

$$\begin{cases} \ddot{Z}_s + k_2 \cdot (Z_s - Z_u) + c \cdot (\dot{Z}_s - \dot{Z}_u) = 0 \\ \mu \cdot \ddot{Z}_u - k_2 \cdot (Z_s - Z_u) - c \cdot (\dot{Z}_s - \dot{Z}_u) + k_1 \cdot (Z_u - y) = 0 \end{cases} \tag{3-7}$$

式中:$k_1 = k_t/m_s, k_2 = k_s/m_s, \mu = m_u/m_s, c = C_s/m_s$。

将式(3-7)中第一式代入式(3-7)中第二式可得式(3-8):

$$\begin{cases} \ddot{Z}_s + k_2 \cdot (Z_s - Z_u) + c \cdot (\dot{Z}_s - \dot{Z}_u) = 0 \\ \ddot{Z}_s + u\ddot{Z}_u + k_1 Z_u = k_1 y \end{cases} \tag{3-8}$$

式(3-6)~式(3-8)均为 1/4 车模型的动力平衡微分方程。

国际平整度指数 IRI 定义见式(3-9)。

$$IRI = \frac{1}{L}\int_0^L |Z_s - Z_u|\,dx \tag{3-9}$$

为了保证评价指标 IRI 的一致性及标准化,通常采用固定参数的方法使评价指标达到统一,即标准化的 1/4 车模型,各参数见式(3-10)。

$$\begin{cases} k_1 = k_t/m_s = 653\text{s}^{-2} \\ k_2 = k_s/m_s = 63.3\text{s}^{-2} \\ \mu = m_u/m_s = 0.15 \\ c = C_s/m_s = 6.00\text{s}^{-1} \end{cases} \tag{3-10}$$

求解式(3-6)~式(3-8)有很多方法,目前最常用的是传递矩阵法和基于计算机语言的数值解法。世界银行在指定该标准时编制了相应的标准计算程序,在量得纵断面的高程资料以后,可以按抽样点间距计算。此外,国内外诸多学者根据微分方程的解法,利用不同算法,编制了不同的计算程序。不同的计算方法会有不同的计算误差,这主要取决于迭代计算选取的初值是否合理以及统计间隔的确定。

式(3-8)所示的积分型 IRI 计算公式可以转化成式(3-11)所示的离散型公式:

$$IRI = \frac{1}{L}\sum_{i=1}^n |Z_{si} - Z_{ui}| \tag{3-11}$$

式中:L——测量的距离。

输入纵断面检测数据,给定迭代开始的初始状态向量,便可以计算得到 IRI。

各类路面 IRI 的大致变化范围见图 3-34,从图中可以看出,路面表面状态不同时,对应的 IRI、可以行驶的速度也不相同。以新建路面为例,其表面基本没有损坏,IRI 基本在 3.0m/km 以下,可以行驶的速度在 100km/h 以上;而随着路面的使用时间增长,其表面逐渐出现损坏,IRI 也随之增大,通常采用的车速也随之降低。

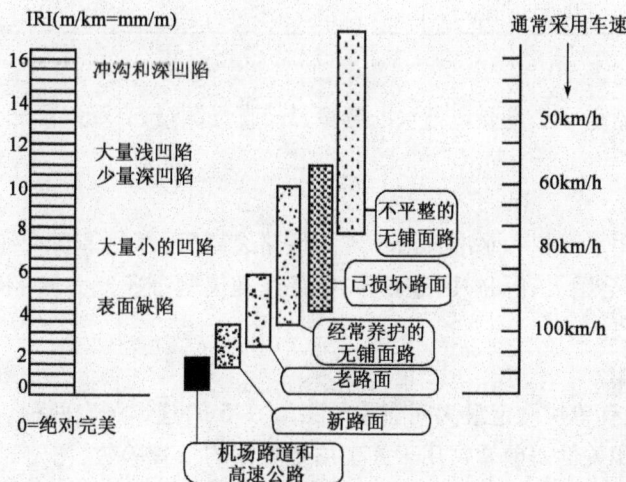

图 3-34 各类路面的 IRI 变化范围

道路断面可以认为由不同特性的短波、中波及长波组成。对平整度的评价也可以采用功率谱密度 PSD（Power Spectral Density）的方法，功率谱密度表示变量在不同频率（波长）下的方差，这样可以通过分析不同频率（波长）下的高程、速度和加速度的方差分析路面断面的不平整性。经过滤波或车辆振动系统作用后的功率谱分析可以比较不同波长下输入、输出的变化，从而知道平整度敏感的频率范围。这有利于评价动力反应类平整度的特征，也为车辆振动系统的优化提供了分析基础。

二、路面平整度检测方法与检测设备

平整度的检测设备从原理上可分断面类和反应类两种技术类型。断面类平整度测定方法可分为两类：静态纵断面测定与动态纵断面测定。早期路面平整度测定主要通过静态法量测路面表面的凹凸变化，沿行驶车辆的轮迹量测路面表面的高程，得到纵断面，通过数学分析后采用一个综合性统计量表征其平整度。反应类测定方法是以车辆的某一位置的动态响应来描述路面的平整度，是一种间接式的测量方法；反应类指标是驾驶员和乘客直接感受到的舒适性能指标，主要用来评价行驶质量。国内外常用的平整度检测设备见表 3-6。

常用路面平整度检测设备 　　　　　　　　　　　　　表 3-6

检 测 方 法	检 测 设 备	检 测 方 式	检 测 指 标	开 发 国 别
反应类	BPR 平整度仪	动态	位移累积值	美国
	颠簸累积仪 BI	动态		英国
	RRDAS 平整度仪	动态		澳大利亚
断面类	水准仪及水准尺	静态	路面高程	世界银行
	3m 直尺	静态	路表间隙	—
	MERLIN 梁	静态	位移偏差	英国 TRL
	连续式平整度仪	动态	位移标准差	中国/日本
	惯性断面仪 GMR	动态	车体与路面距离	美国
	纵断面分析仪 APL	动态		法国 LCPC
	非接触式断面仪	动态		丹麦/瑞典/英国

（1）断面类

断面类平整度测定方法主要包括水准测量、3m 直尺测量、直梁基准测量仪、多轮仪和激光平整度仪等。

①水准仪

水准测量是使用水准仪和水准尺沿轮迹测量路表高程，由此得到精确的路表纵断面。水准测量结果稳定，不会因人、因时、因地而异，但是水准仪测量速度太慢，不适用于较长路段及大面积施工质量验收。

②3m 直尺

3m 直尺测定法有单尺测定最大间隙及等距离（1.5m）连续测定两种。两种方法测定的路面平整度有较好的相关性。前者常用于施工质量控制与检查验收，测定时要计算出测定段的合格率；等距离连续测试也可用于施工质量检查验收，用标准差来表示平整程度。

③直梁基准测量仪

英国运输研究所 TRL 研制的 3m 直梁基准测量仪是一种半自动化梁式断面测量仪

（图 3-35）。直梁基准测量仪为一根长 3m 的铝制梁,两端支于可以调整水平的三脚架上,直径为 250mm 的跟随轮装在可以在梁上滑移的支架上,跟随轮沿梁长方向在路面表面上滚过,装在支架内的仪器测出跟随轮相对于梁的竖向位移,分辨率达 1mm,取值间距为 100mm。滑移支架由人工操作,以步行速度由梁的一端推移到另一端。每隔 3m 进行一次测试,通过连续测量可以得到路段的纵断面。此方法可以得到精确的断面数据,测量速度较水准测量仪快,同时节省劳动力。

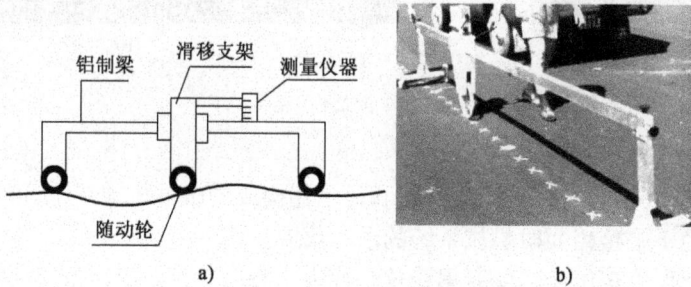

图 3-35 直梁基准测量仪

④连续式平整度仪

连续式平整度仪(多轮仪)可以连续测量路面平整度,具有连续测量、自动运算、显示并打印路面平整度标准差的功能,主要有八轮仪和十六轮仪(图 3-36)两种,主要由平衡轮、平衡梁、基准梁、测量仪器和测量轮组成。平衡轮两两成对的装配成平衡形式,当路面不平时,各轮架可绕平衡架转动,各平衡架又可绕基准梁转动。轮兼有平衡和支承仪器的功能,沿行驶方向两排平衡轮共 16 个。随动基准梁是一根直梁,直梁中点是测量的参考点,该点处于 16 个平衡轮的平均位置。测量轮在弹簧的作用下保持与路面接触,它测量基准梁和路面的相对竖向位移并记录在仪器上。采用标准差 σ 表示路面的平整度,以 mm 计。

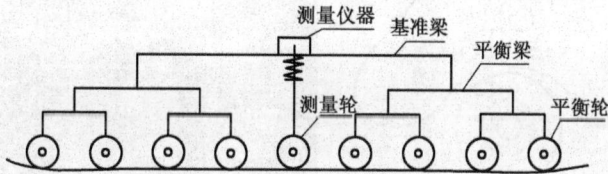

图 3-36 连续式平整度仪

⑤激光平整度仪

断面类的代表性设备为激光平整度仪,是一种非接触式的平整度仪(图 3-37)。利用激光测距原理测量车体到路面的距离 d,同时采用加速度传感器或惯性平台测量并计算车体的振动加速度和竖向位移 s,将路面表面相对于同一参考平面的高程设为 $h = d - s$,按一定的采样间隔持续采样,就可以得到路面的相对纵断面。测量结束后采用专用软件自动计算国际平整度指数 IRI。激光平整度仪一般不受路况和检测速度的影响,因而得到了广泛应用。

上述测量方法中水准测量能够得到精确的纵断面数据,但是测试速度慢,只适用于小范围检测或设备标定;3m 直尺、直梁基准仪、连续式平整度仪在施工检测中应用较多,但由于测试仪器自身长度的限制,存在效率低、精度差、难以反映路面较长波长的颠簸和起伏状况等问题;激光平整度仪是目前最为先进的测试设备,不受速度、长度等限制。

图 3-37　激光平整度仪

（2）反应类

反应类测量仪是一个由检测车、传感器和显示器构成的机械振动系统,可以传感和累积车辆以某一速度驶经不平整路面时机械系统的动态反应。

反应类平整度仪以英国产的颠簸累积仪为代表,分车载式和拖挂式两种,见图 3-38。其原理是测试车以一定速度在路面上行驶,由于路面上的凹凸不平状况,引起汽车的激振,通过机械传感器可测量后轴同车厢之间的单向位移累积值 VBI,以 m/km 计。VBI 越大,则路面的平整性越差。车载式颠簸累积仪由机械传感器、数据处理器及微型打印机组成,测试速度以 32km/h 为宜,一般不宜超过 40km/h,最小读数为 10mm,最大测试幅值为 ±300mm。颠簸累积仪受车辆类型、车辆状况、轮胎压力、检测速度的影响较大,不适用于较差的路况。汽车的减振性能越好,则 VBI 测值越小;车速越高,则 VBI 测值越大。

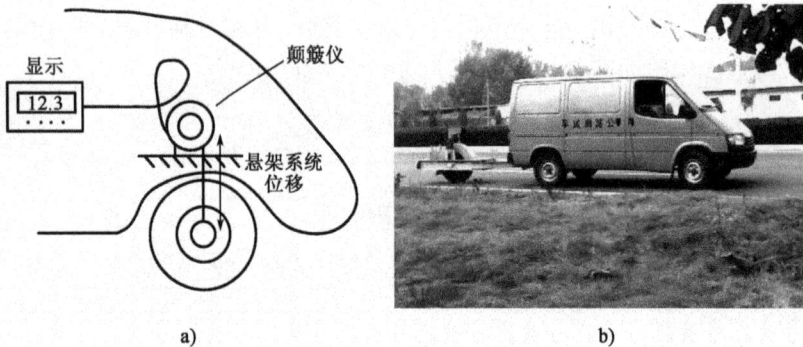

图 3-38　颠簸累积仪测距原理及拖挂式颠簸累积仪

反应类指标表征的是路面凹凸不平引起的车辆振动的颠簸情况,是驾驶员和乘客直接感受到的平整度指标,因此,它实际上是行驶舒适性指标。

反应类平整度仪还有美国的 PCA 仪（PCA Meter）和梅氏仪（Mays Meter）等。反应类平整度检测设备操作简便、测量速度较快,可用于大规模路面平整度的快速检测。但是,该类设备是对路面平整度的间接测量,在应用时存在如下问题:

①再现性差,同一台设备安装在不同车辆,或在不同时间进行测定时的结果不一致。

②转换性差,不同部门的测定结果难以进行直接对比。

③不能反映路面的真实纵断面。

三、路面平整度的评定方法

1. 不同设备测得的平整度与 IRI 之间的换算

各种平整度检测设备必须定期标定,每年至少标定一次,标定的相关系数应大于0.95。不同类型的平整度检测设备输出的指标不尽相同,在引进了 IRI 的概念之后,就可以利用 IRI 对各种检测设备进行标定,以得到"时间—空间"稳定的平整度数据。标定试验一般采用如下步骤:

(1)根据所测 IRI 的分布情况,选择5条平整度不同的试验路段,从好到坏不同程度应各有一段,每条路段长300m左右。

(2)采用精密水准仪或经过校准的符合世界银行一类测试标准的断面类平整度检测设备对标定路段进行检测。用精密水准仪测量时,从起点到终点每0.25m或0.5m测量一点,记录其高程数据,利用世界银行提供的标准计算程序计算 IRI。分别计算两个轮迹处的 IRI 值,取平均值作为该路段的标准 IRI 值。

(3)采用反应类设备(或其他需要标定的设备)对标定路段进行平整度检测,每条路段检测5次,取平均值作为该路段的平整度检测值(BI)。

(4)将各标定路段的平整度标准值(IRI)和相应的检测值(BI)进行回归分析,一般可以采用线性方程回归,建立标定方程($IRI = a + b \times BI$,a、b 为标定系数)。断面类平整度检测设备的标定可以参照上述反应类设备的试验步骤进行,将设备实测 IRI 值与精密水准测量得到的标准 IRI 值进行对比性试验,以便验证设备的工作状态和有效性。

激光平整度仪标定现场,见图3-39。

a)   b)

图3-39 激光平整度仪标定现场

2. 路面行驶质量的评定方法

行驶质量不仅与路面的平整度及车辆的动态特征有关,还与乘车人对行驶舒适性的要求和颠簸的耐受能力有关。因此,通过建立路面平整度与主观评分之间的关系进行路面行驶质量评定时,要邀请具有不同代表性的乘客组成评分小组,评分小组成员按个人的主观意见对路面进行评分,以平均分值代表主观评价值。

我国路面平整度的评价指标采用路面行驶质量指数 RQI,其与 IRI 的关系见式(3-12)和

图 3-40。

$$RQI = \frac{100}{1 + a_0 e^{a_1 IRI}} \quad (3-12)$$

式中：RQI——行驶质量指数，数值范围为 0 ~ 100；

a_0——高速公路和一级公路采用 0.026，其他等级公路采用 0.018 5；

a_1——高速公路和一级公路采用 0.65，其他等级公路采用 0.58。

由于公路的使用者对不同等级公路的舒适性要求和期望不同，高速公路（包括一级公路）和其他等级公路的模型参数不同。在《高速公路养护质量检评方法（试行）》中，IRI 为 4.0m/km 和 IRI 为 6.0m/km 分别被定义为优（RQI = 90）和良（RQI = 80）。随着我国公路管理技术的不断进步和公路养护技术能力的逐渐提高，《公路技术状况评定标准》将优（RQI = 90）和良（RQI = 80）对应的 IRI 分别提高到IRI = 2.3m/km 和 IRI = 3.5m/km（高速、一级公路）和 IRI = 3.0m/km 和 IRI = 4.5m/km（普通公路）。调整后的行驶质量评价模型在一定程度上反映了我国公路路面铺筑技术的进步和公路用户对道路平整度期望水平的提高。RQI 与 IRI 对应关及行驶质量的标准，见表 3-7。

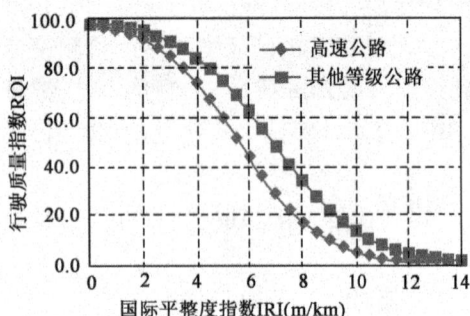

图 3-40 IRI 与行驶质量指数之间的关系

IRI 的评价标准 表 3-7

等级 评价指标	优	良	中	次	差
RQI	≥90	80 ≤ RQ < 90	70 ≤ RQI < 80	60 < RQI < 70	< 60
IRI 高速、一级公路	≤2.3	2.3 < IRI ≤ 3.5	3.5 < IRI ≤ 4.3	4.3 ≤ IRI ≤ 5.0	> 5.0
IRI 其他等级公路	≤3.0	3.0 < IRI ≤ 4.5	4.5 ≤ IRI ≤ 5.4	5.4 < IRI ≤ 6.2	> 6.2

第三节　路面抗滑性能检测与评定

一、路面抗滑性能检测指标

路面抗滑性能直接影响公路行车的安全性。一般而言，干燥的路面可以提供较高的抗滑性能，潮湿或水的存在将降低抗滑性能或增加滑溜、水漂的可能性。对路面的抗滑性能检测就是为了检测路面抗滑性能的衰减程度，保证路面的行车安全。

路面的抗滑性能可以用路面摩擦系数来表征，它体现了路面能否提供防止车辆轮胎滑动和减小制动距离的能力。根据测试方法不同，摩擦系数分为制动力系数和横向力系数两种。制动力系数只能表明车辆制动距离的长短，横向力系数既能体现车辆制动距离的长短，又能表征路面防止车辆侧滑的能力。《公路技术状况评定标准》建议采用横向力摩擦系数 SFC 作为检测指标，并通过 SFC 计算路面抗滑性能指数。

二、路面抗滑性能的检测方法

西方发达国家在 20 世纪 30 年代就开始进行路面抗滑性能的研究,最初是基于物理学的概念,涉及车辆轮胎与路面材料之间的摩擦力学作用和其他影响因素的分析。目前,世界各国已经形成了多种路面抗滑性能的测试方法,根据测试方式可以划分为测定摩擦系数的直接法和测定路面微观构造与宏观构造的间接法。直接法主要包括人工法和车辆法两种,人工法比较常见的是摆式仪法,而车辆法用得较多的是摩擦系数测试车法。间接法主要是测试路面表面的特性,主要包括路面表面微观构造和宏观构造。微观构造是指集料表面纹理,它随车轮的反复磨耗而逐渐被磨光,通常采用石料的磨光值来表征抗磨光性能,也可以采用更精确的摄像分析法和电镜扫描法来测试微观构造。宏观构造是指路表外露集料间形成的构造,可以使车轮下的路表水迅速排除,以免形成水膜,可用构造深度表征;常用的测试方法包括铺砂法、摄像分析法、激光测定法等。一般而言,微观构造在低速(30 ~ 50km/h 以下)对路表抗滑性能起主要作用,宏观构造在高速行驶时对路表抗滑起主要作用。

常用的抗滑性能测试方法,见图 3-41。

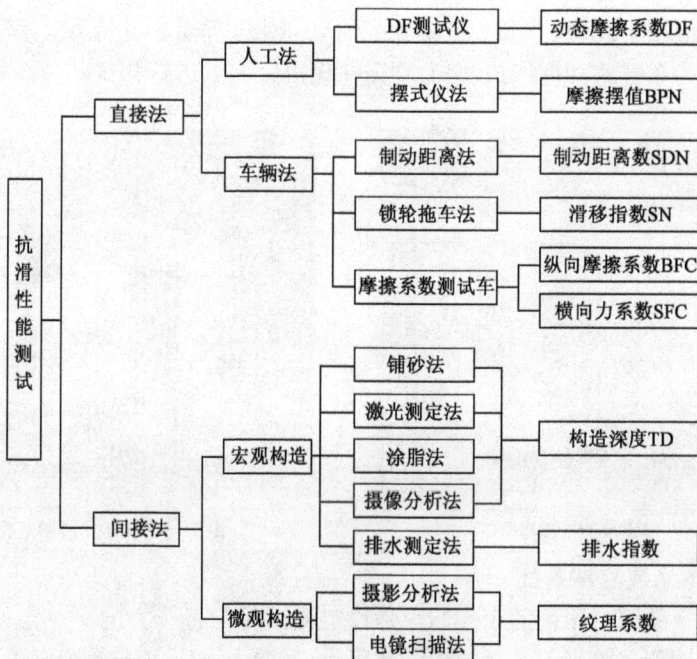

图 3-41 抗滑性能测试方法

注:其中动态摩擦系数 DF 为 Dynamic Friction Coefficient,摆式仪的摆值 BPN 为 British Pendulum Number,制动距离数 SDN 为 Stopping Distance Number,滑移指数 SN 为 Slip Number,纵向摩擦系数 BFC 为 Braking Friction Coefficient,构造深度 TD 为 Texture Depth。

三、路面抗滑性能的检测设备

1. 摆式摩擦系数测试仪

摆式摩擦系数测试仪是一种小型路面抗滑性能测试装备,在世界上广泛使用,见图 3-42。

其工作原理是根据能量守恒的规律，将摆臂的势能损失转化为路面摩擦力所做的功，进而反算出摩擦系数并通过摆式仪的摆值 BPN 读出。摆式仪价格低廉、便于携带、操作简便，但只能测试相当于较低车速下的单点的路面摩擦系数，且在宏观构造粗糙的路面上进行测试时容易产生较大偏差，测试时对交通的干扰较大，已经明显不能适应高等级公路对路面抗滑性能在检测精度和检测频率方面的需要。

2. 动态摩擦系数测试仪 DFT（Dynamic Friction Tester）

DFT 摩擦系数测试仪由日本制造，与摆式仪相似，也是通过摩擦力做功使旋转动能损失来反算动态摩擦系数值。该仪器已被多个国家的研究者所注意，有逐渐被采用的趋势。DFT 测试仪的特点是便于携带，可测试单采样点处 0～80km/h 范围内的摩擦系数值，但不适用于宏观构造较粗糙的路面。

上述两种方法都是直接测试法中的人工法，采用的设备简单便捷，但均为单点固定操作，采样频率低，且不适用于粗构造路面，因此，在高速公路检测中应用较少。

3. 摩擦系数测试系统

路面摩擦系数自动化测试系统主要包括以英国的 SCRIM（图 3-43）为代表的横向力摩擦系数系统和广泛应用于北美、欧洲和日本等国的纵向摩擦系数测定系统。路面摩擦系数自动化测试系统又分为车载式和拖挂式两种，均需在潮湿路面上进行测试。

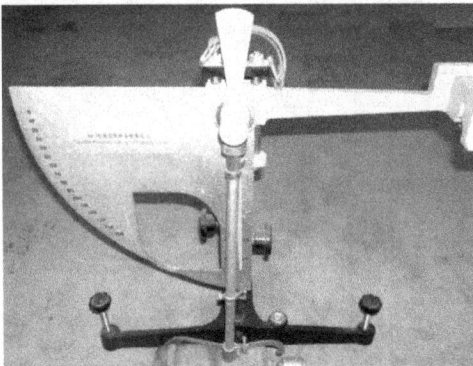

图 3-42　摆式摩擦系数测试仪

图 3-43　SCRIM 摩擦系数测试车

（1）横向摩擦系数测试系统

横向力摩擦系数测试系统的工作原理是设定测试轮与行车方向呈一定偏角，当车辆前进时就会产生一个同测试轮平面垂直的横向摩阻力，横向力由压力传感器量测，大小与路面和轮胎之间的摩擦系数成正比，该横向力与测试轮承受垂直荷载的比值即为横向力系数 SFC。为模拟实际路面上的最不利状态，利用水箱喷头在测试轮前喷洒一定量的水，使路面保持一定厚度的水膜。在实际应用中，有的装备采用的是单轮偏角的形式（如 SCRIM），其工作原理见图 3-44；有的装备采用双轮合角的形式（如 Mu-Meter）。横向力系数是路面纵横向摩擦系数的综合反映，能够很好地表征车辆制动时路面阻止其发生侧滑的抗

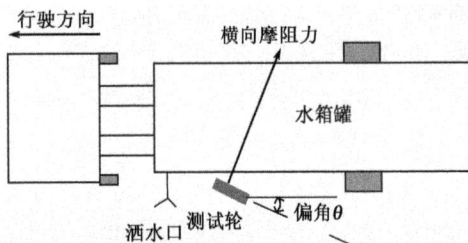

图 3-44　横向力系数测试系统工作原理示意图

力。英国、比利时和丹麦等国均规定将横向力系数 SFC 作为路面抗滑性能控制指标。表 3-8 中汇总了几种常见横向力系数测试装备的技术参数。

横向力系数测试装备的技术参数汇总表 表 3-8

国家	测试设备	传感器	测 试 轮			洒 水 系 统			标准测试速度（km/h）
			个数	轮荷（kN）	偏角（°）	容积（m³）	洒水方式	水膜厚度（mm）	
英国	SCRIM	液压式	1~2	2.0	20	5.5	自流	0.5~1.0	50~90
英国	Mu-Meter	液压式	2	2.0	7.5	专用水车	自流	1.0	64~96
比利时	Odoliographe	液压式	1	2.5	20	专用水车	自流	1.0	55~80
丹麦	Stradograf	应变式	2	2.5	12	4.4	压力泵	0.2	60

国内使用的横向力系数检测系统主要有英式装备和国产装备两种。图 3-45 所示为交通运输部公路科学研究院研制开发的横向力系数测试车（RiCS），它由承载车辆、横向力测试装置、供水装置和主控制系统组成。主控制系统实施对测试装置和供水装置的操作控制，同时由微机控制数据的传输、转换、存储与计算过程。RiCS 为高效自动化检测装备，能够对路面进行长距离连续测试，结果可直接导入路面管理系统数据库。

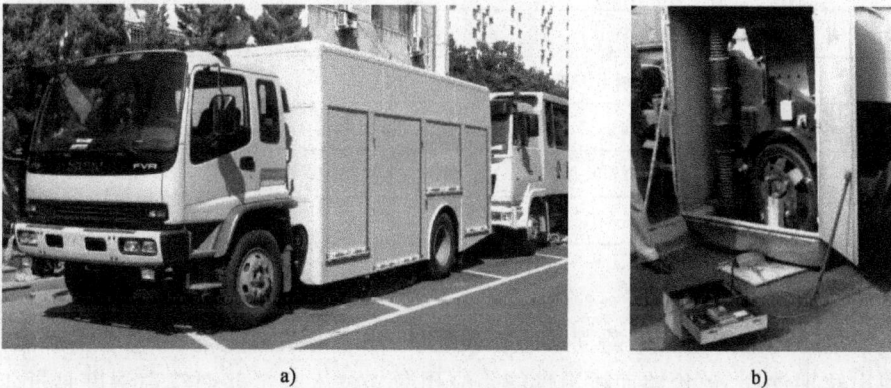

a)   b)

图 3-45 路面抗滑性能检测车（RiCS）

（2）纵向摩擦系数测试系统

纵向摩擦系数测试系统的工作原理是使测试轮与车辆的前进方向保持一致，测定完全制动或不完全制动时测试轮上产生的纵向摩阻力和承受的竖向荷载，二者的比值即为纵向制动力摩擦系数 BFC 或滑移指数 SN，由此可反映路面对车辆制动距离长短的影响。摩擦系数测试部件可安装在车体上，也可以拖挂。该系统能在较宽速度范围内测试路段的平均摩擦系数，测试结果符合车辆实际制动时的情况，并且不影响其他车辆的正常行驶。此类代表性设备主要有英国的 Grip Tester［图 3-46a)］、瑞典的 SAAB ASFT［图 3-46b)］以及美国的 ITX Friction Tester 等，常用的纵向摩擦系数检测装备见表 3-9。

a) Grip Tester

b) SAAB ASFT

图 3-46　纵向摩擦系数测试设备

纵向力系数测试装备的技术参数汇总表　　　　　　表 3-9

开发国别	装备名称	装备类型	工作方式
瑞典	Skiddometer BV8	拖车式	制动轮,固定滑移率20%
	Skiddometer BV11	拖车式	制动轮,固定滑移率17%
	SAAB ASFT	内置式/拖车式	制动轮,固定滑移率12%
英国	Grip Tester	拖车式	制动轮,固定滑移率15%
丹麦	Dynatest Friction Tester	内置式	制动轮,固定滑移率13%
		拖车式	制动轮,锁定
荷兰	RWL-Trailer	拖车式	制动轮,固定滑移率86%
挪威	Norsemeter ROAR	拖车式	制动轮,可变滑移率
波兰	Skid Resistance Tester	拖车式	制动轮,锁定
法国	LCPC Skid Trailer Adhera	拖车式	制动轮,锁定
美国	ITX Friction Tester	拖车式	制动轮,锁定

4. 路面纹理深度检测

实践中常采用铺砂法测量路面纹理深度的大小,有手工铺砂法和电动铺砂法两种,通过计算得出纹理深度,评价路面抗滑性能。应用激光技术测量路面纹理深度是近年发展起来的测试方法,常用设备为激光路面纹理测试仪,有车载式和手推式两种,测试指标为路面纹理深度。

四、路面抗滑性能的评价

路面的抗滑性能直接影响公路车辆的行车安全性。路面抗滑性能用路面抗滑性能指数(SRI)评价,其计算公式如下:

$$SRI = \frac{100 - SRI_{min}}{1 + a_0 e^{a_1 SFC}} + SRI_{min} \qquad (3-13)$$

式中:SFC——横向力系数(Side-way Force Coefficient);

SRI_{min}——标定参数,采用35.0;

a_0——模型参数,采用 28.6;

a_1——模型参数,采用 −0.105。

路面抗滑性能指数(SRI)与横向力系数(SFC)的特征数据对应关系见表 3-10。

路面抗滑性能评价标准 表 3-10

评价指标 / 评价等级	优	良	中	次	差
横向力系数 SFC	≥48	40≤SFC<48	33.5≤SFC<40	27.5≤SFC<33.5	<27.5
路面抗滑性能指数 SRI	≥90	80≤SRI<90	70≤SRI<80	60≤SRI<70	<60

第四节　路面结构强度检测与评定

不同国家、地区和部门进行路面结构强度检测的目的和方法各不相同。一般情况下,进行路面结构检测的目的包括掌握设施的服务潜能、分析路面结构强度的变化趋势、预测结构的剩余寿命、为结构的加固、补强设计提供设计依据或设计参数。我国对路面结构强度的检测非常重视,往往作为判断结构承载能力以及损坏原因的主要依据。

一、路面结构强度检测指标

路面弯沉是表示沥青路面结构强度的一项重要指标,是路面在车辆荷载作用下发生垂直下沉变形的位移量。根据检测时施加荷载方式的不同,路面弯沉可分为静态弯沉和动态弯沉,由贝克曼梁和自动弯沉仪等静态加载试验方法得到的是静态弯沉,由落锤式弯沉仪和激光弯沉仪等动态加载试验方法得到的是动态弯沉。根据峰值数据采集方式不同静态弯沉可分为回弹弯沉和总弯沉。目前,我国路面设计指标之一是路表回弹弯沉,并规定了双轮胎轮隙中心处路面表面最大回弹弯沉值不应大于竣工验收弯沉值。在施工质量控制及施工质量验收中,用到了竣工验收弯沉值;在旧路补强设计中,回弹弯沉也是反映旧路强度的一个重要参数。

《公路技术状况评定标准》规定对路面结构强度采用抽样检测与评定的方法,检测范围控制在养护里程的 20% 以内。应根据路面大中修养护需求和路基的地质条件等因素,确定路面弯沉的检测范围和检测位置。

二、路面弯沉检测方法和检测设备

弯沉检测的主要目的是要测量出路面在荷载作用下的垂直位移量。路面弯沉检测及分析技术是随着机械、电子、计算机和激光技术的发展而不断进步的,其发展大致表现为初级人工测试方式、机械自动化测试方式和高速激光测试方式三个阶段。不同类型的路面弯沉检测设备,其技术原理和工作方式也不同。根据检测装置的加载特性可分为静态弯沉检测、稳态动力弯沉检测和脉冲动力弯沉检测三种方式。按照工作方式可以分为固定采样和行驶采样两种。本书将重点介绍目前常用的路面弯沉检测设备。

（1）贝克曼梁弯沉仪

贝克曼梁弯沉仪采用的是人工测量方式，它利用标准车对路面加载，通过百分表观测路面回弹弯沉，属于静态检测、固定采样，见图 3-47。其工作原理简单、操作方便，得到了广泛的应用。但是，贝克曼梁弯沉值是相对于梁支点处的变形，对于半刚性基层路面，弯沉盆范围较大，支点变形导致测试结果失实；沥青路面的弹性系数与温度和荷载作用时间密切相关，而贝克曼梁难以测定荷载的作用时间，弯沉精度受到影响；仅能测得单点最大弯沉值，难以测得弯沉盆的形状和大小。

（2）自动弯沉仪

自动弯沉仪为行驶采样、静态弯沉类检测设备，其工作原理与贝克曼梁相似，只是采用位移传感器代替了百分表进行自动测量，同时改变了前后测臂的长度比例。测试过程为：自动弯沉仪测定车在检测路段以一定速度行驶，将安装在测试车前后轴之间底盘下面的弯沉测定梁放到车辆底盘的前端并支于地面保持不动，当后轴双轮轮隙通过测头时，弯沉通过位移传感器等装置被自动记录下来。这时，测定梁被拖动，以两倍的汽车速度拖到下一测点，周而复始地向前连续测定。

自动弯沉仪的测试结果为静态总弯沉，按照我国相关规范的要求，应与贝克曼梁进行对比试验，将测试结果换算为标准回弹弯沉。自动弯沉仪由测试车辆、测量机构和数据采集处理系统组成。测试时车辆能以 3 ~ 7km/h 的速度稳定行驶，控制系统根据事先设定的程序并通过光电管、牵引绞盘及导向机构等部件自动操作测量机构的行走和测试过程，数据采集系统通过位移、温度和距离等传感器连续自动采集单侧或双侧测点的静态弯沉峰值、弯沉盆及温度和距离等信号，经数据转换程序将上述信号编译成标准数据文件。

与贝克曼梁相比，自动弯沉仪采样频率及自动化程度高，可减轻操作人员的劳动强度；测量时车辆匀速行驶，消除了作用时间不均匀造成的误差；同时检测数据与贝克曼梁测试结果具有良好的相关性。目前，该设备已被频繁应用于高等级公路施工质量验收和养护管理过程中，可以在不封闭交通但采取必要安全措施的条件下进行高速公路的弯沉测试作业。图 3-48 为交通运输部公路科学研究院研制开发的自动弯沉仪，其原型为法国的洛克鲁瓦型弯沉仪（Lacroix Deflectgrap）。

图 3-47　贝克曼梁

图 3-48　路面自动弯沉仪（ABB）

（3）稳态动力弯沉仪

稳态动力弯沉仪利用动荷载发生器对路面施加周期性荷载（通常为固定频率的正弦动荷

载),通过在路面上沿荷载轴线相隔一定间距布置的一组速度传感器量测路面表面的动弯沉盆曲线。此类弯沉仪克服了静力弯沉仪的缺陷,应用了惯性基准点,测试精度、速度都有较大的提高。但为了保证施加振动荷载时仪器不跳离路面,仪器的自重必须大于动荷载,即需要较大的静力预载。这样,在试验开始前就已经影响了路面材料的应力状态,且施加的动荷载较小,不能反映实际车辆荷载的作用。稳态动力弯沉仪多产于美国,分为轻型(用于公路检测)和重型(用于机场检测)两种,常用装备有 Dynaflect 和 Road Rater 等(图 3-49)。

a) Dynaflect b) Road Rater

图 3-49　稳态动力弯沉仪

(4)落锤式弯沉仪 FWD

落锤式弯沉仪于 20 世纪 70 年代末在丹麦和瑞典研制成功,目前被世界各国广泛应用于动态弯沉检测和结构性能评价。落锤式弯沉仪主要由液压冲击加载系统、信号采集系统和计算机操作控制系统三部分组成。其工作原理为:电动液压装置将规定重量的落锤提升到预设高度后,使其自由下落到一缓冲装置上,再通过承载板(直径 0.30m 或 0.45m)给路面施加近似半正弦的脉冲荷载,荷载脉冲由压力盒量测,持续时间 0.02~0.045s(相当于 40~60km/h 的行车速度),通过改变锤重(50~300kg)、落高(0.04~0.4m)及缓冲垫等可以调节冲击荷载的大小及波形,利用沿荷载轴线布置的多道传感器(位移型或速度型)采集并记录下各测点在冲击荷载作用瞬间的动态变形信号,通过 A/D 转换器输入微机内进行运算,量测结果可以反映动态弯沉峰值和弯沉盆形状。其工作原理示意图,见图 3-50。

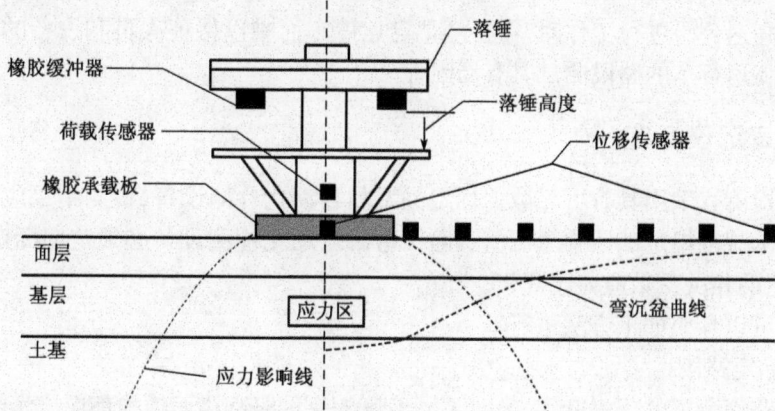

图 3-50　FWD 工作示意图

落锤式弯沉仪有拖车式和内置式两种,见图3-51。

a)内置式落锤弯沉仪

b)拖车式落锤弯沉仪

c)拖车式落锤弯沉仪传感器布置

图3-51　FWD示例

落锤式弯沉仪的优点为:

①较好地模拟了车辆荷载的作用,可快速准确地量测路面的弯沉盆,为路面结构层的模量反算提供了基础。

②荷载大小可调,可实测路面的荷载—弯沉关系曲线。

③与稳态动力弯沉仪相比,静力预载很小且不改变路面材料的受力状态。

④可在整体刚度较大的高等级路面及机场道面测定弯沉。

因此,落锤式弯沉仪是路面弯沉测试和结构性能评价的理想工具。

落锤式弯沉仪的缺点为:

①目前,我国设计和养护技术规范是基于回弹弯沉值,因此在使用时落锤式弯沉仪必须与贝克曼梁进行对比试验。

②当其在高速公路进行工作时,需要经常定点停车而难以保证人员和设备的安全,因此,在不封闭交通高速行车的路段测试具有局限性。

三、路面弯沉仪标定

路面弯沉检测宜采用具有可靠数据标定关系的自动化检测设备,检测结果应该能够换算成我国相关技术规范规定的回弹弯沉值。路面弯沉自动化检测设备必须定期标定,每年至少标定一次,标定的相关系数应大于0.95。

标定试验可以参照如下方法进行:

（1）选择标定路段

由于影响路面弯沉的因素众多,针对不同地区的每种路基路面结构都应该实施标定试验,每次标定试验所选择的试验路段应保证路基路面结构相同。一般选择无超高、无纵坡的4个平直路段,每个路段长度可为 300～500m。试验路段的弯沉值应分布于不同量级范围,如 0～30(0.01mm)、30～80(0.01mm)、80～200(0.01mm)及 200(0.01mm)以上。试验路段的路面应保持清洁干燥,路面温度应控制在 10～35℃ 范围之内,并且试验时温度变化梯度不大,天气宜选择晴天无风条件,试验路段附近无重型交通或振动现象。

(2)标定步骤

按照正常现场测试步骤,令自动弯沉仪(或其他自动检测设备)进入选定的实验路段进行弯沉测试,每隔约 20m 标记一个测点位置。自动化设备测试完毕后,在每一个标记位置再采用贝克曼梁测试路面回弹弯沉值。

(3)标定方程

用数理统计的方法逐点对应进行回归分析,获得贝克曼梁测试结果和自动弯沉仪(或其他自动化设备)测试结果之间的回归方程,相关系数应大于 0.95。

四、路面结构强度的评价

路面弯沉是路面结构强度的函数,路面结构强度可以通过路面回弹弯沉计算得到,并用路面结构强度指数 PSSI 表示,见式(3-14)和(3-15)。

$$PSSI = \frac{100}{1 + a_0 e^{a_1 SSI}} \qquad (3-14)$$

$$SSI = \frac{l_d}{l_0} \qquad (3-15)$$

式中:SSI——路面结构强度系数,路面设计弯沉与实测代表弯沉之比;

l_d——路面设计弯沉(mm);

l_0——实测代表弯沉(mm);

a_0——模型参数,采用 15.71;

a_1——模型参数,采用 -5.19。

第五节 路面车辙检测与评定

车辙是在沥青路面表面形成的沿轮迹方向深度大于 10mm 的纵向凹陷,是国际上最普遍的沥青路面损坏现象。车辙的存在将影响行车的安全性,其主要危害包括:

(1)车辙直接影响路面的质量,缩短路面的使用寿命。车辙内的积水下渗对路面基层、路基均有不同程度的损害,是路面坑槽的诱因之一。经常被积水浸泡的沥青路面也会加剧沥青的老化速度,改变沥青的正常使用功能,引起泛油、块裂和龟裂现象。有车辙的部位,常伴有其他病害。

(2)车辙的隐蔽性强,不容易被驾驶员觉察和重视。行驶中汽车驾驶员的视线与路面基本平行,很难观测到深度 30mm 左右的平滑凹槽。正常行驶的车辆车道基本固定,车轮一直在凹槽内沿着车辙行驶,感觉不到车辙的颠簸和危害,警惕性放松,即便在弯道上也不采取减速措施。

(3)车辙的内外边缘横坡度过大,影响行车安全。车辙的辙槽最高点与最低点的平均横坡度可达 10%、内外边缘处的横坡度超过 20%。车辆在有超高的高速公路弯道上行驶时，若车轮正好碾压在车辙的陡坡上，则会在车轮底部出现 6% ~ 16% 的反向横坡，导致车辆向弯道外侧滑移，影响行车安全。

（4）车辙内有水时，车辆会发生水滑现象。完全水滑是指车轮胎面完全被水托起而离开地面，从而给行驶安全造成危害。

对于道路使用者来说，能够直接感觉到的并不是路面结构的强度与稳定性，而是与路面不平度、溜滑、噪声等有关的性能。使用者更加关心的是驾车行驶在公路上时，车辆操纵的难易程度和车辆稳定性的好坏。由于车辙的出现，路表发生过度变形，不仅路面平整性被破坏、行车舒适性被降低，而且轨道状的车辙严重危及车辆行驶过程中的稳定性。因此，对车辙检测与评定非常重要。

一、路面车辙检测指标

我国《公路沥青路面养护技术规范》（附条文说明）（JTJ 073.2—2001）和 2002 年颁布的《高速公路养护质量检评方法（试行）》，都未将路面车辙列为一项独立的评价内容，只是将其视为路面病害形式的一类，在计算路面损坏状况指数 PCI 时予以考虑。其原因主要是由于我国当时缺少快速高效和经济适用的路面车辙检测设备，缺乏足够的调查数据和经验来建立相关模型及标准。

近年来，由于交通量的迅速增长，车辆渠道化行驶以及重载、超载问题凸现，车辙已经成为我国高速公路沥青路面的一种主要损坏形式，车辙的存在严重缩短了路面的使用寿命，降低了高速公路的服务质量，构成了交通运输的安全隐患。因此，《公路技术状况评定标准》规定了高速公路和一级公路的路面车辙检测方法，将路面车辙深度 RD 作为独立的检测指标，据此计算路面车辙深度指数 RDI。其他等级公路，由于路面车辙问题并不突出，沿用传统做法，在调查路面损坏状况时量取车辙长度，通过影响宽度（0.4m）换算成路面车辙的损坏面积。

二、路面车辙检测方法和检测设备

根据检测方式的不同，它们可以划分成两种类型：人工检测设备和自动化检测设备。常用的路面车辙检测设备，见表 3-11。

常用路面车辙检测设备　　　　　　　　　　　　　　　　　表 3-11

类型	检 测 设 备	检测内容与指标	检 测 方 式	代表性设备
人工检测	直尺或量线	车辙深度	静态	−1.2m/1.8m/2m 直尺
	AASHTO 车辙量规	车辙深度	静态	—
	水准仪和水准尺	横断面	静态	—
自动化检测	表面高程计	横断面	静态/动态	Face Dipstick
	手推式断面仪	横断面	动态	Walking Profiler
	横向轮廓仪	横断面	静态	TP
	图像摄影检测系统	横断面	动态	RoadRecon
	自动车辙仪	车辙深度/横断面	动态	3/5/7 传感器
	横断面扫描系统	横断面	动态	PPS 和 LRMS

1. 人工检测

（1）直尺测量（图3-52）

直尺测量的操作方法是，把直尺横放在轮迹带的车辙位置处，用量尺或量规测量最大车辙深度。直尺的长度有很多种，在美国有1.22m、1.83m和3.6m三种。其操作方法是把直尺横放在车辙位置的轮迹带上，用校正尺量测车辙深度。在车辙比较窄的时候，尺的长度对车辙深度影响较小，但是车辙较宽时，一般长尺比短尺测出的车辙深度大。

（2）水准测量（图3-53）

沿着车辙横断面每隔一定距离放一次塔尺，从中间向道路两侧用水准仪读数，为了消除塔尺不垂直的影响，可以每一点读两次数，取低值以避免人为的读数偏高。水准测量易于实施，而且结果稳定，不会因时因地有大的差异，因此适于作为标定方法使用。

图3-52 直尺测量

图3-53 水准测量

（3）表面高程计（Face Dipstick Profiler）（图3-54）

表面高程计上安装了倾角计，可以测量两个支撑脚之间的高程差，两个支撑脚之间的距离是305mm，推动其穿过车道，就可以收集到横断面信息。该仪器在车道内需要闭合测量，其累积误差要求不超过2.5mm。表面高程计经常用于对其他车辙检测设备进行标定。

（4）手推式断面仪（Walking Profiler）（图3-55）

手推式断面仪与表面高程计原理相似，可用于检测纵横断面的变形状况。代表性设备有

图3-54 表面高程计

图3-55 手推式断面仪

澳大利亚开发的 Walking Profiler 和美国生产的 SurPro 等。检测时操作者推动仪器沿横断面匀速行走，仪器能够按照一定的横向间隔（Walking Profiler 为 243mm，SurPro 为 300mm）测量路面

图 3-56　横向轮廓曲线仪

点的高程变化情况。手推式断面仪经常被世界道路联盟和美国联邦公路局 FHWA（Federal HighWay Administration）等机构作为标定设备使用。

（5）横向轮廓曲线仪（Transverse Profilograph）（图 3-56）

该仪器有钢制横梁、水准气泡、水平调节螺钉以及把手，宽度为 3.56m。通过直径为 3.0in 的轮测得路面高程，沿横断面推动把手绘出 14in×8.5in 的横断面图，并迅速安全保存。

2. 激光数据采集方法

常见的是激光车辙测量系统，该系统能以正常的车速获得道路车道 4m 宽范围内的横断面信息，最大采样频率为 25Hz。该系统的两个激光断面仪可以数字化路面的横断面，持续的光学和高能量的脉冲激光线系统在白天和夜晚都能工作。通过连续不断地监测车辆的里程表，可以获得连续的纵向采样数据。

3. 图片信息采集方法（图 3-57）

常见的是路面变形分析系统，该系统在检测车后面顶部梁上安装一个照相机，照相机向下直接对准路面。在车的横梁上安装脉冲探照灯，通过脉冲探照灯闪光向路面发出一条阴影线，同时相机拍下一幅照片。拍完照片后，经过数字化处理可以获得横断面信息。该系统必须在晚间工作。

4. 车辙快速检测装置（Rut Bar）（图 3-58）

该装置通过在车体上安装位移传感器来快速、连续地检测道路横断面，它主要由检测横梁、传感器和计算机系统三部分组成。位移传感器主要有激光传感器、超声波传感器和红外传感器三种。绝大多数传感器都是利用光时差原理测量车体与路面之间的相对距离，当传感器数量足够多时，便可以检测出路面车辙形状。

图 3-57　图片信息采集系统

图 3-58　车辙快速检测装置（Rut Bar）

目前,国内外没有关于传感器类型、数量、间距以及测量宽度等统一的标准。就传感器数量而言,以 3 传感器和 5 传感器应用最为广泛。哈尔滨工业大学的道路多功能检测车配置了 17 个激光传感器。

5. 横断面扫描装置

代表设备包括路面轮廓扫描仪 PPS(Pavement Profile Scanner)(图 3-59)和 3-D 激光车辙扫描系统 LRMS(Laser Rut Measurement System)(图 3-60)。PPS 硬件系统的核心是一个六面体棱镜和相位测量激光雷达,棱镜能够以 10 000 转/min 的速度旋转并与经过调制的激光束保持同步,引导激光束以 90°视角快速扫描道路横断面;软件系统用于处理"距离—角度"数据,并将之转换为路面点的(x,y)坐标。PPS 系统的设计扫描宽度为 4.3m,采样频率为 1 000Hz,当车速为 100km/h 时,纵向采样间隔为 28mm,横断面测量结果由 943 个测点构成,测点平均间距约为 5mm。目前,PPS 已经集成于多套道路综合检测设备之中,如美国的 Mandli 系统、英国的 HARRIS 系统和日本的 PASCO 系统等。

LRMS 系统采用一对大功率脉冲激光发射器对路面的 3-D 特征进行同步扫描,测量宽度为 4m,采样频率为 25Hz,当车速为 90km/h 时,纵向采样间隔为 1m。每一个测量断面由 1280 个测点组成,系统从这些原始的数据点中再筛选出 40 个点用于描述路面车辙的形状。LRMS 已经在加拿大的 ARAN 和美国的 Pathway 等检测系统中得到应用。

图 3-59　路面轮廓扫描仪 PPS

图 3-60　3-D 激光车辙扫描系统 LRMS

横断面扫描系统是目前最为先进的路面车辙检测设备,生成的数据量远远超过一般配有 3 个、5 个甚至更多传感器的自动车辙仪,如此的采样密度可以得到近似连续的车道横断面信息,同时还避免了路面车辙位置和检测车横向飘移的影响,能够更为准确地计算各种路面车辙指标。

综上所述,各种路面车辙检测设备的实质都是测量道路横断面上各点的高程数据信息,然后描述出横断面的形状,据此计算路面车辙深度,不同的是横断面检测方式、覆盖宽度、测点密度和检测精度等。直尺和量规等人工检测设备速度慢、效率低、人为因素影响大而且安全性差,不适用于大规模路面车辙检测。利用精密水准仪、表面高程计、手推式断面仪和横向轮廓仪等设备都可以获得较为精确的横断面信息,但是同样也存在上述缺点,通常是作为标定设备使用。摄影检测方法对存储设备要求较高,并且只能在夜间检测,这在一定程度上限制了它的应用。车辙快速检测装置是基于非接触式位移传感器工作的,这类仪器具有快速、高效、操作安全和不影响车辆正常通行等优点,是目前应用最为广泛的自动化路面车辙检测设备,但是其测量结果随传感器类型、数量和位置的不同差异很大。近年来研制开发的 PPS 和 LRMS 等横断面扫描类仪器是目前最为先进的路面车辙检测设备，代表了未来路面车辙检测技术的发展方向，但是这类设备价格非常昂贵，在现有条件下还难以普及，而且应用效果还有待进一步验证。

三、路面车辙计算

大多数车辙检测设备并不是直接测量路面的最大车辙深度，而是首先确定横断面上一些离散点的相对高程或者连续的横断面形状，再用一定的方法计算得到路面车辙深度指标。基于连续的横断面形状，可以采用模拟直尺车辙深度和包络线车辙深度计算路面车辙深度指标。后者可以用于人工检测，也可用于自动化检测，是国外横断面分析和车辙深度计算的标准方法。

模拟直尺车辙深度（图 3-61）：模拟人工直尺检测方法，利用虚构的直尺沿车道横断面曲线进行测量，直尺的长度可以根据实际情况自行定义。取直尺与路面表面之间的最大垂直距离作为相应轮迹处的车辙深度。

包络线车辙深度（图 3-62）是两侧轮迹处横断面包络线与路面表面之间的最大垂直距离。横断面包络线的定义为沿车道横断面逐点连接凸出的路面峰值点，并且连线在峰值点处的外转折角应该≥180°。直观的描述是，虚构一条线横跨整个车道横断面（即包络线），拉线两端与横断面的端点重合，线落在路面最高点或凸出点上。

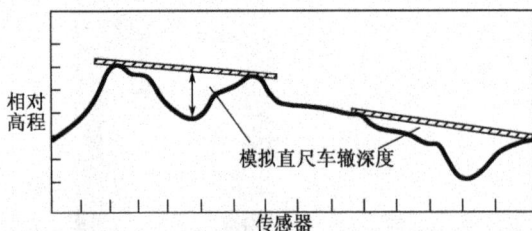

图 3-61　模拟直尺车辙深度

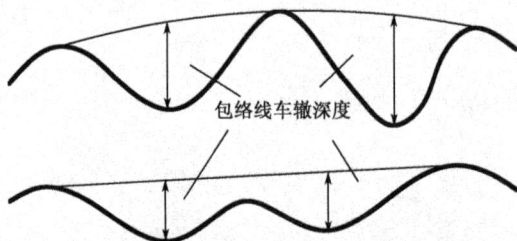

图 3-62　包络线车辙深度

四、路面车辙评定

我国路面车辙的评价指标采用路面车辙深度指数 RDI，其计算公式如下：

$$RDI = \begin{cases} 100 - a_0 RD & (RD \leqslant RD_a) \\ 60 - a_1(RD - RD_a) & (RD_a \leqslant RD \leqslant RD_b) \\ 0 & (RD > RD_b) \end{cases} \qquad (3\text{-}16)$$

式中：RD——车辙深度（mm）；

RD_a——车辙深度参数，采用 20mm；

RD_b——车辙深度限值，采用 35mm；

a_0——模型参数，采用 2.0；

a_1——模型参数，采用 4.0。

路面车辙深度的评价标准，见表 3-12。

路面车辙深度的评价标准 表 3-12

评价指标 \ 评价等级	优	良	中	次	差
车辙深度 RD(mm)	5	10	15	20	35
车辙深度指数 RDI	90	80	70	60	0

第六节 公路技术状况评定示例

公路技术状况评定是制订路面养护维修方案的基础和前提,为了更好地理解和掌握公路技术状况评定的方法和过程,本节按照沥青路面和水泥混凝土路面分别编制了公路技术状况评定的示例,示例中的数据部分来自于真实的检测结果,部分进行了简化。

一、沥青路面状况调查和评定示例

某二级公路沥青路面路段全长 14km,起始桩号为 K61 + 000,终点桩号为 K75 + 000。路基宽度 12m,路面宽度 7.5m。沥青路面结构为 100mm 沥青混凝土面层,180mm 水泥稳定碎石基层,180mm 水泥稳定砂砾底基层。该路段自投入使用以来,历年正常养护,未进行整体大修,路面破损状况较为严重。

采用哈尔滨工业大学的多功能道路检测车和贝克曼梁对路面损坏状况、路面行驶质量、路面抗滑性能和路面结构强度进行检测和评定。其中,桩号增加方向为上行,桩号递减方向为下行。根据《公路技术状况评定标准》中的规定,以 1km 为 1 个评定单元,本节中 K61 + 0 代表起始桩号为 K61 + 0 到终点桩号为 K62 + 0 共 1000m 的路段,其他桩号可以类推。

1.路面损坏状况评定

路面损坏调查结果见表 3-13,调查路段共有横向裂缝、纵向裂缝、块状裂缝、坑槽、龟裂、修补 6 种损坏类型。其中,横向裂缝、纵向裂缝、块状裂缝以 m 计,其他损坏以 m² 计。路面损坏状况评价时不分上下行,按整个路面宽度 7.5m 进行计算。

沥青路面损坏调查表 表 3-13

列编号	1	2	3	4	5	6	7	8	9	10	11
单元桩号	横向裂缝轻(m)	横向裂缝重(m)	纵向裂缝轻(m)	纵向裂缝重(m)	块状裂缝轻(m²)	块状裂缝重(m²)	修补(m²)	坑槽重(m²)	龟裂轻(m²)	龟裂中(m²)	龟裂重(m²)
K60 + 0	0.30	144.10	1.30	210.40	0.00	0.00	14.27	0.00	21.74	11.29	52.94
K61 + 0	1.90	165.50	17.60	0.00	7.30	153.50	22.51	0.00	0.00	99.65	156.00
K62 + 0	1.00	121.80	17.00	0.00	27.50	524.70	229.40	0.00	1.77	125.27	112.17
K63 + 0	1.30	87.10	13.10	156.50	0.00	468.50	60.08	0.00	0.00	115.89	450.20
K64 + 0	0.50	96.60	6.00	256.86	0.00	83.20	28.34	0.90	0.00	99.62	720.12
K65 + 0	0.20	77.50	2.50	10.23	0.00	69.60	82.46	2.46	74.01	120.88	196.80
K66 + 0	0.00	109.10	0.00	50.56	36.40	138.80	1.25	0.00	30.84	24.00	320.10

列编号	1	2	3	4	5	6	7	8	9	10	11
单元桩号	横向裂缝轻(m)	横向裂缝重(m)	纵向裂缝轻(m)	纵向裂缝重(m)	块状裂缝轻(m²)	块状裂缝重(m²)	修补(m²)	坑槽重(m²)	龟裂轻(m²)	龟裂中(m²)	龟裂重(m²)
K67+0	0.00	111.50	5.00	100.56	0.00	25.36	1.97	1.92	19.45	6.86	0.00
K68+0	0.00	120.10	11.30	177.60	0.00	37.90	14.29	0.08	5.47	0.00	20.65
K69+0	0.30	119.00	3.50	150.56	30.50	453.50	6.48	0.00	5.69	0.00	268.50
K70+0	0.00	92.50	1.10	100.38	114.80	297.30	21.83	0.00	0.00	0.00	36.89
K71+0	0.00	136.10	0.40	175.63	18.90	197.20	13.44	0.11	0.00	0.00	25.65
K72+0	0.00	201.10	0.50	241.10	23.70	142.80	0.00	0.00	0.00	0.00	67.68
K73+0	0.00	250.90	0.00	215.90	13.00	32.60	4.00	0.00	15.09	6.22	230.85

（1）计算路面损坏面积

由于横向裂缝、纵向裂缝的检测结果为损坏长度，需要乘以影响宽度 l_i 才能得到损坏面积 A_i，则：

$$A_i = l_i \times d_i$$

以 K60+0～K61+0 的轻度横向裂缝为例，则 $A_1 = l_1 \times d_1 = 0.3 \times 0.2 = 0.06m^2$，通过以上公式对第 1 列～第 4 列的裂缝长度进行了损坏面积计算，计算得各种损坏面积见表 3-14。

计算后的沥青路面损坏面积表　　表3-14

列编号	1	2	3	4	5	6	7	8	9	10	11
单元桩号	横向裂缝轻(m²)	横向裂缝重(m²)	纵向裂缝轻(m²)	纵向裂缝重(m²)	块状裂缝轻(m²)	块状裂缝重(m²)	修补(m²)	坑槽重(m²)	龟裂轻(m²)	龟裂中(m²)	龟裂重(m²)
K60+0	0.06	28.82	0.26	42.08	0.00	0.00	14.27	0.00	21.74	11.29	52.94
K61+0	0.38	33.10	3.52	0.00	7.30	153.50	22.51	0.00	0.00	99.65	156.00
K62+0	0.20	24.36	3.40	0.00	27.50	524.70	229.40	0.00	1.77	125.27	112.17
K63+0	0.26	17.42	2.62	31.27	0.00	468.50	60.08	0.00	0.00	115.89	450.20
K64+0	0.10	19.32	1.20	51.37	0.00	83.20	28.34	0.90	0.00	99.62	720.12
K65+0	0.04	15.50	0.50	2.05	0.00	69.60	82.46	2.46	74.01	120.88	196.80
K66+0	0.00	21.82	0.00	10.11	36.40	138.80	1.25	0.00	30.84	24.00	320.10
K67+0	0.00	22.30	1.00	20.11	0.00	25.36	1.97	1.92	19.45	6.86	0.00
K68+0	0.00	24.02	2.26	35.52	0.00	37.90	14.29	0.08	5.47	0.00	20.65
K69+0	0.06	23.80	0.70	30.11	30.50	453.50	6.48	0.00	5.69	0.00	268.50
K70+0	0.00	18.50	0.22	20.08	114.80	297.30	21.83	0.00	0.00	0.00	36.89
K71+0	0.00	27.22	0.08	35.13	18.90	197.20	13.44	0.11	0.00	0.00	25.65
K72+0	0.00	40.22	0.10	48.22	23.70	142.80	0.00	0.00	0.00	0.00	67.68
K73+0	0.00	50.18	0.00	43.18	13.00	32.60	4.00	0.00	15.09	6.22	230.85

（2）计算折合损坏面积 $\overline{A}_i$

路面表面的损坏类型、损坏程度不同，对路面使用性能的影响也不相同。因此，需要将不同类型、不同严重程度的损坏面积按照权重 w_i 进行折算，得到折合损坏面积 $\overline{A}_i$，则：

$$\overline{A}_i = w_i \times A_i$$

以 K60 +0 ~ K61 +0 的轻度裂缝为例，则 $\overline{A}_1 = w_1 \times A_1 = 0.6 \times 0.06 = 0.036 \mathrm{m}^2$。

各损坏的折合损坏面积见表 3-15。

计算后的沥青路面折合损坏面积表

表 3-15

单元桩号	横向裂缝轻(m²)	横向裂缝重(m²)	纵向裂缝轻(m²)	纵向裂缝重(m²)	块状裂缝轻(m²)	块状裂缝重(m²)	修补(m²)	坑槽重(m²)	龟裂轻(m²)	龟裂中(m²)	龟裂重(m²)
K60 +0	0.04	28.82	0.16	42.08	0.00	0.00	1.43	0.00	13.04	9.03	52.94
K61 +0	0.23	33.10	2.11	0.00	4.38	122.80	2.25	0.00	0.00	79.72	156.00
K62 +0	0.12	24.36	2.04	0.00	16.50	419.76	22.94	0.00	1.06	100.22	112.17
K63 +0	0.16	17.42	1.57	31.27	0.00	374.80	6.01	0.00	0.00	92.71	450.20
K64 +0	0.06	19.32	0.72	51.37	0.00	66.56	2.83	0.90	0.00	79.70	720.12
K65 +0	0.02	15.50	0.30	2.05	0.00	55.68	8.25	2.46	44.41	96.70	196.80
K66 +0	0.00	21.82	10.11	21.84	111.04	0.13	0.00	18.50	19.20	320.10
K67 +0	0.00	22.30	0.60	20.11	0.00	20.29	0.20	1.92	11.67	5.49	0.00
K68 +0	0.00	24.02	1.36	35.52	0.00	30.32	1.43	0.08	3.28	0.00	20.65
K69 +0	0.04	23.80	0.42	30.11	18.30	362.80	0.65	0.00	3.41	0.00	268.50
K70 +0	0.00	18.50	0.13	20.08	68.88	237.84	2.18	0.00	0.00	0.00	36.89
K71 +0	0.00	27.22	0.05	35.13	11.34	157.76	1.34	0.11	0.00	0.00	25.65
K72 +0	0.00	40.22	0.06	48.22	14.22	114.24	0.00	0.00	0.00	0.00	67.68
K73 +0	0.00	50.18	0.00	43.18	7.80	26.08	0.40	0.00	9.05	4.98	230.85

（3）计算路面破损率 DR 和路面损坏状况指数 PCI

根据沥青路面损坏状况指数 PCI 的计算公式计算出沥青路面的 PCI。以 K60 +0 ~ K61 +0 段为例，调查的路面面积为 $A = 1\,000 \times 7.5 = 7\,500 \mathrm{m}^2$。

$$
\begin{aligned}
\mathrm{DR} &= 100 \times \frac{\sum\limits_{i=1}^{11} w_i A_i}{A} \\
&= 100 \times \frac{0.04 + 28.82 + 0.16 + 42.08 + 1.43 + 13.04 + 9.03 + 52.94}{7\,500} \\
&= 1.967
\end{aligned}
$$

$$\mathrm{PCI} = 100 - a_0 \mathrm{DR}^{a_1} = 100 - 15.00 \times \mathrm{DR}^{0.412} = 100 - 15.00 \times 1.967^{0.412} = 80.18$$

通过以上公式计算得到的 DR 和 PCI 见表 3-16，同时，绘制了 PCI 随桩号的分布图，见图 3-63。

沥青路面损坏计算结果 表 3-16

单元桩号	DR	PCI	评价等级
K60 +0 ~ K61 +0	1.97	80.18	良
K61 +0 ~ K62 +0	5.34	70.09	中
K62 +0 ~ K63 +0	9.32	62.37	次
K63 +0 ~ K64 +0	12.99	56.86	差
K64 +0 ~ K65 +0	12.55	57.46	差
K65 +0 ~ K66 +0	5.63	69.43	次
K66 +0 ~ K67 +0	6.97	66.62	次
K67 +0 ~ K68 +0	1.10	84.39	良
K68 +0 ~ K69 +0	1.56	82.01	良
K69 +0 ~ K70 +0	9.44	62.17	次
K70 +0 ~ K71 +0	5.13	70.59	中
K71 +0 ~ K72 +0	3.45	75.02	中
K72 +0 ~ K73 +0	3.80	74.01	中
K73 +0 ~ K74 +0	4.97	70.97	中

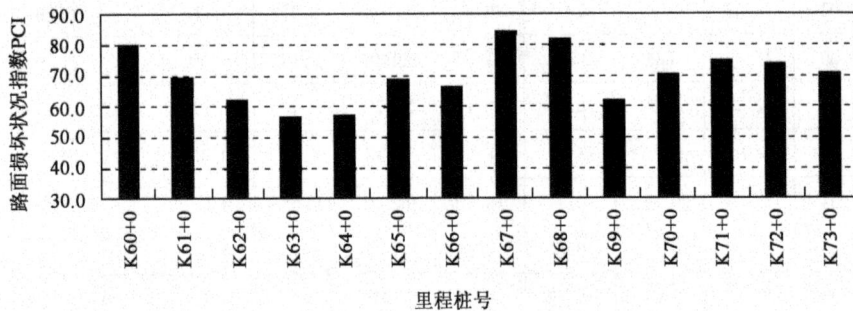

图 3-63 沥青路面损坏状况随里程桩号分布图

（4）路面损坏状况评级

沥青路面损坏状况评级分为优、良、中、次、差五个等级，以 1km 为评价单元的路面损坏状况的等级评价结果见表 3-16。对整个调查路段 14km 的路面损坏情况进行分析，统计各个等级路段所占的比例，统计结果见表 3-17 和图 3-64。

沥青路面损坏评价结果 表 3-17

路面损坏等级	优级	良级	中级	次级	差级
里程（km）	0	3	5	4	2
所占比例(%)	0	21.43	35.71	28.57	14.29

从表 3-17 可以看出，没有路面损坏状况达到"优级"的路段；"良级"路段共有 3km，占总里程的 21.43%；"中级"路段共有 5km，占总里程的 35.71%；"次级"路段共有 4km，占总里程的 28.57%；"差级"路段共有 2km，占总里程的 14.29%。可见，沥青路面损坏较为严重。

（5）各种路面损坏类型分布

统计调查路段范围内，第 i 种损坏的加权总面积及其占总损坏面积的比例，其中对于同一种损坏的不同类型（如横向裂缝轻、横向裂缝重），按照同一种损坏面积计算。因此，本例题中共有 6 种损坏类型。

第 i 种损坏的加权面积

$$M_i = w_i \sum_{j=60}^{73} M_{ji} \tag{3-17}$$

第 i 种损坏占总损坏面积的比例

$$R_i(\%) = \frac{w_i \sum_{j=60}^{73} A_{ji}}{\sum_{i=1}^{6} \left(w_i \sum_{j=60}^{73} A_{ji} \right)} \times 100\% = \frac{M_i}{\sum_{i=1}^{6} M_i} \times 100\% \tag{3-18}$$

式中：j——路面桩号数；

A_{ji}——桩号 $Kj+0$ 处，第 i 种破损的面积（m^2）。

以横向裂缝为例进行损坏类型的分布：

横向裂缝的加权面积

$$M_1 = w_i \sum_{j=60}^{73} M_{ji} = w_1 \sum_{j=60}^{73} M_{j1} = 367.24 m^2$$

横向裂缝损坏占损坏面积的比例

$$R_1 = \frac{M_1}{\sum_{i=1}^{6} M_i} \times 100\% = \frac{367.24}{5948.20} \times 100\% = 6.17\%$$

由以上公式计算得出调查路段内各种损坏的面积及占总损坏面积的比例，并绘制损坏类型分布图，见表3-18 和图3-65。可以看出，此段沥青路面，主要损坏类型为龟裂，占总损坏面积的 54.65%；其次为块状裂缝，占总损坏面积的 38.05%；横向裂缝和纵向裂缝所占比例相当，在6%左右；此外，还有部分修补和坑槽。

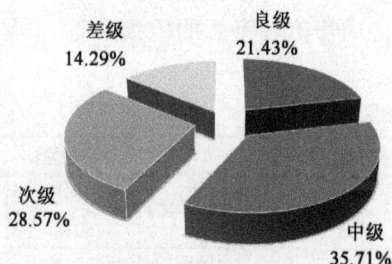

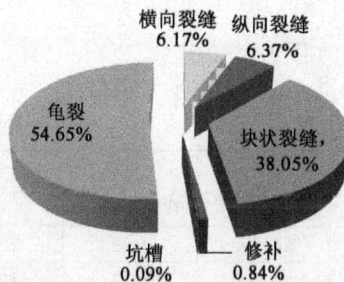

图3-64　沥青路面损坏状况评价结果分布图　　　图3-65　沥青路面损坏类型分布图

沥青路面损坏类型分布表　　　　　表3-18

损坏类型	横向裂缝	纵向裂缝	块状裂缝	修补	坑槽	龟裂
损坏面积（m^2）	367.24	378.74	2263.23	50.03	5.47	3250.73
所占总损坏面积的比例（%）	6.17	6.37	38.05	0.84	0.09	54.65

2.路面行驶质量评定

采用哈尔滨工业大学自制的多功能道路检测车，对沥青路面上、下行车道左右轮迹的平整度分别进行检测，检测设备按照《公路路面技术状况自动化检测规程》（JTG/T E61—2014）T 0935—2014 中的要求进行了准确性验证，数据以 20m 为单元进行了保存，检测结果按照1km 为一个评价单元进行输出，结果见表3-19。

沥青路面平整度检测结果　　　　　　　　　　表 3-19

单元桩号	止点桩号	上行 IRI（m/km）		下行 IRI（m/km）	
		左轮迹	右轮迹	左轮迹	右轮迹
K60 +0	K61 +0	3.23	3.33	3.02	3.13
K61 +0	K62 +0	4.15	4.43	2.88	2.94
K62 +0	K63 +0	4.01	4.40	3.14	3.15
K63 +0	K64 +0	3.46	4.26	2.57	2.86
K64 +0	K65 +0	5.01	5.45	4.36	4.79
K65 +0	K66 +0	3.89	4.21	3.45	3.60
K66 +0	K67 +0	3.68	3.70	3.40	3.42
K67 +0	K68 +0	3.45	3.58	3.35	3.61
K68 +0	K69 +0	4.05	4.12	3.15	3.26
K69 +0	K70 +0	3.40	3.46	2.56	2.76
K70 +0	K71 +0	3.88	4.11	3.77	3.86
K71 +0	K72 +0	5.89	6.21	5.28	5.39
K72 +0	K73 +0	6.04	6.46	5.55	6.07
K73 +0	K74 +0	7.15	7.56	5.87	6.21

由于检测中发现上、下行的右轮迹的 IRI 均大于左轮迹 IRI,故本段沥青路面平整度评价采用右轮迹 IRI 进行分析。根据式(3-12),以 K60 +0 ~ K61 +0 段上行右轮迹为例计算路面行驶质量指数 RQI。

$$RQI = \frac{100}{1 + a_0 e^{a_1 IRI}} = \frac{100}{1 + 0.018\,5 e^{0.58 \times 3.33}} = 88.7$$

根据表 3-7,对调查路段各单元的路面平整度进行评级,将检测结果评级分为优、良、中、次、差五个等级。IRI、RQI 以及平整度的评价结果见表 3-20,路面行驶质量指数随里程桩号的分布图见图 3-64。从表 3-20 和图 3-66 可以看出,尽管该段路面的破损严重,但是,其平整度状态大部分良好,且下行平整度好于上行平整度。

沥青路面平整度分布表　　　　　　　　　　表 3-20

单元桩号	止点桩号	上行右轮迹			下行右轮迹		
		IRI（m/km）	RQI	评价等级	IRI（m/km）	RQI	评价等级
K60 +0	K61 +0	3.33	88.7	良	3.13	89.8	良
K61 +0	K62 +0	4.43	80.5	良	2.94	90.8	优
K62 +0	K63 +0	4.4	80.8	良	3.15	89.7	良
K63 +0	K64 +0	4.26	82.0	良	2.86	91.1	优
K64 +0	K65 +0	5.45	69.6	中	4.79	77.1	中
K65 +0	K66 +0	4.21	82.5	良	3.6	87.0	良
K66 +0	K67 +0	3.7	86.3	良	3.42	88.1	良
K67 +0	K68 +0	3.58	87.1	良	3.61	86.9	良
K68 +0	K69 +0	4.12	83.2	良	3.26	89.1	良
K69 +0	K70 +0	3.46	87.9	良	2.76	91.6	优
K70 +0	K71 +0	4.11	83.3	良	3.86	85.2	良
K71 +0	K72 +0	6.21	59.6	差	5.39	70.3	中
K72 +0	K73 +0	6.46	56.0	差	6.07	61.5	次
K73 +0	K74 +0	7.56	40.3	差	6.21	59.6	差

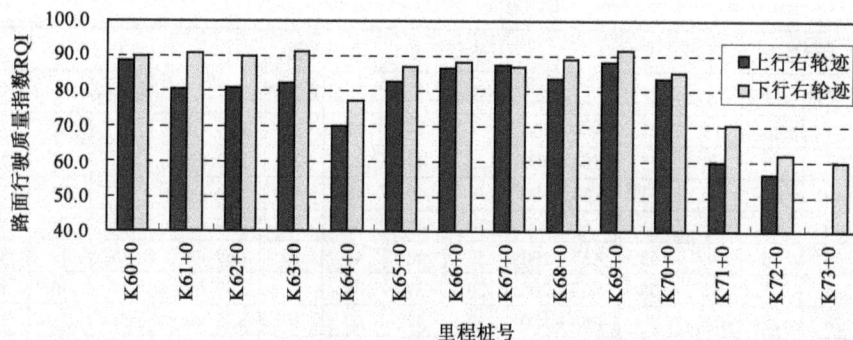

图 3-66　沥青路面行驶质量指数随里程桩号布图

为进一步分析,对调查路段内"优级""良级""中级""次级"和"差级"所占的里程以及占调查总里程的比例进行了统计,见表 3-21 和图 3-67。可以看出,上行路段没有评价等级为"优级"和"中级"的路段,"良级"占主要比例,路段共有 10km,占总里程的 71.43% ;"次级"路段仅有 1km,占总里程的 7.14% ;"差级"路段共 3km,占总里程的 21.43%。下行路段评价结果好于上行路段,"优级"路段共有 3km,占总里程的 21.43% ;"良级"路段共有 7km,占总里程的 50% ;"中级"路段共有 2km,占总里程的 14.29% ;"次级"和"差级"路段各有 1km,各占总里程的 7.14% 。

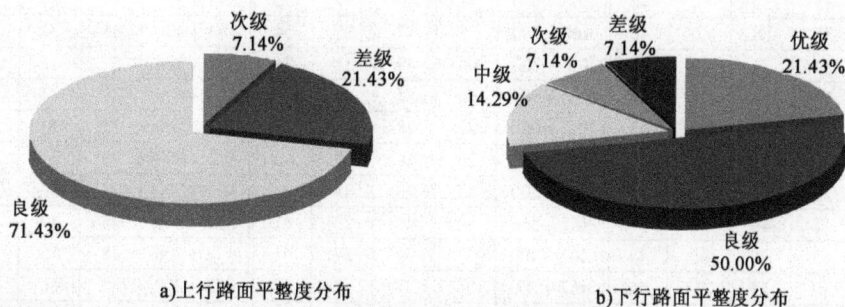

a)上行路面平整度分布　　　　　　　b)下行路面平整度分布

图 3-67　沥青路面平整度评价结果分布图

路面平整度评价结果　　　　　　　　　　　　表 3-21

	评价等级	优级	良级	中级	次级	差级
上行	里程(km)	0	10	0	1	3
	所占比例(%)	0.00	71.43	0.00	7.14	21.43
下行	里程(km)	3	7	2	1	1
	所占比例(%)	21.43	50.00	14.29	7.14	7.14

3.路面结构强度评定

经调查,该段沥青路面的设计弯沉为 35(0.01mm),采用贝克曼梁法对上、下行车道分别进行弯沉检测,测试车为后轴重 10t 的标准轴载 BZZ-100 的汽车,测试时路表温度为 37℃,前 5d 平均气温的平均值为 27℃(日平均气温为日最高气温和最低气温的平均值),弯沉仪长 5.4m,测点间距为 100m。实测弯沉时,按照左、右轮迹分别测试了回弹弯沉值,见表 3-22。

实测弯沉数据表（0.01mm） 表 3-22

桩号	上行车道		下行车道		桩号	上行车道		下行车道		桩号	上行车道		下行车道	
	左轮迹	右轮迹	左轮迹	右轮迹		左轮迹	右轮迹	左轮迹	右轮迹		左轮迹	右轮迹	左轮迹	右轮迹
K60+000	37	40	15	22	K64+700	14	19	34	37	K69+400	27	31	32	37
K60+100	48	49	50	55	K64+800	38	43	20	22	K69+500	31	34	41	46
K60+200	40	46	40	43	K64+900	36	40	40	43	K69+600	34	38	15	20
K60+300	49	49	25	31	K65+000	38	43	44	47	K69+700	22	25	58	55
K60+400	45	46	48	52	K65+100	37	40	43	46	K69+800	45	49	44	49
K60+500	25	31	50	55	K65+200	26	31	58	61	K69+900	38	40	17	22
K60+600	28	28	75	80	K65+300	47	52	40	40	K70+000	24	28	24	31
K60+700	42	40	30	34	K65+400	12	19	22	25	K70+100	51	55	17	22
K60+800	30	34	40	43	K65+500	56	61	43	46	K70+200	48	52	26	31
K60+900	28	31	40	43	K65+600	23	28	47	49	K70+300	50	52	56	61
K61+000	35	37	40	43	K65+700	23	28	34	37	K70+400	91	95	42	49
K61+100	42	46	35	40	K65+800	56	61	34	37	K70+500	71	74	44	49
K61+200	40	50	35	40	K65+900	70	77	20	22	K70+600	51	55	20	28
K61+300	60	71	40	44	K66+000	56	61	34	37	K70+700	42	46	45	50
K61+400	58	51	36	31	K66+100	64	69	29	32	K70+800	32	37	36	41
K61+500	50	53	40	44	K66+200	26	31	25	67	K70+900	30	34	35	37
K61+600	60	57	42	43	K66+300	66	71	46	49	K71+000	30	34	32	37
K61+700	30	34	30	31	K66+400	38	39	49	51	K71+100	25	25	35	40
K61+800	35	37	42	40	K66+500	35	40	28	31	K71+200	21	25	35	40
K61+900	35	37	40	46	K66+600	41	46	49	52	K71+300	30	34	39	43
K62+000	55	58	40	46	K66+700	75	77	35	34	K71+400	35	34	41	46
K62+100	30	34	40	43	K66+800	44	49	31	34	K71+500	57	61	52	57
K62+200	58	61	35	37	K66+900	66	71	40	43	K71+600	33	37	31	36
K62+300	40	43	50	52	K67+000	27	28	44	43	K71+700	38	40	25	34
K62+400	30	34	35	37	K67+100	29	34	43	46	K71+800	30	34	14	19
K62+500	28	31	50	52	K67+200	23	28	35	31	K71+900	33	37	44	49
K62+600	47	49	28	28	K67+300	44	49	28	31	K72+000	45	49	29	34
K62+700	45	46	46	43	K67+400	29	34	57	61	K72+100	48	46	36	39
K62+800	40	43	40	46	K67+500	34	37	32	37	K72+200	42	46	23	28
K62+900	28	40	42	43	K67+600	32	37	43	46	K72+300	30	34	35	40
K63+000	25	31	40	49	K67+700	29	34	22	25	K72+400	12	16	48	49
K63+100	40	43	36	37	K67+800	35	40	29	31	K72+500	32	37	55	60
K63+200	22	22	35	37	K67+900	38	43	37	40	K72+600	30	34	56	61
K63+300	47	52	27	26	K68+000	26	31	60	68	K72+700	30	34	45	49
K63+400	40	42	40	43	K68+100	35	32	31	34	K72+800	30	34	35	40
K63+500	26	31	32	39	K68+200	26	31	22	28	K72+900	41	49	56	61
K63+600	38	39	28	31	K68+300	50	55	40	43	K73+000	30	34	29	34
K63+700	35	37	35	39	K68+400	37	37	41	46	K73+100	39	43	36	41
K63+800	30	34	25	28	K68+500	44	49	43	46	K73+200	30	39	20	25
K63+900	40	43	32	37	K68+600	43	48	31	34	K73+300	36	40	44	49
K64+000	30	34	25	28	K68+700	30	31	22	31	K73+400	31	35	35	40
K64+100	28	40	59	61	K68+800	44	49	25	28	K73+500	42	46	38	41
K64+200	30	39	35	37	K68+900	29	34	47	49	K73+600	24	28	26	31
K64+300	25	31	40	49	K69+000	29	34	40	43	K73+700	28	31	38	39
K64+400	50	52	50	52	K69+100	28	28	38	40	K73+800	23	28	31	34
K64+500	36	34	42	49	K69+200	30	34	35	40	K73+900	28	31	25	31
K64+600	38	43	19	22	K69+300	33	37	30	37					

由于本次调查采用的是标准车 5.4m 贝克曼梁弯沉仪,因此,不需要对各测点实测弯沉进行荷载修正和支点修正。但是,由于路面温度为 37℃,故需要进行温度修正。

(1)弯沉的温度修正

由于沥青面层厚度大于 5cm,回弹弯沉应进行温度修正。弯沉的温度修正采用《公路路基路面现场测试规程》(JTG E60—2008)T 0591—2008 中的方法进行,具体方法如下:

①测定时的沥青面层平均温度 t 按下式计算:

$$t = (t_{25} + t_m + t_e)/3 \tag{3-19}$$

式中:t——测定时沥青层平均温度(℃);

$\quad t_{25}$——根据 t_0 由《公路路基路面现场测试规程》(JTG E60—2008)中图 T 0951-2 决定的路表下 25mm 处的温度(℃);

$\quad t_m$——根据 t_0 由《公路路基路面现场测试规程》(JTG E60—2008)中图 T 0951-2 决定的沥青层中间深度的温度(℃);

$\quad t_e$——根据 t_0 由《公路路基路面现场测试规程》(JTG E60—2008)中图 T 0951-2 决定的沥青层底面处的温度(℃)。

《公路路基路面现场测试规程》(JTG E60—2008)中图 T 0951-2 中 t_0 为测定时路表温度与测定前 5d 日平均气温的平均值之和(℃),即 $t_0 = 37 + 27 = 64℃$。沥青层平均温度 $t = (t_{25} + t_m + t_e)/3 = (30 + 28 + 26)/3 = 28℃$

本例中基层类型为无机结合料类稳定的半刚性基层,根据沥青层温度及沥青层厚度,查《公路路基路面现场测试规程》(JTG E60—2008)中图 T 0951-4,得出温度修正系数 $k_3 = 0.9$。以 K60 +000 上行车道左轮迹为例,温度修正后的弯沉 = 37 × 0.9 = 33(0.01mm)。

②沥青路面弯沉的温度修正系数 K_3 按下式计算:

$$K_3 = \frac{l_{20}}{l_T} \tag{3-20}$$

式中:l_{20}——换算为 20℃时沥青路面的弯沉值(0.01mm);

$\quad l_T$——测定时沥青面层内平均温度为 T 时的弯沉值(0.01mm)。

当 $T \geq 20℃$ 时

$$k_3 = e^{\left(\frac{1}{T} - \frac{1}{20}\right)h} \tag{3-21}$$

当 $T \leq 20℃$ 时

$$k_3 = e^{0.002(20 - T)h} \tag{3-22}$$

本次调查中沥青路面结构层厚度为 $h = 7cm$,测试时路表温度与前 5h 平均温度之和 $T_0 = 28 + 22 = 50℃$,因此:

$$a = -2.65 + 0.52h = -2.65 + 0.52 \times 7 = 0.99$$
$$b = 0.62 - 0.008h = 0.62 - 0.008 \times 7 = 0.564$$
$$T = a + bT_0 = 0.99 + 0.564 \times 50 = 29.19$$

温度修正系数 $k_3 = e^{\left(\frac{1}{T} - \frac{1}{20}\right)h} = e^{\left(\frac{1}{29.19} - \frac{1}{20}\right) \times 7} = 0.896$。以 K60 +000 上行车道左轮迹为例,温度修正后的弯沉 = 37 × 0.896 = 33(0.01mm)。

按照《公路工程质量检验评定标准　第一册　土建工程》(JTG F80/1—2004)中的要求,每个行车道的左、右轮迹按照单独测点进行计算,因此,对所有数据进行了温度修正。修正后的结果见表 3-23。

温度修正后的弯沉数据表(0.01mm)　　　　　表3-23

桩号	上行车道		下行车道		桩号	上行车道		下行车道		桩号	上行车道		下行车道	
	左轮迹	右轮迹	左轮迹	右轮迹		左轮迹	右轮迹	左轮迹	右轮迹		左轮迹	右轮迹	左轮迹	右轮迹
K60+000	33	36	13	20	K64+700	13	17	30	33	K69+400	24	28	29	33
K60+100	43	44	45	49	K64+800	34	39	18	20	K69+500	28	30	37	41
K60+200	36	41	36	39	K64+900	32	36	36	39	K69+600	30	34	13	18
K60+300	44	44	22	28	K65+000	34	39	39	42	K69+700	20	22	52	49
K60+400	40	41	43	47	K65+100	33	36	39	41	K69+800	40	44	39	44
K60+500	22	28	45	49	K65+200	23	28	52	55	K69+900	34	36	15	20
K60+600	25	25	67	72	K65+300	42	47	36	36	K70+000	22	25	22	28
K60+700	38	36	27	30	K65+400	11	17	20	22	K70+100	46	49	15	20
K60+800	27	30	36	39	K65+500	50	55	39	41	K70+200	43	47	23	28
K60+900	25	28	36	39	K65+600	21	25	42	44	K70+300	45	47	50	55
K61+000	31	33	36	39	K65+700	21	25	30	33	K70+400	82	85	38	44
K61+100	38	41	31	36	K65+800	50	55	30	33	K70+500	64	66	39	44
K61+200	36	45	31	36	K65+900	63	69	18	20	K70+600	46	49	18	25
K61+300	54	64	36	39	K66+000	50	55	30	33	K70+700	38	41	40	45
K61+400	52	46	32	28	K66+100	57	62	26	29	K70+800	29	33	32	37
K61+500	45	47	36	39	K66+200	23	28	22	60	K70+900	27	30	31	33
K61+600	54	51	38	39	K66+300	59	64	41	44	K71+000	27	30	29	33
K61+700	27	30	27	28	K66+400	34	35	44	46	K71+100	22	22	31	36
K61+800	31	33	38	36	K66+500	31	36	25	28	K71+200	19	22	31	36
K61+900	31	33	36	41	K66+600	37	41	44	47	K71+300	27	30	35	39
K62+000	49	52	36	41	K66+700	67	69	31	30	K71+400	31	30	37	41
K62+100	27	30	36	39	K66+800	39	44	28	30	K71+500	51	55	47	51
K62+200	52	55	31	33	K66+900	59	64	36	39	K71+600	30	33	28	32
K62+300	36	39	45	47	K67+000	24	25	39	39	K71+700	34	36	22	30
K62+400	27	30	31	33	K67+100	26	30	39	41	K71+800	27	30	13	17
K62+500	25	28	45	47	K67+200	21	25	31	28	K71+900	30	33	39	44
K62+600	42	44	25	25	K67+300	39	44	25	28	K72+000	40	44	26	30
K62+700	40	41	41	39	K67+400	26	30	51	55	K72+100	43	41	32	35
K62+800	36	39	36	41	K67+500	30	33	29	33	K72+200	38	41	21	25
K62+900	25	36	38	39	K67+600	29	33	39	41	K72+300	27	30	31	36
K63+000	22	28	36	44	K67+700	26	30	20	22	K72+400	11	14	43	44
K63+100	36	39	32	33	K67+800	31	36	26	28	K72+500	29	33	49	54
K63+200	20	20	31	33	K67+900	34	39	33	36	K72+600	27	30	50	55
K63+300	42	47	24	23	K68+000	23	28	54	61	K72+700	27	30	40	44
K63+400	36	38	36	39	K68+100	31	29	28	30	K72+800	27	30	31	36
K63+500	23	28	29	35	K68+200	23	28	20	25	K72+900	37	44	50	55
K63+600	34	35	25	28	K68+300	45	49	36	39	K73+000	27	30	26	30
K63+700	31	33	31	35	K68+400	33	33	37	41	K73+100	35	39	32	37
K63+800	27	30	22	25	K68+500	39	44	39	41	K73+200	27	35	18	22
K63+900	36	39	29	33	K68+600	39	43	28	30	K73+300	32	36	39	44
K64+000	27	30	22	25	K68+700	27	28	20	28	K73+400	28	31	31	36
K64+100	25	36	53	55	K68+800	39	44	22	25	K73+500	38	41	34	37
K64+200	27	35	31	33	K68+900	26	30	42	44	K73+600	22	25	23	28
K64+300	22	28	36	44	K69+000	26	30	36	39	K73+700	25	28	34	35
K64+400	45	47	45	47	K69+100	25	25	34	36	K73+800	21	25	28	30
K64+500	32	30	38	44	K69+200	27	30	31	36	K73+900	25	28	22	28
K64+600	34	39	17	20	K69+300	30	33	27	33					

（2）计算实测代表弯沉 l_0

由于本次检测是在最不利季节进行，因此不需要进行季节修正，可以按照 1km 为 1 个路段单元直接进行实测代表弯沉计算。

路段的代表弯沉 l_0 按下式计算：

$$l_0 = \bar{l} + Z_\alpha S \qquad (3-20)$$

式中：$\bar{l}$——评定路段路表弯沉的平均值；

S——评定路段路表弯沉的标准差；

Z_α——与保证率有关的系数，高速公路、一级公路 $Z_\alpha = 1.645$，二级公路 $Z_\alpha = 1.5$，三、四级公路 $Z_\alpha = 1.3$（沥青路面 $Z_\alpha = 1.5$）。

以 K60 + 0 ~ K61 + 0 上行车道为例（其中，K61 + 0 点的弯沉不包含在该段），其路段路表弯沉平均值 $\bar{l}$ 为 34，保证率 $Z_\alpha = 1.5$，标准差 S 为 7.45，则其代表弯沉 $l_0 = \bar{l} + Z_\alpha S = 34 + 1.5 \times 7.45 = 45$，计算后的各路段弯沉平均值、代表弯沉见表 3-24。

（3）计算路面结构强度指数 PSSI

路面结构强度用路面结构强度指数 PSSI 评价，根据式（3-14），以 K60 + 0 ~ K61 + 0 段上行车道为例计算 PSSI。

$$SSI = \frac{l_d}{l_0} = \frac{35}{45} = 0.77$$

$$PSSI = \frac{100}{1 + a_0 e^{a_1 SSI}} = \frac{100}{1 + 15.71 \times e^{(-5.19 \times 0.77)}} = 77.5$$

（4）路面结构强度评级

对调查路段各单元的路面结构强度进行评级。《公路技术状况评定标准》中给出了路面结构强度系数的计算方法，但是并未明确给出评级方法。《公路沥青路面养护技术规范》（附条文说明）（JTJ 073.2—2001）中根据路面结构的强度系数 SSI 的大小，按照不同公路等级给出了路面结构强度的评价标准。但是，该评价标准中对于二级公路的评价过于宽松。因此，按照《公路技术状况评价标准》中对其他使用性能进行评价的方法，以 10 分为一个级差对路面结构强度进行评级。

SSI、PSSI 以及路面结构强度的评价结果见表 3-24，路面结构强度指数随里程桩号的分布见图 3-68。

路面结构强度分布表　　　　表 3-24

桩号	上行车道					下行车道				
------	弯沉均值 (0.01mm)	代表弯沉 (0.01mm)	SSI	PSSI	等级	弯沉均值 (0.01mm)	代表弯沉 (0.01mm)	SSI	PSSI	等级
K60 + 0	34	45	0.77	77.5	中	39	62	0.57	54.8	差
K61 + 0	41	60	0.59	57.2	差	35	41	0.85	83.7	良
K62 + 0	38	53	0.67	66.8	次	37	48	0.73	74.0	中
K63 + 0	32	44	0.80	80.3	良	31	41	0.86	84.5	良
K64 + 0	31	45	0.78	78.8	中	34	51	0.68	68.6	次
K65 + 0	37	62	0.57	54.7	差	36	51	0.69	69.3	次
K66 + 0	48	78	0.45	39.8	差	36	50	0.70	70.5	中
K67 + 0	31	41	0.85	84.2	良	34	48	0.73	74.2	中
K68 + 0	34	46	0.76	76.6	中	34	51	0.69	69.4	次
K69 + 0	30	41	0.85	84.2	良	33	50	0.70	70.6	中
K70 + 0	46	77	0.45	40.3	差	33	50	0.70	70.6	中

桩号	上 行 车 道					下 行 车 道				
	弯沉均值 (0.01mm)	代表弯沉 (0.01mm)	SSI	PSSI	等级	弯沉均值 (0.01mm)	代表弯沉 (0.01mm)	SSI	PSSI	等级
K71+0	31	45	0.78	78.3	中	34	48	0.74	74.4	中
K72+0	32	46	0.76	76.3	中	39	57	0.61	60.7	次
K73+0	30	41	0.86	84.3	良	31	42	0.84	82.9	良

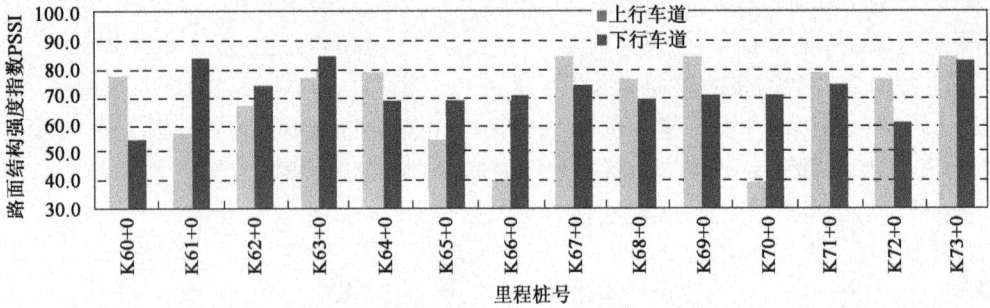

图3-68 路面结构强度指数随里程桩号分布图

对调查路段内"优级""良级""中级""次级"和"差级"所占的里程以及占调查总里程的比例进行统计,见表3-25和图3-69。

路面结构强度评价结果 表3-25

	评价等级	优级	良级	中级	次级	差级
上行	里程(km)	0	4	5	1	4
	所占比例(%)	0	28.57	35.71	7.14	28.57
下行	里程(km)	0	3	6	4	1
	所占比例(%)	0	21.43	42.86	28.57	7.14

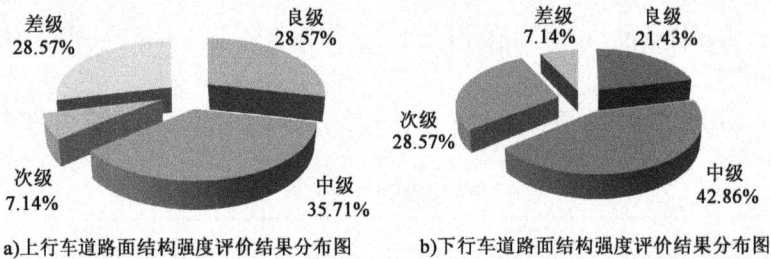

a)上行车道路面结构强度评价结果分布图　　b)下行车道路面结构强度评价结果分布图

图3-69 路面结构强度评价结果分布图

从表3-24和图3-69可以看出,上行路段没有评价等级为"优级"的路段;"中级"占主要比例,路段共有5km,占总里程的35.71%;"良级"和"差级"路段各有4km,各占总里程的28.57%;"次级"路段共1km,占总里程的7.14%。下行路段有评价结果为"优级"的路段;"中级"路段占主要比例,共有6km,占总里程的42.86%;"良级"路段共有3km,占总里程的21.43%;"次级"路段共有4km,占总里程的28.57%;"差级"路段仅有1km,占总里程的7.14%。可见,经过多年的使用,大部分路段的结构强度已经严重不足,需要进行补强设计。

4.路面抗滑性能评定

本次调查采用某型号路面横向力系数测试车对路面的横向摩擦力系数SFC进行检测,测试时按照100m为单元进行检测,测试时的路面温度为38℃,测试速度和测试值见表3-26。

沥青路面横向摩擦力系数实测值　　　　　　表3-26

桩号	上行车道		下行车道		桩号	上行车道		下行车道		桩号	上行车道		下行车道	
	测试值	测试速度(km/h)	测试值	测试速度(km/h)		测试值	测试速度(km/h)	测试值	测试速度(km/h)		测试值	测试速度(km/h)	测试值	测试速度(km/h)
K60+000	43.0	57.0	38.7	70.8	K64+700	39.3	56.3	41.2	64.5	K69+400	39.4	59.7	38.7	60.8
K60+100	42.8	60.1	38.7	70.8	K64+800	39.4	53.6	40.8	65.7	K69+500	39.0	60.3	38.7	60.8
K60+200	43.2	64.9	38.4	70.8	K64+900	40.0	61.7	40.1	65.3	K69+600	38.7	58.7	38.4	60.8
K60+300	43.2	69.1	38.6	70.5	K65+000	40.5	61.8	40.0	64.3	K69+700	40.4	60.2	38.6	60.5
K60+400	42.6	56.0	38.6	70.1	K65+100	40.0	63.7	39.8	63.6	K69+800	40.8	57.4	38.6	60.1
K60+500	41.0	60.2	38.5	70.1	K65+200	39.6	65.2	39.7	64.2	K69+900	40.7	54.7	38.5	60.1
K60+600	39.8	56.9	38.5	70.3	K65+300	39.7	66.3	40.0	56	K70+000	40.5	54.7	38.5	60.3
K60+700	40.4	62.8	38.8	71.0	K65+400	40.8	66.9	40.5	57.7	K70+100	39.5	57.3	38.8	61
K60+800	41.0	62.6	38.8	71.7	K65+500	41.1	67.6	41.0	59	K70+200	38.8	60	38.8	61.7
K60+900	40.2	65.0	38.8	72.2	K65+600	42.3	59.4	41.6	59.9	K70+300	39.0	62.9	38.8	62.2
K61+000	39.5	62.8	38.6	72.6	K65+700	42.2	60.9	41.7	61.8	K70+400	39.0	65.3	38.6	62.6
K61+100	38.2	65.8	37.9	72.8	K65+800	41.7	62.2	41.1	65.3	K70+500	38.9	56.6	37.9	62.8
K61+200	36.8	62.8	37.2	73.1	K65+900	41.6	63.1	40.7	64.3	K70+600	39.4	56.9	37.2	63.1
K61+300	37.0	62.5	36.9	73.2	K66+000	40.6	63.4	39.8	68.2	K70+700	39.3	57.4	36.9	63.2
K61+400	37.1	62.6	36.5	73.1	K66+100	40.5	64.5	38.9	65.6	K70+800	38.7	58.7	36.5	63.1
K61+500	37.2	64.7	37.1	72.8	K66+200	40.5	65.4	37.9	65.7	K70+900	39.2	60.5	37.1	62.8
K61+600	37.6	64.8	37.8	72.3	K66+300	40.3	65.7	37.8	64.6	K71+000	38.7	63	37.8	62.3
K61+700	37.6	60.0	38.3	72.7	K66+400	40.0	65.6	37.9	63.5	K71+100	38.3	65.2	38.3	62.7
K61+800	37.8	60.3	38.8	72.1	K66+500	39.9	64.8	38.6	63.3	K71+200	37.8	61.6	38.8	62.1
K61+900	37.7	61.1	39.5	71.9	K66+600	39.8	63.7	39.1	63.2	K71+300	37.2	62.4	39.5	61.9
K62+000	37.5	62.4	39.4	71.7	K66+700	40.0	62.7	38.6	63.4	K71+400	37.1	62.4	39.4	61.7
K62+100	37.6	64.1	39.8	70.2	K66+800	39.9	61.3	38.1	62.7	K71+500	37.1	61.5	39.8	60.2
K62+200	37.3	63.5	40.0	70.0	K66+900	39.4	58.9	37.3	59.6	K71+600	37.6	60.5	40.0	60
K62+300	37.0	68.2	39.8	69.6	K67+000	38.8	64.9	37.7	60.8	K71+700	37.9	59.2	39.8	59.6
K62+400	37.1	70.0	41.1	67.1	K67+100	39.0	61.2	38.1	57.7	K71+800	37.9	58.2	41.1	57.1
K62+500	36.7	61.4	42.6	64.1	K67+200	38.9	59.7	38.6	55.8	K71+900	38.3	57.7	42.6	64.1
K62+600	36.6	62.0	43.6	61.8	K67+300	38.5	60.5	38.6	56.1	K72+000	38.0	56.9	43.6	61.8
K62+700	36.9	62.0	43.9	60.2	K67+400	37.7	62.8	38.2	57.5	K72+100	38.0	55	43.9	60.2
K62+800	36.8	61.5	42.9	61.1	K67+500	37.1	65.5	38.0	58.7	K72+200	37.1	60.5	42.9	61.1
K62+900	36.9	60.9	41.8	61.8	K67+600	37.0	66.9	38.1	59.4	K72+300	37.0	61.9	41.8	61.8
K63+000	36.5	60.3	41.8	60.1	K67+700	36.9	67.7	38.5	59.7	K72+400	36.9	62.7	41.8	60.1
K63+100	36.4	59.5	41.9	66.1	K67+800	37.1	58.8	38.5	59.7	K72+500	37.1	63.8	41.9	56.1
K63+200	36.7	58.8	41.6	61.6	K67+900	36.7	59.9	37.6	59.1	K72+600	36.7	64.9	41.6	56.6
K63+300	37.5	58.2	40.6	59.1	K68+000	36.9	60.3	37.3	58.3	K72+700	36.9	60.3	40.6	59.1
K63+400	38.1	57.4	40.0	58.9	K68+100	37.7	60.1	37.2	57.2	K72+800	37.7	60.1	40.0	58.9
K63+500	37.9	56.5	39.8	61.4	K68+200	37.8	59.5	37.4	60.5	K72+900	37.8	59.5	39.8	61.4
K63+600	37.7	56.4	40.5	64.5	K68+300	38.4	58.6	39.3	59	K73+000	38.4	58.6	40.5	64.5
K63+700	36.8	57.3	41.5	58.0	K68+400	38.8	56.8	40.6	56.7	K73+100	38.8	56.8	41.5	63
K63+800	36.6	59.0	41.8	61.6	K68+500	38.6	64.9	41.8	56	K73+200	38.6	59.9	41.8	66.6
K63+900	36.5	61.1	42.2	64.5	K68+600	39.1	64.0	42.8	57.7	K73+300	39.1	59	42.2	64.5
K64+000	36.6	62.8	41.5	66.1	K68+700	38.8	63.9	42.9	59.4	K73+400	38.8	58.9	41.5	66.6
K64+100	36.8	63.4	41.1	66.1	K68+800	38.6	64.7	42.8	59.0	K73+500	38.4	59.7	41.1	66.3
K64+200	37.5	63.4	40.8	64.6	K68+900	38.9	64.9	41.9	60.5	K73+600	38.9	59.9	40.8	64.6
K64+300	38.4	63.0	40.3	62.6	K69+000	39.9	62.5	40.9	62.3	K73+700	38.4	59.7	40.3	62.6
K64+400	38.8	62.1	40.6	60.9	K69+100	40.6	60.7	40.3	63.3	K73+800	38.9	59.9	40.6	60.9
K64+500	39.5	61.4	40.2	60.2	K69+200	41.7	59.9	40.1	64.0	K73+900	39.9	57.5	40.2	60.2
K64+600	39.1	60.9	39.1	58.9	K69+300	41.9	61.1	39.5	64.2					

（1）SFC 值的速度修正

测试系统的标准测试速度范围为 50km/h±4km/h，其他速度条件下测试的 SFC 值必须通过下式转换为标准速度下的等效 SFC 值。

$$SFC_{标} = SFC_{测} - 0.22(v_{标} - v_{测}) \tag{3-21}$$

式中：$SFC_{标}$——标准测试速度下的等效 SFC 值；

$\quad SFC_{测}$——现场实际测试速度条件下的 SFC 测试值；

$\quad v_{标}$——标准测试速度，取值 50km/h；

$\quad v_{测}$——现场实际测试速度，km/h。

（2）SFC 值的温度修正

测试系统的标准现场测试地面温度范围为 20℃±5℃，其他地面温度条件下测试的 SFC 值必须进行温度系数修正。SFC 值温度修正表见表 3-27。

SFC 值温度修正表　　　　　　　　　　表 3-27

温度（℃）	10	15	20	25	30	35	40	45	50	55	60
修正值	-3	-1	0	+1	+3	+4	+6	+7	+8	+9	+10

本次调查的地面温度为 38℃，因此，经查表后，按现行插值方法得到温度修正系数为 +5.2。

以 K60+0～K61+0 上行车道为例（其中，K61+0 点的数据不包含在该段），其实测 SFC 为 43.0，首先进行速度修正，$SFC_{标} = SFC_{测} - 0.22(v_{标} - v_{测}) = 43.0 - 0.22 \times (50.0 - 43.0) = 44.5$，然后进行温度修正，温度修正后的 SFC = 44.5 + 5.2 = 49.7。各测点修正后的路面横向摩擦力系数 SFC 见表 3-28。

修正后的沥青路面横向摩擦力系数　　　　　　　　　　表 3-28

桩号	上行车道		下行车道		桩号	上行车道		下行车道		桩号	上行车道		下行车道	
	速度修正	温度修正	速度修正	温度修正		速度修正	温度修正	速度修正	温度修正		速度修正	温度修正	速度修正	温度修正
K60+000	44.5	49.7	43.3	48.5	K61+400	39.9	45.1	41.6	46.8	K62+800	39.3	44.5	45.3	50.5
K60+100	45.0	50.2	43.3	48.5	K61+500	40.4	45.6	42.1	47.3	K62+900	39.3	44.5	44.4	49.6
K60+200	46.5	51.7	43.0	48.2	K61+600	40.9	46.1	42.7	47.9	K63+000	38.8	44.0	44.0	49.2
K60+300	47.4	52.6	43.1	48.3	K61+700	39.8	45.0	43.3	48.5	K63+100	38.5	43.7	45.4	50.6
K60+400	43.9	49.1	43.0	48.2	K61+800	40.1	45.3	43.7	48.9	K63+200	38.6	43.8	44.2	49.4
K60+500	43.2	48.4	42.9	48.1	K61+900	40.1	45.3	44.3	49.5	K63+300	39.3	44.5	42.6	47.8
K60+600	41.3	46.5	43.0	48.2	K62+000	40.2	45.4	44.2	49.4	K63+400	39.7	44.9	42.0	47.2
K60+700	43.2	48.4	43.4	48.6	K62+100	40.7	45.9	44.2	49.4	K63+500	39.3	44.5	42.3	47.5
K60+800	43.8	49.0	43.6	48.8	K62+200	40.3	45.5	44.4	49.6	K63+600	39.1	44.3	43.7	48.9
K60+900	43.5	48.7	43.7	48.9	K62+300	41.0	46.2	44.1	49.3	K63+700	38.4	43.6	43.3	48.5
K61+000	42.3	47.5	43.6	48.8	K62+400	41.5	46.7	44.9	50.1	K63+800	38.6	43.8	44.4	49.6
K61+100	41.7	46.9	42.9	48.1	K62+500	39.2	44.4	45.7	50.9	K63+900	38.9	44.1	45.4	50.6
K61+200	39.6	44.8	42.3	47.5	K62+600	39.2	44.4	46.2	51.4	K64+000	39.4	44.6	43.0	48.2
K61+300	39.8	45.0	42.0	47.2	K62+700	39.5	44.7	46.1	51.3	K64+100	39.7	44.9	44.7	49.9

续上表

桩号	上行车道		下行车道		桩号	上行车道		下行车道		桩号	上行车道		下行车道	
	速度修正	温度修正	速度修正	温度修正		速度修正	温度修正	速度修正	温度修正		速度修正	温度修正	速度修正	温度修正
K64+200	40.4	45.6	44.0	49.2	K67+500	40.5	45.7	39.9	45.1	K70+800	40.9	46.1	39.4	44.6
K64+300	41.3	46.5	43.1	48.3	K67+600	40.7	45.9	40.2	45.4	K70+900	41.5	46.7	39.9	45.1
K64+400	41.5	46.7	43.0	48.2	K67+700	40.8	46.0	40.6	45.8	K71+000	41.6	46.8	40.5	45.7
K64+500	42.0	47.2	42.4	47.6	K67+800	39.0	44.2	40.6	45.8	K71+100	41.6	46.8	41.1	46.3
K64+600	41.5	46.7	41.1	46.3	K67+900	38.9	44.1	39.6	44.8	K71+200	40.4	45.6	41.5	46.7
K64+700	40.7	45.9	44.4	49.6	K68+000	39.2	44.4	39.1	44.3	K71+300	39.9	45.1	42.1	47.3
K64+800	40.2	45.4	44.3	49.5	K68+100	39.9	45.1	38.8	44.0	K71+400	39.8	45.0	42.0	47.2
K64+900	42.6	47.8	43.5	48.7	K68+200	39.9	45.1	39.7	44.9	K71+500	39.6	44.8	42.0	47.2
K65+000	43.1	48.3	43.1	48.3	K68+300	40.3	45.5	41.3	46.5	K71+600	39.9	45.1	42.2	47.4
K65+100	43.0	48.2	42.8	48.0	K68+400	40.3	45.5	42.1	47.3	K71+700	39.9	45.1	41.9	47.1
K65+200	42.9	48.1	42.8	48.0	K68+500	41.9	47.1	43.1	48.3	K71+800	39.7	44.9	42.7	47.9
K65+300	43.3	48.5	41.3	46.5	K68+600	42.2	47.4	44.5	49.7	K71+900	40.0	45.2	45.7	50.9
K65+400	44.5	49.7	42.2	47.4	K68+700	41.9	47.1	45.0	50.2	K72+000	39.5	44.7	46.2	51.4
K65+500	45.0	50.2	43.0	48.2	K68+800	41.6	46.8	44.8	50.0	K72+100	39.1	44.3	46.1	51.3
K65+600	44.4	49.6	43.8	49.0	K68+900	42.2	47.4	44.2	49.4	K72+200	39.4	44.6	45.3	50.5
K65+700	44.6	49.8	44.3	49.5	K69+000	42.7	47.9	43.6	48.8	K72+300	39.6	44.8	44.4	49.6
K65+800	44.4	49.6	44.5	49.7	K69+100	43.0	48.2	43.2	48.4	K72+400	39.7	44.9	44.0	49.2
K65+900	44.5	49.7	43.8	49.0	K69+200	43.9	49.1	43.2	48.4	K72+500	40.1	45.3	43.2	48.4
K66+000	43.5	48.7	43.8	49.0	K69+300	44.3	49.5	42.6	47.8	K72+600	40.0	45.2	43.1	48.3
K66+100	43.7	48.9	42.3	47.5	K69+400	41.5	46.7	41.1	46.3	K72+700	39.2	44.4	42.6	47.8
K66+200	43.9	49.1	41.4	46.6	K69+500	41.3	46.5	41.1	46.3	K72+800	39.9	45.1	42.0	47.2
K66+300	43.8	49.0	41.0	46.2	K69+600	40.6	45.8	40.8	46.0	K72+900	39.9	45.1	42.3	47.5
K66+400	43.4	48.6	40.9	46.1	K69+700	42.6	47.8	40.9	46.1	K73+000	40.3	45.5	43.7	48.9
K66+500	43.2	48.4	41.5	46.7	K69+800	42.4	47.6	40.8	46.0	K73+100	40.3	45.5	44.4	49.6
K66+600	42.8	48.0	42.0	47.2	K69+900	41.7	46.9	40.7	45.9	K73+200	40.8	46.0	45.5	50.7
K66+700	42.8	48.0	41.5	46.7	K70+000	41.5	46.7	40.8	46.0	K73+300	41.1	46.3	45.4	50.6
K66+800	42.4	47.6	40.9	46.1	K70+100	41.1	46.3	41.2	46.4	K73+400	40.8	46.0	45.2	50.4
K66+900	41.4	46.6	39.4	44.6	K70+200	41.0	46.2	41.4	46.6	K73+500	40.5	45.7	44.7	49.9
K67+000	42.1	47.3	40.1	45.3	K70+300	41.8	47.0	41.5	46.7	K73+600	41.1	46.3	44.0	49.2
K67+100	41.5	46.7	39.8	45.0	K70+400	42.4	47.6	41.4	46.6	K73+700	40.5	45.7	43.1	48.3
K67+200	41.0	46.2	39.9	45.1	K70+500	40.4	45.6	40.7	45.9	K73+800	41.1	46.3	43.0	48.2
K67+300	40.8	46.0	39.9	45.1	K70+600	40.9	46.1	40.1	45.3	K73+900	41.6	46.8	42.4	47.6
K67+400	40.5	45.7	39.9	45.1	K70+700	40.9	46.1	39.8	45.0					

（3）计算 SFC 代表值

根据《公路工程质量检验标准评定标准　第一册　土建工程》（JTG F80/1—2004）中规定，横向力摩擦系数使用代表值进行工程质量评定，具体计算公式如下：

$$SFC_r = \overline{SFC} - \frac{t_a}{\sqrt{n}}S \qquad (3\text{-}22)$$

式中：SFC_r——SFC 代表值；

　　　$\overline{SFC}$——SFC 平均值；

　　　S——标准差；

　　　n——数据个数；

　　　t_a——t 分布表中随测点个数和保证率（或置信度）而变的系数，可查表获得，二级公路的保证率为 90%。

经查表，测点数为 10，保证率为 90% 时，$\frac{t_a}{\sqrt{n}} = 0.437$。

以 K60 +0 ～ K61 +0 上行车道为例，其路段横向摩擦力系数平均值 $\overline{SFC}$ 为 49.4，保证率 $\frac{t_a}{\sqrt{n}} = 0.437$，标准差 S 为 1.74，则 SFC 代表值 $SFC_r = \overline{SFC} - \frac{t_a}{\sqrt{n}}S = 49.4 - 0.437 \times 1.74 = 48.7$，计算后的各路段横向摩擦力系数平均值和代表值见表 3-29。

沥青路面抗滑性能分布表

表 3-29

桩号	上 行 车 道					下 行 车 道				
	均值	方差	SFC 代表值	SRI	等级	均值	方差	SFC 代表值	SRI	等级
K60 +0	49.4	1.74	48.7	90.4	优	48.4	1.11	47.9	89.8	良
K61 +0	45.7	4.09	43.9	85.6	良	48.0	1.71	47.3	89.2	良
K62 +0	45.2	4.51	43.3	84.8	良	50.2	1.12	49.7	91.3	优
K63 +0	44.1	5.62	41.7	82.8	良	48.9	1.32	48.3	90.1	优
K64 +0	46.1	3.63	44.5	86.3	良	48.5	1.45	47.9	89.8	良
K65 +0	49.2	0.83	48.8	90.5	优	48.4	1.49	47.7	89.6	良
K66 +0	48.3	1.45	47.6	89.5	良	46.7	3.13	45.3	87.2	良
K67 +0	45.8	3.98	44.0	85.8	良	45.2	4.43	43.3	84.9	良
K68 +0	46.1	3.67	44.5	86.3	良	47.5	3.20	46.1	88.0	良
K69 +0	47.6	2.26	46.6	88.5	良	45.8	3.90	44.1	85.8	良
K70 +0	46.4	3.21	45.0	86.9	良	45.8	3.90	44.1	85.8	良
K71 +0	45.4	4.27	43.6	85.2	良	47.4	2.59	46.2	88.2	良
K72 +0	44.8	4.86	42.7	84.2	良	49.1	1.59	48.4	90.2	优
K73 +0	46.0	3.65	44.4	86.2	良	49.3	1.07	48.9	90.6	优

（4）计算抗滑性能指数 SRI

路面抗滑性能用路面抗滑性能指数 SRI 评价，根据式（3-13），以 K60 +0 ~ K61 +0 段上行车道为例计算 SRI。

$$SRI = \frac{100 - SRI_{min}}{1 + \alpha_0 e^{\alpha_1 SFC}} + SRI_{min} = \frac{100 - 35}{1 + 28.6 e^{-0.105 \times 48.7}} + 35 = 90.4$$

对调查路段内 SRI 以及路面抗滑性能的评价结果见表 3-31，路面抗滑性能指数随里程桩号的分布见图 3-70。从表 3-29 和图 3-70 可以看出，该段路面抗滑性能均处于优良状态。

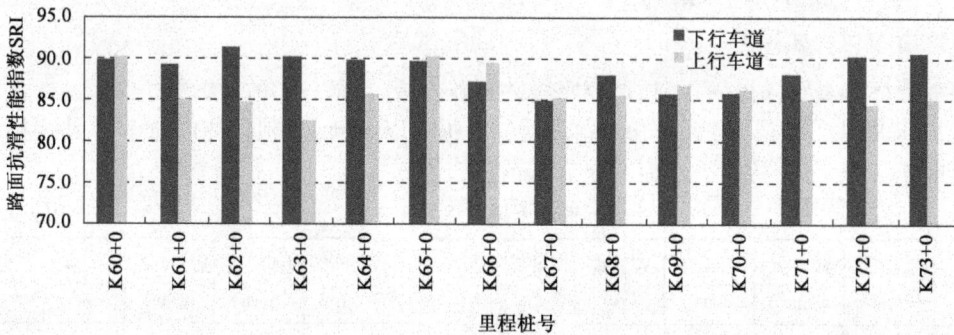

图 3-70　沥青路面抗滑性能指数随里程桩号分布图

对调查路段内"优级""良级""中级""次级"和"差级"所占的里程以及占调查总里程的比例进行统计，见表 3-30 和图 3-71。

沥青路面抗滑性能评价结果　　　　　　　　　　　表 3-30

	评价等级	优级	良级	中级	次级	差级
上行	里程（km）	2	12	0	0	0
	所占比例（%）	14.29	85.71	0	0	0
下行	里程（km）	4	10	0	0	0
	所占比例（%）	28.57	71.43	0	0	0

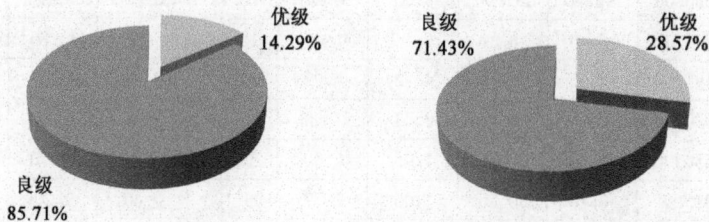

a）上行车道路面抗滑性能评价结果分布图　　　b）下行车道路面抗滑性能评价结果分布图

图 3-71　沥青路面抗滑性能评价结果分布图

从表 3-30 和图 3-71 可以看出，上行路段评价结果都在"良级"以上，"良级"占主要比例，共有 12km，占总里程的 85.71%；"优级"路段仅有 2km，占总里程的 14.29%。下行路段评价结果都在"良级"以上，"良级"占主要比例，共有 10km，占总里程的 71.43%；"优级"路段仅有

4km,占总里程的 28.57% 。整体上看,该段公路的抗滑性能处于优良状态。

二、水泥混凝土路面状况调查和评定实例

某二级公路水泥混凝土路面路段全长 18km,起始桩号为 K3 + 000,终点桩号为 K21 + 1 000。路基宽度 12m,路面宽度 7.5m。面层为 200mm 水泥混凝土,基层为 200mm 水泥稳定砂砾。该段路自投入使用以来,历年正常养护,但由于多种原因,路面损坏状况较为严重。

采用多功能道路检测车对路面的损坏状况和平整度进行检测和评定。桩号增加方向为上行,桩号递减方向为下行,以 1km 为 1 个评定单元。其中,桩号 K3 + 0 的数据代表 K3 + 0 ~ K4 + 0 共 1km 的数据,以下同。

1.路面损坏状况评定

路面损坏调查结果见表 3-31,调查路段共有破碎板、裂缝、板角断裂、边角剥落、露骨和修补 6 种损坏类型。其中,裂缝、边角剥落和接缝料损坏以 m 计,其他损坏以 m² 计。路面损坏状况评价时不分上下行,按整个路面宽度 7.5m 进行计算。

水泥混凝土路面损坏调查表　　　　　表 3-31

单元桩号	破碎板轻（m²）	破碎板重（m²）	裂缝轻（m）	裂缝重（m）	板角断裂轻（m²）	板角断裂中（m²）	板角断裂重（m²）	边角剥落轻（m）	边角剥落重（m）	露骨（m²）	修补（m²）
K3 +0	0.00	0.00	32.30	33.60	1.95	0.00	0.00	22.60	21.70	290.25	0.00
K4 +0	0.00	15.00	50.10	82.50	1.06	2.57	3.13	0.60	9.20	175.82	0.00
K5 +0	0.00	0.00	83.50	35.60	2.27	0.36	0.00	1.40	3.00	425.20	0.00
K6 +0	0.00	0.00	38.50	45.30	1.85	0.00	0.24	5.50	5.40	167.54	34.23
K7 +0	0.00	0.00	32.30	35.60	0.00	0.10	1.11	14.00	10.00	42.81	0.00
K8 +0	0.00	0.00	22.70	11.80	0.00	0.68	0.09	11.90	24.40	46.07	41.19
K9 +0	60.00	75.00	29.10	52.50	7.54	9.00	13.74	0.00	0.00	10.43	1.32
K10 +0	45.00	75.00	78.90	94.30	8.34	2.12	13.00	2.50	4.20	43.26	0.00
K11 +0	15.00	15.00	43.00	23.10	8.90	0.00	6.38	2.20	5.20	16.50	0.00
K12 +0	15.00	30.00	155.90	58.40	20.15	13.71	10.41	8.90	1.60	98.55	12.57
K13 +0	30.00	15.00	80.10	48.40	23.19	25.34	5.27	16.40	1.90	54.47	42.60
K14 +0	330.00	660.00	145.40	191.90	8.00	0.60	20.92	0.00	4.90	321.33	0.00
K15 +0	195.00	240.00	68.40	58.80	6.16	1.05	15.49	8.90	31.80	21.63	0.00
K16 +0	285.00	195.00	98.10	101.00	4.72	4.02	19.01	0.00	25.30	146.99	0.33
K17 +0	210.00	720.00	72.00	200.50	0.23	17.83	52.03	3.30	6.70	0.00	0.00
K18 +0	0.00	550.00	32.50	50.50	1.95	0.00	0.00	22.60	21.70	290.25	0.00
K19 +0	0.00	315.00	50.10	80.80	1.06	2.57	3.13	0.60	9.20	175.82	0.00
K20 +0	0.00	225.00	83.50	56.30	2.27	0.36	0.00	1.40	3.00	425.20	0.00

（1）对旧水泥混凝土路面分板块逐一编号,绘制病害平面图（略）

（2）计算路面损坏面积

裂缝和边角剥落损坏的检测结果为损坏长度,需要乘以影响宽度 l_i 才能得到损坏面积 A_i,则:

$$A_i = l_i \times d_i$$

以 K3 +0 ~ K4 +0 的轻度裂缝为例，则 $A_1 = l_1 \times d_1 = 32.30 \times 1.0 = 32.30\text{m}^2$。由于裂缝和边角剥落的影响宽度均为 1.0m，因此，计算得到的各种损坏面积在数值上与表 3-31 一致，这里不单独给出计算表。

（3）计算折合损坏面积 $\overline{A}_i$

路面表面的损坏类型、损坏程度不同，对路面使用性能的影响也不相同。因此，需要将不同类型、不同严重程度的损坏面积按照权重 w_i 进行折算，得到折合损坏面积 $\overline{A}_i$，则：

$$\overline{A}_i = w_i \times A_i$$

以 K3 +0 ~ K4 +0 的轻度裂缝为例，则 $\overline{A}_1 = w_1 \times A_1 = 0.6 \times 32.30 = 19.38\text{m}^2$。

各种损坏的折合损坏面积见表 3-32。

计算后的水泥混凝土路面折合损坏面积表　　　　　　　　表 3-32

单元桩号	破碎板 轻(m²)	破碎板 重(m²)	裂缝轻 (m²)	裂缝重 (m²)	板角断裂 轻(m²)	板角断裂 中(m²)	板角断裂 重(m²)	边角剥落 轻(m²)	边角剥落 重(m²)	露骨 (m²)	修补 (m²)
K3 +0	0.00	0.00	19.38	33.60	1.17	0.00	0.00	13.56	21.70	87.08	0.00
K4 +0	0.00	15.00	30.06	82.50	0.64	2.06	3.13	0.36	9.20	52.75	0.00
K5 +0	0.00	0.00	50.10	35.60	1.36	0.29	0.00	0.84	3.00	127.56	0.00
K6 +0	0.00	23.10	45.30	1.11	0.00	0.24	3.30	5.40	50.26	3.42
K7 +0	0.00	0.00	19.38	35.60	0.00	0.08	1.11	8.40	10.00	12.84	0.00
K8 +0	0.00	0.00	13.62	11.80	0.00	0.54	0.09	7.14	24.40	13.82	4.12
K9 +0	48.00	75.00	17.46	52.50	4.52	7.20	13.74	0.00	0.00	3.13	0.13
K10 +0	36.00	75.00	47.34	94.30	5.00	1.70	13.00	1.50	4.20	12.98	0.00
K11 +0	12.00	15.00	25.80	23.10	5.34	0.00	6.38	1.32	5.20	4.95	0.00
K12 +0	12.00	30.00	93.54	58.40	12.09	10.97	10.41	5.34	1.60	29.57	1.26
K13 +0	24.00	15.00	48.06	48.40	13.91	20.27	5.27	9.84	1.90	16.34	4.26
K14 +0	264.00	660.00	87.24	191.90	4.80	0.48	20.92	0.00	4.90	96.40	0.00
K15 +0	156.00	240.00	41.04	58.80	3.70	0.84	15.49	5.34	31.80	6.49	0.00
K16 +0	228.00	195.00	59.10	101.00	2.83	3.22	19.01	0.00	25.30	44.10	0.03
K17 +0	168.00	720.00	43.20	200.50	0.14	14.26	52.03	1.98	6.70	0.00	0.00
K18 +0	0.00	550.00	19.50	50.50	1.17	0.00	0.00	13.56	21.70	87.08	0.00
K19 +0	0.00	315.00	30.06	80.80	0.64	2.06	3.13	0.36	9.20	52.75	0.00
K20 +0	0.00	225.00	50.10	56.30	1.36	0.29	0.00	0.84	3.00	127.56	0.00

（4）计算路面破损率 DR 和路面损坏状况指数 PCI

根据水泥混凝土路面损坏状况指数 PCI 的计算公式，计算出水泥混凝土路面的 PCI。以 K3 +0 ~ K4 +0 段为例，调查的路面积为 $A = 1\,000 \times 7.5\text{m}^2 = 7\,500\text{m}^2$。

$$\begin{aligned}
\text{DR} &= 100 \times \frac{\sum\limits_{i=1}^{11} w_i A_i}{A} \\[2mm]
&= 100 \times \frac{19.38 + 33.60 + 1.17 + 13.56 + 21.70 + 87.08}{1\,000 \times 7.5} \\[2mm]
&= 2.35
\end{aligned}$$

$$PCI = 100 - a_0 DR^{a_1} = 100 - 10.66 \times DR^{0.461} = 100 - 10.66 \times 2.35^{0.461} = 84.19$$

通过以上公式计算得到的 DR 和 PCI 见表 3-33，路面损坏状况指数 PCI 随里程桩号分布见图 3-72。

水泥混凝土路面损坏计算结果

表 3-33

单元桩号	DR	PCI	评 级
K3 +0 ~ K4 +0	2.35	84.18	良
K4 +0 ~ K5 +0	2.61	83.41	良
K5 +0 ~ K6 +0	2.92	82.54	良
K6 +0 ~ K7 +0	1.76	86.16	良
K7 +0 ~ K8 +0	1.17	88.56	良
K8 +0 ~ K9 +0	1.01	89.31	良
K9 +0 ~ K10 +0	2.96	82.43	良
K10 +0 ~ K11 +0	3.88	80.08	良
K11 +0 ~ K12 +0	1.32	87.88	良
K12 +0 ~ K13 +0	3.54	80.92	良
K13 +0 ~ K14 +0	2.76	82.97	良
K14 +0 ~ K15 +0	17.74	59.86	差
K15 +0 ~ K16 +0	7.46	73.08	中
K16 +0 ~ K17 +0	9.03	70.59	中
K17 +0 ~ K18 +0	16.09	61.63	次
K18 +0 ~ K19 +0	9.91	69.31	次
K19 +0 ~ K20 +0	6.59	74.58	中
K20 +0 ~ K21 +0	6.19	75.29	中

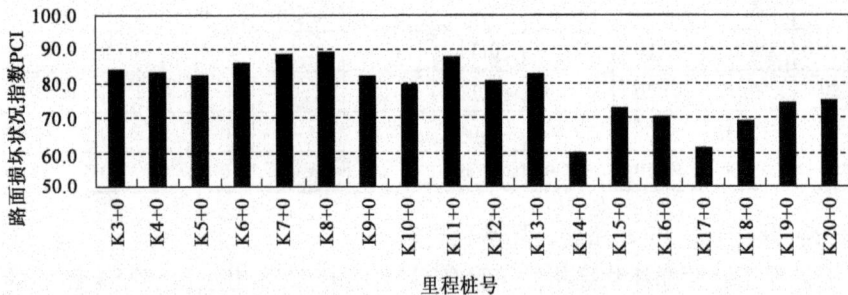

图 3-72　水泥混凝土路面损坏状况指数 PCI 随里程桩号分布图

（5）路面状况评级

水泥混凝土路面状况评级分为优、良、中、次、差五个等级，以 1km 为评价单元的路面损坏状况的等级评价结果见表 3-33。对整个调查路段 18km 的路面损坏情况进行分析，统计各个等级路段所占的比例，统计结果见表 3-34 和图 3-73。

水泥混凝土路面损坏评价结果　　　　　　　　表 3-34

路面损坏等级	优	良	中	次	差
里程（km）	0	11	4	2	1
所占比例（%）	0	61.11	22.22	11.11	5.56

从表 3-34 和图 3-73 可以看出，没有路面损坏状况达到"优级"的路段。"良级"路段共有 11km，占总里程的 61.11%；"中级"路段共有 4km，占总里程的 22.22%；"次级"路段共有 2km，占总里程的 11.11%；"差级"路段仅有 1km，占总里程的 5.56%。可见，水泥混凝土路面损坏状况一般。

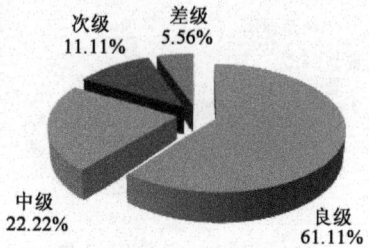

图 3-73　水泥混凝土路面损坏状况评价结果分布图

（6）各种路面损坏类型分布

统计调查路段范围内，第 i 种损坏的加权总面积及第 i 种损坏占总损坏面积的比例，其中对于同一种损坏的不同类型（如裂缝轻、裂缝重），按照同一种损坏面积计算。因此，本例题中共有 6 种损坏类型。

第 i 种损坏的面积

$$M_i = w_i \sum_{j=3}^{20} A_{ji}$$

第 i 种损坏所占的比例

$$R_i(\%) = \frac{w_i \sum_{j=3}^{20} A_{ji}}{\sum_{i=1}^{6}\left(w_i \sum_{j=3}^{20} A_{ji}\right)} \times 100\% = \frac{M_i}{\sum_{i=1}^{6} M_i} \times 100\%$$

式中：j——为路面桩号数；

A_{ji}——为 $Kj + 0$ 公里处，第 i 种损坏的面积（m^2）。

以裂缝为例进行损坏类型的分布：

裂缝的加权面积

$$M_1 = w_1 \sum_{j=3}^{20} M_{ji} = w_1 \sum_{j=3}^{20} M_{j1} = 1\,978.98$$

裂缝损坏占损坏面积的比例

$$R_1 = \frac{M_1}{\sum_{i=1}^{6} M_i} \times 100\% = \frac{1\,979.98}{7\,446.7} \times 100\% = 26.58\%$$

由以上公式计算得出调查路段内各种损坏的面积及占总损坏面积的比例，并绘制损坏类型分布图，见表 3-35 和图 3-74。可以看出，此段水泥混凝土路面，主要损坏类型为破碎板，占总损坏面积的 54.76%；其次为裂缝，占总损坏面积的 26.58%；露骨占总损坏面积的 11.09%；板角断裂和边角剥落所占比例相当，占 3.5% 左右；此外，还有不足 1% 的修补。

水泥混凝土路面损坏类型分布表 表3-35

损坏类型	破碎板（m²）	裂缝（m²）	板角断裂（m²）	边角剥落（m²）	露骨（m²）	修补（m²）
破损面积（m²）	4 078.00	1 978.98	287.98	262.88	825.64	13.22
所占比例（%）	54.76	26.58	3.87	3.53	11.09	0.18

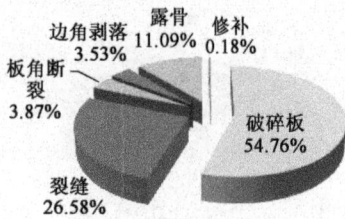

图3-74　水泥混凝土路面破损类型分布图

2.路面行驶质量评定

采用哈尔滨工业大学自制的多功能道路检测车,对水泥混凝土路面上、下行车道左右轮迹的平整度分别进行检测,检测设备按照《公路路面技术状况自动化检测规程》（JTG/T E61—2014）T 0935—2014 中的要求进行准确性验证,数据以 20m 为单元进行保存,检测结果按照 1km 为一个评价单元进行输出,结果见表3-36。

水泥混凝土路面平整度检测结果 表3-36

单元桩号	止点桩号	上行 IRI（m/km）		下行 IRI（m/km）	
		左轮迹	右轮迹	左轮迹	右轮迹
K3 +0	K4 +0	4.68	4.70	4.01	4.08
K4 +0	K5 +0	3.75	3.80	3.70	3.77
K5 +0	K6 +0	3.55	3.61	3.20	3.21
K6 +0	K7 +0	4.01	4.05	3.23	3.38
K7 +0	K8 +0	4.00	4.11	3.26	3.26
K8 +0	K9 +0	3.80	3.85	3.15	3.15
K9 +0	K10 +0	3.10	3.25	2.88	2.91
K10 +0	K11 +0	2.82	2.86	2.87	2.87
K11 +0	K12 +0	2.80	2.92	2.85	2.86
K12 +0	K13 +0	3.02	3.28	3.09	3.17
K13 +0	K14 +0	3.02	3.28	2.82	2.84
K14 +0	K15 +0	4.05	4.39	3.66	3.80
K15 +0	K16 +0	4.05	4.10	3.86	3.93
K16 +0	K17 +0	4.02	4.29	4.12	4.12
K17 +0	K18 +0	4.12	4.15	4.01	4.08
K18 +0	K19 +0	4.06	4.08	3.30	3.37
K19 +0	K20 +0	4.45	4.45	4.01	4.10
K20 +0	K21 +0	4.60	4.64	4.02	4.09

由于检测中发现上、下行的右轮迹的 IRI 均大于左轮迹的 IRI,故本段水泥混凝土路面平整度评价以右轮迹 IRI 进行分析。根据式(3-12),以 K3 +0 ~ K4 +0 段上行右轮迹为例计算路面行驶质量指数 RQI。

$$RQI = \frac{100}{1 + a_0 e^{a_1 \text{IRI}}} = \frac{100}{1 + 0.018\,5e^{0.58 \times 4.7}} = 78.0$$

根据表 3-7,对调查路段各单元的路面平整度进行评级,将检测结果评级分为优、良、中、次、差五个等级。IRI、RQI 以及平整度的评价结果见表 3-37,路面行驶质量指数随里程桩号的分布图见图 3-75。从表 3-37 和图 3-75 可以看出,尽管该段路面的损坏严重,但是,其平整度状态大部分良好,且下行平整度好于上行平整度。

水泥混凝土路面平整度分布表

表 3-37

单元桩号	止点桩号	上行右轮迹			下行右轮迹		
		IRI(m/km)	RQI	评价等级	IRI(m/km)	RQI	评价等级
K3 + 0	K4 + 0	4.70	78.0	中	4.08	83.5	良
K4 + 0	K5 + 0	3.80	85.6	良	3.77	85.9	良
K5 + 0	K6 + 0	3.61	86.9	良	3.21	89.4	良
K6 + 0	K7 + 0	4.05	83.8	良	3.38	88.4	良
K7 + 0	K8 + 0	4.11	83.3	良	3.26	89.1	良
K8 + 0	K9 + 0	3.85	85.6	良	3.15	89.7	良
K9 + 0	K10 + 0	3.25	89.1	良	2.91	90.9	优
K10 + 0	K11 + 0	2.86	91.1	优	2.87	91.1	优
K11 + 0	K12 + 0	2.92	90.9	优	2.86	91.1	优
K12 + 0	K13 + 0	3.28	89.0	良	3.17	89.6	良
K13 + 0	K14 + 0	3.28	89.0	良	2.84	91.2	优
K14 + 0	K15 + 0	4.39	80.9	良	3.8	85.6	良
K15 + 0	K16 + 0	4.1	83.4	良	3.93	84.7	良
K16 + 0	K17 + 0	4.29	81.8	良	4.12	83.2	良
K17 + 0	K18 + 0	4.15	83.0	良	4.08	83.5	良
K18 + 0	K19 + 0	4.08	83.5	良	3.37	88.4	良
K19 + 0	K20 + 0	4.45	80.4	良	4.1	83.4	良
K20 + 0	K21 + 0	4.64	78.6	中	4.09	83.4	良

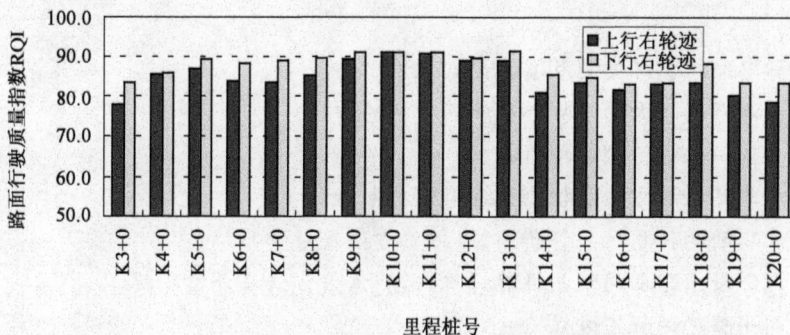

图 3-75　水泥混凝土路面平整度状况分布图

为进一步分析,对调查路段内"优级""良级""中级""次级"和"差级"所占的里程以及占调查总里程的比例进行了统计,见表3-38和图3-76。可以看出,上行路段没有评价等级为"次级"和"差级"的路段;"良级"占主要比例,路段共有14km,占总里程的77.78%;"优级"路段和"中级"路段各有2km,各占总里程的11.11%。下行路段评价结果好于上行路段,"优级"路段共有4km,占总里程的22.22%;"良级"路段共有14km,占总里程的77.78%。

水泥混凝土路面平整度评价结果　　　　　　　　　　　　表3-38

	评价等级	优级	良级	中级	次级	差级
上行	里程(km)	2	14	2	0	0
	所占比例(%)	11.11	77.78	11.11	0.00	0.00
下行	里程(km)	4	14	0	0	0
	所占比例(%)	22.22	77.78	0.00	0.00	0.00

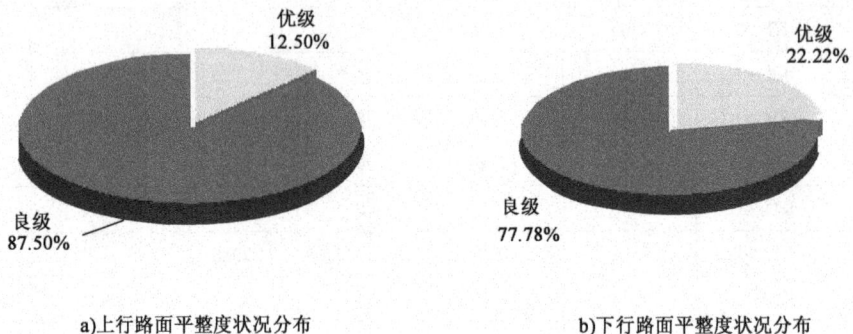

a)上行路面平整度状况分布　　　　　　　　　　b)下行路面平整度状况分布

图3-76　水泥混凝土路面平整度评价结果分布图

水泥混凝土路面技术状况评仅包括路面损坏状况、路面行驶质量和路面抗滑性能三项内容,由于水泥混凝土路面抗滑性能评定与沥青路面抗滑性能评定类似,这里不单独给出示例,可参照沥青路面抗滑性能评定进行。

【复习思考题】

1.简述沥青路面的损坏类型及其产生的原因。

2.简述水泥混凝土路面的损坏类型及其产生的原因。

3.简述路面使用性能检测与评价指标。

4.路面损坏状况检测方法和检测设备有哪些?

5.简述沥青路面的使用性能评价内容、评价方法及评价指标。

6.简述水泥混凝土路面的使用性能评价内容、评价方法及评价指标。

7.试述路面平整度的评定方法。

8.简述抗滑性能测试方法。

9. 车辙的危害及其检测方法有哪些?

10. 计算题。

某二级公路沥青路面的行车道损坏情况检测结果见表 3-39,路段长 1km,车道宽 3.75m,其中沥青混凝土路面不同损坏程度的权重参见表 3-3。请计算该路段的破损率、路面损坏状况指数以及评价等级,并给出计算过程。(其中 a_0 为 15.00, a_1 为 0.412)

表 3-29

起点桩号	终点桩号	横向裂缝（m）	纵向裂缝（m）	修补面积（m^2）	龟裂面积（m^2）	坑槽面积（m^2）	车辙（m）
K98 +000	K99 +000	692.77	647.40	20.17	32.98	0.94	106.00
损坏程度		重	重	重	重	轻	轻

第四章

路面养护维修技术

【学习目的与要求】

通过本章学习,熟悉路面养护的内容和质量标准,掌握路面常见病害的养护维修方法,掌握沥青路面预防性养护技术、沥青路面再生技术;掌握水泥混凝土路面表面功能改善及再生利用技术;通过路面大中修养护方案选择流程的示例,了解路面养护对策选择的方法和流程。

在路面投入使用后,由于车辆荷载和自然环境的作用,会出现不同类型、不同程度的损坏,如果不采取适当的措施进行养护维修,路面的使用性能会进一步恶化,并影响路面的使用寿命,增加路面的维修成本。我国的《公路养护技术规范》(JTG H10—2009)中将路面的养护分为小修保养、中修、大修、改建和专项养护等几类。在实际的使用过程中,应根据路面出现的病害类型、病害程度和范围、交通量等情况,采取合适的技术措施修复路面,以恢复路面的使用功能和强度。要先对路面进行科学、合理的质量检测与评定,分析路面出现的病害状况和病害原因,再采取一定的科学决策,提出合理的路面养护维修方案。

本章将主要依据我国相关的规范、规程,分别介绍目前比较成熟的沥青路面和水泥混凝土路面养护维修技术,沥青路面的养护维修技术主要包括日常养护、预防性养护技术、沥青路面再生技术;水泥混凝土路面的养护维修技术主要包括日常养护、直接加铺技术、打裂压稳技术、碎石化技术、场再生技术以及水泥混凝土表面功能的恢复。

第一节　公路养护内容及养护对策

本节主要介绍路面养护工作的主要内容以及路面的养护质量标准,为制订相应的养护对策做好准备。

一、路面的养护内容

公路养护工作可以分为小修保养、中修、大修、改建和专项养护工程等,具体内容包括:

1. 小修保养工程

(1)保养

①清除路面泥土、杂物,保持路面整洁。

②排除路面积水、积雪、积冰、积沙,撒布防滑料、灭尘剂或压实积雪,保障交通畅通。

③砂土路面刮平、修理车辙。

④碎砾石路面匀扫面砂,添加面砂,洒水润湿,刮平波浪,修补磨耗层。

⑤处理沥青路面的泛油、拥包、裂缝、松散等病害。

⑥水泥混凝土路面日常清缝、灌缝及堵塞裂缝。

⑦路缘石的修理和刷白。

(2)小修

①局部处理砂石路面的翻浆变形,添加稳定料。

②碎砾石路面修补坑槽、沉降,整段修理磨耗层或扫浆铺砂。

③桥头、涵顶跳车的处理。

④沥青路面修补坑槽、沉陷,处理波浪、局部龟裂、啃边等病害。

⑤水泥混凝土路面板块的局部修理。

2. 中修

路面中修工程的主要内容包括:

(1)砂石路面处理翻浆和调整横坡。

(2)碎砾石路面局部路段加厚、加宽,调整路拱,加铺磨耗层,处理严重病害。

(3)沥青路面整段封层罩面。

(4)沥青路面严重病害的处理。

(5)水泥混凝土路面严重病害的处理。

(6)水泥混凝土路面接缝材料的整段更换。

(7)整段安装、更换路缘石。

(8)桥头搭板或过渡路面的整修。

3. 大修

路面大修工程的主要内容包括:

(1)整段用稳定材料改善土路。

(2)整段加宽、加厚或翻修重铺碎砾石路面。

（3）翻修或补强重铺铺装、简易铺装路面。

（4）补强、重铺或加宽铺装、简易铺装路面。

4.改建工程

改建工程主要包括提高路面等级和路面结构补强。

（1）整线、整段提高公路技术等级，铺筑铺装、简易铺装路面。

（2）新铺碎砾石路面。

（3）水泥混凝土路面病害处理后，补强或改造为沥青混凝土路面。

二、路面养护质量标准

由于沥青路面和水泥混凝土路面的病害类型不同、养护标准也不相同，因此本节分别对沥青路面和水泥混凝土路面的养护质量标准进行介绍。

1.沥青路面养护质量标准

公路沥青路面养护应满足如下要求：

（1）对沥青路面应进行预防性、经常性和周期性养护，加强路况巡查，掌握路面的使用状况，根据路面的实际情况制订日常小修保养和经常性、预防性、周期性养护工程计划。对于较大范围路面损坏和达到或超过设计使用年限的路面，应及时安排大中修或改建工程。

（2）应及时掌握路面的使用状况，加强小修保养，及时修补各种损坏，保持路面处于整洁、良好的技术状况。

（3）沥青路面养护工程使用的沥青、粗集料、细集料和填料的规格、质量要求、技术指标、级配组成及大修、中修、改建工程的设计、施工、质量控制，均应符合现行《公路沥青路面设计规范》（JTG D50—2006）和《公路沥青路面施工技术规范》（JTG F40—2004）的有关规定。

公路沥青路面的技术状况主要包括路面损坏、路面平整度、路面车辙、路面抗滑性能和路面结构强度五项，具体的质量标准见表4-1。

沥青路面养护的质量标准 表4-1

序号	项 目		高速公路、一级公路	其他等级公路
1	路面平整度	平整度仪 σ[①]（mm）	≤3.5	≤4.5（≤5.5或≤7.0）[②]
		3m 直尺（mm）	≤7	≤10（≤12或≤15）[③]
		IRI（m/km）	≤6	≤8
2	路面抗滑性能	横向力摩擦系数 SFC	≥40	≥33.5
		摆式仪摆值 BPN	—	≥32
3	路面损坏状况指数 PCI（分）		70	≥55
4	路面强度系数 SSI		≥0.8	≥0.6
5	路面车辙深度（mm）		≤15	—
6	路拱坡度[④]		1.0～2.0	

注：①σ 为标准差。

②对于其他等级公路的标准差 σ：沥青碎石、贯入式应取低值4.5，沥青表面处治取中值5.5，碎砾石及其他粒料类路面取高值7.0。

③对于其他等级公路的平整度3m 直尺指标：沥青碎石、贯入式应取低值10，沥青表面处治取中值12，碎砾石及其他粒料类路面取高值15。

④对于高速公路、一级公路路拱横坡的养护标准，路面结构排水良好的可比表列值低0.5%，其他等级公路的路拱横坡度可视公路等级的情况比《公路工程技术标准》（JTG B01—2014）中相应的设计值低0.5%作为养护标准。

沥青路面平整度、抗滑性能、路面损坏状况、路面结构强度、车辙及路拱横坡度的养护状况若达不到表4-1的规定标准时,应采取适当的措施对其进行处治予以恢复。

2.水泥混凝土路面养护质量标准

水泥混凝土路面在使用过程中其使用性能会下降,当下降到某一水平时应对其采取养护措施,恢复其使用性能。因此,应当对水泥混凝土路面的使用质量进行定期检查和不定期巡查,凡不符合质量标准的,应及时维修,或有计划安排大、中修或专项工程,改善或提高路面的使用性能。恢复和改善工程的质量标准可参照现行《公路工程质量检验评定标准》执行。

具体的质量标准见表4-2。

水泥混凝土路面养护质量标准

表4-2

项 目		高速公路、一级公路	其他等级公路
路面平整度	平整度仪 σ(mm)	≤2.5	≤3.5
	3m 直尺(mm)	≤5	≤8
	IRI(m/km)	≤4.2	≤5.8
路面抗滑性能	构造深度 TD(mm)	≥0.4	≥0.3
	抗滑值 SRV(BPN)	≥45	≥35
	横向力摩擦系数 SFC	≥0.38	≥0.30
相邻板高差(mm)		≤3	≤5
接缝填缝料凸凹差(mm)		≤3	≤5
路面损坏状况指数(PCI)		≥70	≥55

三、路面养护对策的选择

1.沥青路面养护对策的选择

沥青路面养护对策应根据公路等级、交通量、路面路况评价结果确定。各地公路养护管理部门应结合路面管理系统的使用,根据路面分项评价结果和养护资金情况,统筹安排本地区公路网的资金需求计划和资金分配方案,确定公路养护的优先次序,采取下列养护维修对策。

(1)在满足强度要求的前提下,若高速公路及一级公路的路面损坏状况指数 PCI 评价结果为优、良,或者二级及二级以下公路的路面损坏状况指数评价为优、良、中时,以日常养护为主,并对局部破损进行小修;若高速公路及一级公路的路面损坏状况指数评价为中及中以下,或者二级及二级以下公路的路面损坏状况指数评价为次及次以下时,应采取中修罩面措施。

(2)在不满足强度要求的前提下,应采取大修补强措施以恢复其承载能力。

(3)若高速公路及一级公路的路面行驶质量指数 RQI 评价为优、良,或者二级及二级以下的公路的路面行驶质量指数评价为优、良、中时,以日常养护为主;若高速公路及一级公路的路面行驶质量指数评价为中及中以下,或者二级及二级以下的公路的路面行驶质量指数评价为次及次以下时,应采取罩面等措施改善路面的平整度。

(4)高速公路及一级公路的抗滑能力不足(SFC <40)的路段,或二级及二级以下公路抗滑能力不足(SFC <33.5)的路段,应采取加铺罩面层等措施提高路面表面的抗滑能力。

(5)当路面不适应现有交通量或荷载的需要时,应通过提高现有路面的等级,或通过加宽等改建措施提高公路的通行能力和服务质量。

（6）大、中修及改建工程的结构类型和厚度，可根据公路等级、交通量、当地经济条件和已有经验，通过设计确定。

项目级的养护维修对策，可根据公路网的资金分配情况和养护工作计划安排，结合各路况分项评价结果和本地区成熟的养护经验，选择具体的养护维修措施。

2. 水泥混凝土路面养护对策

根据路面技术状况评定结果和养护质量标准，首先确定水泥混凝土路面养护的工程规模，即日常保养维修还是大、中修等，然后按照各自的养护要求进行施工。

应根据路面技术状况评价结果确定养护对策。

（1）高速公路及一级公路的路面损坏状况指数评价为优和良、二级及二级以下公路的路面损坏状况指数评价为中及中以上时，可采取日常养护和局部或个别板块修补措施。

（2）高速公路及一级公路的路面损坏状况指数评价为中及中以下、二级及二级以下公路的路面损坏状况指数评价为次及次以下时，应采取全路段修复或改善措施。包括沥青混合料修补、板块破碎和碾压稳定后铺筑沥青混凝土或水泥混凝土加铺层。

（3）高速公路及一级公路的路面行驶质量指数、抗滑性能指数评价为中及中以下、二级及二级以下公路的路面行驶质量指数、抗滑性能指数评价为次及次以下时，应分别采取措施，改善路面平整度，提高路面表面的抗滑能力。

（4）路面结构承载能力不满足现有交通的要求时，应采取铺筑沥青混凝土或水泥混凝土加铺层措施提高其承载能力。目前，尚没有规范规定的水泥混凝土路面承载能力检测评定方法，可根据交通量明显大于设计交通量的情况，使用现有交通量对路面结构承载能力进行验算，检验其是否满足要求。

第二节　路面日常养护及常见病害的维修

一、沥青路面日常养护

沥青路面等级不同，养护方案也不相同，因此，本节分别对一般公路以及高速公路沥青路面日常养护方法进行介绍。

（一）一般公路沥青路面日常养护

1. 日常养护

（1）加强路况巡查，及时发现病害并分析病害的产生原因，有针对性地及时对病害进行维修处理。

（2）巡查过程中，发现路面上有杂物，应采用机械或人工方法及时清扫。清扫作业频率应根据路面污染程度、交通量的大小及其组成、气候及环境条件等因素而定；长大隧道内、桥梁上沥青路面的清扫频率应适当增加。为防止清扫路面时产生扬尘而污染环境、危及行车安全，机械清扫时宜配备洒水装置并根据路面的扬尘程度，确定适当的洒水量。

（3）严禁履带车和铁轮车在沥青路面上直接行驶，如必须行驶，应采取相应措施。雨后路面有积水的地方要及时排除。在春融期，特别是汛前，应对排水设施进行全面检查并疏通。雨天必须上路巡查，及时排除堵塞并疏通。防止水流直接冲刷路基、路面及路肩。暴雨过后应重点检查，如有冲刷、损坏，应及时修补。

（4）除雪防滑

①当降雪影响正常通行时，应组织人员与机械清除路面积雪，对重要道路要争取地方政府组织沿线人员、设备进行除雪。

②在冬季降雪或下雨后路面出现结冰时，应在桥面、陡坡、急弯、桥头引道撒铺一层防滑料。在环保允许情况下，也可撒布融雪材料。

2. 季节性预防养护

沥青路面对气温比较敏感，应根据各地不同季节的气候特点、水和温度变化规律，按照"预防为主、防治结合"的原则，结合本地区成功经验，针对如下所列不同季节病害根源，因地制宜，采取有效的技术措施，做好季节性预防性养护工作。

（1）春季气温较暖，路基内的水分开始转移，是各种病害集中暴露的季节。养护中应抓住时机，及时防治路面病害。

①路基含水率较大的路段，随着解冻路基强度减弱，在行车作用下面层容易出现裂缝病害；含水率已达饱和、强度和稳定性差的路段，经车辆碾压容易出现翻浆。

②施工质量差的路面，在气温回升时容易变软，矿料经碾压产生松动，容易出现拥包、波浪等病害。

③春融季节路面出现块裂、龟裂后，如不及时处理，容易发展成为坑槽。

（2）夏季气候炎热，地面水分蒸发快，是沥青路面各种病害全面发展的季节，尤其应做好预防性养护。

①新铺的沥青路面在高温作用下容易出现泛油。

②基层含水率较大或质量差的路段，在行车作用下容易造成路面发软，产生车辙。

③沥青用量过多，矿料过细或沥青黏度差的沥青路面容易出现车辙、拥包、波浪等病害。

（3）秋季气温逐渐降低，雨水较多，应及时处理病害，为冬季沥青路面的正常使用打好基础。

①秋季雨水较多，容易积水的路面，如果有裂缝和基层不密实，易出现坑槽。

②强度不够的路肩受雨水侵蚀或积水影响，在行车碾压下，易产生啃边。

③基层含水率较大、强度不够，或地基受水泡发软的路段，路面稳定性受到影响，在行车碾压下易出现块裂、龟裂。

（4）冬季气候寒冷，路基路面冻结，沥青路面比较稳定，但是也要注意沥青路面的养护。

①路面在低温下发生不同方向的收缩，容易产生横向裂缝、纵向裂缝，少量的块裂、龟裂在行车作用下容易发展成为坑槽。

②积雪地区做好除雪除冰及防滑的准备工作。

③涎流冰路段应做好涎流冰防治的准备工作。

（二）高速公路沥青路面日常养护

高速公路不同于其他等级的公路，由于封闭交通、交通量大、车速快等特点，要求路面具有良好的服务品质，因此，其日常养护有别于其他等级的公路。

1.巡查和检测

（1）高速公路沥青路面的日常养护应坚持巡视检查制度，及时发现路面及其附属设施的损坏情况和可能影响交通的路障，以便养护部门及时、合理地安排维修和清理。

（2）路面的日常养护中，应注意采集、利用气象信息和交通信息等相关信息。

（3）各项巡视检查、专项调查和技术检测的结果，应及时进行整理和初步分析。

（4）对修建于软土地基的高速公路沥青路面应定期进行路面高程测量。当桥头引道的不均匀沉降出现下列情况时，应及时予以修复。

①与桥台的连接部位沿桥台靠背产生错台，且最大高差达20mm以上。

②台后接近桥台部位的纵向坡度差超过0.5%。

2.清扫和排水

（1）对于尘土、落叶、杂物等造成的路面污染，应进行日常清扫，保持良好的运行环境。

（2）除了定期的日常清扫作业外，还应根据路面污染的特殊情况，及时进行不定期的特殊清扫保洁作业。当发现路面上有妨碍正常交通的杂物时，应立即清除；当意外事件、事故等因素造成路面污染时，应及时清扫；当沥青路面被油类物质或化学物品污染时，应先撒砂、撒木屑或用化学中和剂处理，然后进行清扫，必要时再用水冲洗干净。

（3）高速公路沥青路面应保持排水畅通，路面无积水。

①对中央分隔带集水井、横向排水管、路侧拦水缘石及泄水槽、桥面泄水孔等路面排水系统应经常进行清理和疏通，发现损坏部位应及时修复。

②应经常检查沥青路面的排水情况，检查时间一般以在雨间或雨后$1\sim2h$为宜。如若发现路面有明显积水的部位：对于虽未损坏但造成雨后明显积水的行车道路面局部沉陷部位，应及时清扫并予以整平；对于设置有路侧拦水带及泄水槽的路段，如因拦水带开口及泄水通道的位置不妥而造成路面积水时，应及时调整；对于因横坡不适而造成积水的路段，应采取临时措施，尽量减少行车道部位的积水，并在罩面及翻修工程中彻底调整解决。

③在雨季到来之前，应对全部路面排水系统及路堤边沟、涵管、泵站、集水井、沉淀池等所有排水设施进行全面检查和疏通，修复损坏部位，处理水毁隐患，确保雨季排水畅通。

3.排障和清理

（1）为了及时处理并尽量减轻因不可抗拒因素和突发事件所造成的损害，高速公路管理机构应建立完善的应急抢险机制，全天候不间断值班，随时掌握、分析各类有关信息，做好各种应急抢险准备工作，一旦发生险情，快速作出反应，指挥应急抢险工作。

（2）根据实际需要配置必要的排障、抢险、救援设备和可靠的通信指挥设施，对排障、抢险、救援人员应进行专门的业务培训，并预先制订作业程序。一旦出现妨碍正常交通、危及行车安全的路面险情和障碍物，应急抢险指挥中心应立即组织人员、设备，按程序排除路障和路面险情，恢复正常交通。必要时可请求当地政府和当地驻军支援。

（3）排障作业结束后，应尽快清理现场，发现路面及附属设施受到损害的，应尽快予以修复。

4.除雪和防冻

（1）严寒地区的除雪和防冻是路面冬季养护的重点，应根据当地历年气象记录资料、气象预测资料、路面结构、沿线条件等，事先制订切合实际情况的除雪和防冻工作计划，制订适用于不同气温、降雪量和积雪深度条件下的除雪和防冻作业规程，落实相应的除雪、防冻作业人员和机具设备,并按实际需要储备防冻、防滑材料。

在严寒降雪季节到来后,应随时监测气象变化情况,一旦降温、降雪,应立即按计划部署相应的除雪和防冻作业,特别注意桥面、坡道、弯道、匝道、收费广场等重点区段,尽量减轻积雪和冰冻对行车安全造成的危害,缩短影响正常交通的时间。

(2)路面除雪应以机械作业为主,人工作业为辅。在降雪过程中,当路面积雪厚度超过10mm时,即可开始除雪作业。一般以铲为主,除雪机械的作业方向宜与正常行车方向相同,行驶速度为30~50km/h。从路面行车方向左侧向右侧依次进行。当降雪量较大,难以在降雪过程中清除全部积雪时,应在雪停后及时清除路面全部积雪。

(3)当路面上的压实雪、融化的雪水、未及时排除的雨水可能形成冰冻层时,应及时采取防冻防滑措施。当气温低于0℃时,在大、中型桥面、桥头引道纵坡大于2.5%的路段或平面曲线半径小于500m的匝道范围内,应撒布融雪剂等防冻防滑材料。撒布时间和频率宜与除雪作业同步。待雪停后,应将残留在路面上的防冻防滑材料与积雪一并清除干净。

(4)除雪和防冻作业应不分昼夜快速进行,作业现场必须实行统一指挥并落实与作业形式相适应的安全作业措施和交通控制措施。

二、沥青路面常见病害维修

本节将针对沥青路面的常见病害:裂缝、坑槽、松散、沉陷、车辙、拥包、波浪以及泛油,分别介绍其相应的维修措施。

1. 裂缝的维修

沥青路面的横向裂缝是最常见的一种病害,尤其是在寒冷地区,横向裂缝问题更是普遍。裂缝的处治是日常养护中的一项重要工作,其操作相对简单,基层的养护单位就能完成。但是,裂缝的养护维修质量却很难保证,很多地方的裂缝维修之后都在短时期内出现了不同程度的失效问题,从而导致需要进行重复的灌缝工作,既增加了养护的工作量,又浪费了养护资金。

(1)裂缝维修的作用

灌缝是一种能经济、快速、有效地用于延缓路面损坏的维修技术,也可作为预防性养护措施的一种,其主要作用包括:

①减少水分的进入。

②保持路面结构的承载力。

③延长路面的使用寿命。

④为路面的罩面做准备。

(2)常用的灌缝材料

①加热型橡胶沥青灌缝胶/密封胶:这是目前常用的灌缝胶类型,需要加热施工,价格比较昂贵。

②常温施工型密封胶:主要包括硅酮胶、聚氨酯等,不需要加热,在常温下就能够进行施工。

③传统的沥青类灌缝材料:主要包括热沥青、乳化沥青、改性沥青等,是比较传统的裂缝维修方法,该类材料价格低廉,但是,使用性能不好。

④压缝带/贴缝带:贴缝带,又称压缝带或填缝带,按施工方式的不同可分为常温施工的自黏式和加热施工的热黏式2种类型,目前实际应用以常温施工的自黏式贴缝带为主。贴缝技术通过外力挤压贴缝带封闭裂缝,类似于路面裂缝"创可贴",是一种新型的裂缝维

修方式。

(3)灌缝材料的要求

①具有良好的耐久性(Durability)。

②良好的变形能力(Extensibility)。

③良好的弹性恢复能力(Resilience)。

④与裂缝壁具有良好的黏附力(Adhesiveness)。

⑤良好的黏聚力(Cohesiveness)。

(4)灌缝时机

裂缝的宽度随着时间和温度会不断变化,在我国,一般在冬季1月、2月裂缝宽度达到最大;在7月、8月裂缝宽度最小,部分裂缝会自愈。因此,一般会在春季或秋季,裂缝宽度适中的季节进行灌缝。

(5)常用的灌缝工艺

灌缝可以分为开槽施工和不开槽施工两种。

①不开槽施工

对于宽度小于6mm的裂缝,可以不进行开槽处理,具体方法是:

图4-1　裂缝的抹面维修

a.在高温季节全部或大部分可愈合的轻微裂缝可以不加处理。

b.在高温季节不能愈合的轻微裂缝,可采用下面方法进行处理:将有裂缝的路段清扫干净并均匀喷洒少量沥青(在低温、潮湿季节喷洒乳化沥青),有条件的地区可以采用灌缝胶进行抹面(图4-1),然后再均匀撒上一层2~5mm的干净粗砂。

②开槽施工

当缝宽大于6mm时,应采用开槽的方式进行裂缝维修,开槽的方式主要包括方槽灌封式、方槽贴封式、浅槽贴封式和无槽贴封式四种类型,见图4-2。

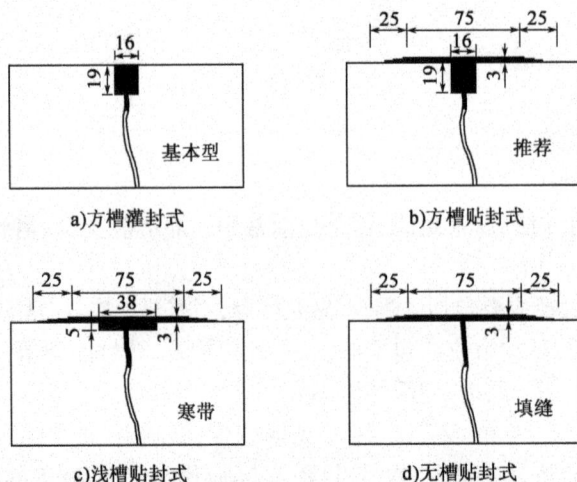

a)方槽灌封式　　　　　b)方槽贴封式

c)浅槽贴封式　　　　　d)无槽贴封式

图4-2　四种常用的灌缝方式(尺寸单位:mm)

其中,方槽灌封式是基本的灌缝方式,容易被车辆荷载带走;方槽贴封式是比较推荐的灌缝方式,可以避免车辆荷载将灌缝胶带走;对于寒带地区,一般推荐浅槽贴封式,可以有效避免灌缝胶的黏聚性失效;无槽贴封式用于裂缝宽度较窄的裂缝(一般裂缝宽度 <6mm)。

对于热灌类灌缝胶,具体步骤如下(图4-3)。

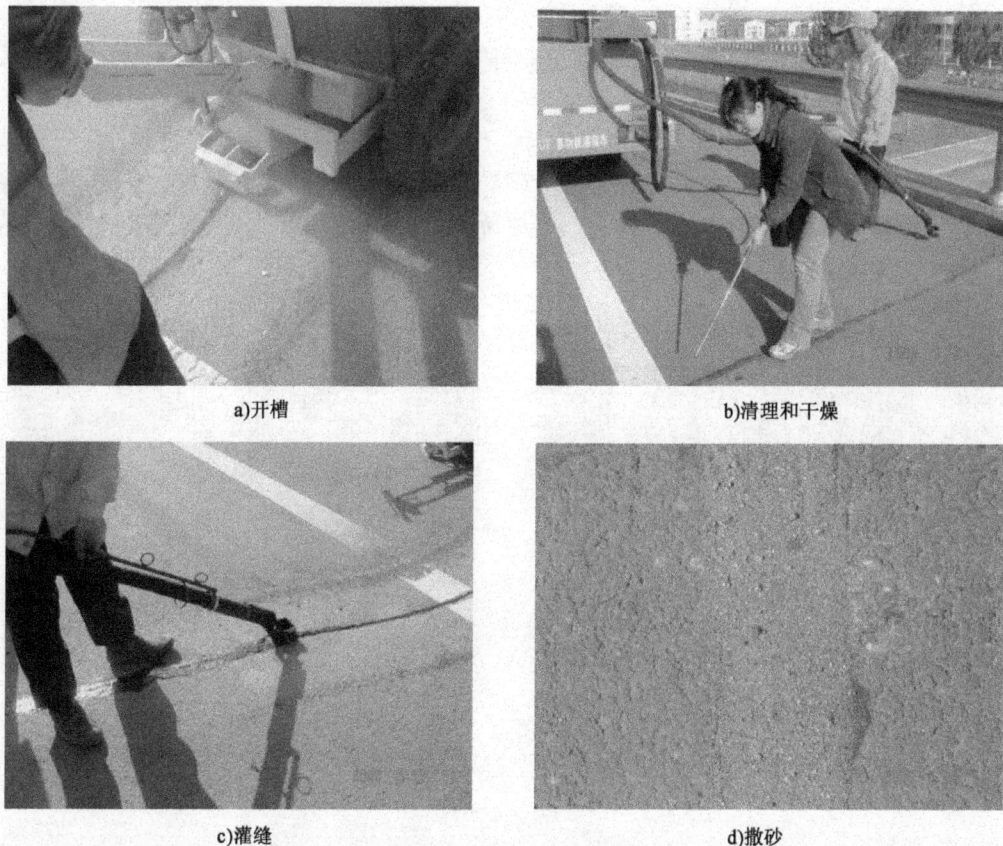

| a)开槽 | b)清理和干燥 |
| c)灌缝 | d)撒砂 |

图4-3　裂缝开槽灌缝过程

a. 控制交通。按照规定摆放安全标志,设专人指挥交通,并根据工程进度随时移动标志牌,将施工的路幅圈出,让车辆在另一条车道上行驶。

b. 开槽。对于裂缝宽度 >6mm 的新生裂缝,需要进行开槽处理。灌缝时,调整好开槽机的开槽宽度和深度,对准裂缝的中线切割出均匀的 U 形凹槽。一般开槽宽度为 10 ~20mm,深度为 10 ~20mm。

c. 清理和干燥。用高压气体喷射设备清除缝内的碎石和粉末等杂物,然后用钢刷子沿凹槽刷出干净的表面,方便灌缝胶与槽壁黏结牢固,吹缝操作一般需要进行两次。

d. 灌缝。当灌缝胶温度达到工作温度时便可进行灌缝作业。为了确保裂缝凹槽处在清洁和干燥状态,这一步应紧紧跟着上一步工艺进行,尽可能缩短两个阶段的时间间隔,减少裂缝再被污染的可能。施工过程中,应始终注意保持路面的清洁。

e. 缝边修整。灌缝完成后,在灌缝胶的温度降温至 60℃ 左右时,便可以在胶面上均匀地撒布一些细砂或石屑,以防来往的车辆将缝中的胶带走,同时胶中的细砂或石屑还可以起到集料的作用,增强灌缝初期的抗压强度。

f. 开放交通。在裂缝修补完 15min 左右,灌缝胶的温度达到路面表面温度时,便可开放交通。

2. 坑槽

沥青路面坑槽根据基层及交通量等情况按照以下三种情况进行修补。

(1)路面基层完好,仅面层有坑槽时,按以下方法进行维修(图 4-4)。

①按"圆洞方补、斜洞正补"的原则划出修补范围并开槽至坑底稳定部分,深度不得小于原坑槽的最大深度。

②清除槽底、槽壁的松动部分及粉尘、杂物,并涂刷黏层沥青。

③填入常温沥青混合料或热拌沥青混合料并用小型压实机或手夯将填补好的部分压(夯)实。新填补的部分应略高于原路面。如果坑槽较深(70mm 以上),应将沥青混合料分两次或三次摊铺压实。

a)开槽后的坑槽   b)维修后的坑槽

图 4-4 坑槽维修

(2)对于交通量较小的路段,在低温寒冷或阴雨连绵的季节,无条件采用合适的材料修补坑槽时,为防止坑槽扩大,应采取临时性措施处治,天气好转后再修补。

(3)如路面基层甚至土基已遭破坏,应先将土基和基层分别妥善修理处治后,再补铺面层。

3. 松散

沥青路面松散按照以下五种情况进行修补。

(1)因沥青用量偏少或气温较低时施工造成的沥青面层松散,应先将路面上已经松动的矿料收集起来,待气温升至 15℃ 以上时,按 $0.8 \sim 1.0 kg/m^2$ 的用量喷洒沥青,再均匀撒上粒径为 $3 \sim 6mm$ 的石屑或粗砂(粗砂用量为 $5 \sim 8m^3/1\,000\ m^2$),用轻型压路机压实。

(2)用稀浆封层处治时,应对松散路面处理后再铺稀浆封层。

(3)因沥青老化失去黏结性而造成的松散,应将松散部分全部挖除后,重铺面层。

(4)因沥青与酸性石料黏附性不良而造成的松散,应将松散部分全部挖除后,重铺面层。重铺面层的材料应不再使用酸性石料。在缺乏碱性石料的地区,可在沥青中加入抗剥落剂或消石灰、水泥等表面活性物质作为填料的一部分,以提高沥青与石料的黏附性。

（5）因基层或土基软化变形而造成的路面松散，应处理好基层或土基后，再重铺面层。

4. 沉陷

根据沉陷产生的原因，按照下面三种方式进行维修。

（1）因路基不均匀沉降而引起的局部路面沉陷，如土基和基层已经密实稳定，不再继续下沉，可只修补面层。

如果路面略有下沉，无损坏或仅有少量轻微裂缝，可在沉陷处喷洒或涂刷黏层沥青，再用沥青混合料将沉陷部分填补到与原路面齐平并压实；如果路基沉陷导致路面损坏严重，矿料已松动、脱落形成坑槽的情况，应按照坑槽的维修方法予以处治。

（2）因土基或基层结构遭到破坏而引起的路面沉陷，应处治好基层后再重铺面层。

（3）桥涵台背因填土不实出现不均匀沉降的处理方法：

①挖除沥青面层，在沉陷部分加铺基层后重铺面层。

②对于台背填土密实度不够的，应重新做压实处理，台背死角处的压实应采用夯实机械。

③对于含水率和孔隙比均较大的软基或含有机物质的黏性土层宜采取换土处理。换填材料应选择强度高、透水性好的材料，如碎石土、中粗砂及强度较高的工业废渣等。

5. 车辙

根据车辙产生的原因、部位和深度，按照下面的方法进行维修。

（1）在高温季节因沥青面层软化后受车辆荷载的作用引起侧向位移而形成的车辙，应将出现车辙的面层铣刨清除，然后重铺沥青面层。在高速公路及一级公路上可采用高温稳定性好的改性沥青混合料来修补车辙。

（2）路面受横向推挤形成的横向波形车辙，如已经稳定，可将凸出的部分削除，在波谷部分喷洒或涂刷黏结沥青并填补沥青混合料并找平、压实。

（3）因不稳定夹层所引起的车辙，应清除不稳定层后，重铺面层。

（4）如果路面有足够的结构强度，当车辙深度在 15mm 以下时，可直接采用微表处罩面；车辙深度为 15～25mm 时应首先采用微表处填充车辙，然后再进行微表处罩面，也可以采用双层微表处填充车辙；车辙深度为 25～40mm 时，应采用多层微表处填充车辙；车辙深度大于40mm 时，不适合采用微表处填充车辙处理。

（5）由于基层强度不足、水稳定性能较差，引起基层局部下沉变形而造成的车辙，应先处治基层。

6. 拥包

根据拥包产生的原因，按照下列方式维修。

（1）施工时操作不慎将沥青漏洒在路面上形成的拥包，将拥包除去即可。

（2）已趋于稳定的轻微拥包，可采用机械刨削或人工挖除。

（3）因面层沥青用量过多或细料集中而产生的较严重拥包，应采用机械或人工将拥包全部除去，并低于路面约 10mm。扫尽碎屑、杂物及粉尘后，用热拌沥青混合料重铺面层。

（4）因基层局部含水率过大，使面层与基层层间结合不良而被推移变形造成的拥包，应把拥包连同面层挖除，将水分晾晒干，或用水稳定性较好的材料更换已变形的基层，重铺面层。

（5）由于基层局部强度不足或水稳性不好，使基层松软而导致的拥包，应将面层和基层完全挖除。如土基中含有淤泥,还应将淤泥彻底挖除,换填新料并夯实。在地下水位较高的潮湿路段,应采取措施引出地下水并在基层下面加铺一层水稳性好的材料,最后重铺面层。

7. 波浪

根据波浪产生的原因和部位,按照以下方式进行维修。

(1)由于面层原因形成的波浪或搓板,可按下述方法进行维修:

①路面仅有轻微波浪或搓板,可在波谷部分喷洒沥青,匀撒适当粒径的矿料,找平后压实。

②波浪(搓板)的波峰与波谷高差起伏较大时,应顺行车方向将凸出部分铣刨削平,并低于路面约10mm。削除部分喷洒热沥青,再匀撒一层粒径不大于10mm的矿料,扫匀、找平并压实。

③严重的、大面积波浪或搓板,应将面层全部挖除,然后重铺面层。

(2)若面层与基层之间存在不稳定的夹层,面层在行车荷载的作用下推移变形而形成波浪(搓板),应挖除面层,清除不稳定的夹层后,喷洒黏结沥青,重铺面层。

(3)属于基层局部强度不足,或稳定性差等原因造成的波浪(搓板),应先对基层进行处治,再重铺面层。

8. 泛油

根据泛油的程度,按照下列方式进行维修。

(1)泛油较轻路段可撒粒径为 3 ~ 5mm 的石屑或粗砂,并用压路机碾压或采用控制行车的方式碾压。

(2)泛油较重路段,根据情况可先撒粒径为 5 ~ 10mm 的碎石,用压路机碾压,待其稳定后再撒 3 ~ 5mm 的石屑或粗砂,并用压路机或控制行车碾压成型。

(3)面层含油量高且已形成软层的严重泛油路段,可根据情况采取如下措施:

①先撒一层粒径为 10 ~ 15mm 或更粗的碎石,用压路机强行压入,待其基本稳定后,再分次撒布粒径为 5 ~ 10mm 的碎石,并碾压成型。

②将含油量过高的软层铣刨清除后,重铺面层。

应在泛油路段已经出现全面泛油的高温季节处治泛油。应沿行车方向撒料,先粗后细,做到少撒、薄撒、匀撒、无堆积、无空白。禁止使用含有粉粒的细料。引导行车碾压,使所撒石料均匀压入路面。在行车碾压过程中,应及时将飞散的粒料扫回,待泛油稳定后,将多余浮动的石料清扫并回收。

三、水泥混凝土路面日常养护

水泥混凝土路面日常养护应通过经常性的巡查,及时发现缺陷,查明原因,采取适当措施,清除障碍物,保持路面状况良好。水泥混凝土路面的日常养护主要包括清扫保洁、接缝保养及填缝料更换、路面排水设施养护等。

1. 清扫保洁

水泥混凝土路面必须定期清扫和清除路面上的泥土和污物、路面上的小石块等坚硬物、中央分隔带内的杂物等,保持路容整洁。

路面的清扫频率应根据公路技术状况、交通状况、环境条件等确定。有条件的应采用机械作业,并用人工补清死角。无机械作业条件的应逐步从人工作业向机械作业过渡。路面清扫时应尽量减少产生灰尘,以免污染环境和影响行车安全。清扫保洁作业应避开交通量高峰时段。路面清扫后的垃圾应运至指定地点进行处理,不得随意倾倒或弃于路边。当路面受到污染时,应采用适当的方法进行污染物清除,使路面干净整洁。

交通标志牌、标线、警示桩、轮廓桩、护栏等交通工程设施应定期擦拭,保持干净,缺损的应及时补充和修复。

2.接缝保养及填缝料更换

应对水泥混凝土路面的接缝进行适时保养,保持接缝完好,表面平整。按照要求,当接缝填缝料凸出板面,高速公路、一级公路超出3mm,其他等级公路超出5mm时应铲平。接缝填缝料外溢且影响路面平整度和路容的应清除。接缝内,特别是胀缝内嵌入坚硬物的应及时发现并清除。应对填缝料进行周期性或日常性的更换。

填缝料的更换周期一般为2~3年;填缝料局部脱落时应进行填补;填缝料脱落缺失大于1/3缝长或填缝料已经老化、接缝渗水严重的应进行整条更换或重新灌缝。填缝料一般分为加热施工式填缝料和常温施工式填缝料。

加热施工式填缝料的技术要求,见表4-3。

加热施工式填缝料的技术要求 表4-3

试验项目	低弹性型	高弹性型	试验项目	低弹性型	高弹性型
针入度(0.1mm)	<50	<90	流动度(mm)	<5	<2
弹性(复原率)(%)	>30	>60	拉伸量(mm)	>5	>15

常温施工式填缝料的技术要求,见表4-4。

常温施工式填缝料的技术要求 表4-4

试验项目	技术要求	试验项目	技术要求
灌入稠度(s)	<20	流动度(mm)	0
失黏时间(h)	6~24	拉伸量(mm)	>15
弹性(复原率)(%)	>75		

更换填缝料的具体要求为:

(1)更换填缝料前应将原填缝料及掉入缝内的杂物清除干净,并保持缝槽干燥、清洁。

(2)填缝料灌注深度宜为30~40mm。当缝深过大时,缝的下部可填25~30mm高的多孔柔性垫底材料或泡沫塑料支撑条。

(3)填缝料的灌注高度夏天宜与面板齐平,冬天宜稍低于面板2mm。多出的或溅到面板上的填缝料应予以清除。

(4)填缝料的更换宜选在春秋季或当地气温适中且较干燥的季节进行。

3.路面排水设施养护

应经常巡查路面排水设施是否保持正常的排水功能,发现损坏应及时修复,发现堵塞必须立即疏通,路段积水应及时排出。除保证路面排水顺畅外,还应对分隔带等其他部位的排水进行维护。雨天应派技术人员路上巡查,检查排水设施的排水情况,清除影响排水的堆积物、杂物等,及时发现问题及时解决。排水构造物的修复应采用与原构造物相同的材料。

由于路面存在各种接缝和可能出现的病害类裂缝,除保证接缝密封外,对病害类裂缝应及时进行填缝或灌缝封堵,尽可能不让水进入路面之内。

四、水泥混凝土路面病害维修

由于水泥混凝土刚性大,路面板板体性强,路面病害的维修一般比较困难。路面病害经维修后应能够保证维修的有效性。因此,应根据病害的类型和程度、病害产生的原因、经济条件,首先选择技术成熟的维修技术,有条件的可选择性能更好更先进但一次费用较高的维修材料和技术。

1. 裂缝

根据水泥混凝土路路面裂缝宽度不同,采用不同的方式进行维修。

(1)宽度<3mm的轻微裂缝(包括横向和纵向裂缝),可采取扩缝灌浆或填塞填缝胶的方法维修,具体工艺分为四个步骤:

①顺着裂缝将裂缝扩宽为15～20mm的沟槽(图4-5),槽深可根据裂缝深度确定,最大深度不得超过2/3板厚。

②清除混凝土碎屑,吹净灰尘,填入粒径3～6mm的清洁石屑或粗砂,有条件的可用多孔柔性垫底材料或泡沫塑料支撑条(图4-6)。

图4-5 裂缝锯切缝

图4-6 多孔柔性垫底材料

③根据采用的灌缝材料,按照各自的配比均匀混合后,灌入扩缝内。

④灌缝或填缝材料凝固后,达到通车强度要求,即可开放交通。

图4-7给出了硅酮胶的灌缝过程及灌缝效果。

(2)宽度3～15mm的横向裂缝,可采取条带罩面进行补缝。具体工艺分为五个步骤:

①在裂缝两侧距离裂缝至少150mm平行于裂缝切缝,凿出切缝之间的混凝土,深度70mm为宜(图4-8),并将切缝内壁凿毛,清除松动的混凝土碎块及表面尘土和裸石。

②间隔500mm打一对靶钉孔,靶钉孔的大小应略大于靶钉直径2～4mm,并在两靶钉孔之间打与靶钉直径相一致的靶钉槽。

③靶钉宜采用φ16螺纹钢筋,使用前应予以除锈。靶钉长度不小于200mm,两端弯钩长度为70mm。

④靶钉孔必须先填满水泥砂浆,然后将靶钉插入孔内安装。

⑤浇筑混凝土并振捣密实、抹平、喷洒养护剂。

a)硅酮胶填缝

b)硅酮胶填缝完好

c)填缝部分失效

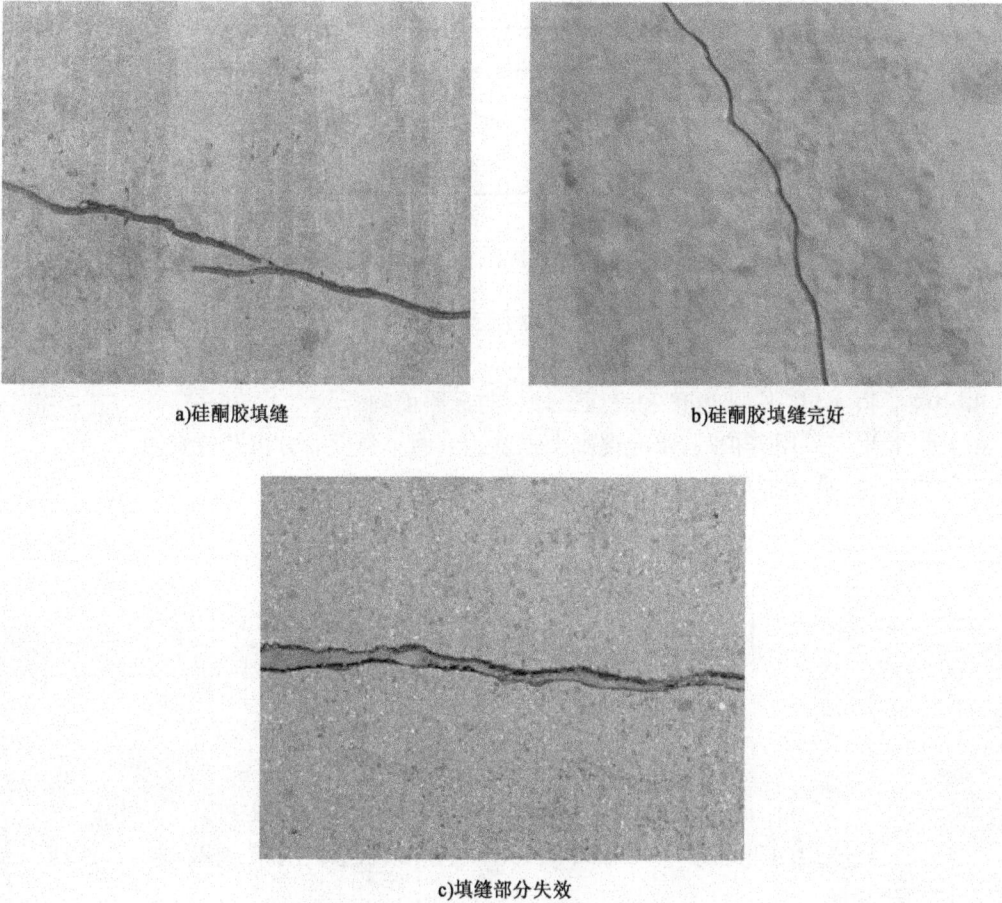

图 4-7 硅酮胶的灌缝过程及灌缝效果

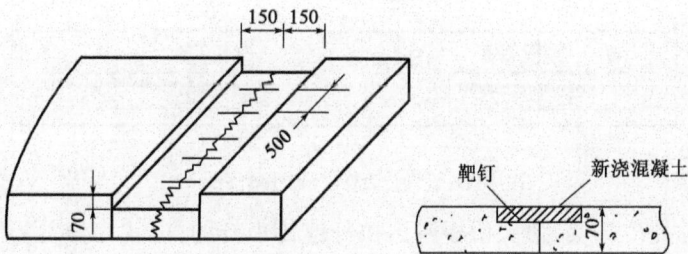

图 4-8 条带补缝(尺寸单位:mm)

(3)宽度 >15mm 的横向裂缝,可采用全深度补块。具体可分为集料嵌锁法、刨挖法、设置传力杆法。

①集料嵌锁法

a. 在待修补的水泥混凝土路面位置上平行于缩缝划线,沿划线进行全深度切割。在保留板块边部沿内侧 40mm 位置锯 50mm 深的缝(图 4-9)。全深锯口和半深锯口之间 40mm 宽条混凝土垂直面应凿成毛面。

b. 破碎、清除旧水泥混凝土过程中,不得伤及基层、相邻面板和路肩。

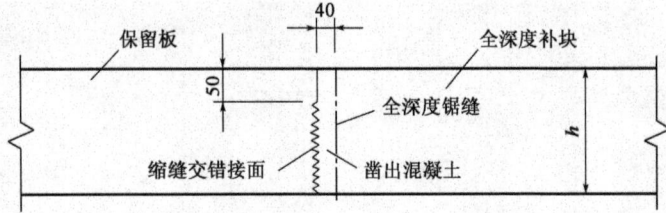

图 4-9　集料嵌锁法（尺寸单位:mm）

c. 修补用水泥混凝土的各项指标应不低于原水泥混凝土,宜添加早强剂,缩短强度形成时间。

d. 浇注后振实、整平,平整度和表面纹理应与原路面吻合。

e. 补块养生宜采用养护剂,水泥混凝土强度达到通车强度后方可开放交通。

②刨挖法(亦称倒梯形法)(图 4-10)

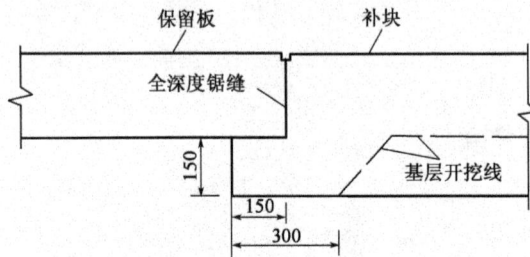

图 4-10　刨挖法(尺寸单位:mm)

在相邻板块横边的下方暗挖 150mm ×150mm 的一块面积用于传递荷载。其他施工要求与集料嵌锁法相同。

③设置传力杆法(图 4-11)。

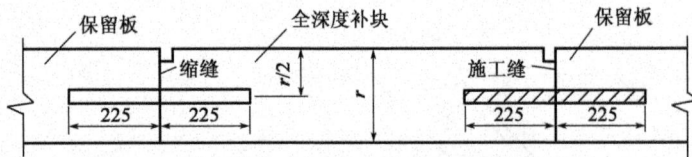

图 4-11　设置传力杆法(尺寸单位:mm)

a. 旧板挖出并处理基层后,保留板露出拉杆或传力杆的,应首先修复。然后根据下面第 c、d、e 条的要求安设传力杆和拉杆。

b. 横向施工缝传力杆直径为 $\phi25mm$,长度为 450mm,嵌入相邻保留板 225mm,传力杆间距为 300mm,误差应小于 3mm。

c. 纵向施工缝设置拉杆,采用直径为 $\phi16mm$ 的螺纹钢筋,长 800mm,嵌入相邻保留板 400mm,拉杆间距 800mm。

d. 安装前先在保留板板厚 1/2 处钻出比传力杆或拉杆直径大 2 ~ 4mm 的孔。

e. 传力杆和拉杆宜用环氧砂浆牢牢地固定在规定位置,摊铺混凝土前,光圆传力杆的伸出端应涂抹润滑油或沥青。

f. 其他施工要求与集料嵌锁法相同。

宽度 3～15mm 的纵向或斜向裂缝,可参照宽度 <3mm 轻微裂缝的维修方法,亦可采用集料嵌锁法、刨挖法、设置传力杆法。宽度 >15mm 的裂缝,根据工程经验,可采用扩宽裂缝后,底部灌注清洁石屑或粗砂等垫底材料,然后灌注沥青砂或其他填塞材料,压实至与面板齐平。裂缝扩宽宽度和深度一般为 30～50mm。

2.板边、板角

板边和板角的维修方式并不相同,下面分别进行介绍。

(1)板边修补

①当对水泥混凝土面板板边轻度剥落进行修补时,应将剥落的表面清理干净,用沥青混合料或接缝材料修补平整。

②当板边严重剥落时,可参照宽度 3～15mm 的横向裂缝的修补方法进行。

③当板边全深度破碎时,可参照宽度 >15mm 的横向裂缝的修补方法进行。

(2)板角修补

①板角断裂应按破裂面的大小确定切割范围(图 4-12)。

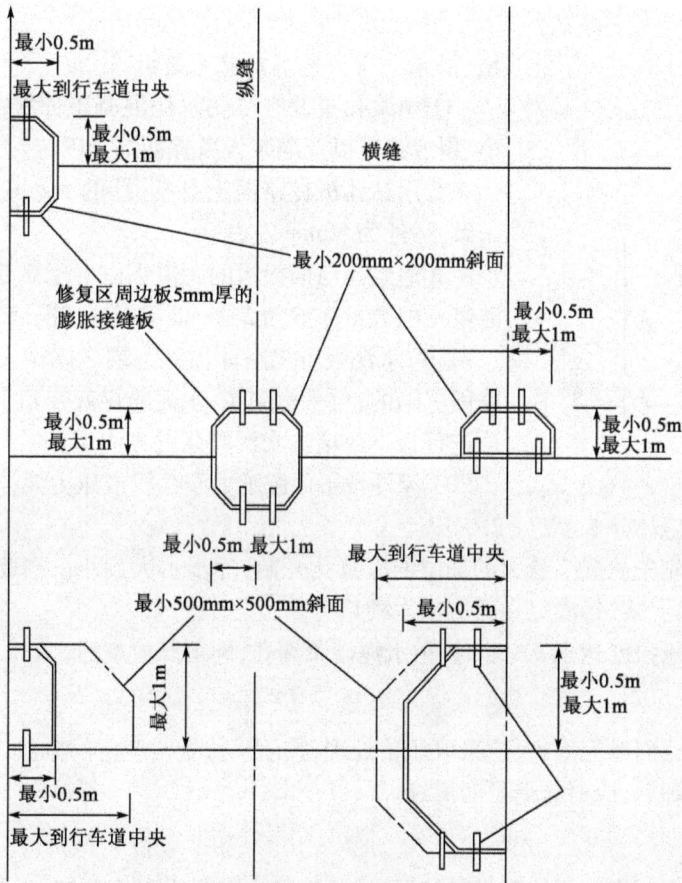

图 4-12 板角修补法

注:修复纵向边不能位于轮迹上。

②切缝后,凿除破损部分时,应凿成规则的垂直面。原有钢筋不应切断,如果钢筋难以全部保留,至少保留 200～300mm 长的钢筋头,且应长短交错。

③对原有滑动传力杆，有缺陷的应予更换，并在新旧混凝土之间加设传力杆，传力杆间距控制在0.3m。

④基层不良时，可采用C15号水泥混凝土浇筑基层。

⑤与原有路面板的接缝面，应涂刷沥青，如为胀缝，应设置接缝板。

⑥现浇混凝土与旧混凝土面板之间的接缝应切出宽3mm、深4mm的接缝槽，并灌入填缝材料。

3. 板底脱空

板底脱空是水泥混凝土路面的一种常见病害，如果不及时处治，往往会进一步引发裂缝、破碎板等其他病害。但是，由于板底脱空的位置在水泥混凝土路面板底部，对其进行检测和维修都非常困难。这里介绍常用的处治方法。

（1）脱空及位置检测

水泥混凝土板下是否脱空以及脱空位置的确定可采用弯沉测定法。须用5.4m的长杆弯沉仪，以及相当于BZZ-100的标准汽车。弯沉仪的测点与支座不应放在相邻两块板上，待弯沉车驶离测试板块，方可读取百分表值。凡弯沉超过20(0.01mm)的应确定为板底脱空。

（2）脱空的处治（灌浆法）

脱空的处治可采用板下灌浆法，灌浆孔布设基本要求见图4-13。

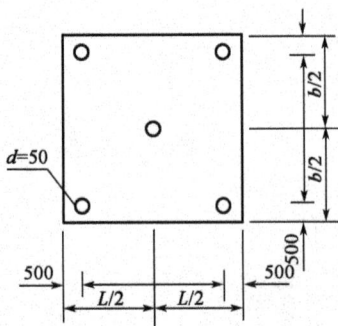

①灌浆孔布设应根据水泥混凝土面板的尺寸、下沉量大小、裂缝状况以及灌浆设备性能综合确定。

②用钻孔机在路面上打孔，孔的大小应和灌注嘴的大小一致，一般为50mm左右。

③灌浆孔与面板边的距离不应小于0.5m。在一块板上，灌浆孔的数量一般为5个，也可根据情况确定。

（3）水泥混凝土路面板和基层之间由于出现空隙而导致路面沉陷的，可采水泥浆、水泥粉煤灰浆和水泥砂浆灌浆等方法进行板下封堵。水泥灌浆的方法为：

①灌注设备可用压力灌浆机或压力泵，灌注压力为1.5~2.0MPa。

图4-13 灌浆孔布设（尺寸单位：mm）
d-灌浆孔直径；L-板长；b-板宽

②灌浆作业应先从沉陷量大的部位的灌浆孔开始，逐步由大到小。当相邻孔或接缝中冒浆，可停止泵送水泥浆，每灌完一孔应用木楔堵孔。

③待砂浆抗压强度达到3MPa时，用水泥砂浆堵孔，即可开放交通。

4. 唧泥

水泥混凝土路面唧泥病害，应采取压浆处理，按灌浆法处治脱空的方法进行。水泥混凝土面板进行压浆处理后，应对接缝及时灌缝。

5. 错台

错台的处治方法有磨平法和填补法两种，可按错台的轻重程度选定。

高差小于等于10mm的错台，可采用磨平机磨平，或人工凿平。应从错台最高点开始向四周扩展，边磨边用3m直尺找平，直至相邻两块板齐平为止，见图4-14。磨平后，应将接缝内杂物清除干净，并吹净灰尘，及时将嵌缝料填入。

高差大于10mm的严重错台，可采取沥青砂或水泥混凝土进行填补处治。采用水泥混凝土进行修补时应将错台下沉板凿除 20～30mm 深,修补长度按错台高度除以坡度(1%)计算,见图 4-15。凿除面应清除杂物灰尘。浇筑聚合物细石混凝土,待混凝土达到通车强度后,即可开放交通。

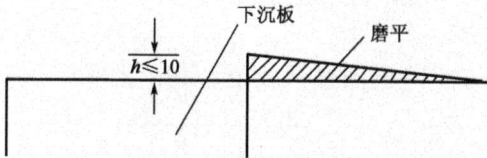

图 4-14　错台磨平法示意图(尺寸单位:mm)

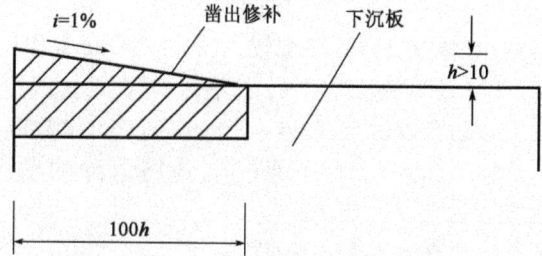

图 4-15　错台填补法示意图(尺寸单位:mm)

6. 沉陷

目前,沉陷处理最常用填补或整板翻修两种方法。当水泥混凝土板下沉但没有破碎时,可用水泥或沥青混凝土填补;当水泥混凝土整板沉陷并产生破碎时,应整板翻修。

7. 拱起

拱起处理应根据具体情况,采取不同的方法进行处治。

(1)拱起板块两侧附近 1～2 条板端拱起但路面完好时,应根据板块拱起高低程度,计算要切除部分板块的长度。先将横缝切宽,待应力充分释放后切除拱起端,逐渐将板块恢复原位,在缝隙和其他接缝内应清缝,并灌注接缝材料,见图 4-16。

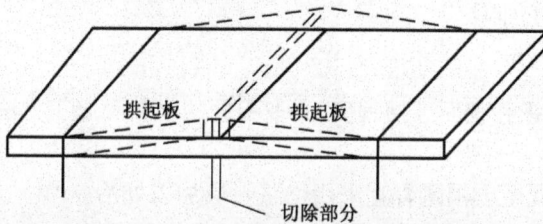

图 4-16　板体拱起修复

(2)拱起板端发生断裂或破损时,可参照宽度大于 15mm 的横向裂缝的修补方法进行。

(3)拱起板两端间因硬物夹入发生拱起,应将硬物清除干净,使板块恢复原位,应清理接缝内杂物和灰尘,灌填缝料。

(4)胀缝间因传力杆部分或全部在施工时设置不当,使板受热时不能自由伸长而发生拱起,应重新设置胀缝。按水泥混凝土路面有关施工规范执行,使面板恢复原状。

(5)混凝土路面板的胀起与拱起的处理方法一致。

8. 坑洞

坑洞修补应根据不同情况采取相应措施进行。对于个别坑洞,应清除洞内杂物,用水泥砂浆等材料填充,达到平整密实;对于坑洞较多且连成一片的,应采取薄层修补方法进行修补。

(1)切割面积的图形边线,应与路中心线平行或垂直。

(2)切割的深度,应在 60mm 以上,并将切割面内的光滑面凿毛。

（3）应清除槽内的混凝土碎屑。

（4）混凝土拌和物填入槽内，振捣密实，并保持与原混凝土面板齐平。

（5）宜喷洒养护剂养生。

（6）待混凝土达到通车强度后，方可开放交通。

低等级公路对面积较大、深度在 30mm 以内、成片的坑洞，可用沥青混凝土进行修补。

（1）用风镐凿除一个处治区，其图形边线应与路中心线平行或垂直。

（2）凿除深度以 20～30mm 为宜，并清除混凝土碎屑。

（3）铺筑沥青混凝土前，应将凿除的槽底面和槽壁喷洒黏层沥青，其用量为 0.4～0.6kg/m²。

（4）沥青混凝土应碾压密实平整。

（5）待沥青混凝土冷却后，控制车速通车。

9. 接缝

接缝维修包括：接缝填缝料损坏维修、纵向接缝张开维修、接缝出现碎裂时的接缝维修等。

（1）接缝填缝料损坏维修采用清除旧料重新填缝的方法。

（2）纵向接缝张开根据张开宽度不同采用不同的方法。当相邻车道面板横向位移，纵向接缝张开宽度在 10mm 以下时，可采取聚氯乙烯胶泥、焦油类填缝料和橡胶沥青等加热施工式填缝料进行维修。当相邻车道板横向位移，纵向接缝张口宽度在 10mm 以上时，宜采取聚氨酯类常温施工式填缝料进行维修。当纵向接缝张口宽度在 15mm 以上时，采用沥青砂填缝。

（3）接缝出现碎裂时可在破碎部位外缘切割成规则图形，其周围切割面应垂直于面板，用高模量补强材料进行填充维修。

10. 露骨

露骨应根据公路等级和表面破损程度，采取不同的材料和施工方法进行，对局部板块的表面起皮应进行罩面。

（1）一般公路水泥混凝土板露骨宜采用稀浆封层加以处治。

（2）高速公路水泥混凝土板露骨，宜采用微表处或沥青混凝土加以处治。

（3）对于较大面积的水泥混凝土面板露骨宜采取稀浆封层及沥青混凝土罩面措施。

11. 整块面板维修

当水泥混凝土板开裂成破碎板时，需进行整块面板维修，凿除旧板，浇注新板。凿除旧板应注意对相邻板块的影响，尽可能保留原有拉杆。宜用液压镐凿除破碎混凝土板，应及时清运混凝土碎块。基层损坏部分应予清除，并将基层整平、压实。个别板块基层宜用 C15 贫混凝土将路面基层补强，其补强混凝土顶面高程应与旧路面基层顶面高程相同。

整块面板维修往往会影响交通，因此，维修用混凝土配合比及所选用的材料，应根据路面通车时间的要求选用快速修补材料，最好采用养护剂进行养护。

12. 部分路段修复

对于部分水泥混凝土路段存在破碎板的，应进行整段修复。首先，采用配备液压镐的混凝土破碎机将旧水泥混凝土板破碎，及时清除混凝土碎块，整平基层并压实。基层强度不足时，可采用水稳性较好的材料进行处理。

对损坏的拉杆要修复,可在原拉杆位置附近,打直径18mm、深350mm拉杆孔,用压缩空气清孔,灌高强砂浆,将ϕ14mm、长700mm的螺纹钢筋插入旧水泥混凝土面板中350mm。

另外,需在新旧水泥混凝土板交接处应设传力杆。在旧混凝土板侧向涂刷沥青,将ϕ25mm、长450mm的光圆钢筋,插入旧水泥混凝土面板中。

水泥混凝土路面的材料要求、施工工艺等,应按照公路水泥混凝土路面有关施工规范执行。

第三节 沥青路面罩面维修

沥青路面罩面是沥青路面养护维修中常用的一种养护方案,近年来随着各种新材料和新技术的不断涌现,罩面的类型越来越丰富,也有一些类型在使用过程中升级或者淘汰。

一、沥青路面罩面维修种类及其特点

沥青路面罩面按使用功能划分为罩面层(普通型罩面)、抗滑层(磨耗层)、封层(防水型罩面)三种。按采用沥青品种或其他材料的不同又可分为:沥青罩面、改性沥青罩面、乳化沥青罩面、乳化沥青稀浆封层、改性乳化沥青稀浆封层,以及含有各种路面加筋材料的沥青混合料罩面等。

1. 罩面

罩面(Overlay of Pavement)指的是为改善沥青路面的使用质量,提高路面的防水、抗滑能力和平整度,在原有沥青路面上加铺的薄沥青面层。

(1)适用范围

罩面维修主要用于消除破损、完全或部分恢复原有路面的平整度、改善路面性能。

(2)材料要求

①沥青结合料:罩面的沥青结合料宜使用性能较好的黏稠型的道路石油沥青、乳化沥青、改性乳化沥青或改性沥青。

②矿料:矿料应选用耐磨、强度高、水稳定性能好的石料。

(3)厚度要求

罩面厚度应根据所在路段的交通量、公路等级、路面状况、使用功能等综合考虑确定。

①当路面损坏状况指数、行驶质量指数在中、良等级,路面仅有轻度块裂时,罩面层厚度可采用10~30mm。

②当路面损坏状况、平整度、抗滑三项指标都在中等以下,又要求恢复到优、良等级时,罩面层厚度可采用30~50mm。

③一般情况下,高速公路、一级公路罩面宜采用40~50mm的厚度;其他公路可采用较薄的厚度(10~40mm)。

2. 封层

封层(Seal Coat)是指为封闭表面空隙,防止水分侵入面层或基层而铺筑的沥青混合料薄层。铺筑在面层表面的称为上封层;铺筑在面层下面的称为下封层。沥青路面表面封层是一层用连续方式铺在整个路面表面上的养护层。封层材料可以是单独的沥青或其他封层剂,也可以是沥青与集料组成的混合料。

表面封层用于解决的养护问题主要有:

①复原或延缓表层沥青材料的氧化(老化)。

②重新建立路面抗滑能力。

③密封表面的微小裂缝,防止水从表面渗入路面结构层。

④防止集料从表面脱落、崩散。

目前,常用的表面封层技术有雾状封层、还原剂封层、石屑封层、稀浆封层(微表封层)等。

(1)适用范围

封层主要用于提高原有路面的防水性能、平整度、抗滑性能。

(2)材料要求

①沥青结合料:乳化沥青或乳化改性沥青。

②矿料:耐磨、强度高的石料。

③各种结合料、矿料、填料及乳化沥青混合料的各项技术指标要求应符合《公路沥青路面施工技术规范》(JTG F40—2004)的有关规定。

(3)厚度要求

①交通量较大、重型车辆较多的路段宜采用厚度约为10mm封层。

②中等交通量路段宜采用厚度约为7mm封层。

③交通量小、重型车辆少的路段宜采用厚度约为3mm的封层。

3. 抗滑层

(1)适用范围

抗滑层主要用于提高路面的抗滑性能。

(2)材料要求

①沥青结合料:高速公路、一级公路宜选用重交通道路石油沥青、改性石油沥青、改性乳化石油沥青作为结合料。

②矿料:抗滑、耐磨的石料,磨光值应大于42。

③所用各种材料和沥青混合料的技术指标要求应按照《公路沥青路面施工技术规范》(JTG F40—2004)中有关对抗滑表层的要求执行。

(3)厚度要求

①高速公路、一级公路宜采用不小于40mm的厚度。

②二级公路宜采用中粒式、细粒式沥青混凝土结构,也可以采用热拌沥青碎石或沥青表面处治,厚度不得小于最小施工层厚度。

③三、四级公路可采用乳化沥青封层结构,厚度可为5～10mm。

二、沥青路面罩面维修

1. 沥青路面罩面的施工

沥青路面罩面的施工除应按《公路沥青路面施工技术规范》(JTG F40—2004)有关规定执行外,还应注意下列要求:

（1）对确定罩面的路段,在罩面前必须完成翻浆、坑槽、严重裂缝、沉陷、拥包、松散、车辙等病害的修复工作,并清除路面上的泥土杂物。

（2）根据施工气温、旧沥青路面状况等因素,采取相应施工工艺措施,确保新旧沥青层结合。有条件最好进行打毛处理,一般情况必须喷洒黏层沥青,沥青用量宜为 $0.3 \sim 0.5 \text{kg/m}^2$,裂缝及老化严重时宜为 $0.5 \sim 0.7 \text{kg/m}^2$。

（3）罩面不应铺在逐年加厚的软沥青层上,也不应铺在和原沥青路面结合不好、即将脱皮的旧罩面薄层上,应将其铲除、整平后,再进行罩面。

（4）当气温低于10℃或路面潮湿时,不得喷洒黏层沥青,不得摊铺一般沥青罩面层。

2.乳化沥青稀浆封层施工

采用乳化沥青稀浆封层时,除应按《公路沥青路面施工技术规范》(JTG F40—2004)有关规定执行外,还应按下列要求执行:

（1）采用乳化沥青稀浆封层时,必须有固定的专业人员、固定的专业乳液生产和施工设备,专职的检测试验人员,并严格按照有关规定进行检测和质量控制。稀浆封层撒布机在使用前,应根据稀浆混合料配合比设计,对集料、乳液、填料、加水量等进行认真调试。

（2）在铺筑的过程中发现有沟迹、松散时,应立即修补或挖除重铺、刮平、固化成型。

（3）乳化沥青混合料没有固化成型前,初期养护应注意控制车速和避免紧急制动。稀浆封层施工前路面上不得有积水,雨天禁止施工。

3.抗滑层的施工

抗滑层应按《公路沥青路面施工技术规范》(JTG F40—2004)的有关规定进行施工。

第四节　沥青路面预防性养护

《公路沥青路面养护技术规范》(JTJ 073.2—2001)中明确规定,对沥青路面必须进行预防性、经常性和周期性养护。必须加强路况巡视,掌握路面的使用情况,根据路面的实际情况制订日常小修保养以及经常性、预防性和周期性的养护工程计划。

一、沥青路面预防性养护概念

预防性养护概念是美国于20世纪90年代初提出的,有别于传统的路面养护理念。预防性养护有两个主要观点:

（1）让状态良好的路面保持更长时间,延缓未来的破坏,在不增加结构承载能力的前提下改善路面的功能状况。

（2）在正确的时间,用正确的方法,在正确的路段上进行养护。

美国州公路和运输官员协会 AASHTO(American Association of State Highway and Transportation Officials)对预防性养护(Pavement Preventive Maintenance)的定义为:预防性养护是一种在路面状况良好的情况下采取的对现有路面进行有计划的、基于费用—效益的养护策略,预防性养护在没有提高路面结构承载能力的情况下,延迟路面的损坏,维持或改善路面现有的行车条件,通过延长原有路面的使用寿命来推迟昂贵的大修和重建费用。

美国联邦公路局 FHWA 的定义为:通过一系列高效益—成本比的实践来延长路面寿命、提高路面安全、满足用户期望的网级长期养护策略。

《公路工程名词术语》(JTJ 002—87)的定义为:为保证公路的正常使用而进行的经常性保养、维修作业,预防和修复灾害性损害,以及为提高使用质量和服务水平而进行的加固、改善或者增建。

但是,目前我国现行的规范还没有关于预防性养护的明确定义。

二、沥青路面预防性养护时机

预防性养护适用于路面技术状况良好的路面,而"路面技术状况良好"是指路面尚未发生结构性损坏,也就是说发生结构性损坏的路段已经不再适合进行预防性养护。因此,应对路面技术状况进行定期调查,根据调查结果,在路面结构良好或是路面病害发生初期对其进行养护,不让路面病害进一步向更深层次发展,从而延长路面使用寿命、保持路面完好、改善路面平整度、提高路面质量、降低路面寿命周期成本、延长中修或大修期限。

由于各种不确定因素的影响,例如设计、施工、交通荷载、气候条件等,路面在使用过程中会出现轻微车辙、开裂、剥落等病害。如果养护不及时,这些病害会加速发展和扩大,造成整个沥青面层,甚至基层结构的破坏。这会对后期的养护工作造成极大的影响,不仅加大了养护难度,而且增大了养护费用。如果在病害初期就对破损路面进行处理,不但会延长其使用寿命,还会节约路面的寿命周期费用。由图 4-17 的路面技术状况与维修时间曲线可见,当路面使用到 12 年时,路面使用状况下降了 30%,如果在此时进行维修,需要的费用假设为 1 元;而如果等到路面使用到 16 年时再进行维修,则需要的维修费用为 4~6 元。

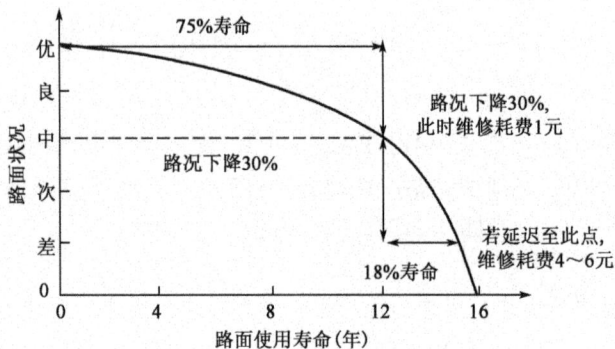

图 4-17 路面状况与维修时间曲线

目前,确定路面预防性养护的最佳时机主要有两类方法:

(1)以路面技术状况为基础,当路面技术状况下降到预定标准时,则要进行预防性养护。该类方法称为路面状况触发法,包括行驶质量指数和损坏状况指数法、基于事件或路况的方法、决策树法、决策矩阵法等。

(2)对养护措施进行费用—效益分析,费用—效益最大的时间即为最佳预防性养护时机,称为最佳费用—效益法,如费用—效益评估法、排序法、寿命周期费用(LCA)评估法等。

沥青路面预防性养护措施主要包括雾封层及还原剂封层、碎石封层、同步碎石封层、稀浆封层、微表处、超薄磨耗层、开普封层以及宏表处等形式。

三、雾封层(Fog Seal)与还原剂封层

1. 概念

雾封层是指采用雾封层撒布车将慢裂乳化沥青稀释液或特制路面保护剂均匀地喷洒(雾化)到现有沥青路面表层,以形成一层严密的防水层将路面封闭,起到隔水防渗、保护路面功能的作用。还原剂封层是指将还原剂喷洒或涂刷在路面上,并渗透进路面表层一定深度,起到封闭路面空隙、修复路面老化、改善路面外观的一种技术,一般用在沥青路面老化严重的路段上。其应用的目的是更新和还原表面已经发生老化的沥青,同时保护尚未老化的沥青,使其维持原有性能、减缓老化时间。目前,常用的还原剂封层主要有 TL-2000 聚合路面强化剂、沥再生 Rejuva Seal™、魁道沥青复原剂 CAP、ERA-C 型沥青再生剂、STAR-SEAL Supereme 封涂层等。

雾封层和还原剂封层从施工角度看,属于表面涂刷(喷洒)型预防性养护方法。

2. 主要作用和特点

雾封层和还原剂封层主要可以起到以下预防性养护效果:

(1)封闭路面空隙和细微裂缝,阻止路表水的下渗,防止路面水损害的发生。

(2)改善路面外观。

(3)在路面表层形成保护层,延缓或者修复老化沥青,延长路面使用寿命。

雾封层和还原剂封层有一些共同特点:

(1)施工后需要经过一定时间才能开放交通。

(2)应严格控制撒布量,过多喷洒会在表面形成一层薄膜,严重时会降低路面抗滑能力。

3. 施工工艺

在雾封层和还原剂封层施工前,应评定路面技术状况(包括 PCI、剥落情况、泛油严重程度等),评估路面表面对沥青材料的吸收能力,确认是否适合进行雾封层或还原剂封层。

雾封层和还原剂封层的施工一般按照以下工艺进行。

(1)材料选择

采用雾封层时,应选择合适类型的乳化沥青,确定适宜的撒布稀释比例,按照要求对乳化沥青进行抽样检测,并确认乳化沥青稀释稳定性。施工时,应确认乳化沥青温度在适宜的范围内。

采用还原剂封层时,应检验还原剂材料,确认其满足设计要求,同时应评估还原剂对沥青的还原能力,确定适宜的撒布率。如果需要撒布细集料,细集料的规格应满足规范要求。

(2)撒布设备检查与标定

沥青撒布车应处于良好工作状态,喷洒管高度适宜,喷嘴与洒油喷管呈 15° ~ 30° 夹角,喷嘴无堵塞,撒布压力正常,确认撒布时同一点有 2 个或者 3 个喷油嘴喷洒沥青,并对撒布率进行标定。

(3)确定撒布率

乳化沥青或还原剂撒布率一般可以采用如下方法确定:将 1L 稀释乳化沥青或还原剂均匀地倾倒在 1m² 的路面上,如果乳化沥青或还原剂没有完全被表面吸收,那么应减少用量,在另外 1m² 的路面上继续试验;重复这个步骤,直到找到合适的撒布量。如果路面表面看上去能够

吸收更多的乳化沥青或还原剂,那么应增加用量,重复试验,直到找到合适的撒布量。

（4）原路面处理

施工前应对需要处理的病害完成处治,并对路面进行清扫,要求路面清洁、干燥。

（5）喷洒施工

采用喷洒设备匀速进行喷洒施工,确保撒布均匀、外观整齐。撒布的起点和终点位置应预铺油毛毡,保证边缘整齐。为避免材料污染车道线,可在施工前对车道线进行遮蔽;如果出现条纹撒布或者材料泄漏时,应立即停止施工,进行检查。

喷洒施工应在符合路表温度和气温要求(一般应在 15℃以上)的条件下进行;大风天气会给喷洒作业带来困难,在可能有降水的情况下不得施工。

（6）开放交通

雾封层和还原剂封层在施工后应封闭交通进行养生,待干燥后方可开放交通。

雾封层的施工现场以及施工前后的路面对比情况,见图 4-18。

a)雾封层施工现场　　　　b)雾封层处理前　　　　c)雾封层处理后

图 4-18　雾封层施工

四、碎石封层（Chip Seal）

1. 概念

碎石封层是指先在路面上喷洒沥青类结合料,紧接着撒布单粒径或适当级配的集料,最后进行碾压形成的薄层封层。按照施工层次的多少分为双层碎石封层和多层碎石封层等不同的类型。按照材料、施工工艺、应用场合等的不同,碎石封层包括应力吸收膜封层(SAM)、应力吸收膜黏结层(SAMI)、土工布增强碎石封层、同步碎石封层、三明治碎石封层等多种不同的类型。下面对常用的几种碎石封层进行介绍。

（1）单层碎石封层是指喷洒一层沥青类结合料,撒布一层集料后碾压形成的薄层封层。

（2）双层碎石封层是指喷洒一层沥青类结合料,撒布一层集料后进行碾压,再喷洒一层沥青类结合料,再撒布一层集料后再进行碾压形成的碎石封层。

（3）三明治碎石封层是指先撒布一层碎石用钢轮压路机压稳后喷洒第一层沥青结合料,然后再撒布第二层碎石,用轮胎压路机碾压而形成的碎石封层。

（4）同步碎石封层是指采用专用设备(同步碎石封层车)将黏结材料(改性沥青或改性乳化沥青)及碎石同步铺洒在路面上,通过自然行车碾压形成单层沥青碎石磨耗层,主要作为路面表面处理层使用。其最大优点是同步铺洒黏结材料和石料,实现喷洒到路面上的高温黏结材料在不降温的条件下与碎石结合的效果,将黏结剂的喷洒和集料撒布两道工序集中在一辆车上同步进行。

（5）应力吸收层（SAM）是一种单层碎石封层,先喷洒一层改性沥青结合料,然后再撒布一层碎石,再进行碾压。沥青结合料用量一般比普通碎石封层用多,一般认为 SAM 需采用橡胶沥青结合料。

（6）复合应力吸收层（SAMI）是指先喷洒一层改性沥青结合料,接着撒布一层碎石,再进行碾压,最后再加铺一层罩面形成的封层结构。可用于延缓新铺罩面反射裂缝的产生。如果加铺的罩面层为橡胶沥青混凝土,通常将这种结构称为橡胶沥青复合应力吸收层（SAMI-R）。

2. 主要特点和适用条件

在碎石封层中,沥青是连续相,碎石紧密排列,嵌挤在沥青膜中。具有以下特点：

（1）良好的抗滑性能。碎石封层中,单一粒径粗集料颗粒紧密排列,形成了较大的宏观构造深度,雨水可以通过表面连通的构造空隙迅速排走,因此具有良好的抗滑性能。

（2）良好的封水效果。碎石封层中的沥青是连续相,形成了密不透水的封水层。

（3）对原路面的要求低,具有良好的耐久性。

（4）施工工艺简便、施工速度快。碎石封层属于层铺法施工,施工设备简单,速度较快。

碎石封层适用于以下场合：

（1）低等级、轻交通量道路的建设。可在简单处理过的基层上直接铺设双层碎石封层作为路面。

（2）普通公路沥青路面的预防性养护。碎石封层可以修复路面轻度裂缝和松散,延缓路面老化,缓解路面水损坏,增强路面抗滑,是一种经济、有效的沥青路面预防性养护措施。

（3）新建公路沥青路面的表面磨耗层。

碎石封层技术的主要缺点：

（1）需要一定的养生时间。

（2）开放交通初期,松散的集料可能会被高速行驶的车轮带出而撞击、黏附在车身和风窗玻璃上,影响行车安全。

（3）碎石封层表面粗糙,高速行驶时噪声较大。

3. 材料要求和配合比设计

（1）沥青结合料

根据类型、使用场合、施工季节、环保要求、施工经验等不同,碎石封层可以选择（改性）乳化沥青、稀释沥青、改性沥青、再生乳化沥青等不同的沥青结合料,其中乳化沥青和稀释沥青应用最为普遍。

（2）集料

碎石封层用的集料最理想的外形是规则的立方体,采用经过反击破碎（或锤式破碎）得到的碎石,针片状含量应严格控制在 15% 以内,不含杂质和石粉,压碎值小于 14%,对石料酸碱性无特殊要求,经过严格的水洗风干。

（3）级配类型

根据原路面状况及铺筑后路面所要达到的路用性能的要求,碎石封层可选用不同的结构类型,按石料的粒径范围大小可分为细封层、粗封层、加粗封层三种类型。

①细封层:石料的级配范围为 4～6mm,石料的撒布量为 4～6m³/1 000m²、碾压成型厚度为 5mm 的碎石封层。

②粗封层:石料的级配范围为 6～10mm,石料的撒布量为 7～9m³/1 000m²、碾压成型厚度为 8mm 的碎石封层。

③加粗封层:石料的级配范围为 10～14mm,石料的撒布量为 11～13m³/1 000m²、碾压成型厚度为 12mm 的碎石封层。

(4)撒布率计算方法

沥青结合料的撒布率比较有代表性的理论计算方法是 McLeod 方法,该方法假设集料平均高度的 70% 被沥青结合料填充,且撒布率受交通量大小、集料特性、路面状况的影响,分别用交通量系数、碎石分散系数、原路面状况系数、碎石嵌入系数等对理论计算值进行修正。

①沥青用量 B

沥青用量 B 与碎石平均最小尺寸 H、交通量修正因子 T、松散碎石的空隙率 V、路面状况修正因子 S、碎石吸收率 A、乳化沥青或稀释沥青中沥青含量 R(采用热沥青时该值取 1)密切相关。

$$B = \frac{0.40H \cdot T \cdot V + S + A + P}{R} \tag{4-1}$$

式中:B——沥青结合料撒布率(L/m²);

    T——交通量修正系数;

    H——集料平均高度;

    V——松装集料的空隙率(%);

    S——表面情况系数(L/m²);

    A——集料吸附系数(L/m²);

    P——路面硬度修正系数(L/m²);

    R——乳化沥青或稀释沥青中的沥青含量(%)。

其中,集料最小计算高度 H 按照下式计算。

$$H = M/1.139\,285 + 0.011\,506F_1 \tag{4-2}$$

式中:M——集料的中间粒径;

    F_1——针片状颗粒含量。

②集料撒布率采用下式计算

$$C = (1 - 0.4V) \cdot H \cdot G \cdot E \tag{4-3}$$

式中:C——集料用量(kg/m²);

    V——松装集料空隙率(%);

    H——集料平均尺寸;

    G——集料的比重;

    E——浪费系数。

4.碎石封层施工

碎石封层的施工非常简便,主要包括沥青撒布、石料撒布、碾压、清扫和开放交通五个工序。

(1)原路面准备

铲除路面的标线,用鼓风机将路面上所有的松散材料吹净,彻底清扫路边缘和路肩。

(2)材料准备

乳化沥青应保持适宜温度,碎石应筛除超粒径颗粒及粉尘,必要时可进行水洗或者用沥青进行预拌。

(3)设备准备

所有参与碎石封层施工的设备相距宜近不宜远,乳化沥青撒布车与碎石撒布车相距应在50m范围内。

(4)乳化沥青撒布、碎石撒布

乳化沥青撒布温度一般为70～80℃,结合料与碎石撒布的时间间隔应尽可能缩短,不要在乳化沥青破乳后撒布碎石。如果施工中发现由于粗集料级配、路面状况等原因,目标撒布量并不是最佳撒布量,则应立即停止施工,分析原因并进行及时调整。双层碎石封层的两层之间施工应至少间隔24h。

(5)碾压

在撒布碎石后5min内,乳化沥青破乳前进行碾压。全幅至少碾压两边,每次碾压重叠碾压宽度的一半,施工中至少配有两台压路机,碾压速度不应超过2.5m/s。

(6)清扫

扫除多余石屑。每天施工结束前,采用合适工具扫除路面上多余的石屑。

(7)开放交通

开放交通前,保证路面有充足的养生时间。

碎石封层和同步碎石封层的施工过程,见图4-19和图4-20。

a)   b)

图4-19　碎石封层施工

五、稀浆封层(Slurry Seal)

1.概念

稀浆封层是指采用机械设备将乳化沥青、粗细集料、填料、水和添加剂等按照设计配比拌

图 4-20　同步碎石封层施工

和成稀浆混合料摊铺到原路面上形成的薄层,铺筑厚度一般为 3~10mm。按照矿料级配的不同,稀浆封层可以分为细封层（Ⅰ型）、中封层（Ⅱ型）和粗封层（Ⅲ型）,分别以 ES-1、ES-2 和 ES-3 表示;按照开放交通的快慢,稀浆封层可以分为快开放交通型稀浆封层和慢开放交通型稀浆封层;按照是否掺加了聚合物改性剂,稀浆封层可以分为稀浆封层和改性稀浆封层。

稀浆封层技术于 20 世纪 40 年代后期起源于德国,现今在我国的应用也较为广泛。当稀浆混合料中的水分蒸发干燥硬化成型后,可以使磨损、老化、裂缝、松散等病害得到修复,在公路养护中主要具有防水、防滑、填充、耐磨以及改善旧路面外观形象的作用,而且施工快、造价低、用途广。但是,由于单层厚度较薄,不具备结构补强能力。对于强度与刚度不足,路表沉陷、稳定性差的路面,无法通过该技术解决强度问题。

2.适用条件

稀浆封层可用于二、三、四级公路及新建公路（高速公路）的下封层。

ES-1 型（细封层）用于交通量较低、路面水损坏较轻微,并有一定程度龟裂、开裂的路面;适用于三、四级公路,乡村道路以及停车场罩面。

ES-2 型（中封层）用于交通量中等、路面推移较严重,并伴有其他病害的路面;适用于二级及二级以下公路的罩面,以及新建公路（包括高速公路）的下封层。

ES-3 型（粗封层）用于交通量较大、路面抗滑性能较差,并伴有其他病害的路面,二级公路的罩面,以及新建公路（包括高速公路）的下封层。

3.材料要求

(1)乳化沥青

稀浆封层用乳化沥青应满足表 4-5 中 BC-1 和 BA-1 型的规定。

稀浆封层用乳化沥青技术要求　　　　　　　　　　　　　表 4-5

检 测 项 目		BC-1	BA-1	试 验 方 法
筛上剩余量(1.18mm)		≤0.1	≤0.1	T 0652
电荷		阳离子正电(+)	阴离子负电(-)	T 0653
恩格拉黏度 E_{25}		2~30	2~30	T 0622
沥青标准黏度 $C_{25,3}$(s)①		10~60	10~60	T 0621
蒸发残留物含量(%)		≥55	≥55	T 0651
蒸发残留物性质	针入度(100g,25℃,5s)(0.1mm)	45~150	45~150	T 0604
	延度(15℃)(mm)	≥400	≥400	T 0605
	溶解度(三氯乙烯)(%)	≥97.5	≥97.5	T 0607

检测项目		BC-1	BA-1	试验方法
储存稳 定性②	1 d(%)	≤1.0	≤1.0	T 0655
	5 d(%)	≤5.0	≤5.0	T 0655

注:①乳化沥青黏度以恩格拉黏度为准,不具备条件时也可采用沥青标准黏度。

　②储存稳定性应根据施工实际情况选择试验天数,通常采用5d,乳化沥青生产后能在第2d使用完时也可以选用1d。

（2）矿料

稀浆封层用粗集料、细集料应符合表4-6要求。

稀浆封层混合料用粗细集料质量要求 表4-6

材　料	项　　目		标准	试验方法	备　注
粗集料	石料压碎值	不大于(%)	28	T 0316	—
	洛杉矶磨耗值	不大于(%)	30	T 0317	—
	坚固性	不大于(%)	12	T 0314	—
	针片状含量	不大于(%)	18	T 0312	—
矿料	砂当量	不小于(%)	50	T 0334	合成矿料中<4.75mm部分

注:稀浆封层用于四级以下公路时,粗细集料的质量要求可参照《公路沥青路面施工技术规范》(JTG F40—2004)适当放宽。

（3）填料

填料可以改善级配,提高稀浆混合料的稳定性,加快或减缓破乳速度,提高封层的强度。稀浆封层矿料中可以掺加矿粉、水泥、消石灰等填料。填料应干燥、疏松,无结团,并应符合《公路沥青路面施工技术规范》(JTG F40—2004)中的相关要求。

（4）添加剂

稀浆混合料中的添加剂视需要而定,可以分为促凝剂和缓凝剂,其作用主要是调节稀浆混合料可拌和时间、破乳速度、开放交通时间等施工性能,并在一定程度上改善混合料的路用性能。常用添加剂包括无机盐类添加剂、有机类添加剂等。对于阳离子乳化沥青混合料,无机盐类添加剂一般会延长可拌和时间,延缓成型。

（5）水

水是构成稀浆混合料的重要组成部分,它的用量决定稀浆稠度和密实度。稀浆混合料中的水由集料中的水、乳液中的水和拌和时外加的水构成。稀浆封层用水不得含有有害的可溶性盐类、能引起化学反应的物质和其他污染物,一般采用可饮用水。

4.稀浆封层配合比设计

稀浆封层混合料所用矿料的级配范围应符合表4-7规定。

稀浆封层矿料级配 表4-7

筛孔尺寸(mm)		9.5	4.75	2.36	1.18	0.6	0.3	0.15	0.075
不同类型通过各 筛孔的百分率(%)	ES-1	—	100	90~100	65~90	40~65	25~42	15~30	10~20
	ES-2	100	90~100	65~90	45~70	30~50	18~30	10~21	5~15
	ES-3	100	70~90	45~70	28~50	19~34	12~25	7~18	5~15

稀浆封层既可以单层铺筑又可以双层铺筑，单层稀浆封层通常的材料用量范围可参照表4-8。

稀浆封层通常的材料用量范围 表4-8

项目	养生后的厚度 （mm）	矿料用量 （kg/m²）	油石比 （%）	水泥、消石灰用量 （占矿料质量百分比）（%）	外加水量 （占干矿料质量百分比）（%）
ES-1	2.5~3	3.0~6.0	9.0~13.0	0~3	根据混合料的稠度确定
ES-2	4~6	6.0~15.0	7.0~12.0	0~3	
ES-3	8~10	10.0~20.0	6.5~9.0	0~3	

稀浆封层混合料的室内试验结果应满足表4-9要求。

稀浆封层混合料的质量要求 表4-9

试 验 项 目		快开放交通型	慢开放交通型
可拌和时间(s)(25℃)		≥120	≥180
黏聚力（N·m）	30min(初凝时间)	≥1.2	—
	60min(开放交通时间)	≥2.0	—
负荷车轮黏附砂量（g/m²）①		≤450	≤450
湿轮磨耗值（g/m²）	浸水1h	≤800	≤800

注：①用于轻交通量道路的罩面和下封层时，可不作黏附砂量指标的要求。

稀浆封层的配合比设计过程和施工过程可参考微表处混合料进行。

六、微表处（Micro-surfacing）

1. 概念

微表处是指采用专用机械设备将聚合物改性乳化沥青、粗细集料、填料、水和添加剂等按照设计配合比拌和成稀浆混合料摊铺到原路面上，并很快开放交通的具有高抗滑和耐久性能的薄层。微表处开放交通的时间长短依据工程所处环境的不同而变化，通常在气温为24℃，湿度为50%（或更小）的状况下可以于1h内开放交通。按照矿料级配的不同，微表处可以分为Ⅱ型Ⅲ型，分别以MS-2、MS-3表示。

20世纪70年代微表处技术发明于欧洲，80年代进入美国。该技术目前已在欧洲、北美等地高等级公路的维修养护中得到了广泛应用。我国从2000年开始进行微表处技术的研究和推广应用，已经在京沪高速公路、沪嘉高速公路上海段、沪宁高速公路、内宜高速公路、太旧高速公路、沈哈高速公路铁岭段、福泉高速公路、沪杭甬高速公路、上三高速公路、济青高速公路等的路面养护中得到应用。

2. 适用条件

微表处可用于高速公路，一、二级公路的沥青路面的预防性养护罩面和沥青路面的车辙修复，以及水泥混凝土路面、水泥混凝土桥面、水泥混凝土隧道道面罩面；新建或改扩建高速公路，一、二级公路的沥青路面，水泥混凝土桥面的表面磨耗层。

MS-2型微表处适用于中等交通量的高速公路，一、二级公路的罩面。MS-3型微表处适用于高速公路、一级公路的罩面和车辙填充。

3. 微表处的作用

微表处的主要作用包括：

(1)有效防止路表水下渗。

(2)提高路面的抗磨耗性能和抗滑性能。

(3)修复车辙。

(4)延缓路面材料老化。

(5)改善路表外观。

4. 材料要求

(1)改性乳化沥青

微表处混合料中起黏结作用的主要是改性乳化沥青,乳化沥青的改性工艺可以分为三类:

①先乳化后改性:制作出乳化沥青后掺加胶乳改性剂。

②将胶乳改性剂掺配到胶乳剂水溶液中,然后与沥青一起进入到胶体磨制作出改性乳化沥青。

③将胶乳改性剂、乳化剂水溶液、沥青同时进入胶体磨制作改性乳化沥青。

后两种方法统称为边乳化边改性法。

表征改性乳化沥青特征的性能指标主要包括破乳速度、离子电荷、筛上剩余量、黏度、蒸发残留物性质、与粗集料黏附性、与粗集料拌和试验等。

①破乳速度。破乳速度决定了改性乳化沥青的用途和使用方法,按照破乳速度可以将乳化沥青分为快裂、中裂或慢裂类型,可以根据乳液试验与规定级配的矿料拌和后矿料表面被乳液薄膜裹覆的均匀情况来判断。

②离子电荷。离子电荷反映了乳化沥青微粒离子电荷的性质,目前常用的是阳离子乳化沥青。

③筛上剩余量。筛上剩余量反映改性乳化沥青中是否有未乳化的沥青颗粒或结块,这些结块可能会堵塞管道或与矿料拌和不均匀。

④黏度。我国对改性乳化沥青的黏度同时采用沥青标准黏度和恩格拉黏度,可以反映乳化沥青的工作性。

⑤蒸发残留物性质。包括残留分含量、溶解度、针入度、延度、软化点等。

⑥与粗集料的黏附性。反映了喷洒型乳化沥青与石料的黏附性。

⑦与粗集料拌和试验。反映了拌和型乳化沥青与石料的黏附性。

⑧储存稳定性。反映了乳化沥青在静止状态下的储存稳定性。

微表处用乳化沥青应满足表 4-10 规定,且改性剂剂量(改性剂有效成分占纯沥青的质量百分比)不宜小于 3%。

微表处用乳化沥青技术要求

表 4-10

检 测 项 目	BCR	试 验 方 法
筛上剩余量(1.18mm)	≤0.1	T 0652
电荷	阳离子正电(+)	T 0653
恩格拉黏度 E_{25}	3 ~ 30	T 0622
沥青标准黏度 $C_{25,3}$(s)[①]	12 ~ 60	T 0621

检 测 项 目		BCR	试 验 方 法
蒸发残留物含量(%)		≥60	T 0651
蒸发残留物性质	针入度(100g,25℃,5s)(0.1mm)	40～100	T 0604
	软化点(℃)	≥53[②]	T 0606
	延度(5℃)(mm)	≥200	T 0605
	溶解度(三氯乙烯)(%)	≥97.5	T 0607
储存稳定性[③]	1 d(%)	≤1.0	T 0655
	5 d(%)	≤5.0	T 0655

注：①乳化沥青黏度以恩格拉黏度为准,不具备条件时也可采用沥青标准黏度。
　　②南方炎热地区、重载交通道路及用于填补车辙时,BCR 蒸发残留物的软化点应不低于57℃。
　　③储存稳定性应根据施工实际情况选择试验天数,通常采用 5d,乳化沥青生产后能在第 2d 使用完时也可选用 1d。
　　个别情况下,改性乳化沥青 5d 的储存稳定性难以达到要求,如果经搅拌后能达到均匀并不影响正常使用,此时要求改性乳化沥青运至工地后应存放在附有循环或搅拌装置的储存罐内,并进行循环或搅拌,否则不准使用。

（2）矿料

矿料在微表处中起骨架作用,并决定封层的厚度。微表处混合料按照矿料的最大公称粒径不同,可以分为 MS-2 型和 MS-3 型。微表处的矿料技术指标应符合表 4-11 规定。

微表处矿料的技术指标要求 表 4-11

材料	项　　目	标　　准	试 验 方 法	备　　注
粗集料	石料压碎值　不大于(%)	26	T 0316	—
	洛杉矶磨耗值　不大于(%)	28	T 0317	—
	石料磨光值　不小于(BPN)	42	T 0321	—
	坚固性　不大于(%)	12	T 0314	—
	针片状含量　不大于(%)	15	T 0312	—
细集料	坚固性　不大于(%)	12	T 0340	>0.3mm 部分
矿料	砂当量　不小于(%)	65	T 0334	合成矿料中 <4.75mm 部分

混合料的级配对稀浆的状态和工作性能有很大影响,对稀浆能否达到一个良好的稠度起决定作用。密实的稀浆混合料具有高强度、耐磨性好、不透水并耐老化的优点。

（3）填料、添加剂和水的要求见稀浆封层混合料的相关要求。

5. 微表处混合料配合比设计

微表处混合料的配合比设计与普通沥青混合料的配合比设计不同,既要满足施工性能的要求,又要满足开放交通后路用性能指标的要求。

（1）施工性能指标

微表处混合料是冷拌冷铺的混合料,在拌和和成型的过程中存在着复杂的物理、化学变化,容易受到外界条件(如温度、湿度、风力、日照)和各组分材料品种、性质的影响。微表处混合料应该首先满足施工性能的要求,以确保微表处混合料能够进行正常的摊铺。

①可拌和时间

微表处混合料的可拌和时间表征了混合料的施工可操作性,混合料在摊铺到路面之前应该不破乳固化,具有良好的稀浆状态。

在试验室操作时,在拌和锅中放入一定量的矿料(一般为100g)、填料拌匀,再将水、添加剂等倒入拌和锅中拌匀,然后倒入一定量的改性乳化沥青搅拌并计时。在改性乳化沥青倒入后的最初5~10s内用力快速拌和,然后用拌和匙沿容器壁顺时针均匀拌和,一般为60~70转/min,观察混合料的拌和状态。当稀浆混合料变稠、手感觉到有力时,表明混合料开始有破乳迹象,记录此刻的时间,称为可拌和时间。继续拌和,当混合料完全结团、无法拌和时,记录此刻的时间,称为不可施工时间。

②稠度

微表处混合料除了要有足够的可拌和时间,还要有合适的稠度和良好的稠度可调节性。稠度太大(混合料过稀),会造成稀浆混合料"跑浆",影响纵向接缝的直线状态,同时会造成细料上浮,摊铺厚度难以保证;稠度太小(混合料过稠),会造成混合料摊铺困难,表面不美观,与原路面黏结不牢固等问题。在摊铺过程中,混合料的稠度是不断变化的,施工中混合料的稠度应保持在20~30mm范围内。

③初凝时间

初凝时间试验是取刚拌匀的微表处混合料立即摊铺在油毛毡上铺平并开始计时,把试件放置在室温下,每隔3min用一张滤纸或餐巾纸轻轻压在混合料表面,如果纸上没有见到褐色斑点,则稀浆已经初凝;如果有褐色斑点出现,就隔3min重复测试;如果15min后仍未初凝,就每隔10min测试,直至达到初凝为止。其中不再出现褐色斑点表明沥青微粒已经与水分分离并黏结到了石料表面。只有经过这一过程,混合料才能进一步固化成型。

④黏聚力

微表处混合料的黏聚力试验反映了混合料的成型速度。采用黏聚力试验仪测试试件在0.193MPa压力下不同时段的最大扭矩,以此来确定微表处混合料的固化时间。

(2)路用性能指标

微表处混合料在使用过程中应满足如下路用性能的要求。

①乳化沥青应该具有良好的黏附性,将石料牢牢黏结,在行车作用下石料不会脱落,可以通过湿轮磨耗试验、配伍性试验等测试。

②微表处路面应具有良好的抗滑性能,不会出现泛油现象,通过负荷轮黏附砂量来表征。

③用于填充车辙的微表处混合料应具有较好的抗车辙性能,可通过轮辙变形试验确定。

综合微表处混合料的施工性能指标和路用性能指标,应满足表4-12的技术指标要求。

微表处混合料的质量要求

表4-12

试验项目		标　准
可拌和时间(s)		≥120
黏聚力(N·m)	30min(初凝时间)	≥1.2
	60min(开放交通时间)	≥2.0
负荷车轮黏附砂量(g/m²)		≤450
湿轮磨耗值(g/m²)	浸水1h	≤540
	浸水6d	≤800
车辙变形试验的宽度变化率(%)①		≤5
配伍性等级值②		≥11

注:①不用于车辙填充的微表处混合料,不做轮辙变形试验的要求。

②配伍性等级指标作为参考指标使用。

（3）配合比设计级配要求

微表处的矿料级配范围应符合表 4-13 规定。

微表处矿料级配   表 4-13

筛孔尺寸（mm）		9.5	4.75	2.36	1.18	0.6	0.3	0.15	0.075
不同类型通过各筛孔的百分率（%）	MS-2	100	90～100	65～90	45～70	30～50	18～30	10～21	5～15
	MS-3	100	70～90	45～70	28～50	19～34	12～25	7～18	5～15

微表处既可以单层铺筑又可以双层铺筑，单层微表处通常的材料用量范围可参照表 4-14。

微表处通常的材料用量范围   表 4-14

项目	养生后的厚度（mm）	矿料用量（kg/m²）	油石比（%）	水泥、消石灰用量（占矿料质量百分比）（%）	外加水量（占干矿料质量百分比）（%）
MS-2	4～6	6.0～15.0	6.5～9.0	0～3	根据混合料的稠度确定
MS-3	8～10	10.0～22.0	6.0～8.5	0～3	

（4）配合比设计步骤

①原材料选择及级配类型选择

根据气候条件、应用场合、使用要求、材料供应等情况选择改性乳化沥青。粗集料必须要满足表 4-11 的要求，此外，应选用硬质石料作为粗集料，选择砂当量高的集料。

根据选择的级配类型，按表 4-13 确定矿料的级配范围。计算各种集料的配合比例，使合成级配在要求的级配范围内。在当地缺少成功经验的情况下，矿料级配宜接近级配范围中值。

②微表处混合料配合比初试

根据以往的经验初选改性乳化沥青、填料、水和添加剂的用量，进行拌和试验和黏聚力试验，并应满足表 4-14 中的相关要求。可拌和时间试验温度应考虑最高施工温度，黏聚力试验的试验温度应考虑施工中可能遇到的最低温度。

③微表处混合料路用性能

根据上述试验结果和稀浆混合料的外观状态，选择 3 个左右认为合理的混合料配方，按表 4-12 规定试验稀浆混合料的性能，如不符合要求，适当调整各种材料的配合比例重新试验，直至符合要求为止。

④最佳沥青用量确定

当设计人员经验不足时，可将初选的 3 个左右的混合料配方分别变化不同的油石比，按照表 4-12 的要求重复试验，并分别将不同沥青用量的 1h 湿轮磨耗值及砂黏附量绘制成图 4-21 的关系曲线，以 1h 湿轮磨耗值接近表 4-12 中要求的沥青用量作为最小油石比 P_{bmin}，砂黏附量接近表 4-12 中要求的油石比为最大油石比 P_{bmax}，得出油石比的可选择范围 $P_{bmin} \sim P_{bmax}$。

在油石比的可选范围内选择适宜的油石比，使得在该油石比情况下混合料的各项技术指标均可以满足要求。对于微表处混合料，以所选择的油石比检验混合料的浸水 6d 湿轮磨耗指标，用于车辙填充的，增加检验负荷车轮黏附砂量试验的宽度变化率指标，不符

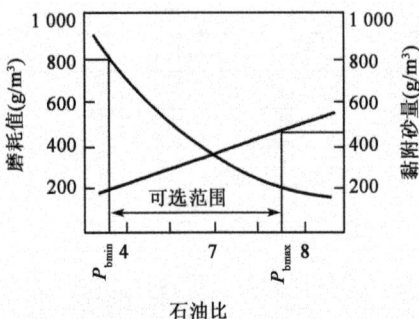

图 4-21　确定稀浆混合料沥青用量的曲线

要求时调整油石比重新试验,直至符合要求为止。

⑤根据以往经验及配合比设计试验结果,在充分考虑原路面状况、气候及交通因素等的基础上综合确定混合料配方。

6. 微表处混合料施工过程

(1)对原路面的要求和施工前准备

要求原路面具有足够的强度和刚度,足有良好的整体稳定性,且表面平整、密实、清洁。

施工前需进行修补工作,当原路面上有坑洞、边线破损和裂缝宽大时,应进行修补。有深洞时,应分层填补并压实。对于大的拥包和深的车辙(如车辙深度超过10mm),应先进行铣刨和填补,修补完成后,应进行清洁,避免用水冲洗,可采用高压空气吹除的方法。

微表处设备的计量控制系统,施工前应进行严格的计量标定工作,应根据室内试验确定的混合料设计配合比,对矿料、填料、乳化沥青、水、添加剂等各种材料的用量,进行单位输出量的标定。

(2)微表处摊铺作业

①根据施工路段的路幅宽度,调整摊铺槽宽度,尽量减少纵向接缝数量,在可能的情况下宜使纵向接缝位于车道线附近。

②将符合要求的各种材料装入摊铺车内。

③将装好料的摊铺车开至施工起点,对准控制线,放下摊铺槽,调整摊铺槽使其周边与原路面贴紧。

④按生产配合比和现场矿料含水率情况,依次或同时按配比输出矿料、填料、水、添加剂和乳液,进行拌和。

⑤拌和好的混合料流入摊铺槽并分布于摊铺槽达到适量时,开动摊铺车匀速前进,在需要时同时打开摊铺车下边的喷水管,喷水润湿路面。

⑥初期养护。

稀浆混合料铺筑后,在开放交通前禁止一切车辆和行人通行。

微表处和稀浆封层混合料摊铺后一般不需要压路机碾压。在用于硬路肩、停车场等缺少或者没有行车碾压的场合时,或者为了满足某些特殊需要,可使用6~10t轮胎压路机对已破乳并初步成型的稀浆混合料进行碾压。

混合料能够满足开放交通的要求后,应尽快开放交通。

(3)微表处施工时需要注意的问题

①摊铺速度以保持混合料摊铺量与搅拌量基本一致为佳。微表处施工时,保持摊铺槽中混合料的体积为摊铺槽容积的1/3~1/2。

②当摊铺车内任何一种材料快用完时,应立即关闭所有输送材料的控制开关,让搅拌器中的混合料搅拌完,并送入摊铺槽。摊铺完后,摊铺车停止前进,提起摊铺槽,将摊铺车移出摊铺点,用水清洗摊铺槽。

③采用双层摊铺或微表处车辙填充后再做微表处罩面时,首先摊铺的一层应至少在行车作用下成型24h,确认已经成型后方可再进行第二层摊铺。

④微表处填充车辙时,调整摊铺厚度,使填充层横断面的中部隆起3~5mm。

⑤当改性乳化沥青蒸发残留物含量和矿料含水率发生变化时,必须调整摊铺车的设定,确认材料配合比符合设计配合比后才能继续施工。

微表处用于修补车辙的施工过程,见图 4-22。

a)原有路面　　　　　　　　b)第一层内侧轮迹

c)第一层外侧轮迹　　　　　d)第二层　　　　　e)微表处施工后表面

图 4-22　微表处填充车辙

7. 微表处混合料施工质量控制

施工中应对稀浆混合料进行抽样检测,抽检项目、频率、允许误差及方法见表 4-15。

微表处和稀浆封层施工过程检验要求　　　　　　　　　　　表 4-15

项　目	要　　求	检验频率	检验方法
稠度	适中	1 次/100m	经验法
油石比	施工配合比的油石比 ±0.2%	1 次/日	三控检验法
矿料级配	满足施工配合比的矿料级配要求①	1 次/日	摊铺过程中从矿料输送带末端接出集料进行筛分
外观	表面平整、均匀,无离析,无划痕	全线连续	目测
摊铺厚度	−10%	5 个断面/km	钢尺测量或其他有效手段,每幅中间及两侧各 1 点,取平均值作为检测结果
浸水 1h 湿轮磨耗	不大于 540g/m²（微表处） 不大于 800g/m²（稀浆封层）	1 次/7 个工作日	附录 A4②

注:①矿料级配满足施工配合比的矿料级配要求,是指矿料级配不超出相应级配类型要求的各筛孔通过率的上下限,且以施工配合比的矿料级配为基准,实际级配中各筛孔通过率不超过《微表处和稀浆封层技术指南》表 5.4.3 规定的允许波动范围。

②附录 A4 为《微表处和稀浆封层技术指南》中的附录 A4。

（1）稠度检验的经验法

①在刚刚摊铺出的稀浆混合料上用直径 10mm 左右的细棍划出一道划痕,如果划痕马上就被两边的材料淹没,说明混合料的稠度偏稀,应适当降低用水量;如果划痕两边的材料呈松散状态,说明混合料过稠甚至已经破乳;如果划痕能够保持 3~5s 后才被周围材料覆盖,周围的材料仍然有一定的流淌性,说明混合料的稠度合适。

②迎着太阳照射方向观察刚刚摊铺出的材料层,如果表面有大面积亮光的反光带,说明混

合料用水量偏大,稠度偏稀;如果刚刚摊铺出的材料层干涩,没有反光,说明混合料偏稠;如果刚刚摊铺出的材料层对日光呈现漫反射,说明稠度适宜。

(2)采用以下"三控检验法"对微表处和稀浆封层混合料进行油石比检验。

①每天摊铺前检查摊铺车料门开度和各个泵的设定是否与设计配比相符,认真记录每车的集料、填料用量和(改性)乳化沥青用量,计算油石比,每日一次总量检验。

②摊铺过程中取样进行混合料抽提试验,检测油石比大小是否与设计油石比相符。

③每 50 000 m^2 左右,统计一次施工用集料、填料和(改性)乳化沥青的实际总用量,计算摊铺混合料的平均油石比。

工程完工后 1~2 个月时,将施工全线以 1~3km 作为一个评价路段进行质量检查和验收,检查项目、频率、要求及方法见表 4-16。

微表处和稀浆封层交工验收检验要求

表 4-16

项　目		质 量 要 求	检验频率	方　法
表观质量	外观	表面平整、密实、均匀,无松散,无花白料,无轮迹,无划痕	全线连续	目测
	横向接缝	对接,平顺	每条	目测
	纵向接缝	宽度 <80mm 不平整 <6mm	全线连续	目测或用尺量3m直尺
	边线	任意 30m 长度范围内的水平波动不得超过 ±50mm	全线连续	目测或用尺量
抗滑性能[②]	摆值 F_b(BPN)	高速公路、一级公路 ≥45	5 个点/km	T 0964
	横向力系数[①]	高速公路、一级公路 ≥54	全线连续	T 0965
	构造深度 TD(mm)	高速公路、一级公路 ≥0.60	5 个点/km	T 0961
	渗水系数	≤10mL/min	3 个点/km	T 0971
	厚度	-10%	3 个点/km	钻孔或其他有效方法

注:①横向力系数和摆值任选其一作为检测要求。

　　②当稀浆封层用于下封层时,抗滑性能不作要求,验收的时间可灵活掌握。

七、超薄磨耗层

1. 概念

薄层罩面是一种很早就已经采用的传统预防性养护方法,它是在旧路面上加铺一层厚度为15~25mm(超薄罩面)、40mm 左右(薄层罩面)的热拌沥青混合料。一般罩面层的厚度,可根据路面等级、交通量大小、道路等级、功能综合考虑确定。对于薄层和超薄层的界限,目前尚没有明确的界定,一般 25mm 以内的罩面层称为超薄层罩面,25~40mm 厚的罩面称为薄层罩面。

超薄磨耗层也称超薄罩面,是将间断级配的沥青混合料与乳化沥青相结合的一项技术,是一种构造深度大、抗滑性能好的磨耗层。按照施工工艺,超薄磨耗层可分为同步施工超薄磨耗层和分步施工超薄磨耗层。目前,应用比较广泛的是 NovaChip 结构的超薄磨耗层。

NovaChip 技术是使用专用设备(NovaPaver)将 15~25mm 厚的 NovaBinder(间断级配热拌改性沥青混合料)摊铺在一层 NovaBond 膜(聚合物改性乳化沥青黏层)上。特殊的聚合物改性乳化沥青黏层(NovaBond)喷洒与热拌改性沥青混合料(NovaBinder)摊铺同时进行,经压路机压实后一次成型。NovaChip 技术形成于 20 世纪 80 年代末，由法国 Screg Routes Group 和德国 VOGELE 公司联合开发，20 世纪 90 年代初美国科氏公司（其国内业务后来并入壳牌公司）取得 NovaChip 技术在美国的使用权限。2003 年，我国引入 NovaChip 施工专用设备，目前，该技术在广东、河北、湖北等地已经得到成功应用。

2. 技术特点

超薄磨耗层不仅能修补表面损坏，而且能够有效提高路面表面的摩擦力。具有表面抗滑性能好、减少雨天水雾及路面水膜、低噪声、施工速度快、开放交通快等优点，预估寿命为 7 ～ 10 年；既可用于道路养护中的路面加铺，也可用于新建道路。超薄磨耗层具有如下特点：

（1）施工时间短，对交通干扰小。施工时原路面一般不需铣刨，摊铺速度快，一次成型，摊铺后最快 20min 可开放交通，可在夜间施工。

（2）黏结性能强，防水性能好，可保护路基。改性乳化沥青封层是一道防水层，能有效封闭路表水渗入基层，保护路基免受水破坏，并与改性沥青热罩面实现超强黏结，防止路面松散。

（3）安全性好。采用间断级配，表面层比较粗糙，具有高摩擦系数和高排水性能，从而减少雨天行车水雾，确保路面行驶安全。

（4）经济效益好。具有良好的抗老化性能和抗变形能力，成本比传统路面铣刨加铺罩面 40mm 的单价低 30%，具有很好的全寿命周期效益。

3. 适用范围

超薄磨耗层在高等级沥青路面或水泥混凝土路面的预防性养护和轻微、中等病害的矫正性养护中有广泛的应用，也可用于新建道路的表面磨耗层和需要快速开放交通的道路施工项目，具体范围如下：

（1）出现龟裂、块裂、剥落、露骨、渗水的高等级路面。

（2）路基强度满足要求，路面变形不大的路面。

（3）摩擦系数不够或路面纹理、构造深度不足的路面，需要改善行驶质量的路面。

（4）路基完好的超期服役的高等级沥青路面。

（5）行驶过程中路面噪声过大，需要减少路面轮胎噪声的特殊路面。

（6）路面表面横向排水不畅，需改善表面排水的路面。

4. 材料技术要求

（1）改性乳化沥青黏层

超薄磨耗层路面具有较大的空隙，与一般的沥青混合料相比，易受阳光、空气、水等的影响，因此，要求改性乳化沥青具有高黏附力和强抗剥离性能。壳牌公司提出的改性乳化沥青技术要求见表 4-17。

改性乳化沥青技术要求 表 4-17

项　　目	技　术　要　求		试　验　方　法
	同步施工	分步施工	
黏度（赛波特）（25℃）（s）	20 ～ 100	10 ～ 80	ASTM D244 T 0623—1993
储存稳定性试验（24h）（%）	<1	<1	ASTM D244 T 0656—1993
筛上残留物（%）	<0.05	<0.05	ASTM D244 T 0652—1993

续上表

项　目	技术要求		试验方法
	同步施工	分步施工	
蒸发残留物含量(%)	>63	>60	AASHTO T 59
蒸发残留物油分含量(%)	<2	<2	ASTM D244
破乳速度(35mL,0.02CaCl₂ 或者 0.8%气溶胶 OT)(%)	>60	>50	ASTM D244
蒸发残留物　针入度(100g,25℃,5s)(0.1mm)	60～150	30～100	AASHTO T 49
溶解度(三氯乙烯),(%)	>97.5	>97.5	AASHTO T 44
弹性恢复(%)	>6	>6	AASHTO T 301

（2）集料

NovaChip 超薄磨耗层作为表层,直接承受交通荷载,应坚硬、耐磨耗。具体的要求见表4-18。

粗集料技术要求 表4-18

项　目	技术要求	试验方法
表观相对密度	≥2.60	T 0304
吸水率(%)	≤2.0	T 0304
洛杉矶磨耗(%)	≤28	T 0317
坚固性	≤12	T 0314
针片状颗粒含量(%)(混合料)(%)	≤15	
粒径大于9.5mm(%)	≤12	T 0312
粒径小于9.5mm(%)	≤18	
软石含量(%)	<3.0	T 0320
压碎值(%)	≤26	T 0316
水洗法<0.075mm 颗粒含量(%)	≤1.0	T 0310

5. 配合比设计

（1）矿料级配范围

NovaChip 薄层罩面有 A、B、C 三种级配类型,对应的最大公称粒径分别为 4.75mm、9.5mm、12.5mm,摊铺厚度为 1.5 倍的最大公称粒径。对应的级配范围见表4-19。从表中可以看出,NovaChip 薄层罩面的级配曲线与 SMA 类似,但其结合料与填料含量要更低,级配间断点为 2.36～4.75mm,三种级配在细集料部分要求相同。

NovaChip 薄层罩面矿料级配范围 表4-19

筛孔尺寸(mm)		19	12.5	9.5	4.75	2.36	1.18	0.6	0.3	0.15	0.075	沥青用量(%)
A 型	上限	—	—	100	45	32	25	18	13	10	7	5.0～5.8
	下限	—	—	100	40	22	15	10	8	6	4	
B 型	上限	—	100	100	38	32	23	18	13	10	7	4.8～5.6
	下限	—	100	85	25	22	15	10	8	6	4	

筛孔尺寸(mm)		19	12.5	9.5	4.75	2.36	1.18	0.6	0.3	0.15	0.075	沥青用量(%)
C 型	上限	100	100	80	38	32	23	18	13	10	7	4.6~5.6
	下限	100	85	60	25	22	15	10	8	6	4	

矿料的级配类型选择主要基于交通水平、气候条件及旧路面状况。一般情况下,A 型主要用于机场道面的修补及路面封水,使用并不普遍;B 型是目前最常用的类型;C 型主要用于交通量大的道路。从 A 型到 C 型,结构表面纹理及摩擦系数依次增大。

(2)混合料技术要求

目前,还没有室内试验方法可以模拟薄层或薄罩面摊铺的情况,因此,NovaChip 混合料的设计主要还是经验法。在美国,混合料最佳用油量的确定是基于沥青膜厚度的要求,同时在该沥青膜厚度的沥青用量下混合料满足析漏指标和抗剥落等指标要求。为了检验设计级配下的沥青混合料的抗水损坏能力。NovaChip 混合料应满足表 4-20 的技术指标要求。

NovaChip 混合料技术要求　　　　　　　　　　表 4-20

项　　目	技术要求	项　　目	技术要求
空隙率(%)	13~18	矿料间隙率(%)	>23
沥青膜厚度(μm)	10~12	粉胶比	1.0~1.2
沥青剥落率(%)	<25	析漏率(%)	0.15

6. NovaChip 施工

(1)天气

NovaChip 施工过程现场气温不得低于 10℃,路面不能有积水。

(2)施工设备

NovaChip 系统采用专用设备 NovaPaver 进行施工,NovaPaver 必须包含收料斗、传送带、乳化沥青储罐、NovaBond 喷洒和计量系统、宽度可调节的振动熨平板等部分。设备能够一次性完成 NovaBond 喷洒、热拌沥青混合料摊铺及熨平。可在 NovaBond 喷洒后 5s 内进行热拌沥青混合料摊铺。在热拌沥青混合料摊铺之前,NovaPaver 履带或其他部位不能接触喷洒在路面上的 NovaBond。

(3)摊铺

①NovaBond 在 60~80℃ 的温度下喷洒,喷洒量必须精确计量,以保证路面摊铺均匀。

②C 型混合料,NovaBond 理想喷洒量约为 1.00L/m²;B 型混合料,理想的喷洒量约为 0.85L/m²;A 型混合料,NovaBond 理想的喷洒量约为 0.70L/m²。针对具体项目,由专业试验室设计喷洒量,并在现场由工程师根据具体路面情况进行调整。

③热拌沥青混合料摊铺温度为 150~170℃,在 NovaBond 喷洒后摊铺,热拌沥青混合料摊铺在所有 NovaBond 喷洒表面上,并由电加热的振动熨平板进行熨平。

④NovaChip 系统摊铺必须提前确定摊铺宽度及厚度,以便于工程量统计。

(4)碾压

NovaChip 系统碾压必须在路面温度降至 90℃ 之前、NovaChip 摊铺后立刻用 9~12t 的双钢轮压路机碾压 3 次。压路机不能静止停留在刚刚摊铺好热拌沥青混合料表面上。施工时由工程师确定碾压操作宽度,新的路面在碾压完成、路面温度冷却到 50℃ 之前不能开放交通。

NovaChip 的施工工艺示意图,见图 4-23。

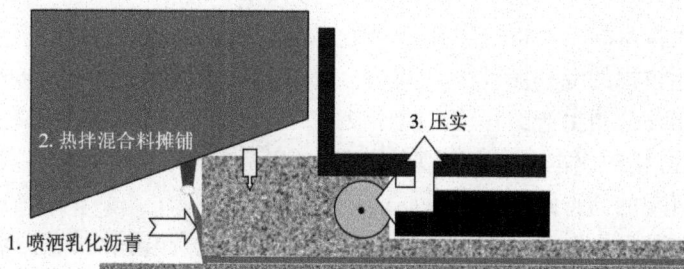

图 4-23　NovaChip 的施工工艺示意图

除了上述常用的预防性养护技术外,还有开普封层、宏表处等用于预防性养护的技术。

开普封层(Cape Seal)是在石屑(碎石)封层之上再做稀浆封层,这种复合封层首先在南非的开普(Cape)市使用,因此被叫作开普封层(图 4-24)。开普封层充分利用了石屑封层强度高和稀浆封层整体效果好的优点,稀浆封层后,石屑颗粒不松散脱落。

宏表处(Road Armor)是用超快凝改性乳化沥青,配以单一尺寸级配集料通过持续的、同步的摊铺工艺撒布于路面上。具有密封、保护路面,恢复抗滑性能,避免长时间延迟交通,减少发生裂缝的可能性的作用。主要用于表面有轻微病害的状况良好的路面以及交通延迟受到限制或关注的地方。

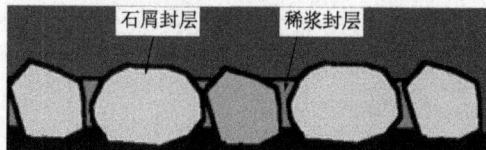

图 4-24　开普封层示意图

第五节　沥青路面再生利用

本节将主要介绍沥青路面再生利用的概念、沥青路面再生利用的种类以及沥青路面再生技术。

一、沥青路面再生利用概念

沥青路面再生(Asphalt Pavement Recycling)是指采用专用机械设备对旧沥青路面或者沥青混合料回收料 RAP(Reclaimed Asphalt Pavement)、基层回收料 RBM(Reclaimed Base Material)进行处理,并掺加一定比例的新集料、再生结合料、沥青再生剂(必要时)等形成路面结构层的技术。

其中,沥青路面回收料 RMAP(Reclaimed Materials from Asphalt Pavement)是指采用铣刨、开挖等方式从沥青路面上获得的旧料,包括沥青混合料回收料(RAP)和基层回收料(RBM)。

沥青混合料回收料（RAP）是指采用铣刨、开挖等方式从沥青路面上获得的旧沥青混合料。基层回收料（RBM）是指采用铣刨、开挖等方式从沥青路面上获得的无机结合料或无结合料类基层旧料。再生结合料（Binder for Asphalt Pavement Recycling）是指新添加到再生混合料中起到主要胶结作用的材料，热再生的再生结合料主要包括沥青和改性沥青，冷再生的再生结合料主要包括乳化沥青、泡沫沥青、水泥和石灰。

沥青路面再生技术的发展可追溯到 19 世纪末至 20 世纪初。现在可查到的第一个关于热拌沥青混合料再生技术的专利发表于 1898 年。1915 年，美国的 Warren Brothers 公司，在它销售的小册子中指出该公司生产的移动式搅拌设备"可成功地加热和再生现有沥青路面刨下的薄片，并在成品混合料的成本上获得可观的节省"。随后的 15～20 年内，在美国东部的城市区域曾生产过数量可观的沥青路面再生料。

1973 年，石油危机爆发，导致可用于交通运输设施建设资金减少，燃油供应困难，筑路用的砂石材料供应不足；同时，由于严格的环保法律，使砂石材料的生产受到限制，旧沥青路面材料再生利用作为解决上述问题和困难的一个重要对策措施才又重新引起人们的重视。1974 年，美国开始研究沥青路面材料再生技术，并且迅速在全国推广应用。1977 年，美国的全国沥青路面协会 NAPA（National Asphalt Pavement Associaiton）成立了"沥青再生委员会"，出版了第一本系统论述沥青路面再生技术的报告。据美国联邦公路管理局的统计，1980 年，25 个州共用了 200 万 t 的热拌再生沥青混凝土。1981 年，40 个州使用的数量就达到 350 万 t。到 1985 年，再生沥青混合料的用量就猛增到近 2 亿 t，差不多为全部路用沥青混合料的一半。

1981 年，美国交通运输研究委员会编制出版了《路面废料再生指南》；同年，美国沥青协会出版了《沥青路面热拌再生技术手册》，1983 年，又出版了《沥青路面冷拌再生技术手册》。这表明美国的沥青路面再生技术已经达到相当成熟的地步。现在，美国再生沥青路面材料的应用已经非常普遍。

日本从 1976 年开始进行沥青路面材料再生技术的研究。1980 年，厂拌再生的热拌混合料累计已达 50 万 t，路面废料再生利用的数量已经超过 50%。1984 年 7 月，日本道路协会出版了《路面废料再生利用技术指南》，并且就有关厂拌再生技术编制成了手册。

欧洲一些国家对路面材料再生技术的研究开展相对较晚。20 世纪 70 年代中期，德国、荷兰、芬兰等国家相继进行了小规模试验。相比之下，德国再生技术研究的发展速度较快，它首先将厂拌再生料应用于高速公路路面养护，到 1978 年已经将全部废旧沥青路面材料加以再生利用。在芬兰，现在几乎所有的城镇都组织废旧路面材料的收集和储存工作，过去路面再生材料主要用于轻型交通的面层和基层，近年来在重交通道路上也开始应用。

我国沥青路面再生技术起步于 20 世纪 60 年代初期。70 年代，一些养路部门就已开始进行废弃沥青混凝土路面材料再生利用的尝试。1982 年，对沥青混凝土路面再生技术开展了比较系统的试验研究。1983 年，建设部下达了"废旧沥青混合料再生利用"的研究项目。1991 年 6 月，发布了《热拌再生沥青混合料路面施工及验收规程》（CJJ 43—91）。自 20 世纪 80 年代中后期到 90 年代，我国高等级公路的建设飞速发展，建设了大量新的高等级沥青路面。在这一时期，高性能沥青材料、新型路面结构以及沥青路面的耐久性成为道路工作者关注的焦点，废旧沥青混合料再生利用技术被暂时搁置。进入 21 世纪，北京、上海、吉林、江苏、河北等省市都相继引进了大型的沥青路面就地热再生设备，用于开展就地热再生相关技术的研究工作。

据统计,目前我国公路路面材料的循环利用率不到30%,远低于发达国家90%以上的利用率水平。根据2012年《交通运输部关于加快推进公路路面材料循环利用工作的指导意见》(交公路发[2012]489号),路面材料循环利用是公路交通行业节能减排工作的重点之一,也是转变公路交通发展方式的重要内容。加强高速公路、普通干线公路大中修和改建工程的路面旧料的集中回收和统筹利用,同时大力推广公路路面材料的循环利用技术,综合考虑各方面因素,确保高价值的路面旧料得以科学高效的循环利用已成为当前工作的重中之重。

二、沥青路面再生的意义

在再生利用技术出现以前,废旧的路面材料铣刨之后需要运到固定的场地进行堆放[图4-25a)],或者沿着路面堆放[图4-25b)],既占用了大量的堆放空间,又造成了极大的浪费。沥青路面再生技术能够节约有限的沥青和石料资源,节约热拌沥青混合料生产过程中的能源,有效保护林地、维护自然景观和生态环境,具有巨大的社会效益和经济效益。

a)　　　　　　　　　　　　　　　　b)

图4-25　铣刨后堆积的旧料

1.节约资源

沥青路面的主要原材料是沥青和石料。我国原油80%以上为石蜡基原油,难以生产优质道路沥青,致使我国高等级道路优质沥青供不应求,进口沥青年均增加约10%,进口沥青占沥青使用比例已达到20%以上。因此,适用于高级路面的国产沥青的缺口很大,需大量进口沥青和适宜炼制沥青的原油。石料主要来自开山取石,由于我国推行可持续发展战略,许多地方禁止开山采石,同时沥青路面对石料品质要求较高,致使近几年铺路所用石料资源较为紧缺。沥青路面材料已经成为稀缺资源,沥青路面再生技术能最大限度利用废旧沥青混合料,直接节省大量的砂石料和沥青资源;同时,有效节约开采砂石料和废弃旧料占用的大量土地资源。

2.节约能源

采用热沥青修路时,一般需要消耗大量能源为沥青材料和矿料加热。如将1t沥青从18℃升温到180℃时,按理论计算需用柴油10kg,或用普通煤20kg。但是,对各地公路部门调查资料表明,加热1t沥青实际消耗的燃料远远超过理论计算所需量。相比之下,采用乳化沥青筑养路时,只需在沥青乳化时一次加热,而且沥青加热温度只需达120～140℃。仅此就比热沥青降低 50℃ 左右。尽管在生产沥青乳液时,在其他方面还要消耗一些能源,如制备乳化剂水溶液需要加热、乳化机械需要消耗电能等,但据统计计算,用乳化沥青筑养路比用热沥青可节约热能在 50% 以上。

3. 环境保护

近年来,我国沥青路面维修工程量越来越大,所废弃的沥青混合料每年要超过 200 万 t,其中约有 5% 是沥青,95% 是各种级配的集料。由于沥青难以降解,利用深埋的办法处理废旧沥青混合料对环境造成极大污染。沥青路面再生技术通过重复利用沥青混合料,防止废旧沥青混合料对弃置场所及其周边环境的污染;同时,通过减少石料的开采,能有效保护林地、维护自然景观和生态环境。

4. 经济效益方面

沥青路面再生技术的直接经济效益主要体现在两个方面:节约砂、石、沥青材料费和废旧沥青混合料的运输费、堆弃费。根据美国联邦公路管理局的调查,废旧沥青路面材料再生利用,可节约材料费 53.4%,节约沥青 50%,降低路面造价 25% 左右。我国在 20 世纪 80 年代的经验表明,由于铺筑再生沥青路面,其材料费平均节约 45% ~50%,工程造价降低 20% ~25%。

5. 社会效益

近年来,随着我国人口的增加和经济的长足发展,我国资源相对不足的矛盾将日益突出。开展资源综合利用,是我国一项重大的技术经济政策,也是国民经济和社会发展中一项长远的战略方针。废旧沥青路面材料再生利用可以说是顺势而生,对提高经济效益,促进经济增长方式由粗放型向集约型转变,实现资源优化配置和提高社会效益都具有重要的意义。

废旧沥青路面材料的再生利用将带动压路机和摊铺机行业的发展,同时,也将带动大型再生机械的发展,提供更多的就业机会,带来巨大的社会效益。

三、沥青路面再生机理

新沥青路面铺筑后,在行车荷载和自然因素的作用下,其路用性能逐渐下降,沥青逐渐老化,路面失去柔软性,变得脆硬,各种损坏相继出现。将回收废旧沥青的化学组分和新沥青材料相比较,发现废旧沥青的油分减少、胶质和沥青质增加,黏度增大、针入度降低、软化点上升、延度降低。

旧沥青材料再生,就是在旧沥青中加入某种组分再生剂或适当黏度的沥青材料进行调配,使调配后的再生沥青具有适合的黏度和所需的路用性能。所以再生沥青实际是由旧沥青与新沥青材料,必要时添加再生剂,经过调配混合而成的一种调和沥青。常用的再生剂有机油、润滑油、抽出油和玉米油等。其主要作用是提高旧沥青的针入度,与旧沥青互融,调节旧沥青的有机成分,提高抗老化性能。

沥青路面再生包括厂拌热再生、就地热再生、厂拌冷再生、就地冷再生和全深式冷再生 5 类技术,下面将分别进行介绍。

四、厂拌热再生

厂拌热再生(Central Plant Hot Recycling)是指将沥青混合料回收料(RAP)运至沥青拌和厂(场、站),经必要的破碎、筛分,以一定的比例与新集料、新沥青、再生剂(必要时)等拌制成热拌再生混合料铺筑路面的技术。厂拌热再生沥青混合料按照 RAP 沥青占混合料总沥青用量的质量百分比是否大于 25% 为标准,分为高 RAP 掺量的厂拌热再生沥青混合料和低 RAP 掺量的厂拌热再生沥青混合料。

厂拌热再生是一种实用、灵活、简便而又能保证质量的沥青路面再生技术。沥青层的重铺可以像新建路面施工一样,分别按下面层、中面层、上面层(磨耗层)的不同技术要求进行配合比设计,确定沥青混合料回收料的添加比例。该技术的基本理念是在不影响混合料性能的前提下使用一定比例的 RAP。

1. 厂拌热再生的优点

(1)该技术将沥青混合料回收料(RAP)直接回收处理后重新铺筑新沥青路面,所以,对于所有路面损坏均适用。

(2)该技术采用集中厂拌法生产,新沥青混合料的质量可以得到较好的保证。

(3)该技术重新摊铺路面,所以可以保证路面的各项性能,如平整度、抗滑性等。

但是,厂拌热再生对旧沥青混合料的掺配率有一定的限制,一般为 15% ~ 30%,不超过 50%,否则不能充分利用 RAP。

2. 厂拌热再生的适用性

对于厂拌热再生的适用性,主要从其应用的层位、掺配率和 RAP 的老化程度三个方面进行介绍。

(1)层位的适用性

在厂拌热再生适用于各等级公路产生的沥青混合料回收料(RAP)的热拌再生利用。厂拌热再生混合料根据其实际性能和工程需要,可用于各等级公路沥青路面面层、柔性基层。目前,已经成功地将厂拌热再生混合料用于沥青路面的中、下面层。但是,对于将厂拌热再生用于沥青路面的表面层,目前还存在着争议。例如,美国有 16.6% 的州对沥青路面表面层使用厂拌热再生混合料没有限制,有 22.9% 的州不允许沥青路面表面层使用厂拌热再生混合料。

(2)RAP 的掺配率

厂拌热再生技术的前提是尽量不影响热拌沥青混合料的性能,因此,RAP 的掺配率不宜过高。不同国家和地区在应用时的掺配率也不尽相同,美国的经验是:对于表面层,允许使用 RAP 的州,掺配率在 0 ~ 100% 范围内;对于中下面层,RAP 的掺配率为 15% ~ 100%,有 25.1% 的州允许 50% 的掺配率,20.8% 的州对于 RAP 的掺配率没有限制,2.1% 的州不允许 RAP 用于中下面层;对于沥青基层,允许的 RAP 的掺配率范围为 15% ~ 100%。

在我国,RAP 的质量与国外相比还有很大差距,掺配率不宜过高。

(3)RAP 的老化程度

为了实现沥青再生,需要新、旧沥青之间以及旧沥青与再生剂之间的融合。旧沥青再生就是根据生产调和沥青的原理,在沥青混合料中添加低黏度的软沥青或再生剂,使调配后的再生沥青具有适合的黏度,并满足相应的路用性能。

RAP 中沥青的针入度越高,进行厂拌热再生的价值越大,得到的再生混合料的性能指标更容易满足要求。当 RAP 中旧沥青含量很低、沥青老化严重时,新、旧沥青性质相差悬殊,很难相融。

3.厂拌热再生混合料的配合比设计

厂拌热再生沥青混合料配合比设计包括目标配合比设计、生产配合比设计、生产配合比验证三个阶段,确定 RAP 的掺配率、矿料级配、再生剂用量和最佳沥青用量。

厂拌热再生沥青混合料配合比设计一般采用马歇尔设计方法进行,目标配合比设计按照图 4-26 的流程进行。

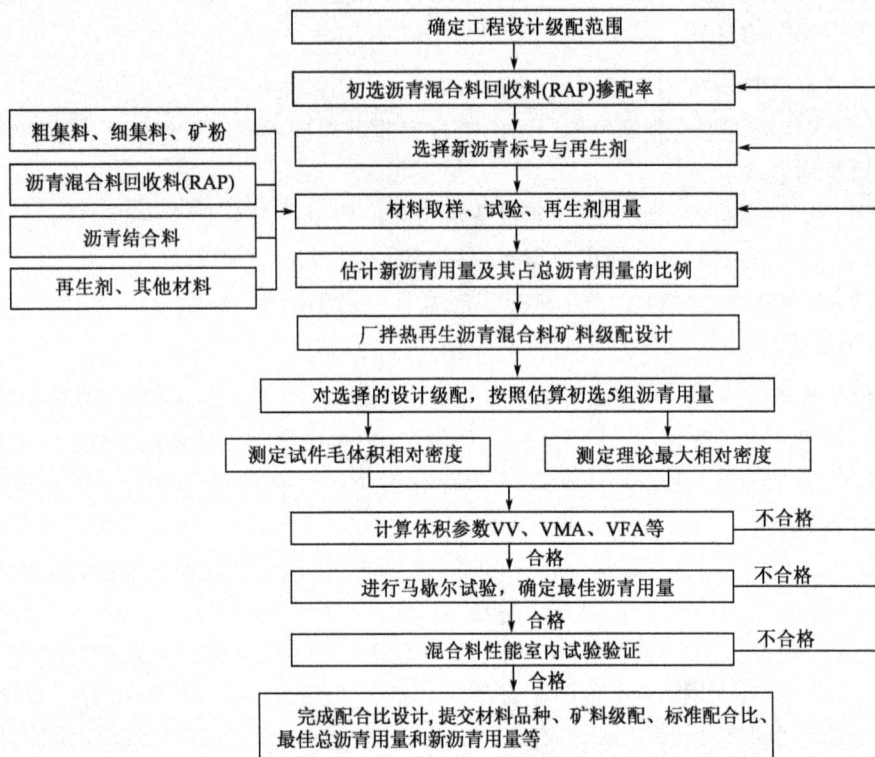

图 4-26　厂拌热再生配合比设计流程图

（1）确定工程设计级配范围

根据公路等级、气候条件、交通特点,充分借鉴成功经验,确定工程设计级配范围。

（2）确定沥青混合料回收料（RAP）掺配率

根据沥青混合料回收料（RAP）特性,以及工程的实际情况、沥青混合料类型、拌和设备类型与加热干燥能力,确定 RAP 的掺配率（RAP 占整个再生沥青混合料的质量百分率）。

RAP 的最终掺配率应通过试验确定。首先,根据再生沥青混合料的级配范围要求,将RAP 作为级配设计的一种矿料,与新集料混合在一起,进行矿料级配设计和检验,再通过马歇尔试验和其他路用性能试验,检验再生沥青混合料的性能,合格后才能确定最终掺配率。

（3）确定再生沥青标号和再生剂用量

再生沥青目标标号应根据公路等级、沥青混合料使用的层位、工程的气候条件、交通量、设计车速等条件,选取与当地同等条件道路相一致的沥青标号作为再生沥青目标标号。沥青混合料回收料 RAP 掺配率较大时,也可以根据实际情况,将沥青目标标号适当降低一个等级。

再生剂用量应通过试验确定。是否使用再生剂应根据旧沥青的性能而定,若回收的旧沥青老化不严重,可不使用再生剂。一般情况下,旧沥青的针入度小于40时应当使用再生剂。

无再生剂用量经验时,可通过两种材料混合的黏度关系式(4-4),初步确定再生剂的用量。

$$\lg\lg \eta_{mix} = (1 - x)\lg\lg \eta_{old} + x\lg\lg \eta_{new} \tag{4-4}$$

式中:η_{mix}——混合后沥青的60℃黏度(Pa·s);

η_{old}——混合前旧沥青的60℃黏度(Pa·s);

η_{new}——混合前再生剂或新沥青(新沥青作为再生剂)的60℃黏度(Pa·s);

x——新沥青的掺加比例,$x = p_{nb}/p_b$,以小数计;

p_{nb}——新沥青用量(%);

p_b——再生沥青混合料的总沥青用量(%)。

试验中用不同的再生剂用量(用量间距2%)与旧沥青混合得到调和沥青,进行沥青三大指标试验,评价再生效果,确定再生剂用量。

(4)估算新沥青用量p_{nb}及其占总沥青用量的比例

估计再生沥青混合料的沥青总用量。RAP掺量不超过20%时,总沥青用量与没有掺加RAP的沥青混合料基本一致,可以根据工程材料特性、气候特点、交通量等条件,结合当地的工程经验进行估计,也可按美国沥青协会的经验公式估计总沥青用量,见式(4-5)。

$$P_b = 0.035a + 0.045b + Kc + F \tag{4-5}$$

式中:P_b——估计的再生沥青混合料中的总沥青用量(%);

K——系数:

当0.075 mm筛孔通过率为11%~15%时,$K = 0.15$;

当0.075 mm筛孔通过率为6%~10%时,$K = 0.18$;

当0.075 mm筛孔通过率等于或小于5%时,$K = 0.20$;

a——2.36 mm筛孔以上集料的比例(%);

b——通过2.36 mm筛孔且留在0.075 mm筛孔上集料的比例(%);

c——通过0.075 mm筛孔矿料的比例(%);

F——常数,$F = 0 \sim 2.0$,取决于集料的吸水率,缺乏资料时采用0.70。

按式(4-6)估算再生沥青混合料的新沥青用量,新沥青的准确用量还需要根据再生沥青混合料性能试验最终确定。

$$p_{nb} = p_b - p_{ob} \times n/100 \tag{4-6}$$

式中:P_b——再生沥青混合料的总沥青用量(%);

p_{ob}——RAP中的沥青含量(%);

n——RAP掺配率(%)。

不同档的RAP,其沥青含量需要分别计算再相加。

(5)矿料级配设计

不同档RAP中的矿料分别作为再生沥青混合料中矿料的一种进行矿料级配设计。

(6)确定最佳沥青用量

以估算的新沥青用量P_{nb}为中值,用P_{nb}、$P_{nb} \pm 0.5$、$P_{nb} \pm 1.0$共5个沥青用量,按照《公路

沥青路面施工技术规范》(JTG F40—2004)的马歇尔试验方法确定最佳沥青用量。

再生沥青混合料马歇尔试件制备方法按以下步骤进行：

①将 RAP 置于烘箱中加热至110℃，加热时间不宜超过 2h，避免 RAP 进一步老化。

②根据新沥青的黏温曲线或已有经验确定再生沥青混合料的拌和与成型温度，新集料加热温度宜高出拌和温度 10~15℃。

③再生沥青混合料拌和时的投料顺序：将 RAP、粗细集料倒入预热的拌和缸预拌，然后加入再生剂和新沥青，最后加入单独加热的矿粉，继续拌和至均匀为止，总拌和时间一般为 3min。

④将一个试样所需的混合料倒入预热的试模中，成型方法与热拌沥青混合料相同。

(7)配合比设计检验

按照《公路沥青路面施工技术规范》(JTG F40—2004)热拌沥青混合料配合比设计方法的有关规定进行配合比设计检验。

4. 厂拌热再生拌和设备

厂拌热再生所用的机械设备与热拌沥青混合料路面摊铺施工所用的设备有很多类似之处，只是在拌和方面有所不同，所以这里重点介绍拌和设备。厂拌热再生拌和设备可以分为间歇式和连续式两种，且在使用 RAP 上有较大不同。在欧美发达国家，RAP 添加系统一般都是沥青混凝土拌和设备的标准配置，而我国在进口生产设备时一般省去了 RAP 添加系统，以往的国产设备一般也不会配备该系统。因此，为了生产厂拌热再生沥青混合料，需要对现有的普通沥青混合料设备进行必要的改造。

(1)连续滚筒式拌和设备

厂拌热再生材料同样可以在连续式拌和设备上生产，但是，用于厂拌热再生的连续式拌和设备与拌制不同沥青混凝土的连续式拌和设备同样存在一定的差异。典型的连续式厂拌热再生生产设备主要有串联式和双滚筒式。

串联式连续式热再生设备由两个滚筒串联组成，第一个滚筒起干燥筒的作用，被充分加热。第二个滚筒起预热 RAP 的作用，RAP 在里面顺流被加热，并与新料拌和，见图 4-27。由于串联式厂拌热再生设备中仅有一个火源，为了避免 RAP 接近火源导致旧沥青被烤焦或引起安全事故，RAP 从中间加热到连续式加热拌和滚筒后，是向着远离火源的方向运动。因此，在串联式厂拌热再生生产设备中，采取了顺流式加热方式，不同于普通集料烘干筒中的逆流式加热方式，其加热效率明显降低。

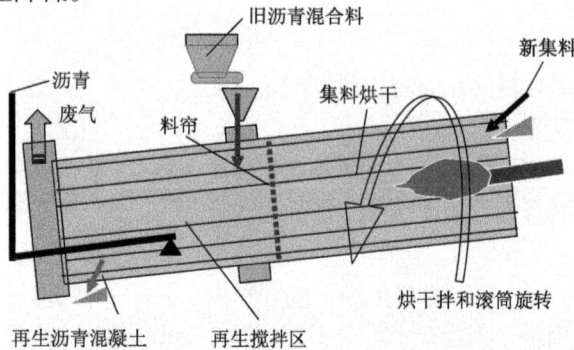

图 4-27　串联式连续式热再生生产设备

双滚筒厂拌热再生生产设备是在加长烘干筒的外壁装上搅拌叶片,再固定上一个 RAP 加热、再生、拌和的外套筒,见图 4-28。燃烧器安装在内筒一端,用来直接加热新集料,新集料在内烘干筒全长加热(逆流加热,升温至 200～300℃)后流入外套筒,与外套筒进料端加入的 RAP 混合。RAP 利用加热的新集料及内滚筒外壁间接加热,并强制搅拌。大约在外套筒中部搅拌均匀后(RAP 温度已经达到 150～160℃),依次加入再生剂、新沥青继续搅拌,稍后加入矿粉搅拌充分,形成再生沥青混合料,从外套筒的出料端排出。该再生设备的 RAP 掺配率可达 50% 左右。

图 4-28 双滚筒式连续式热再生生产设备

双滚筒拌和设备再生过程中,RAP 和新沥青在外套筒加入,完全与火焰隔开,不会因温度过高而老化。沥青蒸气进入除尘器之前先经过燃烧室二次燃烧,避免了二次污染。但是,该设备对材料组分的计量控制相对间歇式要差一些,并且对生产的连续性、批量性要求较高。

(2)间歇式拌和设备

我国沥青混合料拌和厂采用的基本都是间歇式拌和机。在间歇式沥青混凝土拌和设备的基础上进行热再生工艺改造,就是要增加 RAP 的计量系统、加热系统、传送系统。此外,由于 RAP 材料与新集料拌和会产生大量的烟雾,在干燥筒、热集料提升机和筛分塔易造成积料现象,需要根据厂拌热再生的工艺特点对拌和设备进行适应性改造。间歇式厂拌热再生生产工艺与传统的沥青混合料生产工艺较为接近,根据是否对 RAP 加热,分为以下两种:

一种为直接使用冷的 RAP,即将冷的 RAP 直接加到拌和锅中,通过与较高温度的新集料的拌和加热 RAP。这种方法避免了 RAP 加热后对烘干筒、热量提升机和振动筛的烟尘污染及填堵问题。但因为 RAP 受热热源不足,一些再生沥青混合料会在筛分和计量的过程中凝结或跑掉,故 RAP 掺配率也不高。因此,目前实际使用情况较少。

另一种为增设旧料加热烘干筒,通过对 RAP 单独筛分、加热和计量,再和新料一起加入搅拌锅内拌和;由于旧料已经加热,所以可以有效地提高旧料的掺配率,这是目前最常用的厂拌热再生方式。根据旧料加热筒的位置,又可分为热料提升式和冷料提升式两种生产工艺。

热料提升工艺是先将 RAP 通过旧料加热筒进行加热,然后通过垂直提升机将加热后的 RAP 提升到沥青搅拌锅中,与新料进行拌和。这种工艺方便对原有的间歇式拌和楼进行改造,通过外接 RAP 加热筒,就可使其具备生产再生混合料的能力。但是,由于 RAP 加热后,颗粒间的黏度较大,在垂直提升过程中容易粘连,影响生产工艺的连续性和 RAP 计量的准确性,因此,不宜大面积推广。

　　冷料提升式是将 RAP 加热筒安装在拌和楼加热仓的上部，将冷的 RAP 通过垂直提升机提升至 RAP 加热筒，加热后的 RAP，依靠重力下落至搅拌锅与新料拌和，从而有效降低了加热后的 RAP 粘连的可能性，这是目前主要的厂拌热再生生产工艺。

　　其典型设备见图 4-29，其中图 4-29a)为配套间歇式沥青混凝土拌和系统（简称 A 系统），图 4-29b)为再生机系统（简称 B 系统），图 4-29c)为改造后的间歇式拌和机（其中深色的是 A 系统、白色的是 B 系统）。图 4-30 为间歇式拌和系统的实体图。

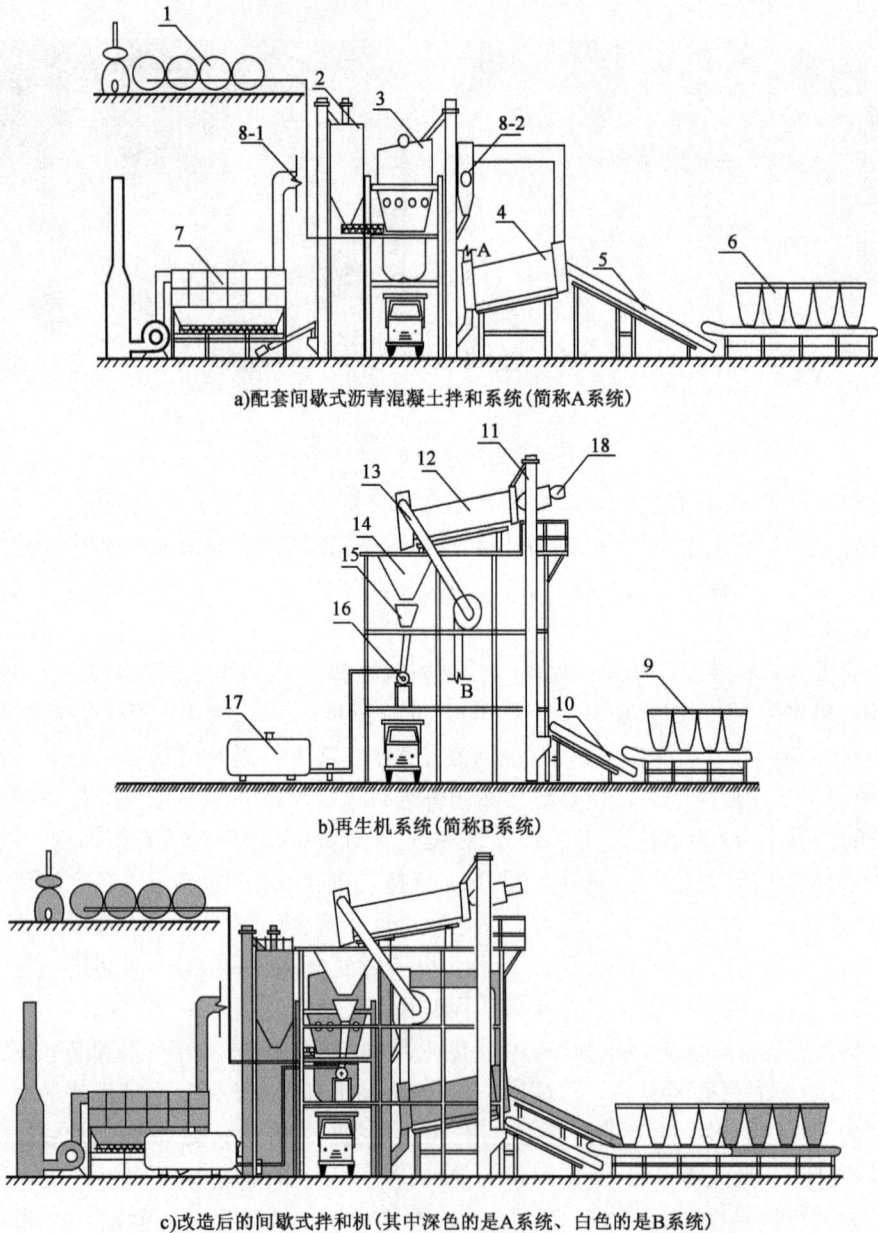

a)配套间歇式沥青混凝土拌和系统(简称A系统)

b)再生机系统(简称B系统)

c)改造后的间歇式拌和机(其中深色的是A系统、白色的是B系统)

图 4-29　间歇式拌和设备

1-沥青系统；2-矿粉供给系统；3-拌和站主机部分；4-加热筒；5-传送带；6-冷料供给系统；7-除尘系统；8-1 与 8-2 对接；9-冷料供系统；10-传送带；11-再生料提升机；12-加热筒；13-排风、引风系统；14-再生热料仓；15-再生料秤；16-再生料传送器；17-再生料添加系统；18-燃烧器

五、就地热再生

就地热再生 HIR（Hot In-place Recycling）是指采用专用的就地热再生设备，对沥青路面进行加热、翻松，就地掺入一定数量的新沥青混合料、新沥青、再生剂等，经热态拌和、摊铺、碾压等工序，一次性实现对路表一定深度范围内的旧沥青路面再生的技术。

HIR 施工简便，广泛应用于路面养护，可完全利用旧路面材料，对环境无害，施工速度快，且对交通的干扰小，节省运输成本。就地热再生适用于仅存在浅层轻微病害的高速公路及一、二级公路沥青路面表面层的就地再生利用，再生层可用作上面层或者中面层。

图 4-30 间歇式搅拌机

1. 就地热再生技术分类

按照 HIR 再生机械组成方式的不同，一般可以划分为综合作业模式与联合作业模式。其中，综合作业模式主要是指用一台综合式路面再生机来实现加热、耙松、再生剂添加、搅拌、摊铺等整个路面就地热再生过程，必要时可附加一台路面预加热机共同作业，主要代表设备为 Wirtgen 生产的 RX4500 复拌机与 HM4500 加热机构成的综合作业机组。联合作业模式则主要是指利用多台不同功能的路面再生设备与常规摊铺机联合作业从而实现整个路面的就地热再生过程，主要代表设备有英达的沥青路面就地热再生机组 RM6800、鞍山森远的就地热再生机组 SY4500 等。

按照施工工艺的不同，就地热再生可分为复拌再生（Remixing）和加铺再生（Repaving）2 种。

（1）复拌再生（Remixing）

将旧沥青路面进行加热、翻松，就地掺入一定数量的再生剂、新沥青、一般不超过 30% 的新沥青混合料，经热态拌和、摊铺、压实成型。该技术可以有效处治 50mm 深度以内的路面病害，有效地改善旧沥青混合料的级配及沥青的老化状况，消除路面的车辙病害，主要适用于 40~60mm 的面层再生。但是，由于不同路段沥青路面的老化程度不同，采用该技术再生后的路面性能并不均匀；由于新添加的沥青混合料的比例一般控制在 30% 以内，再生后的路面高程变化不大；复拌再生可以改善旧沥青混合料的矿料级配，但幅度有限。其工艺流程、复拌再生后路面横断面情况分别见图 4-31、图 4-32。复拌型就地热再生施工现场，见图 4-33。

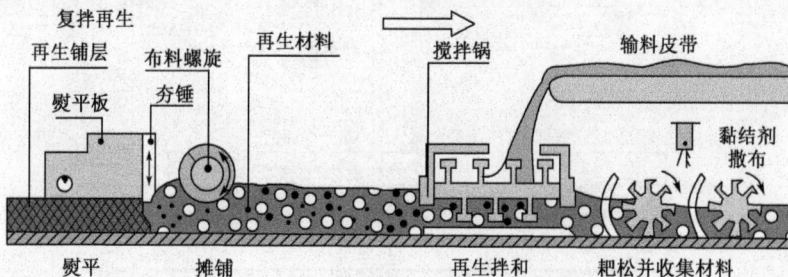

图 4-31 就地热再生工艺流程图（复拌再生）

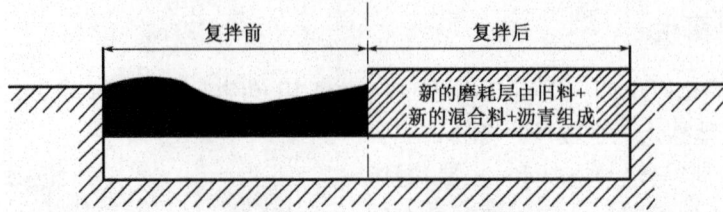

图 4-32　就地热再生后路面横断面情况（复拌再生）

图 4-33　复拌型就地热再生施工现场

（2）加铺再生（Repaving）

将旧沥青路面加热、翻松，就地掺加一定数量的新沥青混合料、再生剂、新沥青，拌和形成再生沥青混合料，利用再生复拌机的第一熨平板摊铺再生沥青混合料，利用再生复拌机的第二熨平板同时将新沥青混合料摊铺于再生混合料之上，两层一起压实成型。该技术可以恢复路面的抗滑性能、修整车辙、改善道路横坡，且能有效处治松散、坑槽、裂缝等病害，主要适用于40~60mm 的面层再生。由于铺设了新的沥青混合料加铺层，路面高程将增加。加铺型再生一般不改变旧路面沥青混合料的矿料级配，其具体工艺流程、加铺再生后路面横断面情况分别见图 4-34、图 4-35。加铺再生施工现场，见图 4-36。

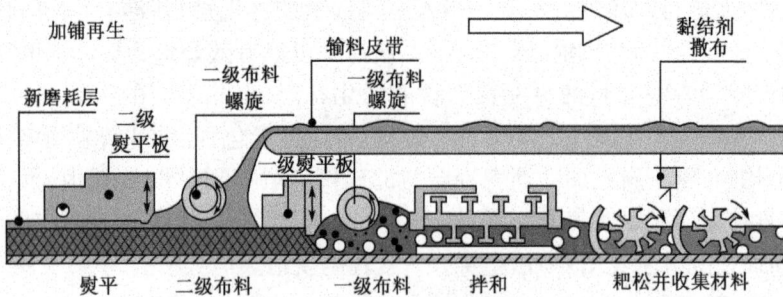

图 4-34　就地热再生工艺流程图（加铺再生）

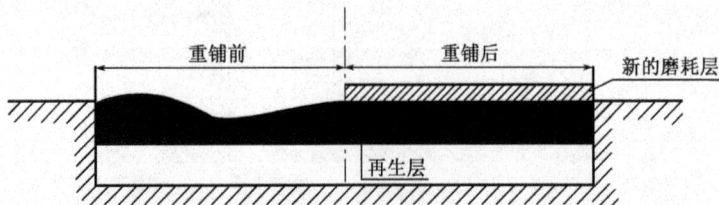

图 4-35　就地热再生后路面横断面情况（加铺再生）

2. 原路面调查及评价

沥青路面再生工程实施前,应对原路面历史信息、原路面技术状况、交通量、工程经济等方面的内容进行调查和综合分析,为再生设计(再生方式的选择、再生混合料设计、再生工艺的确定等)提供依据。

(1)路段基础数据的收集

收集待再生路段属性基础数据,包括公路等级、设计标准、原路面结构、几何线形等,收集待再生路段的建设条件数据,包括气候条件、地形地貌、水文地质条件,收集待再生路段交通状况信息,包括历年交通量、轴载组成情况,收集待再生路段养护管理数据,包括养护历史、近 5 年的路况检测数据等。

(2)原路面技术状况调查和检测

图 4-36 加铺再生施工现场

①路面损坏,包括各种路面损坏的位置、形态、严重程度等。宜通过人工方式进行调查。

②路面内部结构状况,包括结构损坏类型、病害层位、病害严重程度、层间连接状况、结构层材料性能指标等。可通过探坑开挖、钻芯取样等方式进行调查。

③原路面结构参数,包括路基顶面当量回弹模量、基层顶面当量回弹模量、路表当量回弹模量等。

④路基路面排水状况,包括路表排水设施状况、结构内部排水状况、地下排水状况等。

原路面技术指标,包括路面损坏状况指数 PCI、路面行驶质量指数 RQI、路面结构强度指数 PSSI、车辙深度指数 RDI 等。

(3)材料性能评价

依据历史信息分析和路面评价的结果,将工程分为具有类似材料或性能的路段,通过钻芯或锯块取样开展室内试验分析,以确定毛体积密度、现场含水率、沥青用量、集料性能、回收沥青性能、最大理论密度以及现场空隙率等。

(4)交通评价

进行交通调查与评价,为再生路面结构设计、材料设计及施工期间的交通组织设计提供依据。调查的主要内容应包括:交通量的大小及其组成、轴载谱、车道系数等。

3. 就地热再生方案设计

就地热再生可以对沥青路面的表层病害进行处治,但是,不能提高路面结构的整体强度。适合就地热再生的原路面的基本条件,见表 4-21。

适合就地热再生的基本条件 表 4-21

参　　数	适 用 范 围	应 用 要 点
路面结构强度	优良等级	按照《公路技术状况评定标准》要求的标准评定
路面表面状况	中等以上等级	不存在就地热再生工艺不能修复的表面和功能性病害
旧沥青混凝土面层平均厚度(mm)	≥70	确保耙松时不触及非沥青混凝土层,再生层下面沥青层厚度不小于20mm;单层面层不适合就地热再生

参　　数		适 用 范 围	应 用 要 点
车辙深度（mm）	平均车辙深度	≤25	按照《公路技术状况评定标准》规定的方法检测与评定
	沥青混合料向车道两侧挤压变形	≤50	（1）采用加铺再生时，沥青混合料向车道两侧的挤压形成的车辙深度最大值一般为30mm； （2）采用复拌再生时，沥青混合料向车道两侧的挤压形成的车辙深度超过30mm时，应先将超过30mm的凸出部分冷铣刨
	磨耗形成的车辙	≤25	当面层的沥青混合料质量能够满足使用要求时，可采用加铺再生
旧沥青针入度(0.1mm)		≥20	采用加铺再生时，针入度下限为30

（1）符合下列情形的路面，宜选择复拌再生。

①旧路面车辙深度较浅，掺加的新沥青混合料量低于30%。

②旧路面沥青混合料材料比较均匀，再生施工质量易于控制。

③旧路面沥青混合料级配缺陷通过掺加有限的新沥青混合料基本可以改善，改善后适合用于路面表面层。

④旧路面沥青老化不太严重，通过再生能有效恢复其路用性能，再生沥青混合料质量能达到表面层要求。

⑤路面仅抗滑性能达不到标准，通过就地热再生能够达到标准。

⑥交通量较小，可通过复拌再生达到设计使用年限。

（2）符合下列情形的路面，宜选择加铺再生。

①旧路面沥青层偏薄，需要加铺新沥青混合料予以补强。

②旧路面沥青混合料材料离散性较大，特别是养护挖补面积比较大，通过复拌再生难以达到磨耗层要求。

③旧路面沥青混合料级配缺陷较严重，通过复拌再生难以达到表面层要求，但又能通过再生用做中面层。

④旧路面车辙深度较深，需要掺加的新沥青混合料大于30%。

⑤旧路面沥青老化较严重，通过再生难以直接用于表面层。

⑥交通量较大，通过复拌再生难以达到设计使用年限。

在实际使用过程中，应根据需要正确选择采用复拌再生还是加铺再生，确定再生厚度、掺加新沥青混合料的大体比例以及加铺新沥青混合料的厚度等。还应对不同的路面维修方法进行经济对比分析评价，分析各种方法在路面设计使用年限内的平均成本，包括路面维修成本、养护成本、路面残值等。对于收费公路，还应分析不同维修方法可能带来的施工期间的车辆通行费损失。通过技术、经济、交通等各个方面的评价，选择是否采用就地热再生技术。

4.就地热再生施工

就地热再生的施工需要采用专用的施工设备，并且满足以下要求：

（1）应采用热风、红外等非明火加热方式，并具有精确的温度控制系统。

（2）应具有再生剂等添加系统及精确计量装置。

（3）翻松装置应带有深度自动控制系统。

（4）当再生深度超过40mm时，应具备多级加热翻松功能。

就地热再生施工主要包括以下步骤：

（1）施工准备

进行就地热再生前，需要进行材料准备、机械机具准备以及人员配备等准备工作。

①材料准备

材料准备主要包括新沥青混合料准备、再生剂准备和施工过程中的燃料准备。

新沥青混合料准备。新沥青混合料运距应合理，运输车辆数量应充足，不能影响热再生连续施工；运输车辆应有良好的保温性能，以满足就地热再生施工耗用新沥青混合料较慢的特点。

再生剂准备。再生剂应予加热，加热温度可接近其允许的最高温度。为保证连续施工应备足一天的再生剂用量。根据沥青混合料配合比设计，如果需要掺加新沥青，应事先将新沥青和再生剂按比例均匀搅拌在一起。

燃料准备。充分考虑燃料的添加方式、添加时间和地点，配备安全可靠的添加设备。

②机械机具准备。施工前应做好所有机械设备的检修、调试和精度较准；对所有设备要根据情况，定期地进行检测、保养、维修。

③人员配备包括：路面工程师、机械工程师、机械操作手、工人、试（化）验人员、交通安全警戒人员等若干名，所有人员施工前都要经过有关知识的培训、考核，合格后经过竞争上岗。

（2）原路面病害处理

对就地热再生不能修复的路面病害，应事先予以处理。

①破损松散类病害。破损松散类病害的深度已超过了热再生施工深度，再生前应予挖补。

②变形类病害。根据再生设备的不同，变形深度30~50mm时，再生前应考虑铣刨掉一部分。

③裂缝类病害。分清裂缝类病害的性质，对影响热再生工程质量的严重裂缝类病害应予挖补。

④养护类病害。有些养护时挖补的路面质量差，难以保证再生质量，再生前应予重新挖补。

（3）原路面特殊部位处理

桥梁伸缩缝和井盖处施工应事先用铣刨机沿行车方向将伸缩缝和井盖后端铣刨2~5m，前端铣刨1~2m，深度30~50mm，再生施工时用新沥青混合料铺筑。应在伸缩缝处覆盖有效的隔热板，并在伸缩缝内塞满浸水的棉布或棉线等，防止加热损坏胶条。应事先清除路面标线、文字以及突起路标等。对于路面中央、两侧有绿化带的道路，施工前应准备足够的隔热防护板，施工时用于保护绿化带。

（4）试验路段铺筑

工程正式开工前，应选取不小于300m的路段作为试验路段，验证热再生施工情况是否与设计内容相符合。试验路段应包括以下技术内容。

①检验前期准备工作是否充分。

②检验各种施工机械的类型、数量及组合方式是否匹配，设备工况是否良好，是否满足施工要求。

③检验再生沥青混合料的各项技术指标是否达到设计要求。

④检验新沥青混合料的各项技术指标是否满足要求，能否保证供应。

⑤确定设备加热温度、施工速度、翻松深度、再生剂喷洒方式和用量、摊铺方式、松铺系数、摊铺质量、路面压实度、平整度控制等各项技术参数。

（5）再生作业

①清扫路面、画导向线

所有工、料、机准备工作完成后，清扫路面，以免杂物混入再生沥青混合料内。路面清扫完成后，在路面再生宽度以外画再生设备行进导向线，也可将路面边缘线作为导向线。

②路面边缘铣刨

对于有路缘石的路面，若加热机无法加热到路面边缘，就地热再生前需对距路缘石一定范围内的路面进行铣刨。视加热机情况铣刨宽度0.3～0.5m，铣刨深度不超过再生深度，但不小于30mm，再生摊铺时一并填铺。

③路面加热

应严格控制加热温度，既保证原路面充分加热，不因加热温度不足造成铣刨时集料破损，影响再生质量，又保证加热温度不过高，以免造成沥青过度老化。控制设备行走速度及间距，减少热量损失。

旧路面加热宽度一般比翻松宽度每侧宽100～200mm，使接缝处的温度足够高，保证纵缝的有效热连接。

④路面翻松

翻松深度应均匀，深度变化时应缓慢渐变；翻松面应有足够的粗糙度；普通沥青路面翻松面的温度应高于80℃，改性沥青路面翻松面温度应高于100℃。

⑤喷洒再生剂

再生剂喷洒应与再生复拌机行走连动，并能准确地按设计用量喷洒。翻松深度有变化时，应实时调整再生剂用量，确保再生质量。再生剂应均匀喷入翻松的旧沥青混合料中。

⑥拌和

应保证再生沥青混合料拌和均匀，特别是掺加新沥青混合料的复拌再生更应注意均匀性。施工中，应使用测温仪器检查刚搅拌完成的再生沥青混合料的温度，以便及时调整加热速度或加热强度。

⑦摊铺

应匀速行进摊铺，施工速度宜为1.5～5m/min。沥青混合料摊铺应均匀，避免出现粗糙、拉毛、裂纹、离析等现象。再生沥青混合料一般较新沥青混合料温度低，应尽可能增大熨平板振捣，提高混合料的初始密实度，减少热量散失，为压实创造条件。注意控制松铺系数，确保纵向接缝平顺。普通沥青路面再生的摊铺温度不宜低于120℃，改性沥青路面再生摊铺温度不宜低于130℃。就地热再生施工中，如果使用新沥青混合料，应采取各种措施确保新沥青混合料使用时的温度。

（6）压实

就地热再生沥青混合料的压实，应使用大吨位的振动双钢轮振压路机、轮胎压路机等压实机具。碾压应紧跟摊铺进行，在不黏轮的前提下，宜减少洒水或不洒水（轮胎压路机），以保证压实温度。对压路机无法碾压的局部部位，应选用小型振动压路机或振动夯板配合压实。

（7）开放交通

压实完成后，路表温度降至50℃以下时方可开放交通。

六、厂拌冷再生

厂拌冷再生（Central Plant Cold Recycling）是指将沥青路面回收料（RMAP）运至拌和厂（场、站），经破碎、筛分，以一定的比例与新集料、再生结合料、填料（矿粉等）、水进行常温拌和，常温铺筑形成路面结构层的沥青路面再生技术。对于 RAP，应使用乳化沥青或泡沫沥青作为再生结合料；对于 RBM，应使用水泥或者石灰等无机结合料作为再生结合料。

1.厂拌冷再生的适用条件

厂拌冷再生技术具有再生工艺易于控制、再生混合料性能较好、适用范围广、能耗低、污染小等优点，是沥青路面再生技术中适用范围较广的一种再生方式，适用于各等级公路产生的沥青路面回收料的冷拌再生利用。乳化沥青或泡沫沥青厂拌冷再生混合料根据实际性能和工程需要，可用于高速公路和一、二级公路沥青路面的下面层及基层、底基层，以及三、四级公路沥青路面的面层。当用于三、四级公路上面层时，应采用稀浆封层、碎石封层、微表处等做上封层。

使用水泥作为结合料的厂拌冷再生混合料根据其实际性能和工程需要，可用于高速公路和一、二级公路沥青路面的基层及以下层位，以及三、四级公路沥青路面的基层。

2.冷再生混合料设计

进行厂拌冷再生时，对于沥青路面回收材料 RAP，应使用乳化沥青或泡沫沥青作为再生结合料；对于回收的基层材料 RBM，应当使用水泥或者石灰等无机结合料作为再生结合料。因此，将分别介绍无机结合料稳定冷再生混合料配合比设计、乳化沥青（泡沫沥青）冷再生混合料配合比设计。

（1）无机结合料稳定冷再生混合料配合比设计

无机结合料稳定冷再生混合料，按照现行《公路路面基层施工技术规范》水泥（石灰）稳定土混合料设计方法进行混合料设计。用于高速公路和一级公路基层时，再生混合料级配宜满足表 4-22 中 1 号级配范围要求，用作底基层时宜满足表 4-22 中 2 号级配范围要求；用于二级及二级以下公路时，再生混合料级配宜满足表 4-22 中 3 号级配范围要求。

无机结合料稳定冷再生混合料级配范围 表 4-22

筛孔尺寸（mm）	通过各筛孔的质量百分率（%）		
	1	2	3
37.5	—	100	90～100
31.5	100	—	—
26.5	90～100	—	66～100
19	72～89	—	54～100
9.5	47～67	—	39～100
4.75	29～49	50～100	28～84
2.36	17～35	—	20～70
1.18	—	—	14～57
0.6	8～22	17～100	8～47
0.075	0～7	0～30	0～30

经配合比设计的无机结合料稳定冷再生混合料性能应满足表4-23的技术指标要求。

无机结合料稳定冷再生混合料技术要求 表4-23

检 测 项 目		无机结合料稳定冷再生混合料技术要求			
		水泥		石灰	
		特重交通和重交通	其他等级	特重交通和重交通	其他等级
20℃无侧限抗压强度（MPa）	基层 不小于	3~5	2.5~3	—	0.8
	底基层 不小于	1.5~2.5	1.5~2.0	0.8	0.5~0.7

（2）乳化沥青（泡沫沥青）冷再生混合料配合比设计

①确定工程设计级配范围

工程设计级配范围需要根据公路等级、工程性质、交通特点、材料品种等因素，通过对条件大体相当的工程使用情况进行调查研究后确定，特殊情况下允许超出规范级配范围。

②材料要求

乳化沥青是石油沥青与水在乳化剂、稳定剂等的作用下，经乳化加工制得的均匀沥青产品。用作冷再生混合料配合比设计的乳化沥青应满足表4-24的质量要求。通常情况下，厂拌冷再生宜采用慢裂型乳化沥青，乳化沥青应在常温下使用，使用温度不应高于60℃。其中，配合比设计的各种矿料、RAP、水泥等必须按照相关规定，从工程实际使用的材料中取有代表性的样品。配合比设计所用材料，其质量应该满足相应规范的技术要求。

冷再生用乳化沥青质量要求 表4-24

试 验 项 目		单位	质量要求	试验方法
破乳速度			慢裂或中裂	T 0658
电荷			阳离子（+）	T 0653
筛上残留物（1.18mm 筛） 不大于		%	0.1	T 0652
黏度	恩格拉黏度 E_{25}		2~30	T 0622
	25℃赛波特黏度 V_s	s	7~100	T 0623
蒸发残留物	残留分含量 不小于	%	62	T 0651
	溶解度 不小于	%	97.5	T 0607
	针入度（25℃）	0.1 mm	50~300	T 0604
	延度（15℃） 不小于	cm	40	T 0605
与粗集料的黏附性，裹覆面积 不小于			2/3	T 0654
与粗、细粒式集料拌和试验			均匀	T 0659
常温储存稳定性	1d 不大于	%	1	T 0655
	5d 不大于		5	

注：恩格拉黏度和赛波特黏度指标任选其一检测。

泡沫沥青是将热沥青和水在专用的发泡装置内混合、膨胀形成的含有大量均匀分散气泡的沥青材料。当泡沫沥青与集料接触时，沥青泡沫瞬间化为数以百万计的"小颗粒"，散布于细集料（特别是粒径小于0.3mm的集料）的表面，从而对集料起到黏结作用。

泡沫沥青在与矿料的混合过程中，优先与细集料混合，只有少量泡沫沥青裹覆在大粒径集料上，而产生局部裹覆。泡沫沥青并不改变沥青本身的各种化学性质，仅是利用汽化阶段沥青体积增大、黏度暂时降低的有利条件，在不增加沥青用量的情况下，可以有效地增大沥青同矿料的裹覆面积,改善沥青与矿料拌和的和易性,减小沥青混合料中自由沥青膜的厚度。

采用泡沫沥青作为再生结合料时,应首先进行泡沫沥青的发泡试验,确定最佳发泡温度和最佳发泡用水量。当单一规格的集料某项指标不合格,但不同粒径规格的材料按照级配组成集料混合料指标能符合规范要求时,允许使用。沥青发泡评价指标一般应用膨胀率(发泡体积倍数)和半衰期两个指标来评价沥青的发泡特性。膨胀率是指沥青在发泡状态下测量的最大体积与未发泡状态下的体积之比。为了使泡沫沥青与集料充分接触,形成良好的裹覆作用,膨胀率要足够大。

半衰期是指泡沫沥青从最大体积缩小至该体积一半所用的时间。该体积实际上描述了沥青泡沫的稳定性。半衰期长说明泡沫不容易衰减,可以与集料有较长时间的接触与拌和从而提高泡沫沥青混合料的质量。一般认为,膨胀率大于10,同时半衰期不低于8是可以接受的发泡条件。

③级配选择与要求

乳化沥青冷再生混合料矿料级配设计时,首先要测得RAP、新集料等各组成材料的级配;以RAP为基础,掺加不同比例的新集料,使合成级配满足工程设计级配的要求;合成级配曲线应平顺。乳化沥青冷再生混合料设计级配范围宜满足的要求如表4-25所示;其中,乳化沥青冷再生混合料中,乳化沥青添加量折合成纯沥青后占混合料其余部分干质量的百分比一般为1.5%~3.5%,水泥等活性填料剂量一般不超过1.5%。

乳化沥青冷再生混合料设计级配范围宜满足的要求　　　　　　　　表4-25

筛孔(mm)	各筛孔的通过率(%)			
	粗粒式	中粒式	细粒式A	细粒式B
37.5	100	—	—	—
26.5	80~100	100	—	—
19	—	90~100	100	—
13.2	60~80	—	90~100	100
9.5	—	60~80	60~80	90~100
4.75	25~60	35~65	45~75	60~80
2.36	15~45	20~50	25~55	35~65
0.3	3~20	3~21	6~25	6~25
0.075	1~7	2~8	2~9	2~10

乳化沥青冷再生混合料设计应满足表4-26中的相关要求。

乳化沥青冷再生混合料设计技术要求　　　　　　　　表4-26

试验项目			技术要求
空隙率(%)			9~14
劈裂试验(15℃)	劈裂强度(MPa)	不小于	0.40(基层、底基层)、0.50(下面层)
	干湿劈裂强度比(%)	不小于	75
马歇尔稳定度试验(40℃)	马歇尔稳定度(kN)	不小于	5.0(基层、底基层)、6.0(下面层)
	浸水马歇尔残留稳定度(%)	不小于	75
冻融劈裂强度比TSR(%)		不小于	70

注:1.任选劈裂试验和马歇尔稳定度试验之一作为设计要求,推荐使用劈裂试验。

　　2.空隙率宜控制在12%以内。

泡沫沥青冷再生混合料设计级配范围如表4-27所示。其中，泡沫沥青冷再生混合料中，泡沫沥青添加量折合成纯沥青后占混合料其余部分干质量的百分比一般为1.5%~3.5%，水泥等活性填料剂量一般不超过1.5%。泡沫沥青冷再生混合料设计要求，见表4-28。

泡沫沥青冷再生混合料工程设计级配范围 表4-27

筛孔(mm)	各筛孔的通过率(%)		
	粗粒式	中粒式	细粒式
37.5	100	—	—
26.5	85~100	100	—
19	—	90~100	100
13.2	60~85	—	90~100
9.5	—	60~85	—
4.75	25~65	35~65	45~75
2.36	30~55	30~55	30~55
0.3	10~30	10~30	10~30
0.075	6~20	6~20	6~20

泡沫沥青冷再生混合料设计技术要求 表4-28

试 验 项 目			技 术 要 求
劈裂试验(15℃)	劈裂强度(MPa)	不小于	0.40(基层、底基层)、0.50(下面层)
	干湿劈裂强度比(%)	不小于	75
马歇尔稳定度试验(40℃)	马歇尔稳定度(kN)	不小于	5.0(基层、底基层)、6.0(下面层)
	浸水马歇尔残留稳定度(%)	不小于	75
冻融劈裂强度比 TSR(%)		不小于	70

注：任选劈裂试验和马歇尔稳定度试验之一作为设计要求，推荐使用劈裂试验。

④配合比设计过程

根据上述步骤确定了材料的相关参数，设计级配范围后，应进行最佳含水率的确定。参照《公路土工试验规程》(JTG E40—2007)T 0131 的方法，对合成矿料进行击实试验，确定最佳含水率。使用乳化沥青时，乳化沥青试验用量可定为4%，变化含水率进行击实试验，获得最大干密度时，其混合料的含水率即为最佳含水率(OWC)。使用泡沫沥青时，在不添加泡沫沥青的情况下，直接变化含水率进行击实试验获得最大干密度，对应的含水率即为最佳含水率(OWC)。

确定最佳含水率后，确定最佳乳化沥青用量(OEC)和最佳泡沫沥青用量(OAC)。其方法如下：

以预估的沥青用量为中值，按照一定间隔变化形成5个乳化沥青(泡沫沥青)用量，保持最佳含水率(OWC)不变，按照以下方法制备马歇尔试件。

A.向拌和机内加入足够的(大约1150g)、拌和均匀的、含RAP的混合集料。

B.按照计算得到的加水量加水，拌和均匀，拌和时间一般为1min。

C.按照计算的乳化沥青(泡沫沥青)量加入乳化沥青(泡沫沥青)，拌和均匀，拌和时间一般为1min。

D.将拌和均匀的混合料装入试模，放到马歇尔击实仪上。乳化沥青试样双面各击实50

次（标准击实试件）或 75 次（大型击实试件），泡沫沥青试样双面各击实 75 次（标准击实试件）或 112 次（大型击实试件）。

E. 将试样连同试模一起侧放在 60℃鼓风烘箱中养生至恒重，养生时间一般不小于 40h。

F. 将试模从烘箱中取出，乳化沥青试样应立即放置到马歇尔击实仪上，双面各击实 25 次（标准击实试件）或 37 次（大型击实试件），然后侧放在地面上，在室温下冷却至少 12h，然后脱模；泡沫沥青试样直接侧放冷却 12h 后脱模。

接着用蜡封法测定试件的毛体积相对密度 γ_f。对于乳化沥青混合料，在成型马歇尔试件的同时，用真空法实测各组再生混合料的最大理论相对密度 γ_1。将各组油石比试件进行 15℃劈裂试验、浸水 24h 的劈裂试验。根据试验结果，结合工程经验，综合确定最佳乳化沥青用量（OEC）或最佳泡沫沥青用量（OAC）。使用乳化沥青时，（OEC）处的混合料的空隙率应满足表 4-26 中的要求，否则应重新进行设计。然后，采用双面各击实 50 次（标准击实试件）的冻融劈裂试件对冷再生混合料进行抗水损坏性能验证。

乳化沥青（泡沫沥青）混合料设计框图，如图 4-37 所示。

图 4-37 乳化沥青（泡沫沥青）混合料设计框图

3. 厂拌冷再生混合料的生产设备与生产工艺

厂拌冷再生需要把铣刨的沥青路面回收料运到指定地点重新加以拌和，并添加乳化沥青（泡沫沥青）等再生结合料。厂拌冷再生需要的设备主要有：小型路面铣刨机（图 4-38）、粒料运送车、普通滚筒式或间歇式拌和机、摊铺机和压路机。

厂拌冷再生可以使用间歇式、滚筒式或者连续式拌和设备进行拌和，其中连续式拌和设备是目前应用最广的一种。厂拌冷再生设备（图 4-39）是用来拌制各种冷再生混合料的专用设备，它应具有配料准确、拌和均匀、便于自动控制、生产效率高等特点，满足不同配合比冷再生混合料的拌制需要。其组成主要包括集料配料系统、RAP 配料系统、无机结合料配料系统、沥青添加系统、供水系统、搅拌机、输送机、计算控制系统等。

图 4-38 小型铣刨机

图 4-39 厂拌冷再生设备

厂拌冷再生的工艺流程如下：利用装载机或者其他上料机械将所需的集料、RAP等分别装入各自的配料料斗中；通过给料机，采用体积计量或者质量计量的方法，分别对RAP和各新集料按照施工配合比进行配料；将无机结合料通过计量系统进行配料；将配好的各种集料、水泥输送到搅拌机中；水通过供水系统经计量泵送到搅拌机中与其他材料拌和；乳化沥青或泡沫沥青通过沥青添加系统进入搅拌机中拌和；拌和好的混合料从搅拌机出料端卸入出料仓或者载货汽车上。

对于乳化沥青再生混合料，乳化沥青应在石料和RAP表面均匀裹覆，无花白料，无结团。对于泡沫沥青冷再生混合料，沥青不会在石料和RAP表面形成裹覆，而是呈点状分布。为了能够直观判断混合料是否拌和均匀，可用手抓起一把混合料，看其中是否有聚团的沥青块。厂拌冷再生混合料一般应遵循"即拌即用"原则，尽快将再生混合料用于路面施工，不宜长期存储，否则水泥的水化反应、乳化沥青的破乳都会影响再生混合料的性能。

七、就地冷再生

就地冷再生CIR(Cold In-place Recycling)是指采用就地冷再生设备，对沥青路面进行现场冷铣刨，破碎和筛分(必要时)，掺入一定数量的新集料、再生结合料、活性填料、水，经过常温拌和、摊铺、碾压等工序，一次性实现旧沥青路面再生的技术。

1.就地冷再生的适用性

就地冷再生适用于各等级公路沥青路面面层的就地冷再生利用。就地冷再生混合料根据其实际性能和工程需要，可用于高速公路和一、二级公路沥青路面的下面层及基层，以及三、四级公路的面层和基层。当用于三、四级公路上面层时应采用稀浆封层、碎石封层、微表处等做上封层。

2.就地冷再生的优点

(1)一次性完成沥青路面回收料的铣刨、破碎、添加、拌和、摊铺、压实，简化了施工程序，缩短了工期，大大提高了生产效率，降低了工程费用。

(2)可以同时对面层和基层进行破碎，保证了结构的整体性，对原路基的影响和破坏很小。

(3)提高了基层承载力，从而提高了路面等级。

(4)充分利用了沥青路面回收料，大大减少了新材料用量，节约了资源。

(5)延长了施工季节,使施工不受特殊气候条件的影响。

(6)无需加热沥青等材料,减少了环境污染,满足了环保要求。

3.就地冷再生设备

早期的就地冷再生沥青路面施工机械设备主要有:撒料机、平地机、再生机、撒布机、压路机等,施工往往是这些机械联合作业。现代的就地冷再生机械则是要集上述各种机械设备于一体,尽可能地用一台机械设备完成全部或部分作业。最显著的体现就是自动化、智能化和机电一体化技术的应用。

现代的就地冷再生所需的机械主要有:冷再生主机、专用配套机械和通用配套机械三大类。冷再生主机有带熨平板的小型再生机、中型再生机、大型再生机和不带熨平板的再生机;专用配套机械主要为水泥稀浆搅拌输送车;通用配套机械主要为路面铣刨机、平地机、压路机、新集料运输机、水罐车、液态沥青保温罐车和水泥—乳化沥青—水联合运输罐车等。两列式就地冷再生设备,见图4-40。

图4-40 两列式就地冷再生设备

就地冷再生施工主要由专用再生机械实现,其核心是一个装有若干个硬质合金刀具的切削转子,转子旋转时向上切削现有旧路面材料,与此同时,来自再生机前面并由再生机推动前行的水罐车中的水,通过软管输送给再生机,并由机载系统喷洒进拌和罩壳内。在拌和罩壳内与被切削下来的材料进行充分均匀的混合以达到压实所需的最佳含水率。然后,进行摊铺和预压实,并由压路机完成再生层的最终压实成型。其原理如图4-41所示。

4.就地冷再生施工工艺与质量控制

(1)铺筑试验段

就地冷再生正式施工前,应铺筑试验段,对施工工艺、工艺质量、施工管理、施工安全等进行全方位检验,确定工艺参数,试验路段长度不宜小于200m。

(2)施工前的准备

施工前的准备工作主要包括材料准备、设备检查、原路面准备等。

①材料准备

施工前应以"批"为单位,检查冷再生所涉及的所有沥青、石屑、矿粉、水泥等材料的来源和质量,材料的各项指标应满足设计文件要求,不符合要求的材料不得使用。使用泡沫沥青时,应注意保持和检查沥青温度。工程中经常遇到沥青温度偏低的情况,这会显著影响沥青的

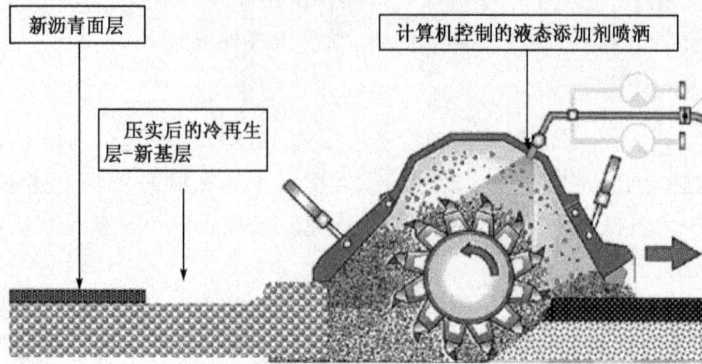

图 4-41　就地冷再生机工作原理

发泡效果,从而影响再生混合料性能。

②设备检查

施工前应对冷再生工程使用的冷再生机、压路机、各类罐车等进行系统检查,确定各设备处于良好的工作状态。

③原路面准备

按照交通组织设计封闭交通,清除原路面上的杂物,根据再生厚度、宽度、干密度等计算每平方米新集料、水泥等用量,均匀撒布。

(3)施工

①再生

通常情况下,就地冷再生施工按照如下步骤进行,再生机类型不同时,再生步骤可能存在一些差异。

a.施工起点处将各所需施工机具顺次首尾连接,并连接相应机具管路。

b.启动施工设备,按照设定再生深度对路面进行铣刨、拌和。再生机组必须缓慢、均匀、连续地进行再生作业,再生施工速度宜为 4~10m/min,施工过程中不得随意变更速度和中途停顿。

c.单幅再生至一个作业段终点后,将再生机和罐车倒至施工起点,进行第二幅施工,直至完成全幅作业面的再生。

d.纵向接缝应避开车道轮迹带的位置。纵向接缝处相邻两幅作业面间的重叠量不宜小于100mm。

②混合料摊铺

为保证施工质量,沥青层就地冷再生,摊铺出的混合料不能出现明显离析、波浪、裂缝、拖痕。对于高速公路就地冷再生,应采用摊铺机或者采用带有摊铺装置的再生机进行摊铺,其他等级公路,宜采用摊铺机或者采用带有摊铺装置的再生机进行摊铺,也可采用平地机进行摊铺。

使用摊铺机时,摊铺机必须缓慢、均匀、连续不断地摊铺,不得随意变换速度或者中途停顿。摊铺速度宜控制在 2~4m/min 的范围内。

使用平地机进行摊铺时,通常按照以下步骤进行。

a.用轻型钢轮压路机紧跟再生机组初压 2~3 遍。

b.完成一个作业段的初压后,用平地机整平。

178

c.再次用轻型钢轮压路机在初平的路段碾压1遍,对发现的局部轮迹、凹陷进行人工修补。

d.用平地机整型,达到规定的坡度和路拱,整型后的再生层表面应无明显的再生机轮迹和集料离析现象。

③压实

就地冷再生层的单层压实厚度不宜大于200mm,单层压实厚度大于200mm的,应经试验段检验其压实度是否满足要求,就地冷再生层的单层压实厚度不宜小于80mm。

压实对于就地冷再生混合料形成强度、保障就地冷再生工程质量至关重要。为此,应配备足够数量、吨位的钢轮压路机、轮胎压路机。单幅摊铺宽度不超过4.5m时,宜配备16t以上单钢轮振动压路机、11t以上双钢轮振动压路机各1台;单幅摊铺宽度超过4.5m时,宜配备上述压路机各2台。

根据试验段确定合理的碾压工艺,经验不足时可参照下述工艺实施:初压采用双钢轮压路机碾压1~3遍,第1遍前进采用静压方式,其他压实遍数在不发生混合料推移的情况下都应采用振动碾压;复压采用单钢轮压路机振动压实3~5遍,终压采用轮胎压路机静压4~6遍,根据需要确定是否采用双钢轮压路机静压收光。

沥青路面就地冷再生施工应采用流水作业法,使各工序紧密衔接,尽量缩短从拌和到完成碾压之间的延迟时间。碾压过程中,再生层表面应始终保持湿润,如水分蒸发过快,应及时洒水。碾压过程中出现弹簧、松散、起皮等现象时,应及时翻开重新拌和,使其达到质量要求。

④养生及开放交通

使用泡沫沥青、乳化沥青的就地冷再生,其养生及开放交通的要求与厂拌冷再生一致,即不少于7d的养生时间,当再生层可以取出完整的芯样或再生层含水率低于2%时,可以提前结束养生。

使用无机结合料的全深式就地冷再生,养生和开放交通应满足下列要求:

A.碾压完成并经过压实度检查合格后的路段,应立即进行养生。养生可采用湿砂、覆盖、乳化沥青、洒水等方法。

B.养生时间不宜少于7d,整个养生期内再生层表面应保持潮湿状态。养生期内禁止除洒水车辆以外的其他车辆通行。

C.后续施工前应将再生层清扫干净。如果再生层上为无机结合料稳定材料层,应洒少量水湿润表面;如果其上为沥青层,应立即实施透层和封层;如果其上是水泥混凝土层,应尽快铺设,避免再生层暴晒开裂。

(4)施工质量管理

就地冷再生施工质量管理主要包括施工前的材料控制、施工过程的质量控制和施工过程的外形尺寸检查三部分内容。

施工过程的材料质量控制和检查的项目、频度等应满足表4-29的要求。

就地冷再生施工前材料的检查 表4-29

材料	检查项目	要求值	检查频率
乳化沥青	JTG F41—2008 规定项目	符合设计要求	每批来料1次
泡沫沥青	JTG F41—2008 规定项目	符合设计要求	每批来料1次
矿料	JTG F40—2004 规定项目	符合设计要求	每批来料1次

使用乳化沥青、泡沫沥青时,施工过程的质量控制项目、频度和质量标准应与厂拌冷再生一致,见表4-30的要求。

施工过程的质量控制检查项目、频度和要求　　　　　　　　　　表4-30

检查项目		质量要求	检查频率	检验方法
乳化沥青再生	压实度（%）	≥90（高速公路、一级公路） ≥88（二级及二级以下公路）	每车道每公里检查1次	基于最大理论密度T 0924或T 0921
	空隙率（%）	≤10（高速公路、一级公路） ≤12（二级及二级以下公路）		
泡沫沥青再生	压实度（%）	≥98（高速公路、一级公路） ≥97（二级及二级以下公路）	每车道每公里检查1次	基于最大理论密度T 0924或T 0921
15℃劈裂强度（MPa）		符合设计要求	每工作日1次	T 0716
干湿劈裂强度比（%）		符合设计要求		T 0716
马歇尔稳定度（kN）		符合设计要求		T 0709
残留稳定度（%）		符合设计要求		T 0709
冻融劈裂强度比（%）		≥70	每3个工作日1次	T 0729
含水率		符合JTG F41—2008要求	发现异常随时试验	T 0801
沥青含量、矿料级配		符合设计要求	发现异常随时试验	抽提、筛分

使用水泥、石灰等作为再生结合料的全深式就地冷再生,施工过程的质量控制项目、频度等应满足表4-31的要求。

水泥、石灰全深式就地冷再生质量控制的检查项目、频度和要求　　　　　　表4-31

检查项目	质量要求	检查频率	检查方法
压实度（%）	≥95	每车道每公里1次	重型击实T 0924或T 0921
抗压强度（MPa）	符合JTG F41—2008要求	每车道每公里6或9个试件	T 0805
含水率	符合JTG F41—2008要求	发现异常时随时试验	T 0801
级配	符合JTG F41—2008要求	每车道每公里1次	T 0302
水泥或石灰剂量	不小于设计值 −1.0%	每车道每公里1次	T 0809

施工过程的外形尺寸检查项目、频度等应满足表4-32的要求。

就地冷再生施工过程的外观尺寸检查项目、频度和要求　　　　　　表4-32

检查项目		质量要求	检查频率	检验方法
平整度（mm）		10	每200延米2处,每处连续10尺	T 0931
纵断面高程（mm）		±10	每20延米1点	T 0911
厚度（mm）	均值	−10	每车道每10m 1点	插入测量
	单个值	−20		
宽度（mm）		不小于设计宽度,边缘线整齐,顺适	每40延米1处	T 0911

检查项目	质量要求	检查频率	检验方法
横坡度(%)	±0.3	每100延米3处	T 0911
外观	表面平整密实,无浮石、弹簧现象无明显压路机轮迹	随时	目测

注:当再生层用作二级公路底基层,或者用于三级及三级以下公路时,纵断面高程控制要求可适当放宽。

（5）检查验收

就地冷再生工程完工后,应将全线以 1~3km 作为一个评定路段,按照表4-33 的要求进行质量检查和验收。

就地冷再生检查验收项目、频度和要求 表4-33

检查项目		质量要求	检查频率	检验方法
平整度最大间隙(mm)		10	每200延米2处,每处连续10尺	T 0931
纵断面高程(mm)		±10	每20延米1点	T 0911
厚度(mm)	均值	-10	每车道每10m 1点	插入测量
	单个值	-20		
宽度(mm)		不小于设计宽度,边缘线整齐,顺适	每40延米1处	T 0911
横坡度(%)		±0.3	每100延米3处	T 0911
外观		表面平整密实,无浮石、弹簧现象无明显压路机轮迹	随时	目测
压实度(%)	乳化沥青	≥90(高速公路、一级公路) ≥88(二级及二级以下公路)	每车道每公里检查1次	基于最大理论密度 T 0924 或 T 0921
	其他	≥98(高速公路、一级公路) ≥97(二级及二级以下公路)	每车道每公里检查1次	基于重型击实标准密度 T 0924 或 T 0921

注:当再生层用作二级公路底基层,或者用于三级及三级以下公路时,纵断面高程控制要求可适当放宽。

八、全深式冷再生

全深式冷再生 FDR(Full Depth Reclainmation)是指采用全深式冷再生设备对沥青面层及部分基层进行就地翻松,或是将沥青层部分或全部铣刨移除后对下承层进行就地翻松,同时掺入一定数量的新集料、再生结合料、水等,经过常温拌和、摊铺、碾压等工序,一次性实现旧沥青路面再生的技术。再生结合料可以分为乳化沥青、泡沫沥青、水泥或石灰。如采用水泥或石灰作为再生结合料,则铣刨深度范围内沥青层的厚度比例宜小于 50%。

全深式冷再生适用于一、二、三、四级公路沥青路面面层和部分基层的再生利用,也可用于高速公路路面基层的冷拌再生利用。全深式冷再生混合料根据其实际性能和工程需要,可用于高速公路的沥青路面基层、底基层,一、二级公路沥青路面的下面层及基层、底基层,以及三、四级公路沥青路面的面层。当用于三、四级公路上面层时应采用稀浆封层、碎石封层、微表处等做上封层。

第六节 水泥混凝土路面表面功能改善

水泥混凝土路面在使用过程中，受车辆荷载以及其他自然因素的作用，路面表面会出现磨光、露骨以及不平整等病害，这时需要采取必要的措施进行表面功能的恢复。常用措施包括薄层罩面和直接加铺两种，其中直接加铺适用于路表功能差，只是局部有脱空、错台等涉及基层的病害、断裂率较低，只要经过简单的技术处理就可以得到稳定的旧水泥混凝土路面，薄层罩面主要用于改善水泥混凝土路面表面的功能。

一、水泥混凝土路面表面功能恢复

水泥混凝土路面通车 3 ~ 5 年，路面表面功能会受到影响，尤其在含有耐磨性较差的粗集料、强度不高的水泥和混凝土情况下，路面表面磨损较为突出，影响路面的使用性能。为此，通常采取铺设沥青磨耗层、机械刻槽、加铺水泥砂浆薄层罩面等方法来改善和恢复水泥混凝土路面表面功能。其中，采用加铺薄层罩面是比较常用的方法。

用于水泥混凝土路面表面功能恢复的罩面修补材料，应满足如下要求：

（1）与旧水泥混凝土黏结力强。

（2）材料抗弯拉、抗拉强度满足行车要求。

（3）材料耐磨性高、耐蚀、不易老化。

目前，常用的罩面措施有薄层水泥砂浆（水泥混凝土）罩面、钢纤维水泥砂浆、沥青混凝土及沥青磨耗层等。沥青磨耗层包括超薄磨耗层、沥青砂、稀浆封层、微表处、碎石封层等，具体内容可以参见本章第四节相关部分介绍。

1. 薄层水泥砂浆罩面

薄层水泥砂浆罩面主要针对水泥混凝土路面表面起皮、剥落和露骨等进行罩面修复，该方法施工简便、快速、维修费用低，主要目的是阻止路面表层破坏不进一步发展，并恢复路面的使用性能。

当原有路面结构完整，仅表面砂浆出现剥落或磨损、露骨，不存在或只存在少量坑洞，路面整体平整度较好时，可进行薄层水泥砂浆罩面修补。如路面已出现断板、沉陷、碎裂、拱起或表面坑洞等不平整程度较大的破坏或结构性破坏时，则不适宜采用薄层罩面修补。

薄层水泥砂浆罩面采用下面的步骤进行施工。

（1）罩面前修补。罩面前要对表面坑洞进行修补。修补方法是将坑洞凿成凹形，较大的坑洞填早强水泥混凝土，较小的坑洞填早强水泥砂浆。

（2）表面清理。先用喷砂或冲砂法清除表面不坚实的砂浆及其他物质，再用冲水法清除浮砂，同时湿润旧混凝土表面，在刷界面处理剂前，用喷气法吹去表面积水。

（3）配制界面处理剂。用相同的水泥和水泥改性剂配制，比例为水泥：改性剂 = 1:1，用电动搅拌机搅拌至均匀黏稠状，使水泥与水泥改性剂充分分散均匀。

（4）涂刷界面处理剂。当路面表面达到潮湿而无积水时，即可开始涂刷界面处理剂。

（5）拌制罩面砂浆。以某罩面工程为例，罩面砂浆配合比为水泥：砂：水泥改性剂：水：硫酸钠 = 1:2.5 ~ 3.0:0.38 ~ 0.42:0.15:0.01，采用水泥砂浆搅拌机按照该配合比进行砂浆的拌制。

（6）适铺罩面砂浆。当界面处理剂刷好后迅速铺上罩面砂浆，并用木板条紧贴路表面刮平，不留多余的罩面砂浆，使罩面砂浆层越薄越好。

（7）压纹。罩面砂浆刮平后，会形成自然粗糙的表面，不压纹已完全可满足抗滑要求，也可用压纹滚压纹。

（8）拉缝。摊铺后的罩面砂浆暴露在空气中，聚合物将很快成膜，罩面砂浆失去流动性。1~2h后，当表面砂浆出现晾干痕迹时，用抹刀或铁板沿原混凝土接缝拉缝，使罩面层在原接缝处基本断开，减少由于水泥混凝土板的温度变形给罩面层接缝处界面造成不良影响。

（9）养护。拉缝后罩面晾干，表面无黏性时，铺塑料薄膜，薄膜搭接200mm以上，并在薄膜面上撒砂或泥土，使薄膜紧贴罩面层，确保罩面得到良好的养护。

（10）开放交通。根据罩面砂浆的强度发展确定开放交通时间。

2. 钢纤维水泥砂浆/水泥混凝土罩面

钢纤维水泥砂浆是用钢纤维配成钢纤维增强水泥砂浆或钢纤维细石混凝土（粗集料最大粒径不大于15mm的混凝土），对损坏的水泥混凝土路面进行罩面修补。影响钢纤维水泥砂浆性能的主要因素是钢纤维水泥砂浆的配合比，以及钢纤维体积率、长径比。

钢纤维水泥混凝土是将钢纤维按一定数量（体积率一般为1.0%~1.5%）无序分布在水泥混凝土中形成的钢纤维增强水泥混凝土，是一种新型高强复合工程材料。由于钢纤维的掺入，使脆性的基体成为具有良好韧性的钢纤维增强混凝土基复合材料，具有优良的抗弯、抗拉、抗裂、抗疲劳、抗冲击强度和耐磨性能，疲劳寿命长，并具有良好的阻止和抑制因温度应力引起裂缝产生与扩展的能力。此外，钢纤维混凝土的抗冻性能良好，因而受到国内外工程界的重视，并广泛地应用于各工程领域。

（1）钢纤维的基本要求

影响钢纤维混凝土性能的因素除与混凝土基体有关的砂率、粗集料最大粒径、减水剂、掺和料等有关外，主要影响因素是钢纤维类型、钢纤维掺量和钢纤维长径比。

（2）钢纤维混凝土配合比设计

钢纤维混凝土配合比设计时，首先使素混凝土满足设计要求的抗弯拉强度、抗压强度和施工要求的均匀性及和易性，再考虑钢纤维的体积率。具体配合比设计内容包括计算配制强度，确定水灰比、单位用水量、单位水泥用量、砂率，计算集料用量、确定钢纤维体积率及钢纤维用量。

（3）钢纤维混凝土施工

与普通混凝土的施工工艺相比，钢纤维混凝土路面施工应特别注意钢纤维给施工带来的技术问题。施工时应特别注意以下几个方面的问题。

①保证钢纤维均匀分布

为了使钢纤维能在混凝土拌和物中均匀分布并防止在搅拌时纤维结团，在搅拌时每盘搅拌量不宜大于搅拌机额定搅拌量的80%，易采用强制式搅拌机拌和。为保证钢纤维混凝土拌和料的搅拌质量，可采用先干后湿的拌和工艺。

②防止钢纤维混凝土拌和物的离析

钢纤维混凝土运输宜采用自卸运输车。由于钢纤维混凝土在运输过程中受到振动，会使钢纤维下沉，坍落度和含气量都会有损失，影响钢纤维混凝土的均匀性。因此，选择钢纤维混凝土的搅拌场地时尽量缩短运输距离,并注意选择合适的自卸运输车辆,以保证浇筑时的卸料高度不得超过 1.5m,确保混凝土卸料过程中不发生离析现象;同时,宜注意运输时的温度,避免造成混凝土的施工和易性下降。

③钢纤维混凝土拌和物的成型方法

钢纤维混凝土采用人工摊铺与平板振动器振捣。用人工将钢纤维混凝土拌和物大致摊铺整平,摊铺后用平板振动器振捣,振捣的持续时间以混凝土停止下沉,不再冒气泡并泛出水泥浆为准,且不宜超时间振捣。振捣时辅以人工找平,混凝土整平采用振动梁振捣拖平,再用钢滚筒依次滚压进一步整平,整平的表面不得裸露钢纤维。

④做好切缝、养护工作

钢纤维混凝土路面设有多种切缝。胀缝与路中心线垂直,缝壁必须垂直,缝隙宽度必须一致,缝中不得有连浆现象,缝内应及时浇灌填缝料。当钢纤维混凝土养生强度达到设计强度约50%时,采用切割机切缝。保持施工缝、胀缝或缩缝设计位置吻合,以及施工缝与路中线垂直。对胀缝、缩缝均采用填缝料填缝。

拆模后发现纤维外露或漏振时,要及时进行适当处理。对完工的混凝土路面采用洒水养生,终凝后用麻袋或草包覆盖并坚持每天洒水养护,保持混凝土呈潮湿状态。养生时间为10～15d,待混凝土测试强度达到规定强度,再开放交通。

二、水泥混凝土路面加铺层

水泥混凝土路面加铺层根据加铺的材料不同,可以分为水泥混凝土路面上直接加铺水泥混凝土路面("白+白")和水泥混凝土路面上加铺沥青混凝土路面("白+黑")两种方式,无论哪种方式均需要进行加铺层设计,以确定加铺层的厚度。经过加铺的水泥混凝土路面可以有效改善路面表面的功能,恢复磨光、平整度差等表面病害。

在进行旧混凝土路面加铺层设计之前,应调查下列内容。

(1)公路修建和养护技术资料:路面结构和材料组成、接缝构造及养护历史等。

(2)路面损坏状况:损坏类型、轻重程度、范围及修补措施等。

(3)路面结构强度:路表弯沉、接缝传荷能力、板底脱空状况、面层厚度和混凝土强度等。

(4)已承受的交通荷载及预计的交通需求:交通量、轴载组成及增长率等。

(5)环境条件:沿线气候条件、地下水位以及路基和路面的排水状况等。

水泥混凝土路面加铺层应根据使用要求及旧混凝土路面的状况,选用分离式或结合式水泥混凝加铺结构,或沥青混凝土加铺结构,经技术经济比较后选定。地表或地下排水不良路段,应采取措施改善或增设地表或地下排水设施;旧混凝土路面结构排水不良路段,应增设路面边缘排水系统。加铺层设计应包括施工期间维持通车的设计方案。旧混凝土面层损坏状况等级为差时,宜将混凝土板破碎成小于400mm的小块,用作新建路面的底基层或垫层,并应按新建水泥混凝土路面或沥青路面类型进行设计。

1.路面损坏状况调查评定

(1)旧混凝土路面的损坏状况采用断板率和平均错台量两项指标评定。断板率的调查和计算可按《公路水泥混凝土路面养护技术规范》(附条文说明)(JTJ 073.1—2001)的规定进行;错台调查可采用错台仪或其他方法量测接缝两侧板边的高程差,量测点的位置在错台严重车道右侧边缘内 300mm 处,以调查路段内各条接缝高程差的平均值表示该路段的平均错台量。

（2）路面损坏状况分为 4 个等级，各个等级的断板率和平均错台量的分级标准见表 4-34。

水泥混凝土路面损坏状况分级标准 表 4-34

等级	优良	中	次	差
断板率（%）	≤5	5~10	10~20	>20
平均错台量（mm）	≤3	3~7	7~12	>12

2. 接缝传荷能力和板底脱空状况调查评定

（1）旧混凝土面层板的接缝传荷能力和板底脱空状况采用弯沉测试法调查评定。弯沉测试宜采用落锤式弯沉仪，也可采用梁式弯沉仪，其支点不得落在弯沉盆内。

（2）加载位置在邻近接缝的路面表面，实测接缝两侧边缘的弯沉值。按式（4-7）计算接缝的传荷系数。

$$k_j = \frac{w_u}{w_1} \times 100(\%) \tag{4-7}$$

式中：k_j——接缝传荷系数；

w_u——未受荷板接缝边缘处的弯沉值（0.01mm）；

w_1——受荷板接缝边缘处的弯沉值（0.01mm）。

（3）旧混凝土面层的接缝传荷能力分为 4 个等级，分级标准见表 4-35。

接缝传荷能力分级标准 表 4-35

等级	优良	中	次	差
接缝传荷系数 k_j（%）	≥80	60~80	40~60	<40

（4）板底脱空可根据面层板角隅处的多级荷载弯沉测试结果，并综合考虑唧泥和错台发展程度以及接缝传荷能力进行判别。

3. 旧混凝土路面结构参数调查

（1）旧混凝土面层厚度的标准值可根据钻孔芯样的测量高度按式（4-8）计算确定。

$$h_e = \bar{h}_e - 1.04sh \tag{4-8}$$

式中：h_e——旧混凝土面层测量厚度的标准值（mm）；

$\bar{h}_e$——旧混凝土面层测量厚度的均值（mm）；

sh——旧混凝土面层厚度测量值标准差（mm）。

（2）旧混凝土面层弯拉强度的标准值可采用钻孔芯样的劈裂试验测定结果，按式（4-9）和式（4-10）计算确定。

$$f_r = 1.87f_{sp}^{0.87} \tag{4-9}$$

$$f_{sp} = \bar{f}_{sp} - 1.04s_{sp} \tag{4-10}$$

式中：f_r——旧混凝土弯拉强度标准值（MPa）；

f_{sp}——旧混凝土劈裂强度标准值（MPa）；

$\bar{f}_{sp}$——旧混凝土劈裂强度测定值的均值（MPa）；

s_{sp}——旧混凝土劈裂强度测定值的标准差（MPa）。

（3）旧混凝土的弯拉弹性模量标准值可按式（4-11）计算确定。

$$E_c = \dfrac{10^4}{0.09 + \dfrac{0.96}{f_r}} \qquad (4\text{-}11)$$

式中：E_c——旧混凝土的弯拉弹性模量标准值（MPa）；

f_r——旧混凝土的弯拉强度标准值（MPa）。

（4）旧混凝土路面基层顶面的当量回弹模量标准值，宜采用落锤式弯沉仪（标准荷载100kN、承载板半径150mm）量测板中荷载作用下的弯沉曲线，按式（4-12）和式（4-13）确定。

$$E_t = 100 e^{(3.60 + 24.03 w_0^{-0.057} - 15.63 SI^{0.222})} \qquad (4\text{-}12)$$

$$SI = \dfrac{w_0 + w_{300} + w_{600} + w_{900}}{w_0} \qquad (4\text{-}13)$$

式中：　　　E_t——基层顶面的当量回弹模量标准值（MPa）；

　　　　　SI——路面结构的荷载扩散系数；

　　　　　w_0——荷载中心处弯沉值（μm）；

w_{300}、w_{600}、w_{900}——距离荷载中心300mm、600mm和900mm处的弯沉值（μm）。

当采用落锤式弯沉仪的条件受到限制时，可选择在清除断裂混凝土板后的基层顶面进行梁式弯沉测量后，根据基层钻芯的材料组成及性能情况依经验确定。

4. 分离式水泥混凝土加铺层结构设计

分离式水泥混凝土加铺层结构是指在旧路与加铺层之间设置一隔离层，各层混凝土独立发挥其强度作用。隔离层材料宜选用沥青混凝土，层厚度不小于40mm。

当旧混凝土路面的损坏状况和接缝传荷能力评定等级为中或次，或者新、旧混凝土板的平面尺寸不同、接缝形式或位置不对应或路拱横坡不一致时，应采用分离式混凝土加铺层。加铺层可采用普通混凝土、钢纤维混凝土、钢筋混凝土和连续配筋混凝土。普通混凝土、钢筋混凝土和连续配筋混凝土加铺层的厚度不宜小于180mm；钢纤维混凝土加铺层的厚度不宜小于140mm。

加铺层铺筑前应更换破碎板、修补裂缝、磨平错台、压浆填封板底脱空、清除夹缝中失效的填缝料和杂物，并重新封缝。在旧混凝土面层与加铺层之间应设置隔离层。分离式混凝土加铺层的接缝形式和位置，按新建混凝土面层的要求布置。

加铺层和旧混凝土面层应力分析，按分离式双层板进行，计算方法见《公路水泥混凝土路面设计规范》（JTG D40—2011）附录B.4和B.5。

5. 结合式水泥混凝土加铺层结构设计

结合式水泥混凝土加铺层是指对原路面进行凿毛，并清洗干净，涂以黏结剂，随即浇筑加铺层的方法。加铺层与旧路面相黏结为一个整体，共同发挥结构的整体强度作用。可用等刚度法按结合式进行应力计算与厚度设计，结合式加铺层厚度不小于80mm。

当旧混凝土路面的损坏状况和接缝传荷能力评定等级为优良、面层板的平面尺寸及接缝布置合理、路拱横坡符合要求时，可采用结合式混凝土加铺层。清除接缝中失效的填缝料和杂物，并重新封缝。采用铣刨、喷射高压水或钢珠、酸蚀等方法，打毛清理旧混凝土面层表面，并在清理后的表面涂敷黏结剂，使加铺层与旧混凝土面层结合成整体。加铺层的接缝形式和位置应与旧混凝土面层的接缝完全对齐，加铺层内可不设拉杆或传力杆。

加铺层和旧混凝土板的应力分析，按结合式双层板进行，计算方法见《公路水泥混凝土路面设计规范》(JTG D40—2011)附录 B.6。

6.沥青加铺层结构设计

当旧混凝土路面的损坏状况和接缝传荷能力评定等级为优良或中时,可采用沥青加铺层。加铺层铺筑前应更换破碎板,修补和填封裂缝,磨平错台,压浆填封板底脱空,清除旧混凝土面层表面的松散碎屑、油迹或轮胎擦痕,剔除接缝中失效的填缝料和杂物,并重新封缝。

接缝传荷能力评定等级为中时,应根据气温、荷载、旧混凝土路面承载能力、接缝处弯沉差等情况选用下述减缓反射裂缝的措施。

(1)增加沥青加铺层的厚度。

(2)在加铺层沥青混合料中掺加纤维及橡胶等改性剂。

(3)在旧混凝土板顶面或加铺层内设置应力吸收层、聚氨酯纤维或者土工织物夹层。

(4)沥青加铺层下层采用大粒径沥青碎石。

沥青加铺层的厚度应兼顾混合料的公称最大粒径相匹配和减缓反射裂缝的要求确定。高速公路和一级公路的最小厚度为100mm,其他等级的公路最小厚度宜为80mm。

沥青加铺层下旧混凝土板的应力分析按《公路水泥混凝土路面设计规范》(JTG D40—2011)附录 C 进行。

第七节 水泥混凝土路面再生利用

目前,我国有超过50%的有铺装路面是水泥混凝土路面,随着时间的推移,需要处理的旧水泥混凝土路面将会越来越多。与其他建筑材料一样,旧水泥混凝土路面材料也是可以再生利用的材料。对于那些不宜采用直接加铺或罩面方法进行养护的旧水泥混凝土路面板,采用再生利用的方法是一种理想的技术措施之一,国际上已取得了一致的认识。旧水泥混凝土路面材料再生利用技术可划分为集料场再生与现场再生处治两类。

一、旧水泥混凝土路面集料场再生

在旧水泥混凝土路面改造时,一方面,废弃混凝土未经处理,直接外运露天堆放或填埋,耗用大量的征用土地费、废料清运费等建设费用;同时,清运和堆放过程中的遗散和粉尘、灰砂飞扬等问题又对环境造成二次污染,严重破坏了生态环境。另一方面,新路面结构层施工中,砂石集料用量巨大,因而开采天然资源造成资源枯竭和环境破坏。混凝土的可持续发展与集料危机的矛盾日益突出,因此若能将废弃混凝土就地回收,经破碎、清洗、分级后作为集料再利用,用于新建路面基层或下面层,则不仅能降低成本,节约天然集料资源,缓解集料供求矛盾,还能减轻环境的污染。

工厂式破碎再生利用技术,是利用人工或机械破碎设备将旧水泥混凝土路面破碎成可以移动的小块,再转运至工厂,由工厂将混凝土块经过碎石机、筛分机按照一系列的破碎筛分工艺处理后,再生混凝土集料 RCA(Recycled Concrete Aggregate)再运输至现场应用于道路工程中作垫层或基层用等。据美国联邦公路局统计,美国现在已有超过20个州在公路建设中采用RCA,26个州允许将 RCA 作为基层材料,4个州允许将 RCA 作为底基层材料,将 RCA 应用于基层和底基层的28个州级机构中,有15个制定了关于 RCA 的规范。目前,我国还没有专门制定水泥混凝土路面再生利用技术规范。

1. 破碎及筛分机械分类、特点及适用范围

国外破碎及筛分机械的发展已有 100 多年历史。代表产品生产先进水平的国家主要是美国、日本、德国、俄罗斯和意大利等。我国破碎及筛分机械的生产已有 20 多年的发展历史。在产品的设计与制造方面，通过技术改造和引进，已经经历了由小到大，由少到多，由单一产品到品种规格齐全、技术性能先进的发展过程，已能基本满足各种石料生产的需要。

各类破碎及筛分机械的特点及适用范围，如表 4-36 所示。

破碎及筛分机械的特点及适用范围 表 4-36

机械名称	特　点	适用范围
颚式碎石机	结构简单、工作可靠、维修方便	粗、中碎硬质及中硬质岩石
旋回式碎石机	连续破碎、生产率较高	粗碎中等硬度岩石、矿石
圆锥式碎石机	破碎比大、效率高、粒度均匀、结构复杂	中、细碎中等硬度岩石
辊式碎石机	结构简单、紧凑、工作可靠、生产率低	中、细碎硬、软质石料
旋盘式碎石机	粒度细、形状好、效率高、经济	超细碎各种砂料
反击式碎石机	结构简单、破碎比大、粒度均匀	粗、中、细碎中硬脆性物料
锤式碎石机	破碎比大、生产能力高、粒度均匀、简化生产流程、消耗低	中、细碎中等硬度脆性物料
联合式碎石设备	机动性好、简化工艺、出料规格多	碎石用料集中的大型工程
振动筛	生产能力大、筛分效率高	分级、脱水、脱介
滚筒筛	结构简单、筛分效率低	洗矿作业
固定筛	结构简单、筛分效率低	预先筛分、脱水、脱介

2. 工厂式破碎再生利用工艺

工厂式破碎再生利用工艺主要包括路面破碎、集料加工等过程。

（1）旧水泥混凝土路面材料预筛分处理

破碎开始前先将底基层料和粉土筛去，以避免混入旧水泥混凝土路面材料当中，影响其性能。

（2）初级破碎与筛分

采用颚式破碎机对旧水泥混凝土面板进行初级破碎，初级破碎后的混凝土碎块最大粒径为 76 ~ 152mm，通过传送带集中堆放。这时，95% 的钢筋已由安装在传送带上部的电磁铁剔除。

（3）再生集料轧制与筛分分级

将粒径大于 76mm 的混凝土块采用颚式破碎机进行二级循环破碎，小于 76mm 的碎块传送到辊式破碎机，破碎出需要粒径的集料。在此阶段残余的钢筋全部被传送带上方的电磁铁吸走。粒径大于和小于 4.75mm 的粗、细集料在此通过 4.75mm 的方孔筛进行分级。粒径小于 0.075mm 的粉料通过砂筛加以控制。

再生集料生产工艺流程见图 4-42，再生集料生产过程图见图 4-43。

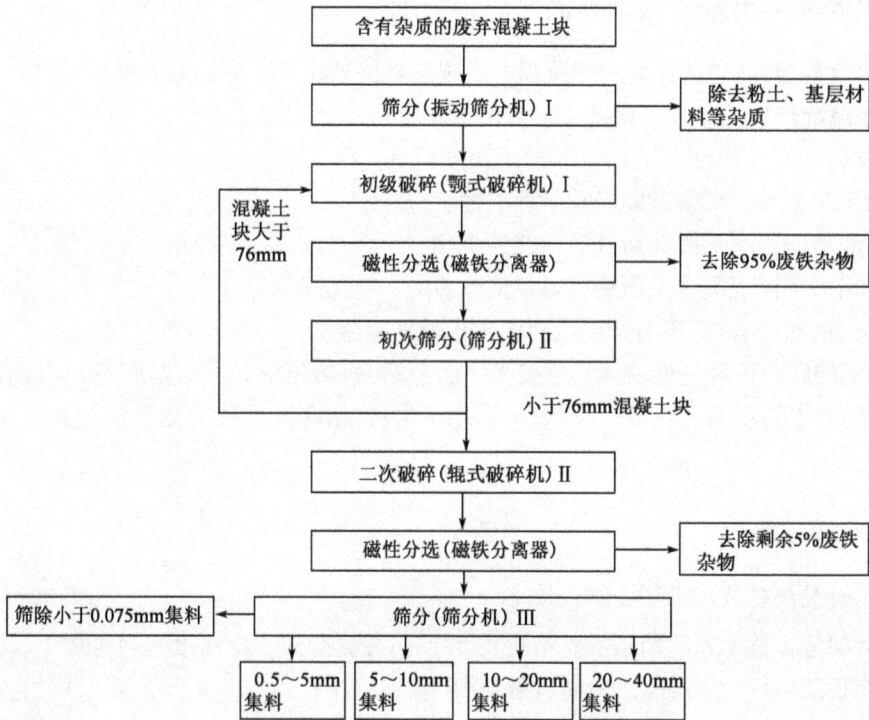

图 4-42　再生集料生产工艺流程

a)旧水泥混凝土集中破碎　　　　　　　　b)再生集料轧制

c)再生集料筛分　　　　　　　　　　　　d)再生集料

图 4-43　再生集料生产过程

二、旧水泥混凝土路面现场处治再利用技术

为了解决反射裂缝问题，一般对旧路面进行现场破碎处理。旧混凝土路面板经破碎、压实后可以作为新路面结构的基层或底基层。对旧混凝土板的破碎需要特殊的机械和工艺，并应符合下列要求。

(1)使旧水泥混凝土板块破碎后在平面上强度分布均匀。

(2)旧水泥混凝土路面破碎后具有一定的强度。

(3)破碎后旧水泥混凝土路面病害可以消除。

(4)破碎后的粒径合理，不会产生应力集中影响加铺层。

目前，常用的路面板现场处治再利用技术一般包括：打裂压稳技术，包括门板式打裂压稳技术、冲击压稳技术和小型机械破碎技术；碎石化技术，包括多锤头碎石化技术和共振碎石化技术。

(一)打裂压稳技术

1.门板式打裂压稳技术 CS(Crack and Seat)

门板式打裂压稳技术是将门板式打裂机重5t的门板提起到一定高度然后再放下，将旧水泥混凝土路面每隔400～600mm沿横向打裂，采用压路机压稳后作为基层或底基层的施工工艺。该技术可以延缓水泥混凝土路面反射裂缝的出现并充分利用原有路面的强度，根据交通量和公路等级的不同，该技术要求的罩面厚度为75mm以上。

(1)适用条件

一般而言，水泥混凝土路面出现下列情况时，可以考虑使用门板式打裂压稳技术。

①水泥混凝土路面存在接缝缺陷：错台、翻浆和角隅破坏等达到总接缝长度的10%。

②板块出现开裂或下沉，需要修补的面积小于路面总面积的20%。

③修补板块再度破损，集料活性物质造成板块破损。

④水泥混凝土路面断板率为10%～20%。

⑤水泥混凝土路面基层与面层总厚度超过350mm。

(2)门板式打裂压稳设备

门板式打裂压稳设备主要包括打裂设备、压稳设备和附属设备。打裂设备主要是门板式打裂机(图4-44)，该设备一般配有宽度为2.5m的门板式冲击锤，锤头重5t，具有足够的

a)门板式打裂机　　　　　　　b)打裂后路面　　　　　　　c)压稳后路面

图4-44　CS门板式打裂压稳技术

能量使混凝土路面产生深度开裂。压稳设备主要是 25t 的胶轮压路机,低于 25t 时应增加压实遍数,以达到规定要求。附属设备主要包括洒水车、充气设备、清扫设备、各种手动工具。

(3)门板式打裂压稳机理

门板式打裂压稳的过程是一个能量转换的过程,门板式重锤自由落体将势能转化为动能,与路面结构接触后,将动能的绝大部分转化为作用点区域内各质点的动能和势能。

工作时,门板式打裂机将旧水泥混凝土路面沿横向每隔 0.4 ~ 0.6m 打裂,打裂后使 75%以上的路面产生不规则开裂,相邻裂缝围成的面积一般为 0.4 ~ 0.6m² 。但是,应注意避免过度破坏,打裂时不使路面板产生过大位移,不使混凝土板由于打裂产生大量的碎屑。

门板式打裂压稳强度形成的机理是:水泥混凝土板经重锤砸后形成一系列不规则的、带有一定倾斜角度的裂缝,这样就使破碎后的混凝土块像"积木"一样嵌挤在一块。但是,强烈的振动使这些块体出现了不同程度的扰动。因此,有必要使用重型压路机对路面进行碾压,以使块体向下以及使块体之间更好地嵌挤在一起。

(4)质量控制范围

采用门板式打裂压稳技术时,需要对打裂后的质量进行严格的控制,主要对打裂程度和打裂后顶面的当量回弹模量进行控制。

①打裂程度要求

门板式打裂压稳打裂程度的检验方法包括以下三种。

a. 外观鉴定:由于裂缝极为细小,因而在路面干燥的情况下,识别路面开裂较为困难。因此,打裂前需在前方路面一定范围内均匀洒水到可见自由水的程度,然后进行打裂施工。在打裂时,应可以看到开裂痕迹并伴有气泡。在路面自由水消失后,应可见清晰的裂缝痕迹,并由此鉴别开裂程度是否满足要求。

b. 现场取芯:如需要也可进行路面取芯以确定打裂的程度和深度,由于路面开裂未必沿竖直方向,因此,取芯位置宜选择在锤头冲击痕迹的端部,或开裂交叉点。试验段内取样数量不小于两个。

c. 挖开查验:选择有代表性的几块板,用挖掘机或人工翻挖,并量测不规则开裂面积是否控制在 0.6m² 以内。

②打裂压稳后顶面的当量回弹模量

打裂压稳后,旧水泥混凝土板破碎成混凝土块,有效地减少了旧水泥混凝土板的收缩造成的新路面结构层的反射裂缝。破碎后的混凝土块能够很好地为新路面面层提供足够的支撑,该层一般直接用作新结构层的基层。打裂压稳后,旧水泥混凝土路面顶面回弹模量 E_0 一般都比打裂压稳前有所降低,并且方差降低,说明现场打裂压稳后顶面强度更加均匀,大部分路面 E_0 值在 300MPa 以上。因此,路面典型结构设计时 E_0 取值确定为不小于 300MPa,这也是打裂压稳技术施工的质量控制和检验标准。

2. 冲击压实技术 IC(Impact Compaction)

冲击压实技术也称为冲击压稳技术。该技术利用冲击压实机的多边形钢轮行走时的反复升落,将巨大的冲击能量作用于地面,在击碎旧水泥混凝土路面板的同时将其夯实稳固到基层上,从而使原有路面结构成为新铺路面层的良好支承,并避免出现反射裂缝。

冲击压实机(图 4-45)一改传统光轮压路机的圆形钢轮为多边形。当机器行走时,在轮面与地面间摩擦阻力的作用下,轮轴反复抬升和落下,进而使钢轮冲击夯压地面。与传统方法相比,该技术破碎旧路面板和压实路基的效果以及修复工作的效率等方面得到极大的改善。该设备可对冲击对象产生250t的冲击力,影响土石层深度达2.5m。

a)冲击压实机

b)冲击压实机

c)施工过程

d)压实后的路面

图4-45　冲击压实机

（1）适用范围

冲击压实破碎技术的适用范围如下:

①水泥混凝土路面存在接缝缺陷:错台、翻浆和角隅破坏等达到总接缝长度的20%以上。

②水泥混凝土板块出现开裂或下沉,需要修补的面积大于路面总面积的20%～70%。

③修补板块再度破损,以及集料活性物质造成板块破损。

④水泥混凝土路面断板率45%～65%。

⑤水泥混凝土路面基层与面层总厚度超过350mm。

在下列情况下不建议使用冲击压实技术:

①原基层或路基存在严重病害。

②原混凝土板块严重破碎,出现大面积沉陷、积水,已经不成形。

③旧路改建中遇到的挡土墙、桥梁和涵洞等构造物的承载力不足以承受冲击碾压荷载的作用。

④原路基土含水率超出范围,经试验验证效果不明显。

⑤路堤(床)增强补压试验段冲击碾压 20 遍后平均下沉量≤30mm。

⑥公路近旁(安全距离小于 20m)有敏感建筑物或设备不能经受冲击设备引起的地面振动。

⑦路面以上净空限制,不容许加铺新路面。

(2)局限性

冲击压实技术需要对水泥混凝土路面进行十多遍的冲击力作用来实现破碎,破碎后的路面变得高低不平,破碎块较大,不能相互嵌挤,较松动,不稳定。该方法冲击力大,对原混凝土路面的路基及基层破坏较大,尤其是对沿线的房屋安全影响更大。同时,由于对基层造成了破坏,在加铺面层前需要重新做两个基层来补强路面,大大增加了结构层厚度,升高了路面高程,增加了造价,综合费用明显提高,而且还不能完全解决反射裂缝。

(3)冲击压实机工作原理

冲击压实机是一种新型的具有高冲击能量的压实机械,高能冲击压实的目的在于改善在地下水位之上或之下的土壤的工程性特性。

当冲击压实机行走时,在轮面与地面阻力的作用下,轮轴反复抬升和落下进而使钢轮冲击夯压地面,同时工作轮在再次翻起的过程中伴随有重力碾压作用。该作业方式在较短的时间内对被冲压材料施加一个较大的冲击载荷,加载历时短,释放能量大,被压材料发生的应力变化速度很大,作业产生强烈的冲击波能传到很深的土壤层次。其动力特征与传统振动式压路机的高频振幅相反,通过低频高振幅(约每秒两击,落距 0.1 ~ 0.2m),在冲击轮与地面接触的瞬间,使旧混凝土路面产生裂纹;此外,冲击作用产生了垂直冲击波、纵横向波和表面波,它们的综合作用使得旧混凝土板下的土体自由振动,并使土体中土粒的相对位移重新排列,空隙中空气排出,体积缩小,从而提高了土体的压实度。

冲击压实作业时,牵引车拖动多边形钢轮行走,钢轮相邻两次冲击地面可以看作一个工作周期,每个周期分为三个阶段:第一个阶段为钢轮重心上升阶段;第二个阶段为钢轮重心下降阶段;第三个阶段为钢轮冲击地面阶段。这样,随着机械向前行走,钢轮反复冲击地面,使得旧水泥混凝土面板破碎,同时将破裂板压实稳固到原基层或土基上(图 4-46)。

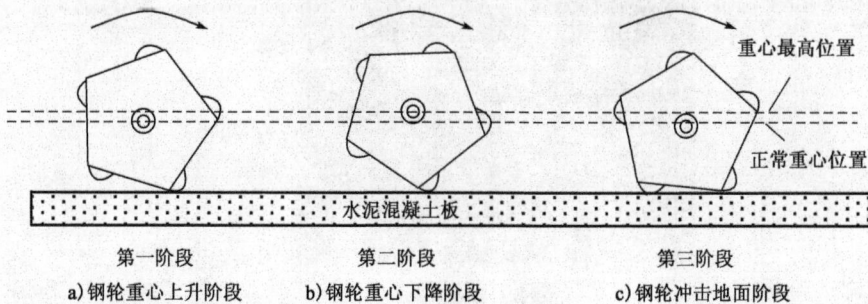

图 4-46 冲击压实作用示意图

(4)冲击压实技术作用机理

冲击压实技术属于深层密实法处理地基的一部分,可视为强夯的一种。冲击压实机通过对旧混凝土板施加很大的冲击能(一般为 15 ~ 25kJ),在地基土中出现的冲击波的动应力,可提高地基土的强度、降低土的压缩性、改善砂土的抗液化条件、消除湿陷性黄土的湿陷性等。

同时,冲击能力还可提高土层的均匀程度,减少将来可能出现的不均匀沉降。

（5）质量控制

冲击压实技术的质量控制需要在路面上布设沉降量高程检测点,在冲击压稳 5 遍、10 遍、15 遍、20 遍时分别测试其高程,当相邻两次测量的高程差 <5mm 时可以结束碾压。

3. 小型机械(风镐)破碎技术

小型机械(风镐)破碎技术是采用挖掘机装凿岩钻头(将履带式挖掘机的挖斗取下,换上气动凿岩钻头)对准水泥混凝土面板冲击,进而凿碎水泥混凝土面板的技术(图 4-47)。该技术适合破损严重的水泥混凝土路面。

由于该机械对准水泥混凝土板定点破碎,可随意控制冲击点位置,比较常用的布点方法是根据破碎块度按梅花形布置破碎点[图 4-47b)]。在路面破碎前标明涵洞、地下管道和排水管的位置,避免在有这些设施的路面上直接破碎。由于风镐破碎工艺对水泥混凝土板的扰动较大,因此,应在接缝和路边附近工作。

a)小型机械(风镐)破碎设备　　　　　　　b)梅花形布置破碎点

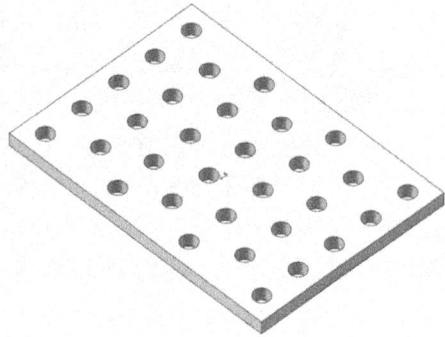

c)破碎后的路面

图 4-47　小型机械(风镐)破碎技术

（1）适用范围

一般而言,水泥混凝土路面出现下列情况时,可以考虑采用小型机械(风镐)破碎技术进行改造。

①旧水泥混凝土路面有大量接缝缺陷:错台、翻浆和角隅破坏等。

②旧水泥混凝土路面板块出现开裂、断板或下沉,大面积需要修补的路段。

③旧水泥混凝土路面断板率大于65%。

④公路近旁有敏感建筑物或设备(安全距离小于5m)不能经受冲击设备引起的地面振动路段。

⑤路面以上净空不受限制,容许加铺新路面的路段。

(2)破碎状态检测与控制

在破碎过程中,要严格控制破碎后水泥混凝土的块径在0.3~0.5m范围内。为避免形成不理想的碎块,应小心谨慎地操作破碎设备。一般会在破碎点附近形成比较明显的裂缝,并且裂缝(纹)贯穿板底,在破碎时应控制好破碎设备,既要使裂缝贯穿板底,又要尽可能减小风镐对板的扰动,从而保全原路面所具有的部分结构强度。

(3)回弹模量的检测与控制

水泥混凝土路面板破碎后应采用承载板法进行破碎后的回弹模量的测试,测试点的位置选在破碎点上方和破碎板块中央。由于风镐破碎工艺采用定点破碎的工艺,在破碎点处的回弹模量较小,板块中央的回弹模量较大,导致破碎后路面的强度均匀性差。因此,在破碎完成后,需要采用重型胶轮压路机(不小于20t)进行压稳,碾压遍数一般为3~5遍。

(二)碎石化技术

碎石化技术是目前解决反射裂缝问题的有效方法。破碎并压实的混凝土路面是由破碎混凝土块组成的紧密结合、内部嵌挤、具有最大密度的材料层,可以为热拌沥青混合料罩面提供更高的结构强度。该破碎工艺施工简便迅速、综合造价较低、环保、无污染,碎石化的根本目的在于消除反射裂缝产生的可能性。

1.多锤头破碎技术(Multiple Head Breaker, MHB)

多锤头碎石化技术是采用多锤头式破碎设备将水泥混凝土路面破碎成上层不大于75mm、中间层不大于225mm、底层不大于375mm的混凝土块,用以限制新铺的沥青罩面上出现的反射裂缝,形成一个用于热拌沥青混合料面层或新加铺水泥混凝土面层所需的均匀基层的技术。

(1)多锤头碎石化设备

①多锤头破碎机(图4-48)

以HB4000-Ⅱ型多锤头破碎机为例,该设备后部有2排重锤,具有橡胶轮胎,以柴油机作为动力源,该设备所携带的重锤质量为454~544.8kg,分两排成对装配在整台设备的尾部(后排重锤对角地装配在前排重锤间隙中心),每对重锤单独地以一套液压提升系统为动力,在破碎时按一定规律下落,锤头的提升高度可在0.8~1.3m调节,同时多锤头破碎设备具备一次破碎宽度达3.75m车道的能力,有帷幕以防止碎屑飞溅。重锤下落时可产生1.38~11.1kJ的冲击能量。这种设备的典型工作效率是3 600~4 500m²/台班。该设备破碎后的颗粒尺寸是可控制的,颗粒范围在75~300mm可取得良好的使用效果。控制破碎后颗粒尺寸可通过控制重锤下落高度和刀距来实现。

②Z型钢轮压路机(图4-49)

Z型钢轮压路机为单压实轮,自装配、自动力,携带Z型钢箍通过螺栓固定在压实轮表面,振动压路机的最小毛重不低于20t,而且能进行振动压实。其作用为:保证轮下颗粒不至于向外挤出；对表面颗粒有更好的压碎效果，有利于表面平整。Z型钢轮压路机的钢箍分横向花纹和纵向花纹两种。

a) 多锤头破碎机

b) 破碎后路面

图4-48　多锤头破碎机及破碎后的路面

图4-49　Z型钢轮压路机

③振动钢轮压路机

振动钢轮压路机为单振动轮，自装备动力，最小自重不小于14t，施工中应采用振动压实，在Z型压路机之后压实破碎后的混凝土表面，并为HMA罩面提供较为平坦的工作面，也用于修复破碎后通车的特殊路段。

（2）碎石化层的形成

多锤头碎石化是通过重锤下落产生的高频低幅的波动冲击力来进行破碎，破碎时的能量会传播到较大的深度范围，同时，由于水泥混凝土板块吸收能量满足从近到远递减的规律，因而碎石化层并不是一个均匀的层次。破碎后的混凝土颗粒粒径沿深度方向递增。可以根据物理特性沿板块厚度方向，将其简化为松散层、碎石化层上部和碎石化层下部三个子层次。顶层颗粒吸收的能量最充足，水泥混凝土板块震裂成片状颗粒，且由于其与重锤锤刃直接接触，所受到的扰动很大，混凝土颗粒无法形成嵌锁，而在表面形成一个松散层（图4-50）。经Z型压路机的进一步破碎（图4-51），以及光轮压路机的压实（图4-52），这种松散状况得到一定程度的改善。

图4-50　多锤头破碎后表面

图4-51　Z型压路机碾压后表面

目前,一般采用在碎石化层顶面洒布乳化沥青透层油并抛撒石屑的方法来防止层间的滑移(图4-53)。在理想的情况下,乳化沥青完全渗透松散层,增强了其与下面稳定层次间的联系,但由于其不能填满颗粒间的缝隙,该层次形成骨架—空隙结构。

图4-52 光轮压路机碾压后表面

图4-53 洒布透层油后表面

碎石化层下部的颗粒离顶面较远,碎石化裂纹数量远小于上部层次,且由于吸收不到充分的能量扩张连通,大部分裂纹都存在于混凝土颗粒内部,在预压应力的作用下无法继续扩张。从微观角度讲,该层次的混凝土颗粒粒径较大,而大颗粒间缺乏充足的次级颗粒来填充空隙,可以认为该层次属于骨架—空隙结构。从宏观角度讲,该层次的混凝土颗粒粒径甚至大于该层次的厚度,在结构上更近似于块料路面。

总之,多锤头碎石化设备破碎后其颗粒粒径在不同深度处是不同的,上部板块破碎成粒径更小的颗粒,而下面部分粒径则较大(达到3 750m左右),破碎后形成的裂纹不是竖向贯穿,这样水泥混凝土板块碎裂后除表面局部厚度范围(小于75mm)外,在其原位形成了裂而不碎的嵌挤效果。

(3)强度形成机理

随着混凝土颗粒粒径沿深度方向的递增,可以近似地将碎石化层分为松散层、碎石化层上部和碎石化层。

①松散层

碎石化后洒布的乳化沥青一定程度上增强了混凝土颗粒之间的黏结力,但其更主要的作用是加强与下面稳定层次的连接,松散层仍按嵌挤的原则形成强度。其强度的形成原理类似于纯碎石材料,属于松散粒料材料。由于缺乏胶结料,松散层是按嵌挤原则产生强度,它的抗剪强度主要决定于剪切面上的法向应力和材料的内摩阻角。包括剪切面上粒料表面间的相互滑动产生的摩擦力、因剪切时体积膨胀而需克服的阻力和因粒料重新排列而受到的阻力。

②碎石化层下部

碎石化层下部是由粒径300mm左右的混凝土块体组成的,由于块体很小,该层次无法像原水泥混凝土路面板那样靠板体的挠曲来扩散荷载;由于连通裂缝的存在,也不能像其上层次那样靠结构层的连续性来扩散荷载。连通裂缝是碎石化层下部的不连续部位,它们的存在使混凝土块体间不能传递弯拉应力。但块体间的嵌锁咬合使连通裂缝产生了"拱效应",从而具备传递剪力的可能。在多锤头破碎完毕时,碎石化层下部大部分混凝土块体即能稳固在基层上,部分脱空较严重的区域内的块体未完全稳固的,在行车荷载作用下,经自适应调整亦能得到稳固。此时,块体间获得稳定的嵌锁,形成一个稳定的弹性工作层。标准荷载 BZZ-100 的荷载直径为 213mm,传递到碎石化层下部顶面时,由于双圆荷载的叠加以及其上层次的扩散,其直径远大于 230mm。可以断定,当加铺层顶面作用标准荷载时,碎石化层下部的受荷面积覆盖多块块体。当该层次在荷载作用下产生弯沉时,这些受荷块体必然发生微小的转动。由于该层内块体已处于稳定的嵌挤平衡状态,任何块体的微小转动都受到其周围块体的约束,从而产生水平向的压力,如图 4-54 所示。

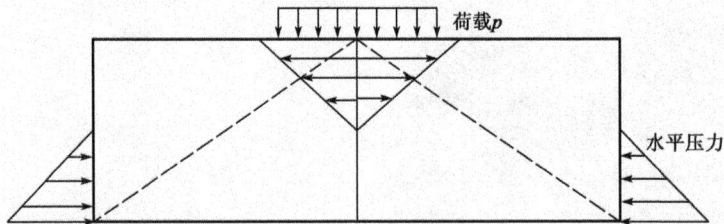

图 4-54　水平挤压力的产生

正是水平向的挤压力、碎石块间的预压应力和荷载作用下碎石块间的竖向相对移动趋势,使得碎石块接触面上产生了竖向抗力,从而提升了块体间竖向抗剪强度。荷载越大,弯沉就越大,碎石块转动角度越大,相应水平挤压力就越强,荷载也就被扩散到更大的范围。

（4）质量控制标准及质量检测方法

①碎石化后的粒径范围

碎石化后的粒径是控制未来加铺结构不出现早期反射裂缝的关键参数,从强度角度而言,碎石化后粒径太小会使强度降低很多,这时虽能减少反射裂缝可能,但也带来了原板块强度的浪费,所以碎石化后颗粒粒径不宜控制得过细;较大时又不利于抑制反射裂缝的产生,所以要对粒径范围作出一定限制。粒径控制的标准可参考表 4-37。

碎石化后粒径控制范围　　　　　　　　　　　　　　　　表 4-37

厚度范围	板块顶面以上	上部 1/2 厚度	下部 1/2 厚度
粒径范围	<75mm	<225mm	<375mm

②粒径检测方法

对粒径的确认应通过开挖试坑后卷尺结合目测的方式进行(试坑面积为 $1 \times 1m^2$,深度要求达到基层),单幅路面破碎长度超过 1km 时,每 1km 要补充 1~2 个试坑,验证粒径是否满足要求,如果不满足要做小幅调整(图 4-55)。

图 4-55　开挖试坑检测破碎粒径

③顶面的当量回弹模量

一般情况下可将碎石化层顶面上的强度特性作为碎石化及其下层结构的代表强度,即顶面当量回弹模量。可采用承载板法测试碎石化层顶面上的当量回弹模量(图4-56),根据试验段测试结果,回弹模量平均值控制范围宜为200~300MPa。我国刚性路面设计规范中对基层顶面当量回弹模量按可靠度设计标准表要求。碎石化后结构层作为新路面结构的基层,可参照这一可靠度标准取值(表4-38和表4-39)。

a)   b)

图4-56 承载板试验

可靠度设计标准表   表4-38

公路技术等级	高速公路	一级公路	二级公路	三级公路	四级公路
安全等级	一级	一级	二级	三级	三级
目标可靠度(%)	95	90	85	80	70
变异水平等级	低	低~中	中	中~高	中~高

变 异 系 数 表   表4-39

变异水平等级	低	中	高
基层顶面当量回弹模量	$0.15 \leqslant C_v \leqslant 0.25$	$0.25 < C_v \leqslant 0.35$	$0.35 < C_v \leqslant 0.55$

④锤头高度和锤头间距对回弹模量的影响

回弹模量平均值和偏差相关测试可按照至少6个有效数据/公里(剔除强度特殊点后的数据)标准进行,施工中一般采用固定的落锤频率,实际施工中可以方便调节的只有落锤高度和多锤头的行进速度(确定锤迹间距)。

当门板间距固定时,碎石化后路面的回弹模量随着多锤头提升高度的增加而减小。当锤头高度固定时,碎石化后路面的回弹模量随着多锤头提升高度的增加而增大。碎石化层顶面的均匀性随着落锤高度的增大和间距增大而变差。落锤间距应在保证碎石化层顶面强度均匀性的同时,使其强度尽可能大。

(5)适用性

一般而言,水泥混凝土路面出现下列情况时,可以考虑进行多锤头碎石化改造技术。

①水泥混凝土路面有大量病害:错台、翻浆和角隅破坏等达到总接缝长度的20%以上。

②板块出现开裂、断板或下沉，需要修补的面积达到路面总面积的 20% ~ 70%。

③水泥混凝土路面基层及面层厚度超过 330mm 的。

④20% 的路面面板已被修补或需要被修补。

⑤混凝土路面断板率介于 20% ~ 45%。

⑥其他认为需要碎石化的路段。

⑦下列情况建议不要使用碎石化技术：

A. 旧路改建中遇到的挡墙、桥梁和涵洞等的承载力不足以承受再生设备荷载需加固的路段。

B. 公路旁有敏感建筑物或设备（安全距离小于 5m）不能经受再生设备引起的地面振动路段。

C. 路面以上受净空限制，不容许加铺新路面的路段。

2. 共振破碎技术（RMI：Resonant Machine Incorporation）

共振型碎石化机械是由凸轮转动产生的偏心力在机械与水泥混凝土路面接触处产生高频低幅的振动进行破碎的，这种碎石化工艺的破碎能力大部分被水泥混凝土板块所吸收，所以碎石化后产生的颗粒粒径相对于重锤破碎机械设备要小，其破碎时的影响范围也较小，见图 4-57、图 4-58。因为破碎功的传递规律，碎石化后水泥混凝土板块碎裂成的颗粒粒径随深度变化是不同的，上面部分粒径较小，下面部分较大。破碎后颗粒之间有着良好的嵌挤作用，在通过压路机压实后，形成了坚实稳定的沥青混凝土加铺层的基层。当用共振型碎石化机械粉碎完成后，用 10t 振动滚筒式沥青混凝土摊铺机在表面碾压一遍，为以后的摊铺做准备。

a)共振破碎机

b)共振破碎侧面

c)共振破碎侧面

d)共振破碎后路面

图 4-57　共振碎石化技术

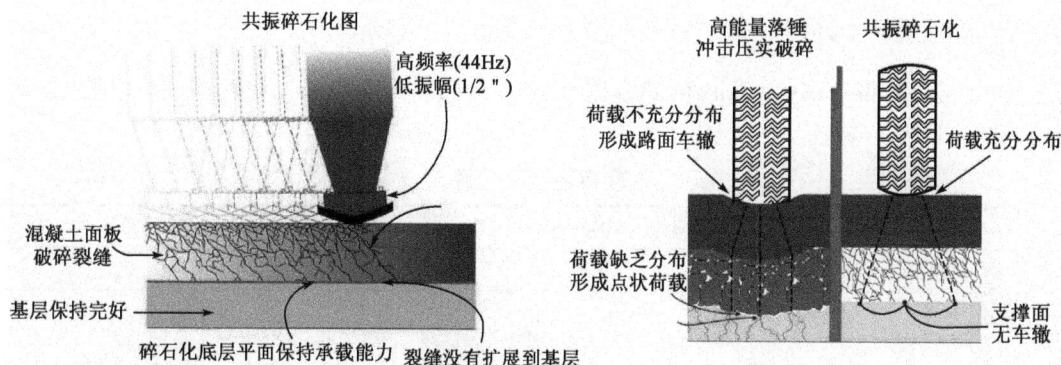

图 4-58 RMI 共振破碎机理

美国沥青协会 AI 将碎石化定义为:碎石化是一种将水泥混凝土路面破碎成小碎粒的工艺。碎粒的大小从上面部分的呈沙粒大小到下面部分的最大粒径为 230mm。钢筋应与破碎路面的所有碎粒分离,破碎的碎粒应呈一定角度相互啮合。

该定义准确地描述了共振破碎混凝土路面的工艺,也指出了共振碎石化所要做的三个主要工作:

(1)共振破碎就是一种将水泥混凝土路面破碎成小碎粒的工艺。

(2)碎粒的大小从上面部分的呈沙粒大小到下面部分的最大粒径为 230mm。

(3)钢筋应与破碎路面的所有碎粒分离,破碎的碎粒呈一定角度相互啮合。

第八节　沥青路面大中修养护方案选择流程示例

本节将以示例形式(主要数据来自《公路沥青路面大中修养护设计规范》报批稿)简要说明沥青路面大中修养护方案选择流程。按照《公路沥青路面大中修养护设计规范》的要求,沥青路面大中修养护设计工作主要分为六个过程。

(1)基础资料调查:收集项目路段的基础资料,包括道路基本信息、养护历史、路面结构、沿线自然气候条件、设计文件以及相关经济参数等。

(2)交通量调查与分析:调查收集项目路段历年的交通量组成和轴载分布数据,预测交通量增长率。

(3)路况检测与评价:开展详细的数据检测和分析工作,包括路面损坏状况、路面结构性能、路面功能性能、路面排水状况等。

(4)养护技术对策选择:根据路面检测与评价结果,划分需单独进行设计的子路段,并对各子路段进行重点检测,确定主导损坏,诊断各病害的成因,确定养护性质,选择合适的养护对策。

(5)养护设计:根据各子路段养护对策选择结果,进行详细的方案设计,包括病害处治方案、材料设计、施工工艺要求、施工组织等。

(6)方案比选:针对各候选方案,进行技术、经济、社会、环保等综合比选,选择最终的养护方案。

一、基础资料调查

某二级公路，设计车速 60km/h，路基宽度为 12m，路面宽度为 9m，全长 44km。经调查，现有路面结构见表 4-40。

现 有 路 面 结 构 表 4-40

桩号	K1456＋000～K1496＋000	K1496＋000～K1500＋000
路段长度	40km	4km
路面结构	3cm AC-10 4cm AC-16 20cm 水泥稳定碎石 6.5cm 沥青混凝土 20cm 天然砂砾	4cm AC-13 6cm AC-20 20cm 水泥稳定碎石 20cm 水泥稳定碎石 20cm 级配碎石

对项目路段沿线的自然气候条件、相关设计文件以及材料单价等进行了调查。

二、交通量调查与分析

收集路段交通量观测数据，并进行整理分析，见表 4-41。

交 通 量 状 况 表 表 4-41

年份	2011	2012	2013	2014	2015
年平均日交通量（辆/日）	3 400	3 500	3 650	3 800	4 130

2015 年，大客车及中型和中型以上货车的比例为 37.93%，交通量为 940 辆/（d·车道）（车道系数 0.6），对照《公路沥青路面设计规范》（JTG D50—2006），属于中等交通等级。调查轴载分布情况，见表 4-42。

轴载分布情况表 表 4-42

前轴重（kN）	后轴重（kN）	后轴数	后轴轮组数	后轴距（m）	日交通量（辆/d）
23.7	68.7	1	2	—	160
50.7	113.3	3	2	4	120
32	72.2	1	2	—	210
73.00	92.50	2	2	2	110
24.00	48.00	1	2	—	160
74	75	2	2	2	130
67	102.5	4	2	2	50

如果不能调查到表 4-40 的详细程度，至少应调查不同轴数的车辆数，然后选取一个对应的车辆型号作为代表车型，确定各个轴的轴重等参数。

根据调查，交通量增长率为 5%。

三、路况检测与评价

采用路面自动弯沉仪检测路面的弯沉，采用路面检测车检测路面损坏（包括车辙）和路面平整度等指标，并以 1 000m 为基本评价单元进行路面总体状况评价，计算各评价单元的路面结构强度指数 PSSI、路面损坏状况指数 PCI 和路面行驶质量指数 RQI,评价结果见图 4-59。

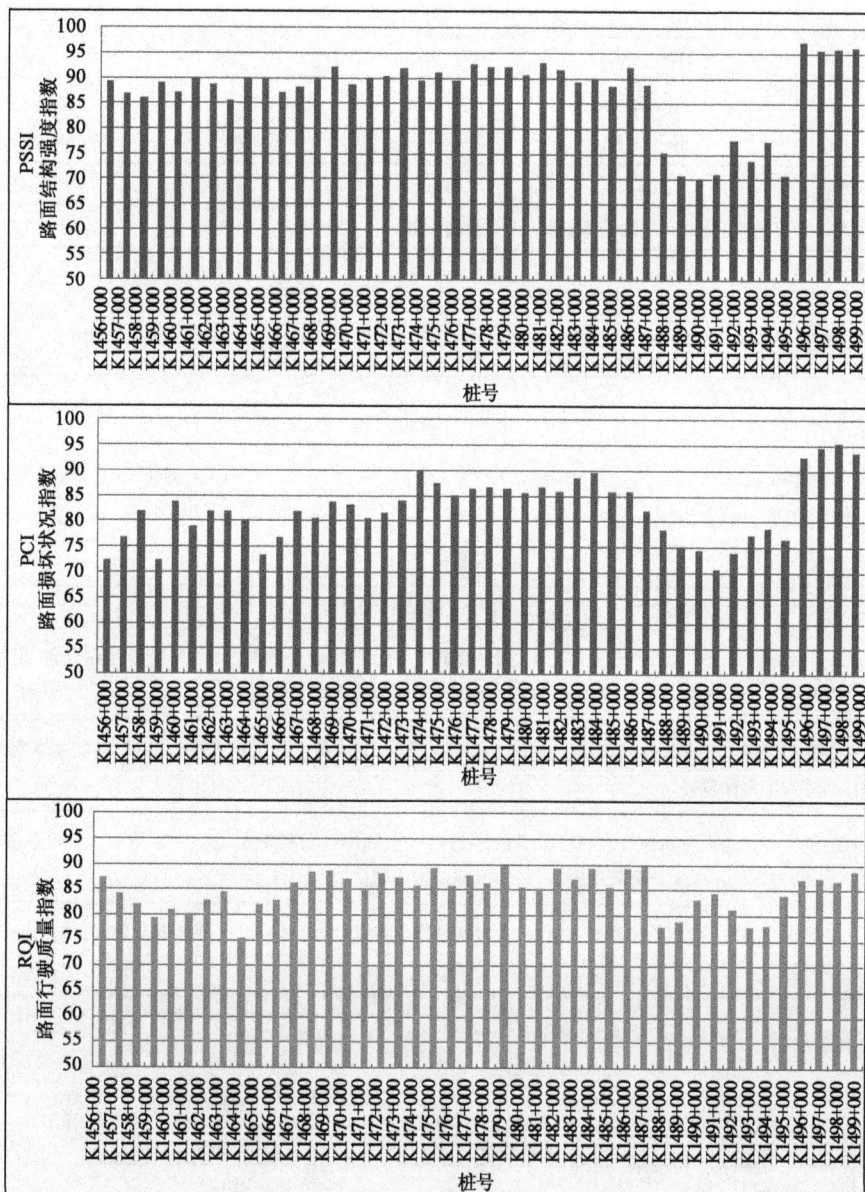

图 4-59 路面技术状况评价结果图

四、养护对策选择

选择养护对策前,应根据调查评价结果对所调查的路段进行二次划分,进行各子路段路面各种病害的详细检测、定位,并诊断病害原因,确定养护性质(大修或中修),初选养护技术对策范围。

1.子路段划分

将公路等级和交通量相同、路面技术状况相似的路段化为一类。共划分为 4 个子路段,见

表 4-43。

路 段 状 况 表　　　　　　　　　　　　　　　　　表 4-43

路段	子路段 A	子路段 B	子路段 C	子路段 D
桩号范围	K1456 + 000 ~ K1467 + 000	K1467 + 000 ~ K1487 + 000	K1487 + 000 ~ K1496 + 000	K1496 + 000 ~ K1500 + 000
路段长度	11km	20km	9km	4km
主要病害	横向裂缝和轻微的车辙	横向裂缝	龟裂	病害较少
PCI 均值/评定等级	78.2/中	85.1/良	75.6/中	94.1/优
RQI 均值/评定等级	81.9/良	87.5/良	80.6/良	87.5/良
PSSI 均值/评定等级	88.1/良	90.6/优	73.3/中	96.3/优

2. 重点详细检测

根据各子路段的路况特点,采用钻芯取样、室内材料试验和雷达无损检测等方法,对各子路段进行详细检测,检测结果见表 4-44。

钻芯取样结果表　　　　　　　　　　　　　　　　　表 4-44

路　段	重点检测结果
子路段 A	车辙深度较小,未产生流动性变形,横向裂缝大多已贯穿面层和基层,面层材料存在老化,但不严重,沥青含量和级配符合规范要求,基层基本完好,路面内部结构均匀性较好
子路段 B	横向裂缝主要源于收缩裂缝,面层材料略有老化,沥青含量和级配符合规范要求,基层基本完好,路面内部结构均匀性较好
子路段 C	龟裂处的路面弯沉值较大,基层已经松散,路表完好位置处的基层也存在断裂现象。沥青材料老化严重,沥青含量和级配符合规范要求,路面内部结构均匀性差
子路段 D	路面病害较少,面层和基层完整,沥青材料性能良好,沥青含量和级配符合规范要求,路面内部结构均匀性较好

3. 病害诊断

通过病害的详细踏勘,并结合重点检测结果,分析各子路段主要病害的产生原因,见表 4-45。

病害诊断结果表　　　　　　　　　　　　　　　　　表 4-45

路段	主要病害	主要损坏原因
子路段 A	横向裂缝和车辙	车辙属于荷载产生的压密型车辙,横向裂缝多数已贯穿面层和基层,属于半刚性基层的反射裂缝
子路段 B	横向裂缝	半刚性基层的反射裂缝
子路段 C	龟裂	路面承载能力不足,沥青材料老化
子路段 D	病害较少	—

4. 养护对策选择

分析各子路段的路况评价结果和病害诊断结果,结合项目路段的自然环境、交通量和养护历史,确定其养护性质,选择相应的养护对策,见表 4-46。

养 护 对 策 表　　　　　　　　　　　　　　　　　　　　表4-46

路段	养护性质	养护对策范围
子路段A	中修	局部病害处治,加铺面层罩面,防止反射裂缝
子路段B	预防性养护	局部病害处治,采取预防性养护措施
子路段C	大修	挖除旧路面面层、基层现场再生、加铺一层基层、重铺路面面层
子路段D	日常养护	加强日常养护

五、养护方案设计

养护方案设计阶段主要根据各设计路段的养护对策选择结果,进行详细的方案设计。大修方案的设计目标为"十年不大修",中修和预防性养护的设计目标是保证甚至延长原路面的使用寿命。大修路段设计年限内计算弯沉的累计当量轴载作用次数 N_e 为 7.87×10^6 次/车道,拉应力验算 N_e 为 9.49×10^6 次/车道。设计结果见表4-47。

养 护 方 案 表　　　　　　　　　　　　　　　　　　　　表4-47

路段	桩号范围	路段长度	养护方案	
子路段A	K1456+000 ~ K1467+000	11km	加铺40mm AC-13 旧路面局部处治	
子路段B	K1467+000 ~ K1474+000	7km	方案一	25mm AC-10 旧路面局部处治
			方案二	双层微表处 旧路面局部处治
	K1474+000 ~ K1487+000	13km	单层微表处 旧路面局部处治	
子路段C	K1487+000 ~ K1496+000	9km	方案一	回收原路面沥青层后,采用如下结构: 40mm AC-13 80mm 泡沫沥青厂拌再生原沥青面层回收料 200mm 水泥稳定碎石 200mm 原基层就地冷再生(5%水泥稳定) 原下承层
			方案二	回收原路面沥青层后,采用如下结构: 40mm AC-13 80mm 厂拌热再生 AC-16 200mm 水泥稳定碎石 200mm 原基层就地冷再生(5%水泥稳定) 原下承层
子路段D	K1496+000 ~ K1500+000	4km	日常养护	

中修和预防性养护不需要对路面方案进行结构验算。路段C各大修方案路面结构计算参数和结果,见表4-48。

大修路段路面结构计算结果表 表 4-48

方案	方案一	方案二
计算弯沉(0.01mm)	24.1	23.0
设计弯沉(0.01mm)	27.6	27.6
应力验算	通过	通过

六、方案比选

对候选方案进行经济和技术综合评价,选择技术可行、长期效益好的养护方案。以路段 C 为例,进行方案比选。

方案一充分利用了旧路面面层材料,泡沫沥青厂拌冷再生旧面层回收料再利用率可达70%。方案二的厂拌热再生掺加30%的面层旧料。泡沫沥青厂拌冷再生混合料的抗车辙和防反射裂缝性能优于厂拌热再生混合料。综合上述分析,方案一优于方案二,推荐采用方案一。

【复习思考题】

1. 水泥混凝土路面养护内容有哪些?
2. 简述沥青路面日常养护工作的内容。
3. 我国高速公路及一级公路沥青路面的养护对策有哪些?
4. 我国高速公路及一级公路水泥混凝土路面的主要养护对策是什么?
5. 我国二级及二级以下公路水泥混凝土路面的主要养护对策是什么?
6. 简述沥青路面裂缝的类型、成因及维修方法。
7. 简述沥青路面波浪的维修方法。
8. 简述沥青路面沉陷的维修方法。
9. 简述沥青路面车辙病害的成因、特点及维修方法。
10. 简述沥青路面坑槽的维修方法。
11. 什么是沥青路面预防性养护? 其主要类型包括哪些。
12. 简述沥青路面预防性养护的适用条件。
13. 简述乳化沥青稀浆封层的特性及适用场合。
14. 简述沥青路面再生的定义及分类。
15. 沥青路面再生的意义是什么?
16. 简述水泥混凝土路面裂缝的维修方法。
17. 水泥混凝土路面改善的主要技术途径有哪些?
18. 简述碎石化技术的适用条件。

第五章

公路防灾与冬季养护

【学习目的与要求】

通过本章的学习,了解公路防灾减灾工作的主要内容,掌握公路水毁的预防、抢修与治理方法,掌握公路沙害、涎流冰、雪害的防治措施,了解公路冬季养护技术。

公路在运营过程中会遇到自然灾害及恶劣天气的侵害,如暴雨、冰雪、风沙、大雾等。尽管这些情况发生的机会较小,但造成的危害很大,严重的会导致交通完全中断。因此,公路防灾与冬季养护是公路养护的重要工作之一,必须采取行之有效的措施,防止洪水和流冰侵袭公路,造成公路构造物的破坏;防止路面积雪和积沙影响行车安全或阻碍交通。

第一节　公路防灾的主要内容

公路防灾的主要内容包括:水毁的预防、抢修与治理,沙害的防治,冰害的预防,雪害的预防。

公路防灾应遵循"预防为主,防治结合"的方针。根据当地的水文条件、气候特点、公路状况,加强公路防灾(防洪、防冰、防雪和防沙)能力,定期检查和观察,分析掌握路段、桥隧的抗灾害能力,给出必要的预防措施和应急抢修技术方案。

对于重要工程和水毁、雪阻、沙阻多发路段，应事先储备必要的材料和机械设备，一旦发生毁阻，应按"先抢通后修复"的原则，及时组织抢修，以保证公路正常通行。

应建立公路防灾和重大突发事件处置的预案，对可能发生灾害的路段，应加强检查、检测，建立各类检查、检测档案，提倡灾害预警体系建设。

第二节 公路水毁的预防、抢修与治理

公路水毁是指暴雨、洪水对公路造成的各种损毁（图 5-1）。水毁的预防是在雨季和洪水来临之前为防止或减轻暴雨和洪水对公路的危害而进行的工作，其内容主要包括：

（1）防止大量漂浮物急剧下冲。

（2）清疏各种排水系统。

（3）修理、加固和改善各类构造物。

（4）检修防洪设备，备足抢护的材料、工具以及救生、照明和通信等设备。

a)　　　　　　　　　　　　　　　　b)

图 5-1 公路水毁

一、汛前技术检查和洪水观测

为防止水毁，在汛期应进行必要的水文观测，掌握洪水的动态；并与当地气象水文部门取得密切联系，及时收集水、雨情况的预报资料或向沿河居民进行调查，预先了解洪水的强度、到达时间和变化情况，以判断对公路的危害性。同时，应注意积累和保存观测资料，作为今后制订公路改善和加固措施的依据。汛前检查重点工作内容主要包括：

（1）检查公路防排水系统

检查其设施是否良好，对受损设施应做好记录，并在汛期到来之前完成修复；检查其功能是否正常，及时清理各种淤积、堵塞；检查其系统是否适应，对防排水系统本身的不足之处和因环境变化引起的不适应部分进行分析记录，适时进行完善。

（2）检查公路上边坡、下边坡、挡墙和路基的稳定性

检查其是否存在裂缝，是否产生位移、滑动，边坡是否存在危石，各类情况要做好记录，存在问题应及时处治；对上边坡、下边坡、挡墙和路基的稳定性以每公里为单位，分三类作出初步评价（基本稳定、易受水毁、存在缺陷），对易受水毁路段要加强观察，对存在缺陷路段应在汛期前采取措施进行防患。

（3）检查各类结构物的稳定性和桥涵的泄洪能力

在汛前检查中查出的隐患,应在雨季、汛期之前处治完毕。

洪水期顺流急下的巨大漂浮物对下游的桥梁构成极大的威胁,因此,首先要对桥梁上游沿河的根部被淘空的树木、竹林以及洪水位以下的竹、木、柴、草和未系结牢固的竹、木排筏进行检查,做必要的处理。为避免漂浮物撞击墩台,可在墩台前设置护墩体。

各种构造物的基础如有淘空现象应及时处治。当河床冲刷严重危及墩台基础时,除必要时在上游设置调治构造物外,还可根据河床水位的高低,在枯水期铺砌单层、双层块(片)石护底,或采用沉柴排、沉石笼以及抛石块护基处理。

防止透水路堤淤塞是预防其水毁的关键。如发现水流混浊,水中含有较多黏土颗粒时,应在上游设置过滤堰,见图5-2。

如水流中夹带较多杂物,或地势平坦、沟底土质松软时,可在进水口周围土中打入小木桩,桩顶比最高水位高出200mm。木桩上用竹片或柳条编成护篱,或者直接用耐特龙塑料做成护篱,并在洪水期经常清除杂物,见图5-3。

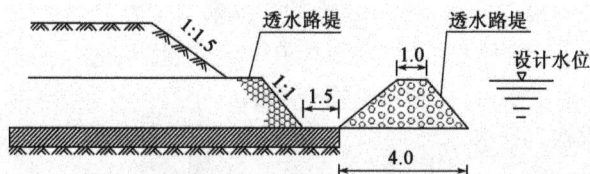

图5-2 过滤堰(尺寸单位:m)　　　　图5-3 弧形防护篱

在汛期应进行必要的水文观测。洪水观测的主要内容包括:水位观测、流速观测、河床横断面和冲刷深度观测,以及流向观测等。

①水位观测

桥梁的水位观测,可借助设在桥墩上的固定水位标尺或水准仪进行。

平曲线凹岸、导流堤、丁坝和护岸等调治构造物的水位观测,可视工程设施的重要性,设置固定水尺或临时水尺进行。

②流速观测

大型桥梁在观测水位的同时应进行流速观测。其他构造物是否进行流速观测,视构造物的重要性及水毁后的危害性等实际情况确定。

③河床横断面和冲刷深度观测

不稳定河床上的桥梁,一般应在桥位及上、下游各50m处测3个横断面。稳定河床上的桥梁可只测桥位处的横断面。

深槽区桥墩、浅埋式基础及丁坝和导流堤等调治构造物宜在最前面、堤头等水流冲击处,观测洪水期间的局部冲刷深度变化。观测时间应与流速时间相对应。

④流向观测

不稳定河床或平曲线处应进行水流流向观测,并观测不同水位时的流向变化情况。

特大桥、大桥和河床处于不良状态的中桥,洪水观测的主要内容是:桥位处及桥下洪水水位变化、流速、流向、浪高、漂流物等,以及河床横断面变化的观测。一般情况下,桥梁只观测和记录当年的最高水位。

沿河公路受洪水顶冲部位和平曲线凹岸洪水观测的主要内容是:洪水水位、顶冲角(或洪水流向)、流速的观测,并测记洪水前后路基的变化情况。一般情况下,主要进行水位观测。

导流堤、丁坝和护岸等调治构造物应观测洪水时的工作情况,重要地段的调治构造物应观测最高洪水位及洪水前后基础附近河床的冲刷深度。一般情况下不进行专门的水位观测。

二、水毁的抢修

为有效地进行抢护工作,公路管理机构对所辖路段的水毁抢护工作应统筹安排。易毁路段和构造物应设专门的抢护队伍守护,准备足够的抢护材料、工具、用具以及救生、照明和通信设备等。当洪水对公路产生破坏时,应进行紧急抢护,做到采取应急措施,不使水害扩大;尽快抢修,维持安全通车。

对抗洪能力不足的桥梁,汛期应有专人负责查看,发现险情应及时进行抢护,根据不同情况采取下列措施:

(1)如桥涵墩台、引道、护坡、锥坡或河床发生冲刷危及整个构造物时,应采取抛石、沉放沙袋等应急措施。注意不能抛填过多,以免减少泄水面积而增大冲刷强度。

(2)遇有特大洪水,采用抢护措施后仍不能保全的重要桥梁,在紧急情况下,经报请上级主管部门批准,可用爆破炸开桥头引道宣泄洪水,以保护主桥安全度汛。

(3)为防止桥涵、路堤、导流坝等被水浪冲击和水流冲刷,可因地制宜采用各种防浪措施,如土袋、石袋防浪,芦排、草袋防浪,石笼防浪等。

(4)当路堤有被洪水淹没的危险时,可在临河一面的路肩上,用草袋或黏土筑成土埂临时挡水,以防洪水冲毁路面,洪水过后即可拆除。

山区公路常因雨季山洪暴发而发生水毁,常用的防洪措施有:

(1)在挖方路基上边坡顶外开挖截水沟,将大量雨水引到路基外排出。

(2)加宽加深边沟,不使边沟漫溢冲刷路基,并采取石砌边沟、路肩保护路基。

(3)在重要路段修筑石砌护坡或护墙,防止洪水冲刷路基。

三、水毁的成因及治理对策

本节重点介绍山区泥石流和沿河路基水毁的成因及治理对策。

1. 山区泥石流

山岭地区,暴雨或融雪水挟带大量土、石等固体物质汇入沟谷,形成突然的、短暂的、间歇的破坏性水流称为泥石流。

泥石流是在坡面土体疏松、植被稀少、边坡陡峻($30° \sim 35°$以上)、细沟微谷发育条件下,由于大强度暴雨或融雪水的作用而形成的。按其物质组成和运动特性可分为黏性泥石流、稀性泥石流。

(1)黏性泥石流(图5-4)。固体物质含量达$40\% \sim 60\%$,最高可达80%,含有大量黏土和粉土并挟有石块,水和固态物质凝聚为黏稠的整体,以相同的速度做整体运动,大石块漂浮于表面而不下沉。流经弯道时有超高和裁弯取直作用,破坏性极大。

(2)稀性泥石流(图5-5)。固体物质含量$10\% \sim 40\%$,黏土和粉土含量少,水和固体物质不能形成整体,水砂构成的泥浆速度远大于石块速度,石块在床面以滚动方式运动,并有一定的分散性。

泥石流的治理,应遵循下列原则。

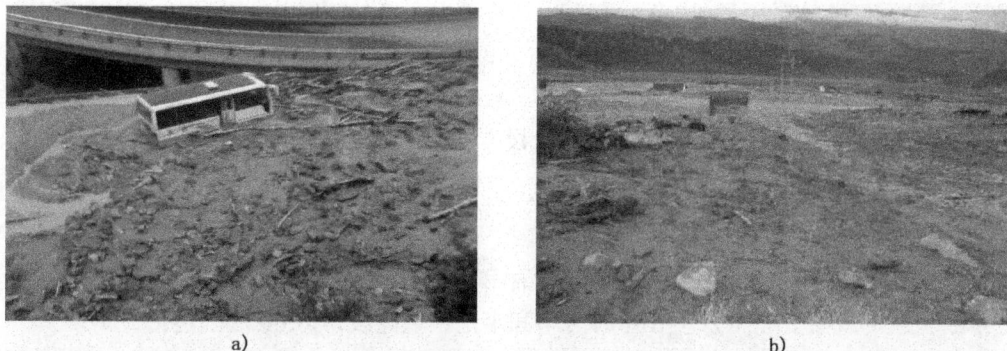

图 5-4　黏性泥石流

图 5-5　稀性泥石流

（1）当发生频度大的黏性泥石流及规模较大的稀性泥石流时，经技术经济比较，宜采取改线绕避，无法绕避时须避重就轻选择线路。

（2）调治构造物的布设，应根据路段和桥梁所在位置，结合地形、沟槽宽度、泥石流性质、流势及其发展变化规律进行综合考虑确定，宜导不宜挑。

（3）对于危害性大、涉及面广，且当地人类活动、经济设施有可能促使泥石流发育时，宜与有关部门协商，进行工程和生物水土保持相结合的综合治理。

在泥石流流经区域的地形、地质及储淤条件较好时，可修建拦挡坝或停淤场。拦挡坝成群修筑，坝间距离应按下游回淤的泥沙能对上一道坝起到防冲护基作用为准。拦挡坝包括实体坝、格栅坝、铁丝石笼坝等多种形式（图5-6）。实体坝适用于各类泥石流沟；格栅坝适用于稀性泥石流沟；铁丝石笼坝为临时性措施，适用于泥流沟。停淤场可设在堆积区中、下部的扇面

a)实体坝　　　　　　　　b)钢制圆筒　　　　　　　c)铁丝石笼坝

图 5-6　拦挡坝示例

宽阔处,或设在两扇间的低洼处。

当桥梁跨过泥石流的山前堆积体,且离其顶端很远时,可根据实际情况采用挑导坝、丁坝、导流堤相结合的综合调治措施。

对于路侧的少量泥石流,应在路肩外缘设置碎落台或修建挡渣墙,并随时清除沉积的泥石。

2. 沿河路基水毁

沿河路基水毁是沿河(溪)公路受洪水顶冲和淘刷,路基发生坍塌或缺断,影响行车安全,乃至中断交通的现象。它常发生在弯曲河岸和半挖半填路段,其主要成因包括:

(1)受洪水顶冲、淘刷的路段,路基缺少必要的防护构造物。

(2)路基防护构造物基础处理不当或埋置深度不足。

(3)半填半挖路基地面排水不良,路面、边沟严重渗水,路基下边坡坡面渗流普遍出露,局部管涌引起路基坍垮。

(4)风浪袭击路基边坡,边坡水蚀严重而引起坍垮。

防治沿河路基水毁主要有设置不漫水丁坝、漫水丁坝和浸水挡土墙等措施,见图5-7。

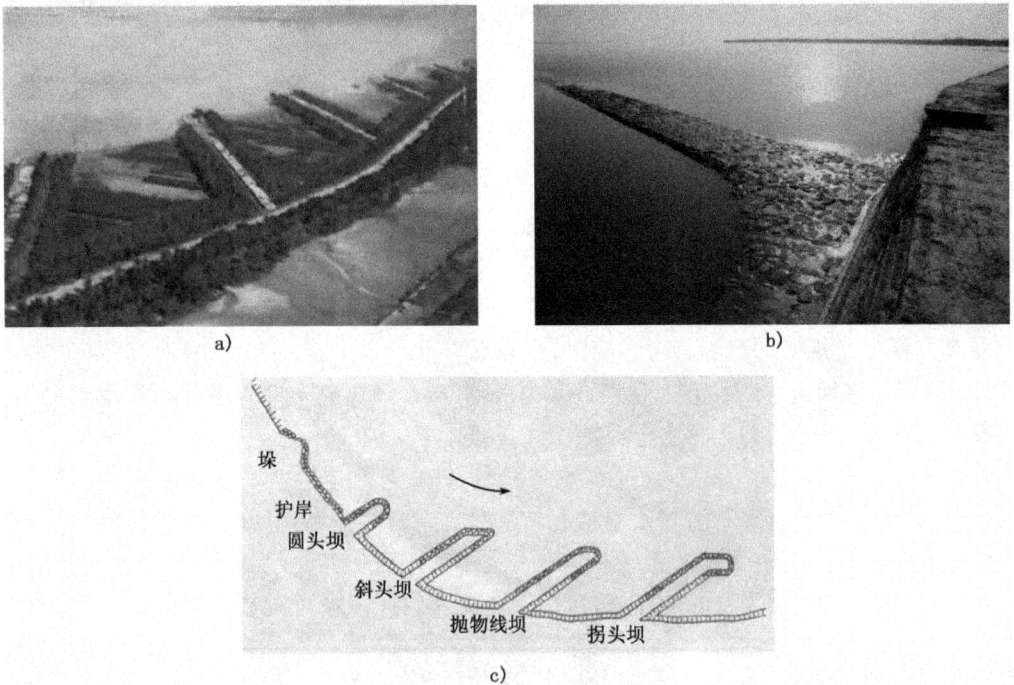

a)

b)

c)

图5-7 丁坝

(1)不漫水丁坝具有防护长度大,易于抢修的优点。

(2)漫水丁坝具有坝身短矮、基础埋置深度浅、易于施工、防护作用好、安全性好的优点。

(3)浸水挡土墙既有支承路基填土的作用,又有防止水流冲刷或淘刷路基的作用。

3. 桥梁水毁

桥梁受洪水冲击,墩台基础冲空,桥头引道断缺乃至桥梁倒塌的现象称为桥梁水毁

（图5-8）。其主要成因包括：

（1）桥梁压缩河床，水流不顺，桥孔偏置时，缺少必要的水流调治构造物；

（2）基础埋深浅又无防护措施。

a)   b)

图5-8 桥梁水毁

防治桥梁水毁的措施，可根据情况增建各种水流调治构造物和墩台基础防护构造物。

（1）增建水流调治构造物防治桥梁水毁

增建水流调治构造物防治桥梁水毁，可采取下列措施。

①稳定、次稳定河段上桥梁水毁防治，可根据调整桥下滩流和河床冲淤分布的实际需要以及水流流向等情况加以选择。

A.正交桥位，两侧有滩且对称分布时，两侧桥头布置对称的曲线形导流堤。

B.正交桥位，两侧有滩但不对称时，两侧导流堤一般布置成口朝上游的喇叭形。

C.桥位在河流弯道上，凹岸布置直线形导流堤，凸岸布置曲线形导流堤。

D.桥位与河槽正交，一侧引道向上游与滩地斜交，另一侧引道与滩地正交时，斜交侧桥头布置梨形堤，引道上游侧设置短丁坝群。

E.桥位与河槽正交，一侧引道伸向下游与滩地斜交形成"水袋"，另一侧引道与滩地正交时，斜交侧桥头设置曲线形导流堤，引道上游进行边坡加固，并设置小型排水构造物以排除"水袋"积水；正交侧桥头设直线形导流堤。

F.斜交桥位，两侧有滩地对称分布时，根据河槽流向，锐角侧设梨形堤，另一侧设两端带曲线的直线形导流堤。

②不稳定河段上桥梁水毁防治可根据河岸条件、河床地貌以及桥孔位置等采取措施。

A.桥梁位于出山口附近的喇叭形河段上，封闭地形良好，宜对称布置封闭式导流堤。

B.引道阻断支岔，上游可能形成"水袋"。为控制洪水摆动，防止支岔水流冲毁桥头引道，视单侧或双侧有岔及地形情况，可对称或不对称设置封闭式导流堤。

C.一河多桥时，为防止水流直冲两桥间引道路基，可在各桥间设置分水堤。

D.桥梁位于冲积漫流河段的扩散淤积区，一河多桥而流水沟槽又不明显时，宜设置漫水隔坝，并加强桥间路堤防护。

（2）增设冲刷防护构造物防治桥梁墩台水毁

桥梁墩台明挖（浅埋）基础，应根据跨径大小、桥位河段稳定类型，分别增建基础防护构造物。当河床较稳定，冲刷范围较小时，宜采用立面防护措施；当河床稳定，冲刷范围较大时，宜采用平面防护措施。

4. 公路、桥涵抗洪能力的评定

为了预测水毁程度、分析水毁成因，以及制订治理对策，公路管理机构应每 5 年进行一次抗洪能力评定。如遇设计洪水及超设计洪水年，宜结合水毁调查当年进行一次抗洪能力评定。公路可根据水文、地质、路基、路面等条件基本类同的原则，划分成若干路段，按表 5-1 进行评定；桥涵以工程为单元，按表 5-2 进行评定。

路段抗洪能力评定标准 表 5-1

等级	评定标准
强	1. 路基坚实、稳定，高度达到设计计算高程，路面为半刚性基层、水泥混凝土或沥青混凝土等铺装路面； 2. 边坡稳定、平顺无冲沟；坡度符合规定的高限值（缓），边坡有良好的防护加固； 3. 边沟、截水沟、排水沟完善，纵坡适度，无淤塞，水流畅通，进出口良好； 4. 支挡结构物布设合理、齐全，完整无损坏，泄水孔无堵塞； 5. 防冲结构物布设合理、齐全，完整无损坏，基础冲刷符合设计
可	1. 路基坚实、稳定，高度低于设计计算高程不超过 0.5m，路面为半刚性基层、沥青碎石、沥青贯入式或沥青表面处治等简易铺装路面； 2. 边坡稳定、平顺无冲沟，坡度不低于规定的低限值（陡），边坡有必要的防护加固； 3. 边沟、截水沟、排水沟完善，纵坡适度，有淤塞但易于清除，进出口良好； 4. 支挡结构物布设合理，易于修理，泄水孔基本畅通； 5. 防冲结构物重点布设合理，基础冲空面积不超过 10%，结构物无断裂、沉陷、倾斜等变形
弱	1. 路基高度低于设计计算高程 0.5m 及以上，高于次一技术等级的设计洪水高程，无明显沉降，路面为柔性基层、次高级路面； 2. 边坡有冲沟或少量坍塌，坡度接近规定的低限值； 3. 边沟、截水沟、排水沟有短缺，或淤塞量较大，进出口有缺损，影响正常排水； 4. 支挡结构物短缺，或缺损严重，但无倾斜、沉陷等变形； 5. 防冲结构物短缺，或基础冲空面积达 10%~20%，或结构物局部断裂、沉陷，但无倾斜等变形
差	1. 路基有明显沉陷，高度低于次一技术等级的设计洪水高程；路面为柔性基层或砂石路面； 2. 边坡沟洼连片，局部坍塌，坡度陡于规定的低限值； 3. 未设边沟、截水沟、排水沟； 4. 未设支挡结构物，或结构物断裂、倾斜、局部坍塌； 5. 未设防冲结构物，或基础冲空面积在 20% 以上，或结构物折裂、倾斜、局部坍塌

桥涵抗洪能力评定标准 表 5-2

等级	评定标准
强	1. 孔径大小：桥下实际过水面积满足设计排水面积，桥下净空高度、最小净跨，符合规定； 2. 孔、涵位置合适，水流调治构造物设置合理、齐全； 3. 墩、台基础埋深足够深基础的冲刷深度线在设计冲刷线以上；浅基础已做防护，防护周边的基础深度线在设计冲刷线以上； 4. 墩、台无明显冲蚀、剥落

等级	评定标准
可	1. 孔径大小:桥下实际过水面积满足设计排水面积,上部结构底高程与设计水位相同,或净跨偏小但不超过规定值10%; 2. 孔、涵位置略有偏置,设置了调治构造物,其基础冲刷深度在基底最小埋深安全值的30%以内,或调治结构物有局部缺损,河床无大的不利变形; 3. 深基础冲刷深度线在规定的基底最小埋深安全值的30%以内;浅基础防护周边冲刷深度线在规定的基底最小埋深安全值的30%以内,防护有局部缺损; 4. 墩、台有冲蚀剥落,面积小于10%,深度小于20mm
弱	1. 孔径大小:桥下实际过水面积小于设计排水面积20%以内,上部结构底高程与设计水位相同,或净跨小于规定的10%~20%; 2. 孔、涵位置偏置,水流调治构造物短缺,或调治构造物局部损坏,河床发生严重的不利变形; 3. 深基础冲刷深度线在规定的基底最小埋深安全值的30%~60%以内;浅基础防护周边冲刷深度线在规定的基底最小埋深安全值的30%~60%以内,或防护体损坏明显; 4. 墩、台冲蚀剥落露筋,面积超过10%,钢筋严重锈蚀
差	1. 孔径大小:桥下实际过水面积小于设计排水面积20%以上,上部结构高程低于设计水位,或净跨小于规定值的20%以上; 2. 孔、涵位置偏置,无必要的水流调治构造物; 3. 深基础冲刷深度线在基底最小埋深安全值的60%以上;浅基础未做防护,冲空面积在20%以上; 4. 墩台冲蚀剥落严重,桩有缩颈,砌体松动脱落或变形

第三节　公路沙害的防治

多风沙地区,沙害是公路的常见病害(图5-9)。其危害主要表现为风蚀和沙埋,其中以沙埋为主。路基遭受沙埋有两种形式,一是在风沙流活动地区,因沙粒沉落堆积而掩埋路基;二是在流动沙丘地区,因沙丘向前移动而掩埋路基。路基遭受风蚀,将会出现削低、变窄、淘空和坍塌等现象。

a)　　　　　　　　　　　　　　　b)

图5-9　公路沙害

防治风沙应先调查流沙的移动方式、方向、年移动距离、输沙量、沙丘形态、风向和风速等,并摸清其变化规律,在极坐标图上根据一年内各种风向出现的频率绘制年风向和风速的玫瑰图（图 5-10）。根据积累的资料，经过综合分析，制订防治风沙的最优方案。

公路防沙应坚持"以预防为主、防治结合、因地制宜、因害设防，先治标、后治本、标本兼治"的原则。

（1）应保护公路两侧一定范围内的天然植被，防止人为破坏造成新的沙漠。

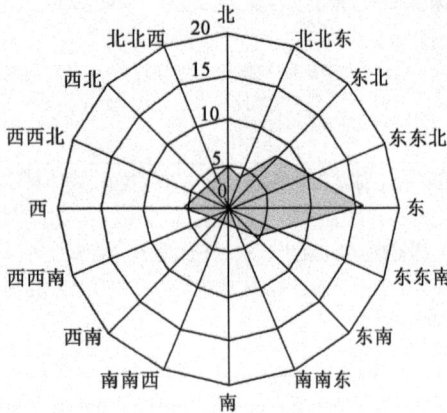

图 5-10　玫瑰图

（2）根据不同风沙地貌类型，顺应风沙运动规律，选择合理的路基断面形式，为沙子创造非堆积搬运条件。

（3）路基两侧的防护应按风沙通过地区的自然条件，因地制宜地采取不同的措施。

①草原地带应以植物固沙为主，工程防治为辅。

②半荒漠地带宜采取以工程防护措施为主，与植物固沙相结合，固沙植物应以灌木和半灌木为主。

③荒漠地带主要采取工程防护措施。

公路沙害的防治主要包括路基防护以及路侧防护两部分。

一、路基防护措施

为防止沙质路基遭受风蚀，可用下列各种材料封固（以全铺为宜），对路基进行防护。

（1）柴草类防护：利用各种柴草、草皮在路基迎风面上或突出部位进行平铺、层铺或叠铺。

（2）土类防护：用黏性土或天然矿质盐盖等覆盖路基土表面。

（3）砾卵石类防护：平铺砾卵石或栽砌卵石后填砂砾。

（4）无机结合料防护：用水泥土、石灰土以及水玻璃等制成加固土等封固。

（5）有机结合料防护：用石油沥青土、煤沥青土等。

在砂砾卵石丰富的地段，可平铺砂砾石将边坡及路肩覆盖，厚度一般为 50～100mm。当运距太远时，也可仅覆盖路肩，边坡则用"草方格"防护。实践证明，这种方法效果良好。

二、路侧沙害防治措施

（一）工程防护措施

为防治路基沙埋，在路侧采用的工程防护措施可归纳为固沙、阻沙、输沙、导沙四种类型，几种方法可单独使用，也可以几种方法配合使用。

1. 固沙

固沙是指增加地表粗糙度。可采用各种材料作为覆盖物，或设置各种沙障，将贴地层风速控制在起风沙的速度之下，或用不易被风吹起的物质把沙粒与风隔离。可采取平铺式沙障、高立式枝柴沙障和低立式沙障三种形式（图 5-11）。

（1）平铺式沙障。平铺式沙障又分为土类压沙、沙石类压沙、铺草压沙、席或笆块压沙和喷洒盐、碱水等几种方式。

①土类压沙。利用黏质土全面铺压或带状铺压固沙，铺压厚度为 50mm 左右，带状铺压应与主导风向垂直，带宽一般为 100～200mm。带与带间隔为 10～15m。适用于产有黏质土地带

的流沙防护,多用于路堤流沙的防护。

②沙石类压沙。利用粗沙、卵石全面铺压或带状铺压固沙,铺压厚度以不超出其最大粒径为标准,对于强风地区不宜用粗沙覆盖。适用于产有沙石地段的流沙防护。

③铺草压沙。利用草类全面铺压或带状铺压固沙,铺压厚度为50mm左右,用草绳或枝条纵横固结,或者用沙压盖,以免为风所吹蚀。适用于草类地段的流沙防护。有利于植物生长,具有简单易行的优点,但材料用量较大,容易引起火灾。

④席或笆块压沙。用草类和枝条编制成席或笆块,全面铺压固沙,搭接处需用小桩固定。适用于路侧局部沙丘的处理,编制过程较费工,且材料用量大,不宜大面积采用。

⑤喷洒盐、碱水。在我国沙漠地区分布着许多盐池、碱湖,利用天然盐、碱溶液喷洒沙面,形成坚实的板结层或硬壳,借以达到固沙的目的。

(2)高立式枝柴沙障。材料以灌木枝柴为主,如沙柳等。高度在1m以上,根据当地风的状况,分为条状、带状、格状三种规格形式,均为透风结构。单一风向地区采用条、带状形式;在风向多变地区采用格状形式。

条间距离为5~10m,与主风向垂直;带间距离为10~20m,每带由3~5行构成;行间距离为2~3m,并与主风向垂直;形状包括5m×5m和5m×10m两种。

适用于产有枝柴地区的流沙防护。

(3)低立式沙障。低立式沙障分为隐蔽式柴草沙障、半隐蔽式柴草沙障、半隐蔽式黏土沙障和半隐蔽式草皮沙障。

①隐蔽式柴草沙障。先在沙地上开挖宽150~200mm的沟,然后将柴草竖直放入沟中,踏实两边的沙,要求障顶与沙表相平或不超过50mm。根据风向的情况可采用格状或条状。适用于路旁流沙的防护。

②半隐蔽式柴草沙障。对于流动沙丘,在迎风坡先设主带,即与主风向垂直的沙障,后设副带,即与次要风向垂直的沙障,主带从迎风坡下部开始向上进行;在背风坡,宜先设副带,再自下而上设置主带。沙障外露高度以150~300mm为宜。适用于产有草类的路侧大面积流沙的防治。

③半隐蔽式黏土沙障。黏土沙障是用黏质土碎块堆成的小土埂,高200~300mm,底宽500~700mm。在单一风向地区采用条状,土埂与主风向垂直;在风向多变地区采用格状,土埂间距为1~2m。适用于产有黏质土地区的流沙防护。

a)平铺式沙障

b)高立式沙障

c)低立式沙障

图5-11 几种常见固沙措施

④半隐蔽式草皮沙障。草皮规格：长×宽＝400mm×200mm。有错缝层铺、错缝斜立铺设和平铺三种形式。适用于有草皮产地的流沙的防治。

2. 阻沙

阻沙是指阻滞风沙流。拦截过境流沙，切断沙源。可利用各种材料，在迎风路侧的适当距离和位置上，设置若干人工障碍物，以降低近地面的风速，使沙粒沉积在一定区域内，起到减少和抑制沙丘前移的作用，从而减轻或防止风沙对公路的危害。阻沙工程可采取下列措施：

(1)高立式防沙栅栏：主要用灌木枝条、玉米、高粱或芦苇等高秆植物制作而成。一种形式是将植物茎秆成行栽入沙内300～500mm，外露1m以上形成防风篱笆；另一种形式是将植物杆枝编成1.5m×2.0m的篱笆块，固定于桩上。

(2)挡沙墙(堤)：直接利用就地沙土或砂砾修筑的紧密不透风的挡沙结构。其高度一般为2～2.5m，两侧边坡为1∶1.5～1∶2。采用就地沙土修筑时，应用土或砂砾进行表面封固。

(3)为提高阻沙效果，可采取栅栏与挡沙墙(堤)相结合的形式。

3. 输沙

输沙是通过改变建筑物的几何形态，采取措施增大通过建筑物的风沙运动和移动强度，使原来已经饱和的风沙流在通过建筑物时处于非饱和状态，从而不产生沙的停留。可采取的措施包括修筑路旁平整带、采用浅槽和风力堤、设置聚风板以及将路堤做成输沙断面等。

(1)修筑路旁平整带。将路基两侧20～50m范围内的一切突出物整平，并用固沙材料封固。有取土坑的可将坑修成弧形的浅槽。

(2)设下导风板(聚风板)。由立柱、横撑木及栅板组成。其板面高度与下口高度之比以1∶0.7为宜。主要适用于风向单一、沙丘分布稀疏、移动快的低矮沙丘、沙垄造成的局部严重沙害。下导风板的设置长度应超过防护沙害路段的长度，以免板端的绕流作用使两端出现舌状积沙。

(3)浅槽与风力堤输沙法。在沙源较丰富的流动沙丘地区，为防治沙丘前移造成对路基的危害，在路基迎风侧设置浅槽与风力堤，借助浅槽特有的气流升力和与风力堤的综合作用，加大风速，达到公路输沙的目的，避免路侧造成积沙。

(4)输沙式路堤断面。路堤高度低于300mm，边坡坡度采用1∶3；路堤高度大于300mm，风向与路线呈锐角相交时，边坡坡度采用1∶6。路肩边缘均应做成流线形。

在有条件的地区应优先采用植物固沙，并应贯彻草、灌、乔相结合的原则，以达到最大的防风固沙效果。对已发生沙埋的公路，需将积沙清除到路基下风侧20m以外的地形开阔处，并整平以免形成新的阻风积沙现象。

4. 导沙

导沙是通过导风工程设施改变气流方向，采取各种措施引导风沙流所挟带的沙改变沉积部位，从而使建筑物本身免遭风沙危害。

(二)植物固沙

采取植物固沙措施时，防沙固沙的植物品种应满足下列要求。

(1)对于沙丘迎风堤的风蚀区，由于风力撞击，沙层坚实，一般固沙植物难以生长，应选择生命力强的柠条、花棒及油松。

（2）对于沙丘坡脚和沙埋区,应选用黄柳、沙拐枣及水木蓼等灌木。

（3）对于靠近公路两侧的沙漠边坡地区,应选择小冠花种植。

（4）对于公路两侧的活动沙地,应种植半灌木或草类植物,与方格草治理结合进行。

（5）对于埋藏有黏、壤质土且深度较浅时,可栽植乔木;如为基岩、卵石,只能种植耐旱耐贫瘠的灌木。

（6）对于地下水为矿化度较轻或淡质水,水位深不超过1m的潮湿沙地,可种植杨、柳类喜湿树种;对于湿润沙地,可根据水位深度选择适宜树种。

第四节　涎流冰与雪害防治

在寒冷地区,河水冻结可对桥梁浅桩产生冻拔破坏,会使小桥涵形成冰塞引起构造物冻裂。解冻时,大量流冰对桥梁墩台产生巨大冲击作用,严重时形成冰坝威胁桥梁安全。地下水或地面水丰富地段,水漫到地面或冰面时,逐层冻结即形成涎流冰（图 5-12）。公路上的涎流冰面积小到数平方米,大到数千平方米,有的可达数万平方米,其厚度也有数厘米到数米之多。涎流冰主要分布在我国东北的大、小兴安岭和长白山地区,以及西藏、川西和西北地区海拔2 500～3 000m 以上的山地和高原上。涎流冰可分为河谷涎流冰和山坡涎流冰,前者主要危害桥涵,后者主要危害公路路面。

a)　　　　　　　　　　　　　b)

图 5-12　涎流冰

一、河谷涎流冰防治措施

河谷涎流冰的主要防护措施包括:

（1）桥梁上游如有大片地形低洼的荒地,可用土坝截流。

（2）河床纵坡不大的河流,可于入冬初在桥的下游筑起土坝,使桥梁上下游各约50m 范围形成水池,水面结冰坚实后,再在水池的上游开挖人字形冰沟,以利汇集水源,同时挖开下游河床最深处的土坝,放尽池内存水,保持上下游进出口不被堵塞,使水在冰层下流动。

（3）于桥位上下游各 30～50m 的水道中部的顺流方向上开挖冰沟,用树枝柴草覆盖,再加铺土或雪保温,并经常检修以保持冰沟不被冻塞,解冻后即可拆除。

二、山坡涎流冰防治措施

山坡涎流冰的主要防护措施有设置聚冰沟与聚冰坑、挡冰墙、挡冰堤,设置地下排水设施以及清除涎流冰。

1. 聚冰沟与聚冰坑

聚冰沟多用于拦截冲积扇沟口处的泉水涎流冰和地势较缓的山坡涎流冰,聚冰坑多用于水量较小、边坡不高的堑坡涎流冰。用以积聚涎流冰,不使其上路。其断面形式如图 5-13 和图 5-14 所示。

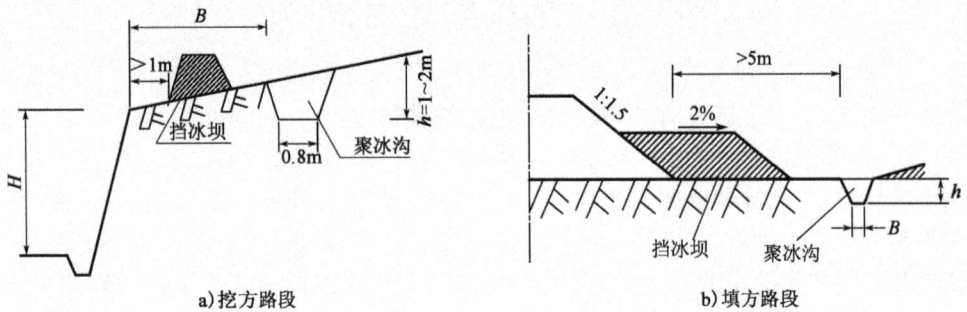

a)挖方路段   b)填方路段

图 5-13   聚冰沟

2. 挡冰墙

挡冰墙适用于阻挡和积聚涌水量不大的山坡涎流冰和挖方边坡涎流冰,防止其上路。挡冰墙一般用浆砌片石或块石筑成,需根据冰量确定的挡冰墙尺寸,一般为高度 0.6~1.2m,顶宽 0.3~0.5m。基础埋置深度根据土质、积冰量以及当地冰冻深度等情况确定。当积冰量较大时,可与聚冰坑配合使用。其断面形式如图 5-15 所示。

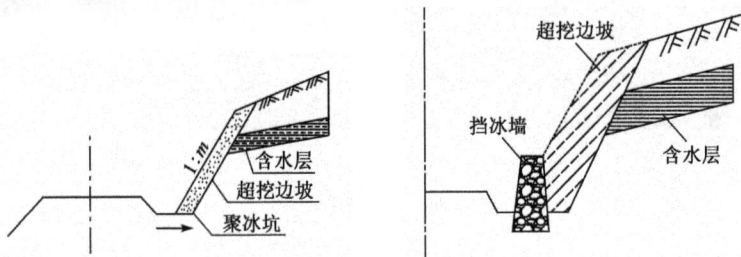

图 5-14   聚冰坑

图 5-15   挡冰墙

3. 挡冰堤

挡冰堤适用于阻挡地势平坦、涌水量不大的山坡涎流冰和径流量不大的小型沟谷涎流冰。挡冰堤修筑在路基外山坡地下水露头的下侧或沟谷内桥涵的上游,以阻挡涎流冰且减小其漫延的范围,断面形式如图 5-16 所示。

4. 设置地下排水设施

寒冷地区常用集水渗井、渗池、排水暗管和盲沟等排水设施以挡截、疏导、排泄山坡上的地下水,防止其出露和漫延。

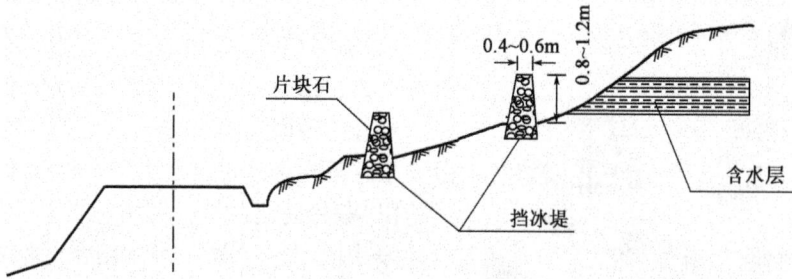

图 5-16　挡冰堤

5.清除涎流冰

对流至路面的涎流冰要及时清除,通过撒布砂、炉渣、矿渣、石屑、碎石等防滑材料,或撒布氯化钙、氯化钠等盐类防冻剂以抑制涎流冰的形成,以防行车产生滑溜,并设置明显的指示标志。当冰层在盐类物质和行车作用下逐渐变软时,应适时将冰层铲除,防止重新冻结,铲除冰层后应重撒防滑材料。

三、公路雪害的防治

雪害有积雪和雪崩两种形式。积雪一般分积雪和风吹雪(风雪流)。积雪对公路的危害主要是影响行车安全,严重时会阻断交通。较严重的积雪,在我国多发于东北地区、青藏高原以及新疆等地。山上大量的积雪突然沿山坡或山沟崩落下来,即称为雪崩现象,在我国新疆及西藏的山区多有发生。大量的雪崩不仅能掩埋路基、阻断交通,还能击毁路上的行车及周围的建筑物。

1.风吹雪(风雪流)的防治

一般积雪是指在风力较弱或无风的情况下,降雪在道路上形成的均匀雪层(图 5-17)。积雪达一定深度就会发生雪阻现象,汽车通行就会非常困难。此外,积雪在路上压实并冻结,使行车滑溜,极易引发交通事故。因此,除雪防滑作业是冬季养护的一项重点工作。应根据气象资料、沿线地形地貌条件、降雪情况及其对交通影响的程度,制订计划,及时清除路面积雪。

当风速大于雪粒的起动风速(4～5m/s)时积雪被掀起随风急速流动,即形成风雪流(图 5-18)。风雪流的防护措施有:

图 5-17　积雪

图 5-18　风雪流

图 5-19　防雪林带

（1）改善路基纵、横断面形式或改善路基附近地形，如提高路基、放缓边坡、设置储雪场、整修内侧山坡、敞开路基以及清除路基一定范围内有碍风雪流通过的障碍物等。这是一项治本的防雪措施，但要注意工程量和可能产生的其他病害。

（2）栽植防雪林带。防雪林带应按规定位置栽植，可采用灌木—乔木—灌木结合的形式或单一林带形式。防雪林的树种选择要因地制宜，一般有杨树、榆树、槐树和落叶松等树种，见图 5-19。

（3）设置防雪设施（图 5-20 和图 5-21）。防雪设施包括防雪栅、防雪堤（墙）和导风板三种，因其设备费用较高，在积雪较多而又无其他方法处理的地段使用。设施选择时须按就地取材、因地制宜的原则，力求经济适用。

a)防雪栅

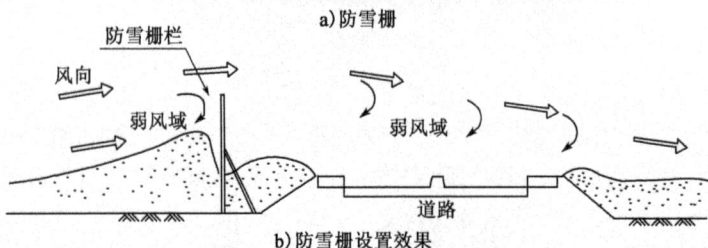

b)防雪栅设置效果

图 5-20　防雪栅及其设置效果

a)

b)

图 5-21　防雪明洞

2.雪崩的防治

雪崩的防治可以分为预防措施和工程措施两类。

（1）预防措施

植树造林既可以从根本上阻止山坡积雪的滑动，又可调节周围生态，为百姓造福。因此，在有条件的地方，应尽量采用这种防治雪崩的措施。

用炮击爆破等人为的方法使雪崩提前发生，将雪崩化整为零，可以避免或减轻雪崩引起的严重灾害。

（2）工程措施

预防雪崩的设施主要包括：下导风板、屋檐式导风板、防雪墙、防雪堤和防雪栅等。

①用防雪栅栏、土（石）墙等防挡雪崩源头风吹雪，避免在积雪区堆雪过厚或在山脊处形成雪檐。这类措施一般适用于地形相对高差不大，能就地取材且运输较方便的地区。

②采用稳雪墙、水平台阶、水平沟、地桩障、篱笆障、稳雪栅栏等设施稳定山坡积雪，阻止积雪滑动。这类设施主要布置于经常产生坡面雪崩的山沟及沟槽雪崩的源头地带，适用于高差不大、雪崩源头较小的山坡及沟槽，或作为其他防治工程的辅助措施。

③稳雪栅栏

栅栏的立柱应采用混凝土桩、型钢等坚固材料，露出地面部分应大于该处最大积雪深度；立柱的间距不得大于 2m；立柱间一般用木条板作栅板，栅板宽与栅板间距均宜保持在 100mm 左右，也可用铁丝网格或塑料网格，网格孔径一般为 60～100mm；栅栏与坡面角度宜保持在 105°，斜支柱与坡面角宜保持在 35°～40°，支撑点应位于立柱高的 2/3 处。

④导雪槽

导雪槽是在公路上修筑的构造物，内侧与山坡紧密连接，外侧以柱支撑，可使雪崩雪从其顶上越过的工程设施。适用于防治靠近公路一侧上方的小雪崩。根据实际情况可做成临时性或永久性的导雪槽。导雪槽的设置和养护必须保持工程各部结构牢固完好，槽下净空应满足有关规定，宜从内向外略倾斜。

⑤防雪走廊

防雪走廊是在公路上修筑的防雪构造物。其形式与明洞相似，能使雪崩产生的雪从其顶上越过；也可以防止风吹雪堆积。养护时必须保持工程各部结构完好，与公路内侧的山坡应紧密连接。如有空隙，可用土石分层回填并夯实。保持防雪走廊上部沟槽中设置的各种防治雪崩的辅助设施及山坡植被的完好，见图5-22。

a)　　　　　　　　　　　　b)

图5-22　防雪走廊

⑥其他措施

采用导雪堤、防雪檐和阻雪土丘、楔状构造物群等工程设施。

第五节　公路冬季养护技术

公路冬季经常发生的病害主要包括雪害、冰害、冻胀等，此外还包括沥青路面的坑槽、剥落以及砂石路面的坑槽等。由于冬季公路发生的病害常常影响正常行车，甚至引发交通事故，所以公路冬季养护除了要及时处理高等级公路的雪害和冰害外，也应及时清除一般公路的雪阻，修补坑槽，以确保道路畅通。因此，有必要针对各级公路冬季常发性的病害制订相应的养护对策，做到防养结合。本节主要介绍冬季路面修补技术、除雪技术以及除冰技术。

一、冬季路面修补技术

在寒冷地区，每年11月~次年4月，气温较低，对于松散、坑槽等病害，公路养护部门无法采用常规的修补措施进行养护。如果不及时处理这些病害，积雪融化后雪水将沿着路面表面的裂缝不断渗入路基，继而导致翻浆等更为严重的病害。为此，许多公路养护部门研发了低温混合料，以解决冬季路面养护这一难题。

低温混合料是由沥青、集料、溶剂(必要时掺加添加剂)按照一定的配合比拌和而成的混合料，其在低温下具有良好的储藏性和流动性，并且能够在低温下进行施工。其主要原因是：在沥青中加入一定数量的溶剂后，沥青的黏度暂时降低，用其拌制的混合料短时间内不致硬化，保持着良好的施工性能，可以储存较长时间。施工期后随着溶剂的挥发，混合料的强度会逐渐增加。与热拌沥青混合料相比，低温混合料的初期强度低，随着混合料中溶剂的逐渐挥发，后期强度会有所提高。

生产低温混合料的关键是溶剂的选择，对使用的溶剂通常有下列要求。

(1)对石油沥青具有较大的溶解能力。

(2)具有适当的挥发性。

(3)对周围环境及人体无害，具有良好的环保性能。

溶剂种类的选择及用量的确定是非常复杂的问题。溶剂用量多时，沥青黏度低，能获得良好的施工及储藏性能，但会影响混合料的强度；溶剂用量减少时，沥青黏度增大，混合料的稳定性提高，但硬化速度加快，施工及储藏性不好。此外，使用不同种类的溶剂，施工后挥发速度不同，混合料强度增长速度也不同。因此，选择适当的溶剂和溶剂用量对低温混合料的质量影响很大，必须通过一系列的试验来确定。目前，国内对低温混合料的各项技术指标和试验方法尚无统一规定，现根据有关试验研究资料建议采用如下指标。

1. 对沥青与溶剂混合液的技术要求

(1)黏度：60℃的运动黏度的适宜范围为$250 \times 10^{-6} \sim 400 \times 10^{-6} m^2/s$。

(2)温度：在动力黏度为$0.1 \sim 0.4 Pa \cdot s$所对应的温度范围内进行拌和，拌和温度一般为$100 \sim 130℃$。

(3)闪点：为确保安全，沥青与溶剂混合液的闪点应在130℃以上。

(4)黏覆性能:混合液在矿料表面的裹覆面积应达到90%以上。

2. 马歇尔试验的主要技术指标要求

(1)作业稳定度:在60℃时制成马歇尔试件,双面各击实10次,冷却至20℃时进行试验,马歇尔稳定度应达到0.8kN以上,以确保低温混合料具有良好的施工性能。

(2)初期稳定度:在60℃时制成马歇尔试件,双面各击实50次,冷却至20℃时进行试验,马歇尔稳定度应达到2.5kN以上,以保证铺设的路面及修补的坑槽在使用初期具有一定的稳定性。

(3)使用稳定度:在20℃时制成马歇尔试件,双面各击实50次,带模放入温度为110℃的干燥容器中养生24h,取出后双面再各击实25次,然后冷却至室温,脱模后放入60℃的恒温水槽中,浸水30min后进行试验,马歇尔稳定度应达到3kN以上,空隙率控制在5%~7%,流值控制在10~40(0.1mm),以保证在使用过程中混合料的技术性能。

二、冬季除雪技术

气象部门一般把降雪划分为四级:24h降雪量在0.1~2.4mm之间为小雪,24h降雪量在2.5~4.9mm之间为中雪,24h降雪量在5.0~9.9mm之间为大雪,24h降雪量在10.0mm以上为暴雪、大暴雪或特大暴雪。

路面冰雪根据其性状可分为以下几类。

(1)松雪:雪颗粒飘落到地面后,未经轮胎碾压的天然状态的积雪。

(2)压实雪(雪板):松雪经过一定程度的轮胎碾压后形成板体,称为压实雪。

(3)雪浆:松雪、压实雪在其环境温度升高至正温时,其中的部分雪颗粒融化为水,形成水与雪颗粒的混合物,称之为雪浆。

(4)冰板:雪浆冻结后就形成冰板。随着环境温度的正负温度交替出现、降雪次数的增加,冰板反复融化,再降新雪混合成雪浆,雪浆再冻结,从而使冰板的厚度不断增加。

(5)冰雪板:冰板与雪板交替出现,产生层积就形成冰雪板。

常用的除雪方法包括人工法、机械法、化学法、物理除雪法等。

1. 机械除雪

机械除雪是利用机械对冰雪直接进行铲除,其应用范围比较广泛,机械数量多时除雪速度快,是快速除雪的基础性方法。机械除冰雪技术主要适用于路面积雪或结冰量较大的情况,国内外都没有给出明确的出动机械设备时路面积雪或结冰的最小厚度。但根据机械设备作业条件,路面积雪或结冰厚度达到厘米级时,即可以进行机械除雪。

(1)除雪机械的类型及特点

目前,广泛使用的除雪机械的机型大致有三种,即犁板式、旋切式、扫滚式,它们能满足不同的工况(表5-3和表5-4)。常用的除雪机械,见图5-23。

除雪机的分类

表5-3

名 称	特 点	应 用 范 围
犁板式除雪机	以雪犁或刀板为主要除雪方式,可推雪、刮雪	可装在载货汽车、推土机、平地机、拖拉机、装载机等底盘上,适应各种条件下的除雪
螺旋式除雪机	以螺旋和刮刀为主要除雪方式,侧向推移雪或冰碴	新雪、冻结雪、冰辙

续上表

名　称	特　点	应用范围
转子式除雪机	以高速风扇转子的抛雪为主要除雪方式,抛雪或装车	新雪,可与犁板式除雪机配合使用
组合式除雪机	多种除雪方式的组合	新雪、压实雪
清扫式除雪机	以旋转扫路刷为主要除雪方式	新雪且为薄雪,高速公路、机场等进行无残雪式除薄雪
吹风式除雪机	以鼓风机高速气流为除雪方式	新雪,公路、机场除雪,雪量大时效率更高
化学消融剂式撒布机	以化学融剂融雪,防结冰为主要除雪方式	撒布融雪剂或防滑材料
加热式融雪机	把雪收集起来,融化成水	特殊场合

各种机型适应的除雪厚度　　　　　　表 5-4

机　型	旋切式	犁板式	犁板式、扫滚式
雪厚(mm)	>300	100～300	<100

a)除雪平地一体机　　　　b)除雪王　　　　c)平地机除雪

d)抛雪机　　　　e)刮雪车　　　　f)吹雪车

图 5-23　常用的除雪设备

（2）除雪时机

雪的强度对机械除雪的难易程度有着很大的影响,图 5-24 所示为积雪的抗压强度随温度和密度变化的关系。表 5-5 所示为积雪的剪切强度随温度和密度变化的关系。由此可以看出积雪的强度(压、切)随着密度的增大和温度的降低明显增大,为除雪作业带来困难。因此积雪未压实前、温度较高时,是除雪的最佳时机。

人工板结雪的抗切强度系数　　　　　　表 5-5

雪的类型	雪的密度(g/cm³)	抗切强度系数(kPa)		
		雪温 −1～−3℃	雪温 −4～−22℃	雪温 −22℃以下
弱板结雪	0.30～0.40	4.9～11.8	7.8～24.5	14.7～34.3
密实雪	0.45～0.52	9.8～24.5	14.7～30.2	29.3～78.5
高密实雪	0.55～0.65	19.5～34.5	29.3～78.5	68.7～128

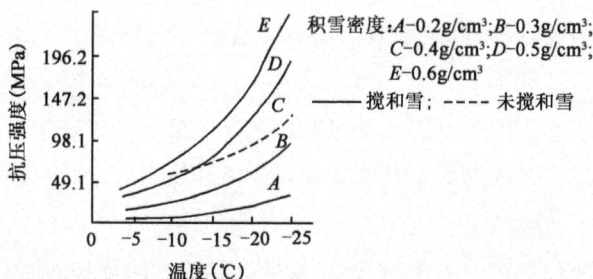

图 5-24 积雪抗压强度与密度的关系

（3）机械除雪的工作模式

机械除雪一般采用可变标志车、融雪剂撒布车、推雪车等多种车辆联合作业的工作模式，见图 5-25。

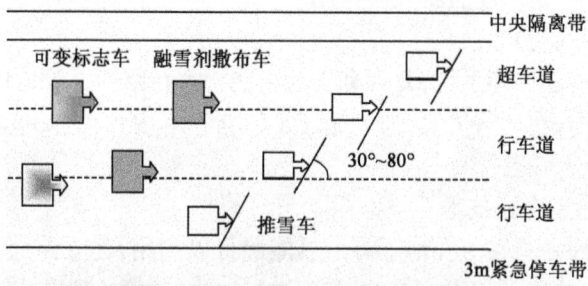

图 5-25 高速公路冬季除雪机械联合作业示意

（4）除雪机械的配置

除雪机械的配置需根据除雪的速度目标要求，设定某类机械的除雪作业段长度；根据路面宽度与该机械的除雪作业面宽度之间的关系来确定横向机械台数的配置，总的机械配置数等于作业段数与横向配置台数之积。路面积雪平均厚度小于 50mm 时，应按每 100km 配置一套；路面积雪平均厚度为 50 ~ 100mm 时，应按每 50km 配置一套；路面积雪平均厚度为 100 ~ 200mm 时，应按每 30km 配置一套。高速公路按二级公路的两倍配置。

2. 化学除雪剂除雪

（1）化学除雪剂的类型

除雪剂可降低除雪剂与冰雪混合物的冰点，防止冰雪冻结于路面上或被车辆压实成冰雪板。按化学组分分为传统型氯盐类、醋酸盐类和新型环保类三种。

①传统型氯盐类。通常有氯化钠、氯化钙、氯化镁、氯化钾等，这类除雪剂价格低廉，除雪效果好，因而应用广泛，但对路面、车辆的腐蚀作用比较严重，对土壤也具有板结的作用，影响植物的正常生长。

②醋酸盐类。如醋酸钾、醋酸镁、醋酸钙、醋酸钙镁等，这类除雪剂除雪效果好，危害性小，但价格较高，一般为氯盐类的 3 倍以上，而且目前国内的生产厂家很少。

③新型环保类。新型环保类除雪剂品种较多，多数产品仍然含有一定的氯盐，但属于无公害型的，价格比氯盐类的除雪剂略高。少数产品与氯盐无关，可达到真正的环保，但价格是氯盐类的 2 倍以上。

（2）除雪剂的选择原则

选用除雪剂时应因地制宜，且优先考虑如下原则。

①绿色、环保、无污染。

②除雪剂与冰雪混合物的冰点必须满足所在地区的最低温度要求。

③易于储存和运输。一般情况下宜优先选择固体除雪剂。

3. 物理除雪

物理除雪技术主要包括自应力破冰技术、蓄能道路除雪融冰技术、地热能道路除雪融冰技术、电热法路面除雪融冰技术、热力机械复合除雪融冰技术五类。

（1）自应力破冰技术

在路面按一定的规律打孔或开槽，然后在里面嵌入弹性橡胶体，利用在行车荷载作用下弹性体变形促使路面冰体破碎，该方法只适用于长期结冰的低速道路，并且也只能起到破冰的作用，如果冰雪堆积达到一定厚度后将失去作用。

（2）蓄能道路除雪融冰技术

该方法需要建立蓄能循环系统，夏天利用太阳能将埋在路面下管道内的流体加热，然后循环储存到地下储存室内，在冰雪天气，通过循环泵将储存室内热流体流动加热路面，进而达到融雪除冰的效果。

（3）地热能道路除雪融冰技术

该方法实施的前提是道路所在地下有地热能源可以利用，建立路面与地热之间的循环系统，通过循环系统将地热能引到路面下，对路面进行加热，进而达到融雪除冰效果。

（4）电热法路面除雪融冰技术

在路面结构内铺设发热电阻丝，或采用导电材料（如钢纤维混凝土、碳纤维混凝土及橡胶混凝土等）铺设路面。在冰雪来临时，通电加热路面，达到除雪融冰目的，该方法前期投入相对较小，应用比较可靠。

（5）热力机械复合除雪融冰技术

利用加热装置在除冰雪之前给冻结的冰雪加热，适当提高冰雪层的温度，降低冰雪层的强度，减小积雪除雪的难度，从而提高机械除冰雪的速度。该法是一种将机械法和热力法相结合、发挥各自的优势、增强除冰雪效率的方法。

各种除雪方式的特点，见表5-6。

各种除雪方法特点对比 表 5-6

方法\对比项	人工除冰雪	化学融雪	机械除雪	物理除雪
效率	低	高	高	高
能耗	高	低	高	较高
机动性	强	一般	强	固定路段
交通影响	大	很低	较大	无
设备成本	低	—	购买成本高	建设成本高
使用成本	高	较高	较高	较高
环境影响	低	大	对路面有损坏	无污染，对路面无损坏

三、冬季路面防滑措施

为提高冰雪路面的摩擦系数,经常使用的抗滑养护技术有两种,一种是在汽车上安装防滑链或防滑轮胎,另一种是在结冰的路面上撒布防滑材料,如食盐、砂子、煤渣或石屑等。选用原则一般以当地材料为主。防滑链或部分防滑轮胎虽然有效,但对路面的磨耗非常严重。防滑材料的撒布量以能提供足够的摩擦力为准,可根据道路等级、路面纵坡和路面结冰情况综合确定。它们在任何温度下都可以使用,特别是当温度很低、除冰化学制品没有很好效果时,使用这些措施效果更好。

以下是相关研究成果的结论,仅供参考使用。

(1)不同防滑材料使用效果对比

试验路段的路面条件为压实雪面,车型为小汽车,撒布料为中砂、粗粒盐以及砂、盐混合料,砂的撒布剂量为 $0.016\,7\,\mathrm{m^3/100m^2}$,盐的撒布剂量为 $13.9\,\mathrm{kg/100m^2}$。结果表明:在相同车速下采用砂、盐混合料进行防滑养护,其摩擦系数远大于单独撒砂或单独撒盐的摩擦系数,可以收到比单独撒砂或单独撒盐好得多的效果,见图5-26。

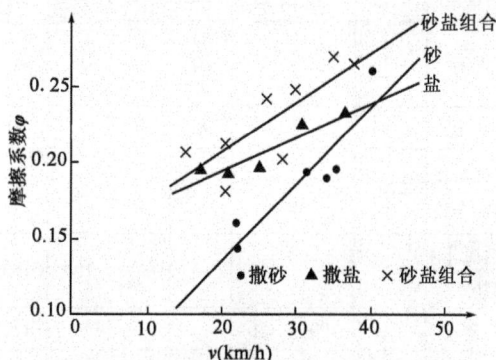

图5-26 砂、盐及其混合料抗滑效果比较

(2)砂、盐的用量与摩擦系数的关系

砂、盐用量与摩擦系数具有非线性关系,砂的用量一定时,随着盐的用量增加,摩擦系数也增加;盐的用量一定时,随着砂的用量增加,摩擦系数也随之增加,见图5-27 和图5-28。砂盐混合料中细粒盐的剂量一般不宜超过 $2.5\,\mathrm{kg/100m^2}$;中砂的剂量宜采用 $0.01\,\mathrm{m^3/100m^2}$,相当于每立方米的砂中最多加入 $250\,\mathrm{kg}$ 盐;如采用粗砂,则砂的剂量还可适当减少。这一混合剂量在压实雪面上可获得平均 $0.3\sim0.35$ 的路面摩擦系数,如果想得到更高的摩擦系数,可提高砂的剂量。

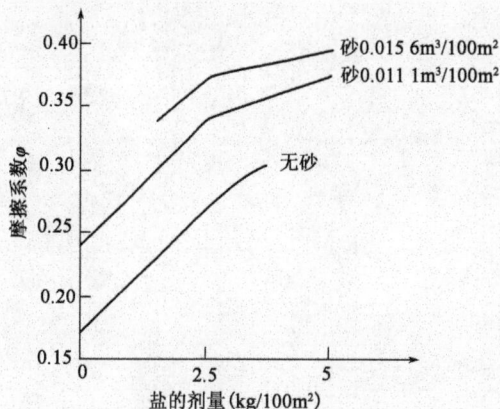

图5-27 砂的剂量一定时摩擦系数随用盐量的变化

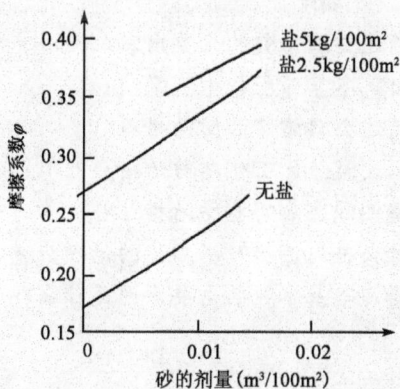

图5-28 盐的剂量一定时摩擦系数随用砂量的变化

表5-7 给出了以防滑为目的时化学防滑材料的使用参考量。随着冰雪密度的提高,使用量可增加。为了提高冰雪路面的抗滑性能,宜采用破碎的、有棱角的抗滑料,且粒径介于 5 ~

10mm 的抗滑材料效果较好。当采用砂、矿渣、石屑、煤渣或其他抗滑料时，加入 $30 \sim 60 kg/m^3$ 的盐对抗滑料进行预湿处理，可以使抗滑料既不冻结，又能更好地嵌入路面上的冰板或积雪中，可以提供较高的摩阻力，且可以保持较长时间的防滑效果。

不同防滑材料的使用参考量（单位:g/m^2） 表5-7

防滑材料	使用温度下限（℃）	冰				压 实 雪				松 散 雪				阻化剂含量
		0 ~ -5	-5 ~ -10	-10 ~ -15	-15 ~ -20	0 ~ -5	-5 ~ -10	-10 ~ -15	-15 ~ -20	0 ~ -5	-5 ~ -10	-10 ~ -15	-15 ~ -20	
非食用盐	-15	20	40	70	—	15	30	50	—	10	20	30	—	单基磷酸钠 2% ~3%
钾石盐渣	-12	25	50	—	—	20	40	—	—	15	25	35	—	重过磷酸钙3%
氯化钙	-35	30	60	80	100	25	40	60	80	20	30	40	50	重过磷酸钙 5% ~7%
磷酸氯化钙	-35	35	65	90	—	30	50	70	90	20	35	45	60	化工厂阻化产品
氯化钠与氯化钙混合物	-20	25	50	75	—	20	40	60	—	15	25	40	—	磷酸钠2% ~3%
天然氯化钠盐水	-10	120	200	—	—	100	150	—	—	100	120	—	—	磷酸钠0.5%
浓缩盐水	-10	100	150	—	—	80	120	—	—	80	100	—	—	磷酸钠1.0%
氯化钙溶液	-12	100	150	—	—	80	120	—	—	80	100	—	—	重过磷酸钙 2% ~3%

【复习思考题】

1. 简述公路防灾的主要内容。

2. 公路冬季养护技术有哪些？

3. 简述公路雪害的防治措施。

4. 山坡涎流冰有哪些防治措施？

5. 路侧沙害有哪些防治措施？

6. 什么是泥石流？泥石流的治理应遵循哪些原则？

7. 沿河路基水毁的主要原因是什么？

第六章

桥涵构造物的养护与维修

【学习目的与要求】

通过本章的学习,了解桥梁养护的工作内容和基本要求,熟悉桥梁的检查、检验及技术状况评定方法,掌握桥梁上部构造、涵洞、墩台的养护维修加固方法,了解调治构造物的养护维修加固方法,了解超重车辆的过桥措施。

第一节 概 述

为保证桥梁的正常运营,尽量保持和延长桥梁的使用年限,对桥梁结构进行日常养护维修是非常必要的。当桥梁结构物无法满足承载能力、通行能力、防洪等要求时,则需对桥梁结构进行必要的加固、拓宽等技术改造。

具体来说,桥梁养护的工作内容和基本要求主要有以下几方面。

(1)建立健全公路桥涵的检查、评定制度。

(2)建立公路桥梁管理系统和公路桥梁数据库,实施桥涵病害监控与科学的养护决策。

(3)桥涵构造物的日常养护。

(4)养护作业和工程实施应注意保障车辆、行人的安全通行及环境保护。

(5)桥涵构造物养护应有针对洪水、流水、泥石流和地震等灾害的防护措施,同时具备应急交通方案。

(6)桥涵构造物的维修与加固。

第二节　桥梁的检查与检验

桥梁检查与检验是进行桥梁养护、维修加固的前期工作，是决定维修与加固方案可行和正确与否的基础。通过对桥梁进行检查与检验，可以系统地掌握桥梁的状况，特别是对发现存在较大安全隐患的桥梁，通过采取加固措施来使其达到正常使用的技术状态。桥梁检测分为局部检测和整体检测两大类。按对结构自身的影响程度分为非破坏性检测与破坏性检测两种。

一、桥梁检查的一般规定

桥梁检查按照时间周期分为经常检查、定期检查和特殊检查。

1. 经常检查

经常检查主要指对桥面设施、上部结构、下部结构及附属构造物的技术状况进行的检查。经常检查的周期根据桥梁技术状况而定，一般每月不得少于一次，汛期应加强不定期检查。

2. 定期检查

定期检查为评定桥梁使用功能、制订养护管理计划提供基本依据，对桥梁主体结构及附属构造物的技术状况进行的全面检查。

定期检查周期应根据技术状况确定，最长不得超过三年。新建桥梁交付使用一年后，进行一次全面检查。临时桥梁每年检查不得少于一次。在经常检查中发现重要构件的缺陷明显达到三、四、五类技术状况时，应立即安排一次定期检查。

3. 特殊检查

特殊检查是查清桥梁的病害原因、破损程度、承载能力、抗灾能力，确定桥梁技术状况的工作。

特殊检查分为专门检查和应急检查。

(1)专门检查：根据经常检查和定期检查的结果，对需要进一步判明损伤原因、损伤程度或使用能力的桥梁，针对病害进行专门的试验检测、验算与分析鉴定工作。

(2)应急检查：当桥梁受到灾害性损伤后，为了查明损伤状况，采用应急措施，组织恢复交通，对结构进行的详细检查和鉴定工作。

桥梁特殊检查是指以桥梁损伤性质为检查目的，采用适当的仪器设备以及现场勘探、试验等特殊手段和科学分析方法，查明桥梁病害的原因、损伤程度和承载能力，确定桥梁的技术状态，以便采取相应的加固改造措施。

特殊检查之后，应提交检查报告。

公路桥梁定期检查工作流程，见图6-1。

二、桥面系检查

桥面系检查应包括以下工作：

(1)桥面铺装层纵、横坡是否顺适，有无严重的裂缝、坑槽、波浪、桥头跳车、防水层漏水，特别是纵横向裂缝及坑槽的检查。

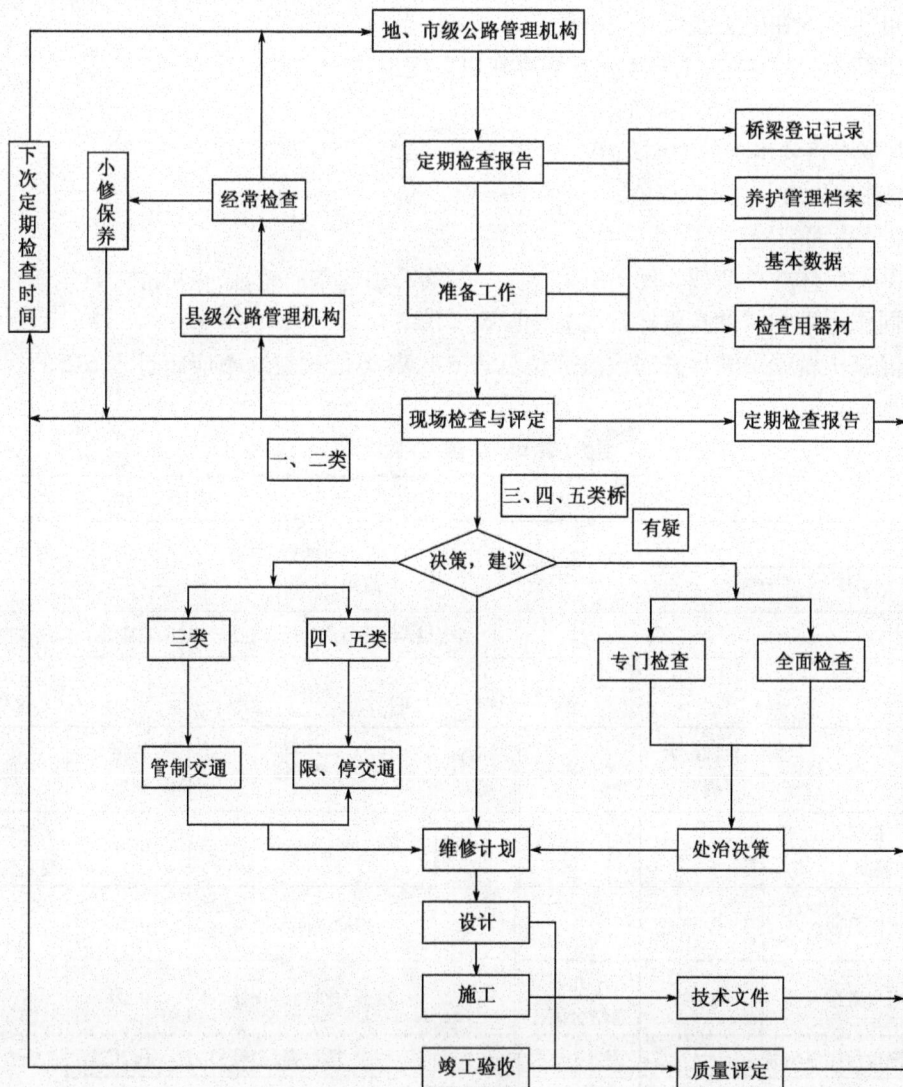

图6-1　公路桥梁定期检查工作流程图

（2）伸缩缝是否有异常变形、破损、脱落、漏水，是否造成明显的跳车。

（3）人行道部件、栏杆、护栏有无撞坏、断裂、错位、缺件、剥落、锈蚀等。

（4）桥面排水是否通畅，泄水管是否完好、有无堵塞。

（5）桥上交通信号、标志、标线、照明设施是否损坏。

（6）桥上避雷装置是否完好。

（7）桥上航空灯、航道灯是否完好，能否正常照明。

（8）桥上的路用通信、供电线路及设备是否完好。

三、桥梁上部结构的检查

桥梁上部结构是桥梁最重要的部分，一般由梁、板和拱肋等基本构件组成。

1.基本构件缺陷的检查

缺陷可能出现在施工或者使用阶段。

对于钢筋混凝土结构，主要检查是否存在以下现象。

（1）表面缺浆、粗糙，出现麻面。

（2）灌浆不密实出现的空洞现象。

（3）钢筋锈蚀破坏、露筋现象。

（4）梁体表面裂缝。

上部结构梁体在外荷载作用下有可能是先开裂后引起钢筋锈蚀，也可能先是钢筋在氧水、氯离子共同作用下先锈蚀膨胀导致混凝土开裂。

各类混凝土桥梁裂缝检查的重点部位见表6-1，各类恒载裂缝不应超过表6-2的规定，否则需进行加固。

裂 缝 检 查 位 置　　　　　　　　　　　　　表6-1

桥型	检查部位	桥型	检查部位
简支梁	跨中、四分点、支点	双曲拱	主拱圈(拱脚、四分点、拱顶)，拱上建筑(侧墙、腹拱)
连续梁	跨中、四分点、支点		
悬臂梁	支点、牛腿	桁架拱	桁片的受拉弦杆、腹杆，实腹段，节点、拱脚

裂 缝 限 值(单位:mm)　　　　　　　　　　表6-2

结构类别	裂缝部位	允许最大缝宽	其他要求	结构类别	裂缝部位			允许最大缝宽	其他要求
钢筋混凝土	主筋附近竖向裂缝	0.25		砖石、混凝土拱	拱圈横向			0.30	裂缝高小于截面高一半
	腹板斜向裂缝	0.30			拱圈纵向裂缝			0.50	裂缝长小于跨径1/8
	组合梁结合面	0.50	不允许贯通结合面		拱波与拱肋结合处			0.20	
	横隔板与梁体端部	0.30		墩台	墩台帽			0.30	不允许贯通墩身截面一半
	支座垫石	0.50			墩台身	经常受侵蚀	有筋	0.20	
							无筋	0.30	
预应力混凝土	梁体竖向裂缝	不允许				有水、无侵蚀	有筋	0.25	
							无筋	0.35	
	梁体纵向裂缝	0.20				干沟或季节有水		0.40	
						有冻结部分		0.20	

注:表中内容适用于一般条件，对于潮湿和空气中含有较多腐蚀性气体等条件下的裂缝宽度限制应要求严格一些。

2.梁式桥横向联系的检查

梁桥的横向联系是保证梁桥上部结构整体性的重要部分。对于横向联系的检查一般有联系构件本身的检查和与主梁连接状况的检查。

对于有横隔板的梁式桥，主要检查横隔板的损伤裂缝和连接钢板的锈蚀情况。

空心板梁桥由于横向连接薄弱,很多空心板梁桥的混凝土桥面铺装沿铰缝出现严重的纵向裂缝。

预制拼装的空心板梁桥是靠铰缝混凝土和少量的铰缝连接钢筋将预制空心板连为一体共同受力的。目前的计算理论都假设铰缝只传递剪力,不承受弯矩。实际上,空心板梁在主要承受纵向弯矩的同时,还要承受一定的横向弯矩。而由于铰缝本身的横向连接较弱,这一横向弯矩主要由铰缝顶面的混凝土铺装层来承担。而混凝土铺装层厚度很薄,同时配筋少,在该横向弯矩作用下,桥面铺装层在很多情况下出现纵向裂缝(图6-2)。

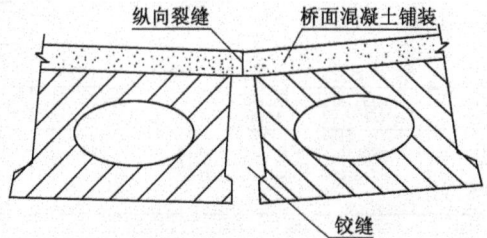

图6-2 梁式桥横向联系

因此在对空心板梁桥的检测中,要重点加强横向铰缝的检查。

而对于T形梁桥,由于早期的T形梁桥的横向联系设计安全度偏小(横隔梁厚度较薄),在正常使用过程中,特别是超重车作用下,横隔梁受力开裂、钢筋锈蚀及梁纵向结合部混凝土剥落的现象经常出现。

3.拱桥的检查

主要检查拱圈的拱脚、$L/4$、$3L/4$、拱顶和拱上建筑的变形以及混凝土的开裂与钢筋锈蚀等。拱上立柱上下端、盖梁和横隔梁应检查混凝土有无开裂、剥落、露筋和锈蚀,下承式拱桥的吊杆上下锚固区域的混凝土有无开裂、渗水、吊杆锚头附近是否有锈蚀或者断裂现象。

圬工拱桥的主要病害有面层风化、灰缝剥落、个别砌块剥落、拱顶附近或拱脚附近出现的拱圈开裂、桥面防水层破坏等。圬工拱桥的检查,应包括下列内容:

(1)主拱圈是否变形、灰缝松散脱落、渗水、砌块有无断裂和脱落。

(2)实腹拱的侧墙和主拱圈是否脱裂,侧墙角有无变形,拱上填土是否沉陷。

(3)空腹拱的小拱是否变形、错位,立墙和立柱是否倾斜、开裂。

(4)砌体表面是否长有苔藓,砌缝是否滋生草木。

四、桥梁技术状况的评定

根据缺损程度、缺损时结构使用功能的影响程度和缺损发展状况三个方面,以累加评分方法对各部件缺损状况作出等级评定。评定方法见表6-3。

桥梁状态评定方法表　　　　　　　　　　　　　　　　表6-3

缺损状况及标度		组合评定标度		
缺损程度及标度	程度	小—大		
		少—多		
		轻度—严重		
	标度	0	1	2
缺损对结构使用功能的影响程度	无、不重要 0	0	1	2
	小、次要 +1	1	2	3
	大、重要 +2	2	3	4
以上两项评定组合标度		0　　　1	2　　　3	4

缺损状况及标度			组合评定标度					
缺损发展变化状况的修正	趋向稳定	−1			0	1	2	3
	发展缓慢	0			1	2	3	4
	发展较快	+1		1	2	3	4	5
最终评定结果			0	1	2	3	4	5
桥梁技术状况及分类			完好	良好	较好	较差	差的	危险
			一类		二类	三类	四类	五类

全桥总体技术状况等级评定,应采取考虑桥梁各构件加权系数的综合评定方法,也以重要构件最差的缺损状况评定。《公路桥涵养护规范》(JTG H11—2004)推荐的各部件加权系数见表6-4;也可根据当地的环境条件和养护要求,采用专家评估确定各部件的加权系数。

推荐的桥梁各部件权重及综合评定方法表　　　　　　　　　表6-4

部件	部件名称	权重	桥梁技术状况评定方法
1	翼墙、耳墙	1	
2	锥坡、护坡	1	
3	桥台及基础	23	(1)综合评定采用下列计算式:
4	桥墩及基础	24	$$D_r = 100 - \sum_{i=1}^{n} R_i W_i/5$$
5	地基冲刷	8	式中:R_i——按《公路桥涵养护规范》(JTG H11—2004)表3.5.2-1方法
6	支座	3	对各部件确定的评定标度(0~5);
7	上部主要承重构件	20	W_i——各部件权重,$\sum W_i = 100$;
8	上部一般承重构件	5	D_r——全桥结构技术状况评分(0~100);评分高表示结构状况
9	桥面铺装	1	好,缺损少。
10	桥头与路堤连接部	3	(2)评定分类采用下列界限:
11	伸缩缝	3	$D_r \geqslant 88$ 一类
12	人行道	1	$88 > D_r \geqslant 60$ 二类
13	栏杆、护栏	1	$60 > D_r \geqslant 40$ 三类
14	灯具、标志	1	$40 > D_r$ 四类、五类
15	排水设施	1	$D_r \geqslant 60$ 的桥梁,并不排除其中有评定标度 $R_i \geqslant 3$ 的部件,仍有维修的
16	调治构造物	3	需要
17	其他	1	

重要构件,如墩台基础、上部承重构件、支座等,以其中缺损最严重的构件评分,其他部件根据多数构件缺损状况评分。

桥梁技术状况评定等级,分为一类、二类、三类、四类、五类。桥梁总体及部件技术状况评定标准见表6-4。

按《公路桥涵养护规范》(JTG H11—2004)的规定:一类桥梁进行正常保养。二类桥梁需进行小修。三类桥梁需进行中修,酌情进行交通管制。四类桥梁则需要进行桥梁特殊检测以确定大修或改建方案,同时及时进行交通管制,如限载、限速,当缺损严重时应关闭交通。五类桥梁需要改建或重建,及时关闭交通。

五、桥梁承载能力鉴定

1. 何时需进行承载能力鉴定

(1)新建的大跨度桥梁或者虽然跨度不大但体系新颖复杂的桥梁:前者如大跨度斜拉桥、悬索桥、拱桥和特大跨度的连续梁桥等;后者包括近些年国内修建的若干中等跨度的体系新颖构造复杂的城市景观桥梁。上述桥梁需通过荷载试验进行承载力鉴定,以判断设计与施工质量是否满足设计文件和规范的要求,并收集相关技术资料作为补充完善设计理论的依据。

(2)按维修养护计划,运营一定年限后,进行承载力状况鉴定。

(3)船舶和车辆撞击等突发事件后进行承载力状况鉴定。

(4)加固、改造后的桥梁应进行承载力鉴定,特别是采用新的加固工艺或者新的加固材料加固的桥梁必须进行承载力鉴定。

(5)超过设计荷载等级的车辆过桥时,也需借助承载力鉴定认可方能通行。

(6)缺乏设计和施工技术数据的旧桥为判断是否能承受预计的荷载,也需依据承载力鉴定。

2. 承载能力鉴定方法

桥梁承载能力鉴定方法从广义上讲,有三种:

①根据《公路桥涵养护规范》,对照桥梁存在的缺陷或病害进行综合评定。

②理论计算评估方法。

③荷载试验评估方法。

但第①种方法只能给出宏观结果,无法给出承载能力具体指标数值,所以不应归入承载能力鉴定方法。

(1)理论计算评估方法

在不具备荷载试验条件时,可以通过理论计算评估桥梁承载力。对于运营中的桥梁,尤其是旧桥或有过较大损伤的桥梁,必须考虑结构病害、损伤及具体几何尺寸,按现行规范进行承载能力验算。具体注意点包括:

①荷载横向分布系数按实际情况选取。

②考虑裂缝对承载能力的影响。

③考虑钢筋腐蚀对承载能力的影响。

④实测混凝土强度等级。

⑤车辆荷载按照新车规范,车辆荷载内力应按新颁布的《公路钢筋混凝土及预应力混凝土桥涵设计规范》(JTG D62—2012)规定的新荷载标准计算。

⑥实测结构尺寸。然后再按有关规范和要求进行计算和分析。

(2)荷载试验

荷载试验包括静力试验和动力试验两种。

静力试验测定的一般内容有:

①竖向挠度。挠度数据的取得是十分重要的,因为它代表了结构的实际刚度。

②控制截面的应变(应力)。

③支座伸缩、转角。

④是否出现裂缝,初始裂缝荷载,裂缝出现的位置、方向、长度、宽度及卸载后闭合情况。

⑤混凝土的碳化深度与强度。

⑥卸载后的残余变形。

动力试验的一般内容有：

①测定桥跨结构在车辆荷载下的强迫振动特性,如冲击系数、强迫振动频率、动位移和动应力等。

②测定桥跨结构的自振特性,如自振频率、振型和阻尼特性等。

（3）承载力判定

综合技术状况评定、理论计算和荷载试验结果,可作出下述判断和结论。

①桥梁技术状况良好或较好,承载力满足设计荷载等级要求。可按设计荷载等级运营使用,只需进行正常养护管理及必要的局部小修。

②技术状况较差,承载力不能满足设计荷载等级要求。可降低使用荷载等级、限速通行。进行中、大修或加固方案的设计与实施。

③桥梁处于危险状态,应立即封桥。通过专家会议决定根治病患,加固、更换构件,甚至拆除重建。

第三节　桥梁上部构造的养护、维修与加固

一、人行道、栏杆、护栏、防撞墙的养护维修

人行道应牢固、完整,桥面路缘石应经常保持完好状态。若出现松动、缺损应及时进行修整或更换。

桥梁栏杆应经常保持完好状态。钢筋混凝土栏杆开裂严重或混凝土剥落,应凿除损坏部分,修补完整。钢质栏杆应涂漆防锈,一般每年一次。

护栏、防撞墙应牢固、可靠,若有损坏应及时修理或更换。钢护栏与钢筋混凝土护栏上的外露钢构件应定期涂漆防锈,一般每年一次。

二、伸缩缝的养护与维修

桥面伸缩缝是容易遭受破坏而又相对难以加强和修复的部分。如果不及时修补,任其发展,不仅会影响正常行车的舒适性,而且会产生较大的结构上的破坏。

1. 日常检查

伸缩缝中是否有杂物,各部分构件是否完好,连接部分是否牢固,有无局部损坏,密封橡胶带是否老化或者开裂,伸缩缝是否有不正常的响声或者异常的伸缩量,钢结构是否锈蚀,伸缩缝连接两端是否平整,有无跳车现象等。

2. 养护

（1）伸缩缝需要经常养护,如清除杂物、拧紧螺栓、加油保护、修理个别损坏的部件。

（2）对于常用的几种伸缩缝,应分别注意以下问题:

①U 形锌铁皮伸缩缝:注意锌铁皮是否老化、开裂或断裂。

②钢板伸缩缝或者钢梳齿板伸缩缝:注意钢板变形、螺栓是否脱落、伸缩缝的有效性等。

③橡胶条伸缩缝:注意是否有橡胶条的老化、脱落、固定角钢变形及松动等。

④板式橡胶支座:注意是否有橡胶的老化、预埋螺栓的松脱、伸缩的有效性等。

3. 伸缩缝的维修

（1）根据损坏的程度,或部分修补,或全部更换。

（2）对于锌铁皮伸缩缝,当其软性填料老化脱落时,要彻底清理原填料和混入的杂物,重新注入新的填料。若铺装层损坏,要凿除重新铺装(图 6-3)。清除旧料再铺筑新料时,要采用快硬水泥材料,并注意新旧接缝要保持平整。

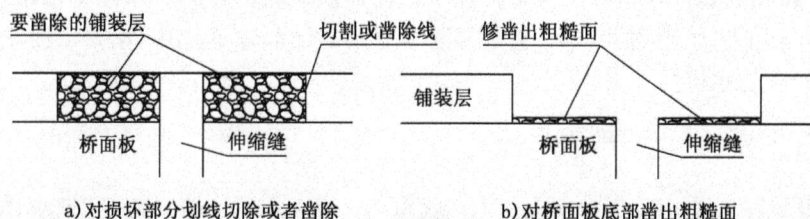

a)对损坏部分划线切除或者凿除   b)对桥面板底部凿出粗糙面

图 6-3 伸缩缝两侧面层损坏时的修补情况

（3）对于钢板伸缩缝,当钢板与角钢焊接破坏时,应清除脏物后重新焊接;当梳齿断裂或者出现裂缝后,也要采用焊接方法进行修补。排水沟堵塞要及时清除。

（4）桥面伸缩缝的修补或更换工作一般不能阻断交通。因此,可以考虑限制车辆通行,半边施工半边通车。

（5）伸缩缝的更换要根据需要合理选型,其伸缩量能满足桥跨结构因为温度、混凝土收缩、徐变等引起的变形的需要。

（6）对早期多孔简支梁桥伸缩缝的更换,可以采用桥面连续的方法进行处理。

三、桥面排水系统的养护维修

（1）桥面的泄水管、排水槽如有堵塞,应及时疏通,并经常保持通畅。

（2）桥面应保持大于 1.5% 的横坡,以利于桥面排水。

（3）桥梁设置的封闭式排水系统,应保持各排水管道通畅,排水系统的设备如水泵等应工作正常,若有堵塞应及时疏通,若有损坏则应及时更换。

四、桥面铺装的养护维修

桥梁铺装是抵御桥面结构钢筋腐蚀破坏,提高桥梁结构耐久性的第一道防线,保持桥面的清洁和及时排水,对确保行车安全、提高桥梁结构耐久性具有重要作用。

桥面铺装的维修或修补可采用局部凿补和全部凿除重铺等修补方法。

桥面混凝土铺装层有局部病害时,可将破损处凿毛,其深度以使集料露出为准,用清水冲洗干净并充分湿润,可采用快硬水泥混凝土、环氧树脂砂浆或高性能抗拉复合砂浆（HTCM）修补。对于破坏严重的桥面铺装层必须进行彻底的大修,即在凿除原有破损混凝土层后,重做桥面铺装。

新的桥面铺装设计应该注意以下几点：

（1）后加的桥面铺装混凝土与原桥面混凝土可靠黏结是保证两者共同工作的基础。

（2）采用高密度的桥面铺装层混凝土是提高结构耐久性的重要措施。

（3）为了防止和控制混凝土的收缩裂缝，桥面铺装混凝土应设置由带肋钢筋组成的平面钢筋网。

（4）加强桥面排水设计，改善桥梁使用环境。

同时，需要强调的是防水层是桥面铺装的重要组成部分，特别是对承受负弯矩的区段，设置防水层是十分必要的。目前，我国桥梁工程中采用的防水层种类很多，从作用原理上讲，大多数属于物理防水。防水层的局部破损与老化，都会影响防水效果。近几年来，国内外推广采用水泥基渗透结晶型防水材料，为桥梁防水层设计提供了新的思路。水泥基渗透结晶型防水材料从作用原理上讲属于化学防水，它是靠防水材料的结晶渗透作用，堵塞混凝土毛细管，形成自密性混凝土防水层。

五、桥梁支座的养护、维修与加固

滚动支座的滚动面应定期涂润滑油（一般每年一次）。在涂油之前，应把滚动面擦干净。对钢支座要进行除锈防腐。除铰轴和滚动面外，其余部分均应涂刷防锈油漆。及时拧紧钢支座各部接合螺栓，使支承垫板平整、牢固。

（1）应防止橡胶支座接触油污引起老化、变质。滑板支座、盆式橡胶支座的防尘罩，应维护完好，防止尘土落入或雨、雪渗入支座内。

支座如有缺陷或产生故障不能正常工作时，应及时予以修整或更换。

（2）调整、更换板式橡胶支座、钢板支座、油毛毡垫层支座时采用如下方法：在支座旁边的梁底或端横隔处设置千斤顶，将梁（板）适当顶起，使支座脱空不受力，然后进行调整或更换。调整完毕或新支座就位正确后，落梁（板）到使用位置。

（3）需要抬高支座时，可根据抬高量的大小选用下列几种方法。

①垫入钢板（50mm 以内）或铸钢板（50～100mm）。

②更换为板式橡胶支座。

③就地浇筑钢筋混凝土支座垫石，垫石高度按需要设置，一般应大于 100mm。

六、桥跨结构的养护、维修与加固

1. 一般原则

（1）在桥梁检测及评定的基础上，针对病害的原因，选取恰当养护维修措施。

（2）充分发挥原结构的承载能力，并选择投资少、工效快、尽量不中断交通、技术上可行，且有较好耐久性等的维修方案。

2. 梁式桥的养护、维修及加固

主要内容有裂缝的修补、主梁或横梁的补强加固等。

（1）混凝土桥梁的裂缝修补

目前，修补裂缝的材料有两大类，即水泥（砂）浆和高分子化学材料。水泥砂浆通常采用高标号干硬性水泥配制。施工时先采用凿毛、喷砂或钢丝刷拉毛等方法清除原构件混凝土的松散组织,并沿裂缝长度凿成槽口,用高压水枪或气枪冲洗吹干,然后用水泥(砂)浆人工挤压填缝。高分子材料一般以环氧树脂为主。适合宽度为 0.1 ~ 0.4mm 的裂缝。

(2)梁式结构加固

梁式桥的加固方法很多,目前较成熟且应用较广的技术有:增加构件截面、粘贴加固、施加体外预应力加固、增加构件加固、改变体系加固及综合改造加固等。

上述加固方法,基本上可以划分为两大类:

第一类为改变结构体系,调整结构内力,减轻原梁负担。例如:加斜撑减少梁的高度、简支梁改为连续结构、增加纵梁数目、调换梁位、加大新建边梁截面尺寸调整横向分布系数,减轻原梁负担等。

第二类为加大截面尺寸和配筋,加固薄弱构件。

对薄弱构件进行加固补强的方法很多,从作用原理可分为以下两类:

①在受拉区直接增设抗拉补强材料,例如:补焊钢筋、粘贴钢板、贴高强复合纤维等。这种加固方法从作用原理上属被动加固的范畴,设计时必须考虑桥梁带载加固,分阶段受力特点。一期荷载(构件自重和恒载)由原梁承担,二期荷载(活载)由加固后的组合截面承担,后加补强材料的强度发挥程度受原梁变形程度的限制。一般情况下,在极限状态时其应力是达不到抗拉强度设计值的。若不考虑分阶段受力特点,过高地估计了后补强材料的作用,补强设计是不安全的。

②采用预应力原理进行加固补强,例如:体外预应力加固、有黏结预应力加固等。从作用原理上讲,预应力加固属于主动加固的范畴。由于预应力的作用,改善了原梁的应力状态,提高了原梁的承载能力和抗裂性能。桥梁结构自重大,对于一般常见的简支梁桥,结构自重及恒载引起的内力占所承受的总内力的比值,随着桥梁的跨度增大而提高。20m 跨径的钢筋混凝土简支梁,构件自重与恒载引起的内力约占总内力的 49%。30m 跨径的预应力钢筋混凝土简支梁,构件自重与恒载引起的内力约占总内力的 69%。桥梁加固一般均采用带载加固。换句话说,桥梁结构是在承受如此大的构件自重及恒载的情况下进行加固补强的。构件自重及先期恒载产生的内力由原梁承担。活载及后加恒载由加固后的组合截面承担。桥梁加固设计必须考虑分阶段受力特点。这是桥梁加固设计区别于一般结构设计的最大特点。被动加固后的高强复合纤维,由于受分阶段受力造成的应变滞后影响,在极限状态下根本无法充分发挥材料的高抗拉性能,是一种极大的浪费。解决后加补强材料的应变滞后问题、提高后加补强材料利用效率的根本途径是变被动加固为主动加固,对后加补强材料实际预应力,作出预应力加固体系。

3.拱桥的养护与加固

(1)砖、石拱桥的维修与加固

砖、石拱桥的加固一般通过拱圈的加固来实现,拱圈可以增加厚度和横向联系或设置新加结构的方法来加固。

(2)双曲拱桥的维修与加固

在实际工程中,双曲拱桥改造加固方法很多,从作用原理上可以包括以下几种:加强拱肋,提高承载能力,可以采用加大截面尺寸和增加配筋的方法加强拱肋;加强横向联系,提高全桥的整体工作性能和稳定性,可以采用改横系梁为横隔板、增加横向联系的数目;改变拱上建筑结构形式,减少拱上建筑重量,减轻拱肋负担,提高桥梁承受活载的能力。

第四节　墩台与基础的养护维修

墩台和基础是桥梁的重要组成部分,是直接承受来自桥梁上部结构的荷载,同时又将荷载传递给地基的受力结构。在长期作用过程中,桥梁墩台与基础将会出现不同程度的损坏,因而桥梁墩台和基础的破损将直接影响上部结构的安全,必须及时进行养护维修与加固。

1. 墩台的养护维修

(1)墩台的病害

绝大多数墩台是由钢筋混凝土、混凝土或者砖石砌体建成。在墩台的众多病害中,墩台顺筋锈胀裂缝较为常见。这种病害是由于伸缩缝漏水,造成盖梁和墩身钢筋严重腐蚀,出现顺筋锈胀裂缝,这种裂缝对结构的耐久性影响很大,应及时进行维修处理。归纳起来,墩台病害主要有:裂缝、剥落、空洞、钢筋外露、锈蚀、老化、结构的变形位移等。

上述病害中,裂缝病害最为重要。

(2)墩台的维修要点

①墩台表面保持清洁,及时清理杂草和秽物。

②定期对墩台混凝土进行裂缝观测,及时发现裂缝。

③对裂缝的处理

网状裂缝,为非受力裂缝,一般无需修补。经分析不影响墩台安全的裂缝,可用环氧树脂砂浆修补。对继续发展且较宽、上下贯通的受力裂缝,可以采用钢筋混凝土围带或钢箍进行加固的方法。对有急剧发展、缝口犬牙交错、可采用围绕整个墩台设置钢筋混凝土护套的方法进行加固。对于承载力不足或出现严重裂缝的圆形截面墩柱,一般采用缠绕粘贴高强复合纤维布(碳纤维或芳纶纤维)的方法加固。

④当桥台发生变形,应查明原因,采用针对性的措施加固。

⑤对于连续梁桥、连续刚构桥和拱桥,当墩台发生沉降或者位移时,会引起结构内力重分布,有可能引起新的较大病害。一旦有此现象发生,应及时组织设计部门、专家进行分析计算,采取应对措施。

2. 基础的养护维修

(1)基础常见病害

基础沉降、基础倾斜、基础结构的异常应力和开裂。

(2)养护维修与加固要点

主要检查包括桩基或其他类型基础的暴露部分有无缺损、开裂、砂浆面层剥落及露筋锈蚀等病害;应对桥梁基础冲刷、河床断面变化、主河道变迁和流速、流量进行观测。

基础常见的养护维修方法有:

钢筋混凝土钻孔桩受冲刷时,可采用抛填大块石、石笼护底或混凝土砌块防护,防止继续冲刷;对于基础承载力不足、沉降变形过大的石砌或混凝土刚性基础,可以采用扩大基础的方法;对于承载能力不足的桩基础,可以采用补加钻孔桩的方法。

第五节 涵洞的养护、维修与加固

一、涵洞的检查

涵洞应进行经常和定期检查,特别是汛期和冰雪季节来临之前要对所有涵洞全面检查一次。主要检查内容有:

(1)涵洞的位置是否恰当,孔径是否足够,洞内有无淤塞。

(2)涵洞有无开裂,填土有无沉陷,涵底涵墙有无漏水,八字墙是否完整。

(3)进水口是否堵塞,沉砂井有无淤积,洞口铺砌有无冲刷脱落。

(4)涵洞内有无积水,洞口有无冻裂。

二、涵洞的养护维修

涵洞的日常养护应符合下列要求:

(1)保持洞口清洁无杂物,洞内排水通畅,发现淤塞或积雪、积冰应及时疏通和清除。经常积雪或积雪较深的涵洞,入冬前可在洞口架设栅栏。易发生积冰的涵洞,宜采用柴草封住洞口,融雪时及时拆除。

(2)涵底铺砌、洞口上下游路基护坡、引水沟等发生变形或出现缺口,应及时修理。

(3)涵洞进水口的沉沙井或出水口的跌水构造,应适时检查其是否损坏,与洞口是否结合成整体,如有损坏或发现裂缝甚至脱离,应及时修复加固。

(4)当加宽或加高路基后原有涵洞长度不足时,经验算满足承载力要求的涵洞一般进行接长。

涵洞的养护维修应根据不同的结构形式和病害而采取不同的方法。

砖石涵洞表面如发生局部风化、轻微裂缝及砖灰缝剥落等现象,应用水泥砂浆勾缝或修补封面。

混凝土管涵的接头处和四铰管涵接缝处发生填缝脱落时,应用干燥麻絮沥青填实,不宜用灰浆抹缝,以免再次碎裂脱落。

波纹管涵发生涵管沉陷、变形,应挖开填土进行修理。

压力式涵洞进水口周围路堤发现渗流、空洞、缺口或冲刷现象时,应及时进行修补处理。洞口周围路基可用不透水黏性土封堵,洞前做铺砌或修挡水墙。

三、涵洞的加固

对承载能力不足的涵洞应进行加固或改建。加固处理应视交通情况、路基填土高度及涵洞排水情况而定,分别采用如下方法:挖开填土,用混凝土或钢筋混凝土加厚原涵外断面;挖开填土,分段更换改造。涵洞内用混凝土或钢筋混凝土预制件或现浇衬砌加固。

第六节　调治构造物的养护维修与加固

调治构造物的作用是引导水流均匀、顺畅地通过桥孔，防止和减少桥位附近河床的不利变迁，保证桥梁墩台基础、河堤以及引道的稳定和安全，包括有导流堤、丁堤、梨形堤、顺坝和格坝。

一、调治构造物的养护

导流堤、丁坝和透水坝等调治构造物应切实加强日常养护，保持良好的技术状况。洪水前后应加强巡查，及时清除调治构造物上的河流物。对于需要修建或改建调治构造物的桥梁，应查明调治构造物的变化，并作记录，其内容如下：

（1）桥位处河床状态。

（2）各种水位高程，尤其是历史洪水位，以及水流状态，包括流速、流量、主流方向、有无漂浮物等。

（3）结冰及流冰状态：结冰时间、封冰范围、冰层移动时间及持续时间、流冰速度和尺寸等。

（4）调治构造物工作状况。

二、调治构造物的维修与加固

调治构造物的维修与加固应做好以下工作。

（1）根据需要，将临时的竹木、铁丝石笼等调治构造物有计划地改建为浆砌块、片石或混凝土的永久性结构。

（2）调治构造物由于洪水冲刷及漂浮物撞击，发生基础冲空，砌体开裂时，应及时修理。

（3）通过一定时期的观察，位置不当、数目或长度不足、不能正常发挥作用的调治构造物，应在洪水退后进行改建。

（4）若调治构造物不足以抗御洪水冲击，则应进行加固。

第七节　超重车辆的过桥措施

组织超重车辆安全通过桥梁应符合下列要求。

（1）手机查找桥梁技术资料，现场查看桥梁状况，依据桥梁的技术资料，按超重车辆的实际荷载，对结构进行强度、稳定性、刚度验算。

（2）必要时进行荷载试验。

（3）对不能满足条件的桥梁进行加固。

（4）对超重车辆通过桥梁进行现场管理。

通过加强超重车辆过桥的管理，可尽量减少过桥车辆的超重或偏载，减轻桥梁的受力；可控制车辆的行驶位置、速度，使其在最有利的交通条件下行驶。对车辆过桥的管理措施有：

（1）使超重车辆单车过桥。

（2）使超重车辆沿桥面中心线行驶。

（3）超重车辆过桥时要低速行驶,限速5km/h,并严禁在桥上变速、制动。

（4）使超重车辆在指定位置上行驶。

（5）超重车辆过桥应选择在交通量较小的时间里进行。

为适应超重过桥的要求,应采取一定的加固措施。加固应由原桥梁设计单位验算和进行加固设计,并经养护单位审核后实施。常用的方案有:

（1）全桥跨越法只适用于小跨径的梁桥或拱桥,一般只用于单孔桥。

（2）多孔桥采用部分跨越法。

（3）加斜撑减小梁的跨度法。

【复习思考题】

1.简述桥梁养护的工作内容和基本要求。

2.简述桥梁检查的类型及主要内容。

3.桥梁技术状况可评定为哪几个等级？对应的养护对策是什么？

4.简述墩台基础的常见缺陷。

5.简述涵洞日常养护工作的内容。

6.简述桥梁伸缩缝的养护维修方法。

第七章

公路隧道的养护与维修

【学习目的与要求】

通过本章的学习,应了解公路隧道日常巡查与清洁、经常检查、定期检查、应急检查和专项检查的主要内容;掌握公路隧道技术状况评定的方法;掌握公路隧道的主要病害类型和养护维修方法;熟悉公路隧道不同部位的防排水措施;了解公路隧道机电设施的养护方法。

公路隧道是公路穿山越岭以及江、河、湖、海等水下的重要工程构造物,既是道路工程构造物,又是地下工程结构物。公路隧道的主体建筑物一般由洞身、衬砌和洞门组成,在洞口容易坍塌的地段,还加建明洞。隧道的附属构筑物包括防水和排水设施、通风和照明设施、交通信号设施以及应急设施等。

公路隧道一般都处于崇山峻岭之中,无法绕行,如果隧道内出现严重渗漏水[图 7-1a)]、衬砌开裂[图 7-1b)]或设施故障[图 7-1c)]等情况,就会妨碍交通,进而使整个交通线路完全处于中断状态,给公路交通造成恶劣影响。因此,要对隧道进行及时的检测、养护与维修。公路隧道养护是为保持隧道土建结构、机电设施及其他工程设施的正常使用而进行的日常巡查、清洁维护、检查评定、保养维修等工作。对公路隧道病害检测与治理应本着"预防为主、早期发现、及时维护、对症施治"的原则,要经常性地对隧道进行检查,及时发现问题,建立数据库,确定需要整治的技术指标,并采用有效措施进行整治。

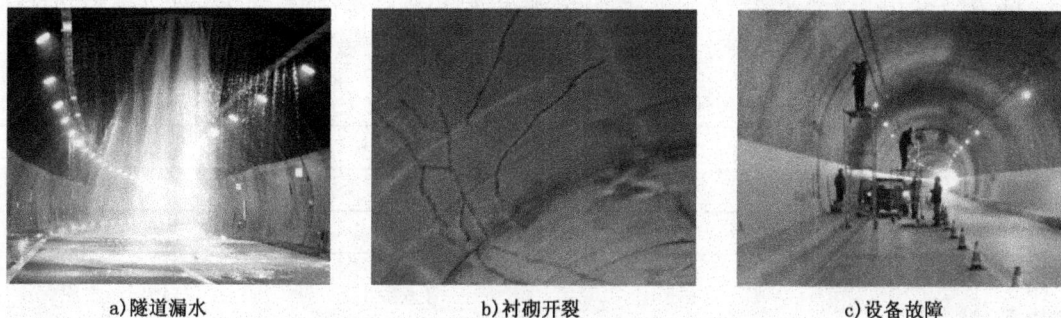

a)隧道漏水　　　　　　　　　　b)衬砌开裂　　　　　　　　　　c)设备故障

图7-1　隧道病害

第一节　隧道的技术状况评定

公路隧道技术状况评定包括隧道土建结构、机电设施、其他工程设施技术状况评定和总体技术状况评定。采用分层综合评定与隧道单项控制指标评定相结合的方法,先对隧道各项检测项目进行评定,然后对隧道土建结构、机电设施和其他工程设施分别进行评定,最后进行隧道总体技术状况评定。

一、日常巡查与清洁

隧道的日常巡查主要指在日常养护工作中,采取车行或步行的方式,通过目视对影响隧道通行和结构安全的异常事件进行巡视检查。主要目的是为了发现隧道结构的早期破损、显著病害或其他异常情况。日常巡查应由经过培训的专职隧道管理人员或有一定经验的工程技术人员负责。日常巡查时要对隧道洞口、衬砌、路面是否处在正常工作状态、是否妨碍交通安全等进行检查,主要包括:

(1)隧道洞口边仰坡有无边坡开裂滑动、落石等现象。

(2)隧道洞门结构是否存在大范围开裂、砌体断裂、脱落等现象。

(3)隧道衬砌是否存在大范围开裂、明显变形、衬砌掉块等现象。

(4)是否存在地下水大规模涌流、喷射,路面出现涌泥沙或大面积严重积水等威胁交通安全的现象。

(5)隧道路面是否存在散落物、严重隆起、错台、断裂等现象。

(6)隧道洞顶预埋件和悬吊件是否存在断裂、变形或脱落等现象。

隧道日常巡查的深度和广度都弱于经常检查,但其频率远高于经常检查。隧道日常巡查频率为1次/d,在遇恶劣天气、汛期、雨季、冰冻季节和极端天气等特殊情况,应加强日常检查工作。日常巡查记录应每月定期整理归档,并提出评价意见。巡检过程中发现设施明显损坏,影响车辆和行人安全时,应及时采取相应的维护措施,并应立即向主管部门报告。

隧道清洁主要包括扫除隧道内垃圾、清除结构物脏污、清理(疏通)排水设施,以保持结构物外观的干净、整洁。一般来说,隧道交通量越大、污染越严重、结构物越易脏污,清洁周期越短。相比其他公路结构物,隧道呈长管状,烟尘不宜散发,因此其清洁周期相对要短一些。结构物的清洁养护通常都选择在交通量较小的时候进行,以尽量减少交通干扰,降低事故风险。

隧道清洁应综合考虑隧道养护等级、交通组成、结构物脏污程度、清洁方式及效率和环境条件等因素确定清洁方案和频率。按照养护等级，隧道清洁频率应符合表7-1和7-2的要求。

高速公路、一级公路隧道清洁频率　　　　　　　　　　　　　　　表7-1

清洁项目	养护等级		
	一级	二级	三级
路面	1次/d	2次/周	1次/旬
内装饰、检修道、横通道、标志、标线、轮廓标	1次/月	1次/2月	1次/季度
排水设施	1次/季度	1次/半年	1次/半年
顶板	1次/半年	1次/年	1次/2年
斜井	1次/半年	1次/年	1次/2年
侧墙、洞门	1次/2月	1次/季度	1次/半年

二级及二级以下公路隧道清洁频率　　　　　　　　　　　　　　　表7-2

清洁项目	养护等级		
	一级	二级	三级
路面	1次/周	1次/半月	1次/月
内装饰、侧墙、洞门、检修道、横通道、标志、标线、轮廓标	1次/季度	1次/半年	1次/年
排水设施	1次/半年	1次/年	1次/年
顶板	1次/年	1次/2年	1次/3年
斜井	1次/年	1次/2年	1次/3年

（1）隧道内路面清洁。要保持干净、整洁，两侧边沟不应有残留垃圾等物品，高速公路和一级公路以机械清扫为主，清扫时应防止扬尘，路面被油类物质或其他化学品污染时，应采取措施清除。

（2）隧道顶板、内装饰、侧墙和洞门清洁。要保持干净、整洁，无污垢、污染、油污和痕迹；顶板、内装饰和侧墙的清洁主要以机械作业为主，以人工作业为辅。采用湿法清洁时，要防止路面积水和结冰，注意保护隧道内机电设施的安全，防止水渗入设施内；采用干法清洁时，要避免损伤顶板、内装饰、侧墙及隧道内机电设施，清洁时要注意采用必要的降尘措施；如果隧道内没有顶板和内装饰，需要对洞壁混凝土进行清洁。

（3）排水设施。要及时进行清理和疏通，保持无淤积、排水通畅。在汛前、汛中和汛后以及极端降水天气后，需要对排水设施进行检查和清理疏通；在冰冻季节，应增加排水沟和清理频率。对于纵坡较小的隧道或隧道洞口区段，需要增加清理和疏通频率。

二、经常检查

隧道的土建结构检查包括经常检查、定期检查、应急检查和专项检查。经常检查主要对土建结构的外观状况进行一般性定性检查。按照公路隧道养护等级（一级、二级和三级），经常检查频率分别为1次/月、1次/2月和1次/季度。如果遇有雨季、冰冻季节或极端天气，或者发现严重异常状况,需要提高经常检查的频率。

通常情况下,经常检查采用人工与信息化手段相结合的方式,并配以简单的工具进行。经常检查一般以定性判断为主,将破损状况判定为三种情况:情况正常、一般异常、严重异常。当发现隧道存在一般异常情况时,应该进行监视、观测或进一步检查;当发现隧道存在严重异常情况时,要采取措施进行处治;当对其产生的原因及详细情况不明时,还需要做定期检查或专项检查。经常检查的内容和判定标准,如表7-3所示。

经常检查内容和评定标准 表7-3

项目名称	检查内容	判定描述	
		一般异常	严重异常
洞口	边(仰)坡有无危石、积水、积雪;洞口有无挂冰;边沟有无淤塞;构造物有无开裂、倾斜、沉陷等	存在落石、积水、积雪隐患;洞口局部挂冰;构造物局部开裂、倾斜、沉陷,有妨碍交通的可能	坡顶落石、积水漫流或积雪崩塌;洞口挂冰掉落路面;构造物因开裂、倾斜或沉陷而致剥落或失稳;边沟淤塞,已妨碍交通
洞门	结构开裂、倾斜、沉陷、错台、起层、剥落;渗漏水(挂冰)	侧墙出现起层、剥落;存在渗漏水或结冰,尚未妨碍交通	拱部及其附近部位出现剥落;存在喷水或挂冰等,已妨碍交通
衬砌	结构裂缝、错台、起层、剥落	衬砌起层,且侧墙出现剥落状况,尚未妨碍交通,将来可能构成危险	衬砌起层,且拱部出现剥落状况,已妨碍交通
	渗漏水	存在渗漏水,尚未妨碍交通	大面积渗漏水,已妨碍交通
	挂冰、冰柱	存在结冰现象,尚未妨碍交通	拱部挂冰,形成冰柱,已妨碍交通
路面	落物、油污、滞水或结冰;路面拱起、坑槽、开裂、错台等	存在落物、滞水、结冰、裂缝等,尚未妨碍交通	拱部落物,存在大面积路面滞水、结冰或裂缝,已妨碍交通
检修道	结构破损;盖板缺损;栏杆变形、损坏	栏杆变形、损坏;盖板缺损;结构破损,尚未妨碍交通	栏杆局部损坏或侵入建筑限界;道路结构损坏,已妨碍交通
排水设施	缺损、堵塞、积水、结冰	存在缺损、积水或结冰,尚未妨碍交通	沟管堵塞,积水漫流,结冰,设施缺损严重,已妨碍交通
吊顶及各种预埋件	变形、缺损、漏水(挂冰)	存在缺损、漏水,尚未妨碍交通	缺损严重,或从吊顶板漏水严重,已妨碍交通
内装饰	脏污、变形、缺损	存在缺损,尚未妨碍交通	缺损严重,已妨碍交通
标志、标线、轮廓标	是否完好	存在脏污、部分缺失,可能会影响交通安全	基本缺失或严重缺失,影响行车安全

三、定期检查

定期检查是按规定周期对隧道结构的基本状况进行全面检查,检查的目的是系统掌握隧道的基本技术状况,为制订养护工作计划提供依据,检查以徒步的目视检查为主,配备必要的检查工具或设备。检查时,要尽量靠近结构,依次检查各个结构部位,注意发现异常情况和原有异常情况的发展变化;对有异常情况的结果,需要在适当位置作出标记。

定期检查每年1次,最长不超过3年1次。当经常检查中发现重要结构分项技术状况评定状况值为 3 或 4 时,应立即开展一次定期检查。定期检查一般安排在春季或秋季进行。对于新建隧道,在交付使用 1 年后应进行首次定期检查。

定期检查完成后,应提交定期检查报告以及隧道展示图和其他有关检测记录资料。具体的定期检查内容,见表 7-4。

定期检查内容表　　　　　　　　　　　表 7-4

序号	项目名称	检 查 内 容
1	洞口	①山体滑坡、岩石崩塌的征兆及发展趋势; ②边坡、碎落台、护坡道的缺口、冲沟、潜流涌水、沉陷、塌落等及其发展趋势; ③护坡、挡土墙的裂缝、断缝、倾斜、鼓肚、滑动、下沉的位置、范围及其程度,有无表面风化、泄水孔堵塞、墙后积水、地基错台、空隙等现象及其程度
2	洞门	①墙身裂缝的位置、宽度、长度、范围或程度; ②结构倾斜、沉陷、断裂范围、变位量、发展趋势; ③洞门与洞身连接处环向裂缝开展情况、外倾趋势; ④混凝土起层、剥落的范围和深度,钢筋有无外漏、受到锈蚀; ⑤墙背填料流失范围和程度
3	衬砌	①衬砌裂缝的位置、宽度、长度、范围或程度; ②墙身施工缝开裂宽度、错位量; ③衬砌表层起层、剥落的范围和深度; ④衬砌渗漏水的位置、水量、浑浊、冻结状况
4	路面	①路面拱起、沉陷、错台、开裂、溜滑的范围和程度; ②路面积水、结冰等范围和程度
5	检修道	①检修道毁坏、盖板缺损的位置和状况; ②栏杆变形、锈蚀、缺损等的位置和状况
6	排水系统	①结构缺损程度,中央窨井盖、边沟盖板等完好程度; ②沟管开裂渗漏水状况; ③排水沟(管)积水井等淤积堵塞、沉砂、滞水、结冰等状况
7	吊顶	①吊顶板变形、缺损的位置和程度; ②吊杆等预埋件是否完好、有无锈蚀等; ③漏水(挂冰)范围及程度
8	内装	①表面脏污、缺损的范围和程度; ②装饰板变形、缺损的范围及程度等
9	交通标志、标线,轮廓标	外观缺损、表面脏污状况,连接件牢固状况、光度是否足要求等

四、应急检查

应急检查应在隧道遭遇自然灾害、发生交通事故或出现其他异常事件后对遭受影响的结构进行详细检查。检查的目的是及时掌握隧道结构受损情况,当应急检查难以判明破损原因和程度时应进行专项检查。

应通过应急检查,及时掌握结构受损情况,为采取对策措施提供依据。应根据受异常事件影响的结构,决定采取的检查方法、工具和设备。应急检查的内容和方法原则上应与定期检查相同,但应针对发生异常情况或者受异常事件影响的结构或结构部位进行重点检查,以掌握其受损情况。应急检查的评定标准、检查结果的记录与定期检查相同。检查完成后,应编制应急检查报告,总结检查内容和结果、评估异常事件的影响、确定合理的对策措施。

五、专项检查

专项检查是根据经常检查、定期检查和应急检查的结果,或者通过其他途径的判断,对需要进行进一步查明缺损或病害的详细情况的隧道,进行更深入的专门检测、分析工作。例如,隧道火灾后的结构损伤评价检查,检查时要邀请一些有经验的专家并辅以专门的检查设备。

通过专项检查,应完整掌握病害的详细资料,为其是否实施处治以及采取何种治理病害的措施等提供技术依据。专项检查的项目、内容及其要求,要根据经常检查、定期检查或应急检查的结果有针对性地确定,具体的检查项目见表7-5。

专项检查项目表

表 7-5

检查项目		检查内容
结构变形检查	公路线形、高程检查	公路中线位置、路面高度、缘石高度以及纵、横坡度等测量
	隧道横断面检查	隧道横断面测量、周壁位移测量(与相邻或完好断面比较)
	净空变化检查	隧道内壁间距测量(自身变化比较)
裂缝检查	裂缝调查	裂缝的位置、宽度、长度、开展范围或程度等
	裂缝检测	裂缝的发展变化趋势及其速度;裂缝的方向及深度等
漏水检查	漏水调查	漏水的位置、水量、浑浊、冻结及原有防排水系统的状态等
	漏水检测	水温、pH值检查、电导度检测、水质化学分析
	防排水系统	拥堵、破坏情况
材质检查	衬砌强度检查	强度简易测定,钻孔取芯,各种强度试验等
	衬砌表面病害	起皮、剥落、蜂窝、麻面、孔洞、露筋等
	混凝土碳化深度检测	采用酚酞液检查混凝土的碳化深度
	钢筋锈蚀检测	剔凿检测法、电化学测定法、综合分析判定法
衬砌及围岩状况检查	无损检测	无损检测衬砌厚度、空洞、裂缝和渗漏水等,以及钢筋、钢拱架、衬砌配筋位置及保护层厚度、围岩状况、仰拱充填层密实程度及其下岩溶发育情况
	钻孔检查	钻孔测定衬砌厚度等,内窥镜观测衬砌及围岩内部状况
荷载状况检查	衬砌应力及拱背压力检查	衬砌不同部位的应力及其变化、拱背压力的分布及其变化
	水压力检查	地下水丰富的隧道,检查衬砌背后水压力大小、分布及变化规律

对严重不良地质路段、重大结构病害或隐患处,要开展运营期长期监测,对其结构变形、受力和地下水状态等进行长期观测。监测频率可以按照经常检查的频率,当发现监测参数在快速发展变化时,可以提高观测的频率。

六、隧道技术状况评定

对于同等级公路的隧道,由于交通量、技术状况和自然条件不同,养护需求和养护资源也不相同。因此,在实际工作中,需要细化同等级公路隧道的养护要求,来满足这种差异化的养护需求。应根据公路等级、交通量、技术状况和气候条件等因素,将养护等级划分为三个等级,高速公路、一级公路和二级及二级以下公路隧道养护等级的分级标准分别见表7-6和表7-7。

高速公路、一级公路隧道养护等级分级表　　　　　　　　　　表7-6

单车道年平均日交通量	隧道长度(m)			
[pcu/(d×ln)]	$L>3\,000$	$3\,000\geqslant L>1\,000$	$1\,000\geqslant L>500$	$L\leqslant500$
≥10 001	一级	一级	一级	二级
5 001 ~ 10 000	一级	一级	二级	二级
≤5 000	一级	二级	二级	三级

二级及二级以下公路隧道养护等级分级表　　　　　　　　　　表7-7

年平均日交通量	隧道长度(m)			
(pcu/d)	$L>3\,000$	$3\,000\geqslant L>1\,000$	$1\,000\geqslant L>500$	$L\leqslant500$
≥10 001	一级	二级	二级	三级
5 001 ~ 10 000	二级	二级	三级	三级
≤5 000	二级	三级	三级	三级

隧道总体技术状况评定等级的确定,应采用土建结构和机电设施两者中最差的技术状况类别作为总体技术状况的类别。具体的技术状况评定流程,见图7-2。

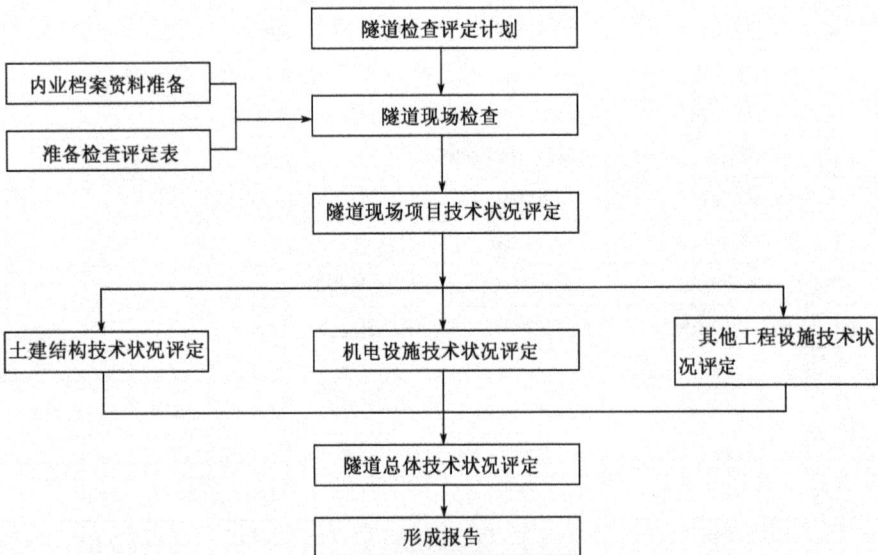

图7-2　公路隧道技术状况评定工作流程图

土建结构技术状况评定时,需要根据定期检查的资料,并综合考虑洞门、结构、路面和附属设施等各方面的影响,确定隧道的技术状况等级,确定每一个分项的状况值。状况值共分为五个等级,其状况值按照损坏程度的轻重从0~4变化。具体评定时,先逐洞、逐段对隧道土建结构各分项技术状况进行状况值评定,在此基础上确定各分项技术状况,再进行土建结构技术状况评定。土建结构的技术状况评定标准,见表7-8。

土建结构技术状况评定标准表 表 7-8

状况值	评定因素			
	缺损程度	发展趋势	对行人、车辆安全的影响	对隧道结构安全的影响
0	无或非常轻微	无	无影响	无影响
1	轻微	趋于稳定	目前尚无影响	目前尚无影响
2	中等	较慢	将来会影响行人、车辆安全	将来会影响隧道结构安全
3	较严重	较快	已经妨碍行人、车辆安全	已经影响隧道结构安全
4	严重	迅速	严重影响行人、车辆安全	严重影响隧道结构安全

隧道土建结构的总体技术状况评分采用百分制,并采用分项扣分的方式,计算见式(7-1)。

$$JGCI = 100 \cdot \left[1 - \frac{1}{4} \sum_{i=1}^{n} \left(JGCI_i \times \frac{\omega_i}{\sum_{i=1}^{n} \omega_i} \right) \right] \qquad (7\text{-}1)$$

式中: ω_i ——分项权重;

$JGCI_i$ ——分项状况值,值域 0 ~ 4。

各分项检查段落状况值按照式(7-2)进行计算。

$$JGCI_i = \max(JGCI_{ij}) \qquad (7\text{-}2)$$

式中: $JGCI_{ij}$ ——各分项检查段落状况值;

j ——检查段落号,按实际分段数量取值。

其中,土建结构各分项权重按照表 7-9 进行取值。

土建结构各分项权重表 表 7-9

分 项		分项权重 ω_i	分 项	分项权重 ω_i
洞口		15	检修道	2
洞门		5	排水设施	6
衬砌	结构破损	40	吊顶及预埋件	10
	渗漏水		内装饰	2
路面		15	交通标志、标线	5

根据土建结构的技术状况的评分,可以将其分成五类,每类的界限值见表 7-10。针对不同类别的土建结构,将采用相应的养护对策。

土建结构技术状况评定分类界限值 表 7-10

技术状况评分	土建结构技术状况评定分类				
	1 类	2 类	3 类	4 类	5 类
JGCI	≥85	70≤JGCI<85	55≤JGCI<70	40≤JGCI<55	<40

土建结构技术状况评定时,当洞口、洞门、衬砌、路面和吊顶及预埋件项目的评定状况值达到 3 或 4 时,对应土建结构技术状况应直接评为 4 类或 5 类。当出现下列情况时,隧道土建工程的评分直接评为 5 类。

(1)隧道洞口边仰坡不稳定,出现严重的边坡滑动、落石现象。

(2)隧道洞门结构大范围开裂、砌体断裂、脱落现象严重,可能危及行车道内的通行安全。

（3）隧道拱部衬砌出现大范围开裂、结构性裂缝深度贯穿衬砌混凝土。

（4）隧道衬砌结构发生明显的永久变形，且有危及结构安全和行车安全的趋势。

（5）地下水大规模涌流、喷射，路面出现涌泥沙或大面积严重积水等威胁交通安全的现象。

（6）隧道地面发生严重隆起，路面板严重错台、断裂，严重影响行车安全。

（7）隧道洞顶各种预埋件和悬吊件严重锈蚀或断裂，各种桥架和挂件出现严重变形或脱落。

第二节　隧道的养护与维修

一、隧道的主要病害类型

公路隧道病害的类型主要有水害、冻害、衬砌裂损、衬砌侵蚀等。隧道病害发生较多的地段，从地质情况看，一般是断层破碎带、风化变质岩地带、裂隙发育的岩体、岩溶地层、软弱围岩地层等；从地形情况看，多发生在斜坡、滑坡构造地带、岩堆崩坍地带等。隧道内各种病害一般不是单独存在的，而是互相影响、互相作用的。

公路隧道最常见的病害形式是水害，隧道水害不仅增加隧道内湿度，造成电路短路等事故、危及运输安全，而且还会引发其他病害。隧道由于渗漏水、积水，将会造成衬砌开裂或使原有裂缝发展扩大，加重衬砌裂损。当地下水有侵蚀性时，会使衬砌混凝土产生侵蚀，并随着渗漏水的不断发展，使混凝土侵蚀日益严重。在寒冷地区，水是影响隧道围岩冻胀和导致衬砌开裂的重要因素，而衬砌一旦开裂，将会给地下水打开一条外渗的通道，引起隧道严重水害，进而就会产生衬砌混凝土的侵蚀，冬季产生冻害。冻害循环发生，使衬砌混凝土再产生开裂变形，导致衬砌承载力下降。春夏季衬砌产生冻害部位解冻，被冻结的冰融化成水，致使衬砌产生渗漏水。因此，隧道内各种病害并不是单独作用的，而是几种情况共同作用，最终导致衬砌结构失稳破坏。

（1）隧道水害

隧道的水害主要是指隧道围岩的地下水或部分地表水，以渗漏或涌出方式进入隧道内造成的危害，包括以下几种。

①隧道漏水和涌水

隧道漏水和涌水会对隧道的电力设备造成不同程度的损坏，对照明设备产生锈蚀，影响设备的正常运行，降低使用寿命，增加维修费用。渗漏水促使混凝土衬砌风化、剥落，造成衬砌结构破坏。渗漏水还会软化围岩，引起围岩变形；有些隧道渗水中含有对路面有侵蚀性的介质，造成一般的混凝土碱化；在寒冷地区造成边墙结冰、拱部挂冰，侵入建筑限界。渗漏水还会造成路面翻浆，危及行车安全。严重渗漏水还会引发隧道基础的沉陷，进而造成地面和地面建筑物的不均匀沉降和破坏，使得地表水和含水层水大量流失，破坏生态环境。

②隧道衬砌周围积水

运营隧道中地表水和地下水向隧道周围渗流汇集，水压力较大时会导致衬砌破裂和拱脚下沉，使围岩的结构面软化或泥化，使膨胀性围岩体积膨胀。在寒冷地区造成冰胀和围岩冻胀。在黄土隧道衬砌周围的水还会离析土中的胶体并带出黄土，使周围的衬砌变成空洞。

③潜流冲刷

主要是指由于地下水渗流和流动而产生的冲刷和溶蚀作用，使得隧道衬砌基础下沉。它可使边墙开裂或者仰拱、隧道内路基下沉开裂；围岩滑移错动可导致衬砌变形开裂；对超挖回填不密实或未全部回填者，引起围岩坍塌，导致衬砌结构破坏。

（2）隧道冻害

我国冻土地区分布广泛，在冻土地区修建的公路隧道易产生冻害现象，例如新疆的天山二号隧道因渗漏水侵蚀和冻胀破坏而报废、青海的大阪山隧道成为"冰河"、甘肃的七道梁隧道因渗漏水和冰冻而被迫向隧道送暖气、辽宁的八盘岭隧道和吉林的密江隧道因渗漏水而被迫在混凝土衬砌内加复衬。

①拱部挂冰、边墙结冰

渗漏的地下水通过隧道衬砌混凝土裂缝逐渐渗出，在渗水点出口处受低温影响在拱部形成挂冰，边墙积成冰柱，尤其在施工接缝处渗水点多，结冰明显。如不清理，挂冰越积越大，侵入限界危及行车安全。水沟因结冰堵塞，使地下排水困难，水沟（管或槽）冻裂破损。隧道衬砌周边因水结冰而冻胀，致使隧道内各种冻害接踵而至，特别是路面结冰严重危及行车安全。

②围岩冻胀破坏

隧道修筑在不良地质地段的围岩，如果围岩层面及结构内含水多时，冬季就易发生冻胀破坏，致使隧道拱部和边墙衬砌发生变形与开裂。当边墙壁后排水不畅、积水成冰、产生冻胀压力时，会造成拱脚移动，或者墙顶内移；有的虽然墙顶不动但墙中发生内鼓现象，也有墙顶内移致使断裂多段。如果隧道衬砌混凝土设计强度等级较低、抗渗性差，在地下水丰富地区，水就会渗入混凝土内部。冬季，水在混凝土结构内结冰，膨胀产生冻胀压力，经多年冻融循环使衬砌结构变酥、强度降低，造成结构破坏。

（3）隧道衬砌裂损

①隧道衬砌裂损的种类

隧道衬砌裂损的类型主要有衬砌变形、衬砌开裂、衬砌腐蚀破坏、衬砌背后空洞、拱脚下沉以及仰拱破碎等。隧道衬砌开裂根据裂缝走向，分为纵向裂缝、环向裂缝和斜向裂缝 3 种，如图 7-3 所示。环向工作裂缝一般对衬砌结构正常承载影响不大，拱部和边墙的纵向及斜向裂缝对隧道结构的整体性危害较大。

②衬砌裂损的危害程度

衬砌裂损可导致隧道结构变形、掉块甚至塌落；降低衬砌结构对围岩的承载能力；使隧道的净空变小，侵入建筑限界，影响车辆安全通过；衬砌裂缝还会成为渗漏水的通道。

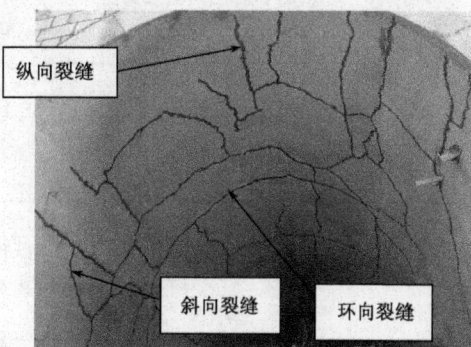

图 7-3 衬砌开裂

（4）衬砌侵蚀

建在富含腐蚀性介质的公路隧道，其衬砌背后的腐蚀性环境水，容易沿衬砌的工作缝、变形缝、毛细孔，以及其他孔洞渗流到衬砌内侧，成为隧道渗漏水，对衬砌混凝土和砌石、灰缝产生物理性或化学性的侵蚀作用，造成衬砌侵蚀。

①衬砌侵蚀的种类

衬砌侵蚀的种类分为物理侵蚀和化学侵蚀2类。物理侵蚀包括冻融交替部位的冻胀性裂损和干湿交替部位的盐类结晶性胀裂损坏2种。隧道衬砌混凝土的化学侵蚀是一个很复杂的物理化学过程，可分为硫酸盐侵蚀、镁盐侵蚀、溶出性侵蚀（软水侵蚀）、碳酸盐侵蚀和一般酸性侵蚀5种。

②衬砌侵蚀的危害程度

隧道内混凝土衬砌的腐蚀根据种类不同，可分为水蚀、烟蚀、冻蚀及集料溶胀等。隧道衬砌侵蚀，使衬砌出现起毛、酥松、蜂窝麻面、起鼓剥落、孔洞露石、集料分离等材质破坏，衬砌厚度变薄。还会导致衬砌内的钢筋腐蚀，使得衬砌结构强度减小，降低隧道衬砌的承载能力，缩短使用寿命，危及行车安全。

二、隧道的保养和维护

公路隧道经过一段时间的使用后，其技术状况会发生不同程度的衰减，因此，需要进行及时的养护与维修。隧道土建结构的保养维修包括经常性或预防性的保养和轻微缺损部分的维修、恢复和保持结构的正常使用状况。在使用过程中，要进行经常检查和定期检查，如果发现一般异常和技术状况值≤2的状况，需要进行保养维修。

根据公路隧道技术状况评定类别不同，应采取不同的养护对策，具体的分类情况和对应的养护对策见表7-11。

公路隧道总体技术状况评定类别 表7-11

技术状况评定类别	评定类别描述		养护对策
	土建结构	机电设施	
1类	完好状态。无异常情况，或异常情况轻微，对交通安全无影响	机电设施完整率高，运行正常	正常养护
2类	轻微破损。存在轻微破损，现阶段趋于稳定，对交通安全不会有影响	机电设施完好率较高，运行基本正常，部分易耗部件或损坏部件需要更换	应对结构破损部件进行监测或检查，必要时实施保护维修；机电设施进行正常养护，应对关键设备及时修复
3类	中等破损。存在破坏，发展缓慢，可能会影响行人、行车安全	机电设施尚能运行，部分设备、部件和软件需要更换或改造	应对结构破损部位进行重点监测，并对局部实施保养维修；机电设施需进行专项工程
4类	严重破损。存在较严重破坏，发展较快，已影响行人、行车安全	机电设施完好率较低，相关设施需要全面改造	应尽快实施结构病害处治措施；对机电设施应进行专项工程，并应及时实施交通管制
5类	危险状态。存在严重破坏，发展迅速，已危及行人、行车安全	—	应及时关闭隧道，实施病害处治，特殊情况需进行局部重建或改建

对于隧道的不同部位，其保养和维护措施也不相同，主要包括：

（1）洞口

应及时清除洞口边仰坡上的危石、浮土，保持洞口边沟和边仰坡上截（排）水沟的完好、畅通,修复存在的轻微损坏的洞口挡土墙、洞门墙、护坡、排水设施和减光设施等结构物的开裂、变形,维护洞口花草树木。冬季应清除边仰坡上的积雪和挂冰。

（2）路面

对于隧道内路面上的塌落物和堆积物,应及时清除。及时修复、更换损坏的窨井盖或其他设施盖板。当路面出现渗漏水时,应及时处理,将水引入边沟排出,防止路面积水或结冰。

（3）人行和车道横洞

横通道内严禁存放任何非救援用物品,应及时清除散落的杂物,修复轻微破损的结构。要定期保养横通道门,保证横通道清洁、畅通。

（4）斜（竖）井

应及时清除斜（竖）井内可能损伤通风设施或影响通风效果的异物;应保持井内排水设施完好、水沟（管）畅通;对于井内的检查通道或设施,应进行保养,防止锈蚀或损坏。

（5）风道

对于送（排）风口的网罩,应及时清理,清除堵塞网眼的杂物;应定期保养风道板吊杆,防止其锈蚀或损坏;应及时修复风口或风道的破损,更换损坏的风道板。

（6）排水设施

应保持隧道内外排水设施完好,发现破损或缺失应及时修复。当排水管道堵塞时,可采用高压水或压缩空气疏通。应及时清理排水边沟、中心排水沟、沉沙池等排水设施中的堆积物,不定期检查排水沟盖板和沟墙,及时修复破损、翘曲的盖板。寒冷地区应及时清除排水沟内结冰或堵塞。排水的金属管道应定期做好防腐处理。

（7）吊顶和内装饰

吊顶和内装饰应保持完好和整洁美观,当有破损、缺失时,应及时修补恢复损坏部分,不能修复的应及时更换。各种预埋件和桥架要保持完好、坚固、无锈蚀,当有缺损时,应及时更换或加固。

（8）人行道或检修道

应保持人行道或检修道平整、完好和畅通,人行道或检修道不得积水,当道板有破损、翘曲或损失时,应及时进行修复和补充;应定期保养人行道或检修道护栏,护栏应保持完好、清洁、坚固、无锈蚀,立柱正直无动摇现象,横杆连接牢固,当有缺损时,应及时恢复。

（9）寒冷地区隧道应进行下列保养维护措施

①寒冷地区隧道的防冻保温设施应做好保养维护,当有损坏时,应及时维修,保证其正常使用功能。

②洞口设有防雪设施的隧道,应做好防雪设施的保养维护,并在大雪降临前完成设施的维修加固;冬季应及时清除洞口处积雪。

（10）标志标线

隧道的交通标志应保持外观完整、信息清晰准确,保持位置、高度和角度适当,保证交通信息传递无误,并应满足下列要求。

①要及时修补变形、破损的标牌,修复弯曲、倾斜的支柱,紧固松动的连接构件。

②对锈蚀损坏、老化失效的标志,应及时更换,缺失的应及时补充。

③对损坏的限高及限速设施应及时维修。

三、有衬砌隧道的养护

对于有衬砌隧道出现的衬砌起层、剥离，应及时清除；及时修补衬砌裂缝，并且设计观测标记进行跟踪观测；对于衬砌的漏渗水应接引水管，将水导入边沟；冬季应及时清除洞顶挂冰。

（1）衬砌变形、开裂、渗漏水（挂冰），应根据综合分析确定其主要原因，采取针对性治理措施。对于衬砌背面存在空隙的原因，可在衬背压注水泥砂浆，使衬砌受力均匀，有效地利用衬砌强度；对于衬砌厚度不足、年久、变质、腐蚀剥落严重或裂缝区域较大而影响到衬砌强度的原因，可在衬砌外露面喷射水泥混凝土，其厚度一般为 80～150mm，必要时可加配锚杆及钢筋网。已经稳定的裂缝，可采用压注环氧水泥砂浆或水泥砂浆的方法加固。

（2）衬砌表面腐蚀、剥落及灰缝脱落，可先清除表面已松动部分，分段或全面加喷一层水泥砂浆或水泥混凝土保护层，一般层厚为 30～60mm。

（3）端墙、侧墙、翼墙位移或开裂，应根据综合分析确定其主要原因，采取针对性治理措施。

（4）路面拱起、沉陷、错台、开裂，应根据综合分析确定其主要原因，采取针对性治理措施。

四、无衬砌隧道的养护

无衬砌隧道出现的碎裂、松动岩石和危石，应本着"少清除、多稳固"的原则加以处理；围岩的渗、漏水，应开设泄水孔接引水管，将水导入边沟排出；冬季应及时清除洞顶挂冰。

（1）无衬砌隧道的围岩在长期使用过程中，由于岩石松动，或受风化、行车振动等影响，围岩发生破碎或产生危石、渗漏水等病害，应及时处治，以保证车和人身安全。

（2）处治围岩破碎和危石，可采取如下措施：

①发现可以清除的危石，应当及时清除。在因清除会牵动周围大片岩石时，则可喷浆或压浆稳固。

②对不宜清除的小面积破碎，可抹水泥砂浆稳固。

③碎裂范围较大时，根据病害程度及范围，可采用喷射混凝土、锚喷混凝土或挂网锚喷混凝土稳固。

④对不能清除又无法压浆稳固的个别危石，应及时用混凝土或浆砌块石垛墙作为临时支撑，以确保安全，然后根据垛墙侵占隧道净空的具体情况及隧道所在的公路性质和交通量大小，研究永久性治理措施。

（3）隧道内的孔洞、溶洞或裂缝均应封闭，封闭前将松动的岩石清除。对内小外大的孔洞，可在孔洞外石壁上埋设牵钉、挂钢筋网、喷射或浇注水泥混凝土封闭；对内大外小的孔洞，用素混凝土封闭；有水的孔洞应预埋泄水孔接引水管，将水导入边沟排出。

第三节　隧道机电设施的养护

隧道机电设施的养护主要包括通风设施、照明设施、监控与消防设施等几类。

一、通风设施的养护

通风设施包括射流风机、轴流风机、离心风机及其配套设施等为隧道运营提供通风换气服务的设施。通风设备的经常检修、定期检修主要项目和频率见表7-12。

通风设施经常检修、定期检修主要项目和频率　　　　　表7-12

设施名称	检查项目	主要检查内容	经常检修 1次/(1~3月)	定期检修 1次/年
射流风机	总体	1.风机运转过程中有无异响	√	
		2.风机运转时电流值是否在额定值内	√	
		3.分级反转是否正常	√	
		4.维护性开启频率	√(1次/15d)	
	各安装部位	1.有无松动、腐蚀现象	√	
		2.安全吊链的松紧程度	√	
	叶片	叶片是否清洁,有无异响		√
	电动机	1.转动轴有无振动、异响、过热		√
		2.润滑油的检查、更换及轴承清洗		√
		3.电机的拆卸检查、轴承清洗与油脂更换		√
		4.防护情况检查		√
		5.绝缘测试		√
		6.三相电流平衡试验		√
		7.运行中的电动机温升是否正常		√
	其他	拆卸组装后的风速及推力测试		√
轴流风机	总体	1.运转状态有无异响和异常振动	√	
		2.各计量仪器、仪表读数是否正确	√	
		3.基础螺栓及连接螺栓的状态有无异常		√
		4.轴承温度、油温、油压有无异常		√
		5.振动试验有无异常		√
		6.逆转1h以上的工作状况有无异常		√
		7.与监控测试联动试验		√
		8.手动旋转的平衡状态		√
		9.正、反转间隔一定时间的试验		√
		10.叶片安装状态检查		√
		11.维护性开启频率	√(1次/15d)	
	减速机	1.油量是否正常	√	
		2.有无异响,油温是否正常		√
		3.润滑油老化试验		√
		4.更换油脂		√

续上表

设施名称	检查项目	主要检查内容	经常检修 1次/（1~3月）	定期检修 1次/年
轴流风机	润滑油冷却装置	1.配管、冷却器、交换器、循环泵的状态	√	
		2.运转中有无振动、异响、过热现象	√	
	气流调节装置	1.动作状态有无异常	√	
		2.内翼有无损伤、裂纹		√
		3.密封材料状态		√
	动翼、静翼及叶轮	1.翼面有无损伤、剥离		√
		2.焊接部有无损伤		√
		3.检查叶轮液压调节装置		√
轴流风机及离心风机	导流叶片及异型管	有无生锈、涂装剥离、螺母松动		√
	驱动轴	1.接头、齿轮润滑状态有无异常	√	
		2.传动轴的振动与轴承温度有无异常	√	
		3.加油脂		√
	电动机	1.运转中有无异响、振动、过热	√	
		2.连接部的工作状态	√	
		3.绝缘测试		√
		4.三相电流平衡试验		√
	消声器	1.清扫消声器内壁灰尘		√
		2.噪声检测		√
		3.吸声材料检查与变质材料更换		√
	其他	1.仪表的检查、校正和更换		√
		2.供油装置的检验		√
		3.必要时的金属探伤		√
		4.组装、检查后的试运及风速、推动测试		√

通风设施检修应按照各种设备的操作规程和养护要求进行，并使主要性能指标，如风速、推力、功率、噪声及防护等级等符合产品说明书的要求。通风设施检修应配备专用电工工具和机修工具，必要时需要配备风压计、风速计、声级计等相关设备。

在进行定期检修和专项工程后，应对隧道通风设施的效率进行全面测试，通风设施经检修后其通风能力应满足设计要求。

二、照明设施的养护

照明设施主要包括灯具、洞外路灯、照明线路及配套设施等为隧道运营提供照明服务的设施。照明设施经常检修、定期检修主要项目及其检修频率见表7-13。

照明设施经常检修、定期检修主要项目及其检修频率　　表 7-13

设施名称	检查项目	主要检查内容	经常检修 1 次/(1~3 月)	定期检修 1 次/年
隧道灯具	总体	1. 电压是否稳定,灯的亮度是否正常	√	
		2. 灯泡的损坏与更换	√	
		3. 引入线检查,电磁接触器、配电箱柜是否积水	√	
		4. 开关装置定时的准确性与动作状态有无异常	√	
		5. 脱漆部位补漆及灯具修理更换		√
		6. 补偿电容器、触发器、镇流器、接触器是否损坏		√
		7. 绝缘检查		√
	各安装部位	有无松动、腐蚀		√
	密封性	灯具内是否有尘埃、积水,密封条是否老化		√
	检修孔、手孔	有无积水		√
	照度测试	超过灯具寿命周期后进行照度测试	√(1 次/半年)	
洞外路灯	灯杆	1. 外观有无裂纹,焊接及连接部位状况		√
		2. 有无损伤及涂装破坏		√
		3. 接地端子有无松动		√
	基础	1. 设置状态是否稳定		√
		2. 有无开裂、损伤		√
		3. 锚具、螺栓有无生锈、松动		√
	灯体	1. 有无损伤,亮度目测是否正常	√	
		2. 防护等级检查	√	
照明线路	总体	1. 回路工作是否正常	√	
		2. 有无腐蚀及损伤		√
		3. 托架是否松动及损伤		√
		4. 对地绝缘检查		√

　　照明设施检修后,隧道路面亮度应满足设计要求。照明设施检修除了要配备电工工具、高空作业车、清洁卫生用具外,还需要配备照度仪、亮度仪等相关的设备。

三、监控与消防设施的养护

　　消防设施经常检修、定期检修主要项目及其检修频率见表 7-14。在检修期间应有相应的防灾措施。

消防设施经常检修、定期检修主要项目及其检修频率　　表 7-14

设施名称	检查项目	主要检查内容	经常检修 1 次/(1~3 月)	定期检修 1 次/年
火灾报警设施	点型感烟、感温探测器	1. 清洁表面	√	
		2. 各回路的报警随机抽检试验		√

设施名称	检查项目	主要检查内容	经常检修	定期检修
			1 次/（1～3 月）	1 次/年
火灾报警设施	双/三波长火焰探测器	1. 清洁表面	√	
		2. 各回路的报警随机抽检试验		√
	线型感温光纤火灾探测系统	1. 清洁表面	√	
		2. 各回路的报警随机抽检试验		√
	光纤光栅感温火灾探测系统	1. 清洁表面	√	
		2. 各回路的报警随机抽检试验		√
	视频型火灾报警装置	1. 清洁表面	√	
		2. 各回路的报警随机抽检试验		√
	手动报警按钮	1. 清洁表面	√	
		2. 检查防水性能	√	
		3. 报警信号及传输测试		√
		4. 各回路的报警随机抽检试验		√
	火灾报警控制器	1. 清洁表面	√	
		2. 检查防水性能	√	
		3. 线缆连接是否正常	√	
		4. 报警试验		√
液位检测器	总体	1. 电极棒液位控制装置检查		√
		2. 浮球磁性液位控制器检查		√
		3. 超声波液位计检查		√
		4. 仪器检测精度标定		√
消火栓及灭火器	总体	1. 有无漏水、腐蚀，软管、水带有无损伤	√	
		2. 室外消火栓的放水试验及水压试验	√	
		3. 泡沫消火栓的使用与防渣检查		√
		4. 消水栓的放水试验及水压试验		√
		5. 寒冷地区消防管道的防冻检修		√
		6. 确认灭火器的数量及其有效期	√	
		7. 灭火器腐蚀情况	√	
		8. 设备箱体及标识检查	√	
阀门	总体	1. 外观检查，有无漏水、腐蚀	√	
		2. 操作试验是否正常	√	
		3. 导通试验	√	
		4. 保温装置的状况		√
水喷雾灭火设施	总体	1. 检查系统组件工作状态	√	
		2. 检查设备外表	√	
		3. 检查管路压力	√	

设施名称	检查项目	主要检查内容	经常检修	定期检修
			1次/(1~3月)	1次/年
水喷雾灭火设施	总体	4.检查报警装置	√	
		5.检查系统功能	√	
		6.清洗雨淋阀本体的密封圈		√
		7.检查阀瓣断头和锁紧销		√
		8.清洗控制阀和密封膜		√
		9.管网耐压试验		√
水泵接合器	总体	1.清洁表面、内部	√	
		2.检查密封性	√	
		3.送水加压功能是否正常		√
水泵	总体	1.运转时有无异响、振动、过热,压力上升时闸阀的动作是否正常	√	
		2.外观有无污染与损伤	√	
		3.轴承部位加油与排气检查	√	
		4.启动试验与自动阀同时进行	√	
		5.紧固泵体各连接螺栓	√	
		6.清除离心泵泵内垃圾	√	
电动机	总体	1.运转时有无异响、振动、过热	√	
		2.外观有无污染、损伤	√	
		3.电压电流检测	√	
		4.启动试验	√	
		5.各连接部状况		√
		6.绝缘试验		√
给水管	总体	1.有无漏水,闸阀操作是否灵活	√	
		2.管支架是否腐蚀、松动		√
		3.洞外及隧道内水管的防冻、防盐雾腐蚀		√
		4.管过滤器清洗		√
气体灭火设施	总体	1.与火灾报警控制器联动试验		√
		2.检查气溶胶		√
消防车、消防摩托车	总体	1.车辆保养	√	
		2.检查灭火装备	√	
消防水池	总体	1.有无渗漏水	√	
		2.水位是否正常及液位检测器是否完好	√	
		3.泄水孔是否通畅	√	
		4.水池的清洁		√
		5.寒冷地区保温防冻检查		√
电光标志	总体	1.检查、调节 LED 集束像素管的发光亮度	√	
		2.检查显示功能是否正常	√	
		3.外观有无污染、破损、锈蚀,字迹是否清晰	√	

　　高速公路隧道监控软件系统维护应不少于每年 1 次，一级及一级以下公路隧道监控软件系统维护宜不少于每年 1 次。维护时应对软件系统进行修改完善，保证联动运行功能的实现和软件可靠性各项技术措施的落实，并应按使用说明或用户手册进行。

【复习思考题】

　　1. 公路隧道的主要病害类型有哪些？

　　2. 公路隧道技术状况评定的方法有哪些？

　　3. 公路隧道的保养和维修方法有哪些？

　　4. 试述公路隧道的防排水措施。

第八章

公路交通工程及沿线设施养护

通过本章的学习,了解交通安全设施养护基本要求,掌握护栏、护网及其他防护设施的检查、养护与维修方法,掌握交通标志、标线的检查与维修方法,了解其他交通安全设施的检查与养护方法。

公路交通工程及沿线设施主要包括交通安全设施、公路机电系统(监控系统、收费系统、通信系统、供配电系统)、服务设施、管理设施等。交通安全设施主要有交通标志、交通标线、视线诱导标、隔离栅、防护网、防眩板、护栏、防撞垫、特殊交通安全设施等。服务设施主要有服务区、停车区、公共汽车停靠站等。管理设施主要有管理机构房屋等。公路交通工程及沿线设施是公路的重要组成部分,其对保障交通安全、交通顺畅具有重要作用。因此,这些设施应经常处于良好的服务状态,与其他公路设施一样需要进行养护,有损坏的应及时维修或更换,缺失或需要增加的应及时按技术要求进行补充。本章主要介绍交通安全设施及其养护。

第一节　交通安全设施养护基本要求

交通安全设施对于保障交通安全至关重要,必须及时进行养护,保证其时时处于良好的服务状态。交通安全设施的养护内容主要包括:检查、保养维修和更新改造。检查包括经常性检查、定期检查、特殊检查和专项检查。平时应加强日常巡查。

交通安全设施养护基本要求:

(1)经常性检查的频率不少于 1 次/月;定期检查的频率不少于 1 次/年;遭遇自然灾害、发生交通事故或出现其他异常情况时,应及时进行附加的特殊检查;设施更新改造之后,应进行全面的专项检查。

(2)应结合设施特点,加强对交通安全设施的养护维修和更新改造。

(3)交通安全设施的养护应满足设施完整和外观质量、安装质量、技术性能等各项质量的要求。

(4)因交通事故、自然灾害或其他原因造成的设施损伤应及时进行修复。

(5)采用常青绿篱和绿色植物进行隔离和防眩时,参照公路绿化的相关要求进行养护。

(6)对于事故多发路段和一些特殊路段,应结合公路安全保障工程的技术内容,及时改造完善各种交通安全设施。

(7)交通安全设施的养护质量参照现行《公路技术状况评定标准》进行评定。

第二节　护栏、护网及其他防护设施

护栏是诱导驾驶员视线,增加驾驶员和乘客的安全感,防止失控车辆驶出公路外或进入对向车道,减轻对车辆、人员和财产的损害程度;控制行人随意穿越公路,保障行人安全的设施。

护栏包括路基护栏和桥梁护栏。路基护栏分为缆索护栏、波形梁护栏和混凝土护栏。桥梁护栏分为金属桥梁护栏、钢筋混凝土墙式和梁柱式桥梁护栏、组合式桥梁护栏。不同护栏的养护维修有所不同。

隔离栅是设在高速公路沿线两侧将高速公路与外界隔离,防止车辆、人员、牲畜等随意进入高速公路范围内,保证交通安全的设施。

防护网是设置在上跨高速公路的桥梁的两侧和人行天桥两侧,防止人员和物体坠落到公路上的防护设施。

防眩板是减轻对向车辆灯光对驾驶员视觉影响,提高驾驶安全性的设施。

一、护栏

护栏是一种重要的交通安全设施,通常设置于公路两侧和中央分隔带,主要用于防止失控车辆越出路外或穿越分隔带闯入对向车道,同时吸收碰撞能量,保护车辆和驾乘人员生命安全。

1. 护栏的检查

日常巡查和每季度定期检查相结合,检查的主要内容如下。

(1)各类护栏的损坏或变形情况。

(2)立柱和水平构件的紧固状况。

(3)污秽程度及油漆损坏状况。

(4)拉索的松弛程度。

(5)护栏及反光膜的缺损情况。

2.护栏的养护与维修

(1)经常清理护栏周围的杂草、杂物等。

(2)护栏表面油漆损坏,应及时修补。反光层脱落,应随时贴补。

(3)由于交通事故或自然灾害造成护栏缺损或变形,应及时修复或更换。

(4)由于公路高程调整,原护栏不符合规定时,应对护栏的高度进行调整。

(5)侵蚀严重的金属护栏应予以更换。

(6)不能及时按原样修复,而又对交通安全威胁较大的地段,应采用应急材料临时修复。

3.护栏养护的要求

(1)波形梁钢护栏

①保持波形梁钢护栏的结构合理、安全可靠。

②护栏板、立柱、柱帽、防阻块(托架)紧固件等部件应完整、无缺损。

③护栏质量符合相关标准要求。

④护栏的防腐层应无明显脱落,护栏无锈蚀。

⑤护栏板搭接方向正确,螺栓紧固。

⑥护栏安装线形流畅,无明显变形、扭转、倾斜。

(2)水泥混凝土护栏

①保持水泥混凝土护栏线形流畅、结构合理。

②水泥混凝土护栏应无明显裂缝、掉角、破损等缺陷。

③水泥混凝土护栏的几何尺寸、基础强度、埋置深度,以及各块件之间、护栏与基础之间的连接应符合设计要求。

④水泥混凝土护栏所使用的水泥、砂、石、水、外加剂、钢筋等材料质量应符合相关标准、规范及设计。

(3)缆索护栏

①缆索护栏各组成部件应无缺损。

②缆索护栏各组成部件应无明显变形、倾斜、松动、锈蚀等现象。

③缆索护栏所使用的缆索、立柱、锚具等材料质量应符合相关标准、规范及设计要求。

二、隔离栅和防护网

隔离栅是为防止牲畜、行人、非机动车等进入高速公路,在路基以外设置的栅栏。其他公路在穿越城镇的路段,根据实际情况也时有设置。

1.隔离栅的检查

除日常巡回检查外,每季度还应进行一次定期检查。检查包括下列内容:

(1)隔离栅的损坏或变形情况。

(2)污秽程度。

(3)油漆损坏及金属锈蚀情况。

2.隔离栅的养护与修理

(1)污秽严重的应定期清理。

（2）每年定期重新涂漆一次。

（3）损坏部分应及时修复或更换。

防护网的检查、养护与修理基本和隔离栅相同。

3. 隔离栅的养护要求

（1）应保持隔离栅完整无缺、功能正常。

（2）隔离栅金属网片、立柱、斜撑、连接件、基础等部件应无缺损。

（3）隔离栅应无明显倾斜、变形、各部件稳固连接。

（4）隔离栅防腐涂层应无明显脱落,锈蚀现象。

（5）隔离栅质量应符合相关标准要求。

三、防眩板

防眩板是为使夜间行车的驾驶员免受对向来车前照灯眩光干扰而设置在中央分隔带上的设施。按材质分类,防眩板主要有塑料防眩板、玻璃钢防眩板、钢制防眩板等。

1. 防眩板的检查

在日常巡回中,应经常检查遮光栅有无缺损歪斜。钢质遮光栅有无油漆剥落、锈蚀,支柱有无变形。

2. 防眩板的养护与修理

（1）损坏部分应及时修复,歪斜的应扶正。

（2）定期重新涂漆,锈蚀和变形严重的应予以更换。

3. 防眩板的养护要求

（1）防眩板应保持完整、清洁,具有良好的防眩效果。

（2）防眩板应安装牢固,无缺损。

（3）防眩板应无明显变形、褪色或锈蚀。

（4）防眩板的质量应符合相关标准要求。

第三节　交通标志、标线

一、交通标志

公路交通标志是用图形符号和文字传递特定信息,用以管理交通、保证公路交通安全、协助车辆顺利通行的安全设施。公路交通标志包括:警告标志、禁令标志、指示标志、指路标志等主动标志,为表示时间、车辆种类、区域或距离、警告、禁令理由等辅助说明作用的辅助标志及其他标志。公路交通标志形状、颜色、尺寸、图案种类和设置地点均按现行《道路交通标志和标线》（GB 5768）的规定执行。

公路交通标志设置以后,应按管理责任分工认真养护,保持位置适当、表达准确、完整、美观。夜间交通量大的公路,应采用反光标志。国际公路和重要的旅游公路,一般同时标注英汉两种文字。

1.公路交通标志的检查

除日常巡回检查交通标志是否受到树木等物体的遮挡,以及标志牌、支柱是否受到损坏外,一般还应进行定期检查。遇到有风暴等异常气候及洪水、地震等自然灾害或交通事故时,应进行临时检查。检查包括下列内容:

(1)标志牌、支柱的变形、损坏、污秽及腐蚀情况。

(2)油漆及反光材料的褪色、剥落情况。

(3)标志牌设置的角度及安装情况。

(4)照明设施情况。

(5)基础或底座情况。

(6)反光标识的反射性能。

(7)缺失情况。

此外,还需要根据公路条件(如新增或取消平面交叉、新建或改建桥梁、窄路拓宽、局部线形变更)或交通条件(如增加或变更交通限制等)的变化,检查公路交通标志的设置地点、指示内容、各标志之间的相互位置、标志的高度和尺寸是否适当等。

通过检查,发现公路交通标志出现异常时,应及时恢复到正常状态。

2.公路交通标志的养护

(1)交通标志有污秽时,应进行清洗。

(2)有树木等遮蔽物时,必须清除阻碍视线的物体或在规定范围内变更标志的设置位置。

(3)定期刷新。

3.公路交通标志的修理

(1)标志变形、支柱弯曲、倾斜应及时修复。

(2)标志牌、支柱损伤、生锈引起油漆剥落,其范围不大时,可对剥落部分重新油漆;油漆严重剥落或褪色,应重新油漆。

(3)标志牌或支柱松动,应及时紧固。

4.更换及设置位置的变更

(1)由于腐蚀(生锈)、破损而造成辨认性能下降或夜间反光反射能力降低的标志,应予以更换。

(2)缺失的应及时补充。

(3)设置的标志有类似、重复、影响交通的情况,或设置位置和指示内容不符合时,应进行必要的变更。

除上述固定位置交通标志之外,在公路养护管理、交通事故处置等作业过程中为保证车辆、行人安全和施工正常进行,应按国家标准规定设置路栏、锥形交通标志、导向标志等告示性和警告性标志。

应经常检查是否按照规定设置了标志,并应保持标志的良好状态。这些标志主要包括:

(1)在施工作业、落石、塌方等危险路段或周围设施设置路栏。

(2)在指引车辆绕过的施工、维修作业区或其他障碍物路段应设置锥形交通路标。

(3)在路线方面发生明显变化处,应设置指示性导向标;在施工和维修作业区两端应设置警告性导向标。

（4）为预告前方公路阻断情况,指示车辆改变行车路线或提醒驾驶员提高警惕的路段两端,应设置临时性的情报告示牌。

路栏、锥形交通路标和导向标,有移动性临时设置设施,也有固定的永久性设施,应分别采用不同的养护和修理方法。

当前方公路因路面翻浆、路基塌陷、桥梁破坏、隧道冒顶或水毁等原因发生阻断需指示车辆改变行驶路线时,宜采用"前方××,注意瞭望""×××,车辆慢行"等标示的告示牌。设置位置在需要告示地点前 100～200m 处的右侧路肩处。

情报指示牌应保持牌面清洁,字体工整醒目。公路一旦修复、恢复正常行车后,应立即将情报告示牌撤除。

在公路上进行开挖沟槽等作业以及禁止车辆驶入的施工区,除按规定设置醒目的施工标志外,夜间应设置施工标志灯。施工标志灯可因地制宜选用,但必须具备夜间有足够的照明时间、亮度和不易被熄灭的功能。

（5）在高速公路和一级公路上,宜设置因交通、道路、气候等状况变化可改变显示内容的可变信息标志。

5. 公路交通标志的养护要求

（1）应保持交通标志设置合理、结构安全,板面内容整洁、清晰。

（2）标志板、支柱、连接件、基础等标志部件应完整、无缺损且功能正常。

（3）标志应无明显歪斜、变形,钢构件无明显剥落、锈蚀。

（4）标志面应平整,无明显褪色、污损、起泡、起皱、裂纹、剥落等病害。

（5）标志的图案、字体、颜色等应符合相关标准要求。

（6）反光交通标志应保持良好的夜间视认性。

二、交通标线、轮廓标

公路交通标线是管制和引导交通安全的安全设施。公路交通标线包括:路面上的各种线条、箭头、文字、立面标记、突起路标和轮廓标等所构成的交通安全设施。其作用是管制和引导交通,它可以与标志配合使用,也可单独使用。公路交通标线的形状、颜色、尺寸和设置地点均按现行《道路交通标志和标线》(GB 5768)的规定执行。

公路交通标线设置后,应按管理责任分工认真保养,经常保持完整、齐全、鲜明。

高速公路、一级公路、二级公路均应设置路面标线。其他道路可根据需要按照标准设置标线。路面标线应采用耐磨耗、耐腐蚀、与路面黏着力强、具有较好的辨认性、便于施工、对人畜无害的路标漆、塑胶标带、陶瓷和彩色水泥等材料制作。

1. 公路交通标线的养护与修理

（1）路面标线、导向箭头、文字标记。

①路面标线污秽,影响辨认性能时,应及时进行清扫或冲洗。

②路面标线磨损严重或脱落,影响辨认性能时,应重新喷刷或修复,并注意避免与原标线错位。

③进行路面局部修理使路面标线局部缺损或被覆盖,应在路面修理完工后予以修补或喷刷。

（2）立面标记应保持颜色鲜明、醒目。主要是清除表面污秽,如已褪色或油漆剥落,应及时重新涂漆。

2. 公路交通标线的养护要求

（1）具有良好的可视性,边缘整齐、线形流畅,无大面积脱落。

（2）颜色、线形等应符合相关标准要求。

（3）反光标线应保持良好的夜间视认性。

（4）重新画设的标线应与旧标线重合。

3. 突起路标的养护

为辅助和加强标线,可设置固定于路面上的突起路标。突起路标是安装于路面的一种块状突起结构,一般与路面交通标线配合使用,设置在行车道的边缘外侧或车行道分界线的虚线处。

（1）突起路标的主要养护内容是保持其反射性能。应经常清扫突起部位周围的杂物,清除反光玻璃球表面污秽。

（2）突起路标的主要修理内容是保持其完好的反射角度,发现松动的应予固定;发现损坏或丢失的,应及时修复或更换。

4. 突起路标的养护要求

（1）突起路标应无严重的缺损。

（2）破损的突起路标应不对车辆、人员等造成伤害。

（3）突起路标应无明显的褪色。

（4）突起路标的光度性能应保持其在夜间良好的视认性。

5. 轮廓标的养护

轮廓标是设置于道路边缘,用于诱导视线的一种设施。轮廓标上具有逆反射体或逆反射材料,在夜间车灯的照射下显示出道路边缘的轮廓,对行车进行安全引导。汽车专用公路和设置 GBM 工程的公路或路段,应设置路边轮廓标,其他公路可视实际需要设置。

凡设置示警桩和护栏路段,以及路肩上已种植整齐的行列式乔木路段,可不再设置路边轮廓标。路边轮廓标与百米桩结合设置时,应在桩下部标明百米桩号。

轮廓标养护与修理包括下列内容:

（1）反光矩形色块剥落,应及时贴补。

（2）清除表面污秽和遮蔽轮廓标的杂草、树木及其他物体。

（3）油漆剥落的,应重新漆涂。

（4）标柱倾斜或松动的,应扶正固定。如已变形、损坏,应修复或更换。

（5）丢失的应及时补充。

6. 轮廓标的养护要求

（1）轮廓标应进行表面清洗。

（2）轮廓标应无缺损。

（3）轮廓标应无明显的褪色。

（4）轮廓标的光度性能应保持其在夜间良好的视认性。

第四节　其他交通安全设施

一、中央分隔带

高速公路和一级公路上设置的中央分隔带和在城镇附近混合交通量大的公路沿线主线设置的分隔行车道用的分隔带，应经常保持良好。

1. 中央分隔带的检查

(1)中央分隔带的排水通道是否阻塞。

(2)路缘石的变形、损坏情况。

2. 中央分隔带的养护与修理

(1)排水通道阻塞应及时疏通。

(2)清理中央分隔带或分隔带内的杂物，修剪高草。

(3)修复变形的路缘石，更换损坏的路缘石。

二、标柱

标柱分为警示标柱和道口标柱两种。警示标柱是设置在漫水桥和过水路面两侧及平原地区路堤高4m以上、山岭地区路堤高6m以上路段和危险路段，以表明公路边缘及限行的示警标志。道口标柱是设置在公路沿线较小交叉路口两侧，表明平面交叉位置的设施。

标柱制作材料可采用金属、钢筋混凝土、水泥混凝土、木料或石料等。标柱间距6～10m，断面150mm×150mm，高出地面800mm，高出地面部分一律涂以间距为200mm、顶端为红色的红白相间油漆。

应经常检查标柱有无歪斜、变形、缺少、损坏、油漆有否剥落、褪色。养护和修理的主要内容是及时扶正标柱，修理或更换变形、损坏部分，缺少的应填补，保持标柱位置正确、颜色鲜明、醒目。

三、反光镜

视距不足的急转弯和路线平面交叉处，可根据需要设置能使驾驶员从镜中看到对方来车的平曲线反光镜。由于反光镜与交通安全密切相关，应经常进行检查与养护维修。

1. 反光镜的检查

除在日常巡回检查反光镜的反射能力外，还应进行定期检查。检查包括下列内容：

(1)反光镜的设置位置、方向和角度是否正确。

(2)支柱有无倾斜和损坏。

(3)镜面有无污秽和损坏。

在发生风雨等异常气候时，应立即进行上述相同内容的检查。

2. 反光镜的养护

(1)保持镜面清洁和反射能力。

（2）及时清除反光镜周围树枝、杂草等遮蔽物。

（3）检查出的病害，应立即修好。

【复习思考题】

1.公路交通安全设施包括哪些内容？

2.简述公路交通标志的类型。

3.简述公路交通标线的种类和作用。

第九章

公路绿化及其管护

【学习目的与要求】

通过本章的学习,了解公路绿化的功能及要求,了解公路绿化的基本原则,了解公路绿化植物栽植应满足的要求,掌握公路绿化植物的管护措施。

随着社会的进步和经济的发展,公路交通基础设施不仅在"保通"方面具备了应有的功能,在环境保护、景观改善等方面越来越受到重视。

公路绿化是国土绿化的重要组成部分,是公路建设中不可缺少的内容。公路绿化的主要目的是:稳固路基、保护路面、美化路容、改善环境、减少噪声、提高行车舒适性、诱导汽车行驶,也是防风、固沙、防雪及防水害的重要措施之一。

本章将重点介绍公路绿化及其规划、公路绿化的要求、公路绿化植物的栽植与管护。

第一节　公路绿化及其规划

一、公路绿化的功能

公路的修建会破坏大地原有的自然景观,占用大量土地,从而减少大地绿色植物的覆盖面积;汽车在公路上行驶,其噪声、振动、尾气排放也会对自然环境造成污染。因此,在建设和发展公路的同时,必须十分重视绿化工作。通过绿化,保持自然环境与社会环境的协调,创造舒适的行车环境和生活环境。

公路绿化具有如下的主要功能:

(1)净化空气功能

公路上行驶的车辆会排出大量的包含一氧化碳(CO)、氮氧化合物(NO_x)、颗粒物(PM)、碳氢化合物(CH)、二氧化硫(SO_2)、含铅化合物、二氧化碳(CO_2)等成分的废气,不仅污染环境,还可能直接危害人体健康。绿色植物在光合作用过程中能够吸收二氧化碳,放出氧气,自动调节空气中的碳氧平衡,使空气保持新鲜;同时还具有空气过滤器的功能,能吸收大量的有毒有害气体,对空气起到净化作用。

(2)降低噪声功能

汽车噪声是噪声公害的重要来源,公路绿化的目的也在于降低汽车噪声对环境所造成的危害。这是因为林木等绿化作物有散射声波的作用,能够把投射到叶片上的噪声分散投射到各个方向,造成声能消耗衰减。此外,枝叶表面的毛孔、绒毛。能像多孔纤维吸音板一样,把噪声吸收掉。如生长茂盛的野牛草,叶面积相当于它占地面积的 19 倍左右,茂密的叶片形成松软而富有弹性的表面,可像海绵似的吸收声能,减缓噪声危害。

(3)美化路容功能

绿色环境是人类生存和发展的物质基础,在绿色的环境中,会使人精神振奋,思想活跃。而车辆在行驶时,人的信息几乎都是由视觉传递,因此改变驾驶员的视野环境极为重要。长时间、高速行驶在公路上,易在精神上、视觉上产生疲劳,对行车安全极为不利。通过不同颜色的花卉及高低不同、形态各异的乔灌木景观等,可以改善驾驶员的视觉环境,从而达到消除精神疲劳的目的。

(4)保持水土功能

植物的根系纵横交织,十分发达,能有效地增加土壤机械固着能力,对提高抗冲、防蚀能力,保持水土、稳固路基十分有效。通过种植绿色植物可截流、阻挡雨水直接冲击坡面,加大坡面的粗糙程度,减少地表径流,防止路基变形及坡面坍塌。在路基设计中,通常会有一定的排水和隔水的设施,但若把工程措施与生物措施结合起来,稳定路基的效果将会更好。

(5)防止光污染功能

公路上的车辆在行驶时有车速快、流量大的特点,特别是高等级公路。而车辆在夜间行驶时由于受对向车辆前照灯的影响,极易造成驾驶员的眩目,对行车安全十分不利。利用中央分隔带植物防眩遮光,既可节省资金、保证安全,又美化了公路环境。同时,汽车灯光会使公路附近住户、居民和机关、学校等单位受到光污染,如在公路两侧适当位置种植树木进行遮挡就可以达到防止光污染的目的。

(6)视线诱导功能

利用绿化种植结合导向标志,来预示公路线形的变化及高等级公路的出入口,可以引导驾驶员的安全操作。

(7)隔离栅功能

高速公路为全封闭的道路,不允许人或动物穿行,因此可以通过在高速公路两侧种植绿篱等荆棘植物,起到封闭道路的作用。

二、公路绿化的规划

在公路两侧边坡、分隔带以及沿线空地等一切可绿化的公路用地,利用绿色的乔木、灌木及花、草合理覆盖的工程都属于公路绿化的范围。目前,公路绿化已经突破了传统意义上的植树、种草等基本的绿化工作范畴,在很多休息区、服务区已经达到了局部花园、小型园林景观的程度,为人们出行提供了舒适的休息场所。

公路绿化按其绿化的位置、作用和性质,主要划分为防护林、风景林和美化沿线景观的小型园林、花圃、草坪等,因此公路绿化应进行系统性的规划设计。

公路绿化规划,应根据公路等级及对绿化的功能要求、沿线地形、土质、气候环境和绿化植物的生物学特性条件,以及对绿化的功能要求,并与地方整体绿化规划相结合进行。应尽可能保存现有树木,进行合理细致的景观设计,精心选择植物种类,达到绿化、防护、观赏的有机结合。进行公路绿化规划时,应根据公路等级和当地自然、经济条件,选择绿化种植品种,做到乔木与灌木、针叶与阔叶、常青与落叶、木本与草本、花卉相结合,并借助公路沿线的自然景观,设计各种绿化类型以及凉亭、雕塑、池塘、花坛、草坪等,以便更好地增加绿化、美化效果,丰富公路景观,达到保护与观赏相结合的目的。

不同类型地区的公路绿化应符合表9-1的基本原则。

不同类型区公路绿化基本原则　　　　　　　　　　表9-1

地区类型	绿 化 要 求
山区	应发展具有防护效能的绿化工程,如防护林带、灌木、草皮护坡等,以含蓄水分,滞缓地表径流,减轻水土流失,防冲刷、防坍固坡
平原区	应配合农田水利建设和园林化总体规划要求,栽植单行或多行防护林带,以减轻或消除风、沙、雪、水等对公路的危害;在平面交叉、桥梁、分隔带、环岛、立体交叉的上下边坡和服务区等地,应配栽观赏矮林、灌木、花卉或多年生宿根植物以美化公路
草原区	应在线路两侧,栽植以防风、防雪为主的防护林带,以阻挡风、雪侵蚀危害公路
风沙危害区	应栽植耐干旱、根系发达、固沙能力强的植物品种,以营造公路防风、固沙林带为主
盐碱区	应选择抗盐碱、耐水湿的乔木、灌木品种,配栽成多行数的绿化带,以降低地下水位,改善土壤结构
旅游区	通往名胜古迹、风景疗养区及重要港口、水库和机场等地的公路,应以美化为主,营造风景林带,主要栽植有观赏价值的常绿乔木、灌木、花卉以及珍贵树种和果树类

公路养护基层单位(县级公路管理机构、养护工区、站等)的庭院绿化,可栽植具有观赏和经济价值的乔木、灌木、花、草及果木,创建常年有花、四季常青的优美舒适环境。有条件时,还可利用假山、水景、花坛、草坪等多种形式,构成立体绿化艺术群。适宜不同地区的树种,见表9-2。

适宜不同地区的树种　　　　　　　　　　表9-2

地区	平原(包括盆地和河谷地区)		山　　区		市郊	特殊条件
	一般地区	水分较多地区	土层较厚	土层浅及石质山		
华北和西北东南部东北部	杨树(毛白杨等)、洋槐、香椿、桑、榆、槐、白腊、臭椿、楸、泡桐	柳、箭杆杨、加拿大杨、杞柳	核桃、板栗、果树(梨、苹果、柿、枣等)、油松、洋槐、青杨	山杏、侧柏、元枣枫、油松柴穗槐	杨树(加拿大杨、毛白杨)、洋槐、白腊、槐、侧柏、松柏、元宝枫	沙蛇、紫穗、小叶杨;碱地:桎柳、黄木崖、醋柳

续上表

地区	平原(包括盆地和河谷地区)		山 区		市郊	特殊条件
	一般地区	水分较多地区	土层较厚	土层浅及石质山		
东北	小叶杨、大青杨、水曲柳、落叶松、榆	柳、水曲柳	落叶松、红松、水曲柳、油松(南部)、黄波罗、椴	蒙石栎	杨柳(小叶杨、大青杨)、落叶松、水曲柳、复叶槭	沙地:蒙古柳、沙柳、樟子松
华中(包括贵州东南部)	桑、樟、麻栎、桦、泡桐、香椿、枫杨	柳、枫杨、棕乌桕、赤杨、水杉	杉木、毛竹、樟树、栓皮栎、麻栎、锥栗、楠木、油茶、洞桐、茶、核桃、板栗、棕榈、果树(柑橘、苹果)	马尾松、麻栎、枫香	法国梧桐、枫杨、梧桐桦、银杏、重杨木、七叶树、鹅掌楸、三角枫	高山:黄山松、柳杉、金钱松
四川和贵州北部	楠木、樟、香椿、慈竹、柏木、桉树	枫杨、柳栉木	杉木、毛竹、柏木、楠木、华山松、油桐、油茶、核桃、棕榈、果树(柑橘、苹果)	马尾松、柏木、麻栎、栓皮揉	喜树、香椿、泡桐、梧桐樟、楠木、桉树	
云南和贵州西南部	杨树(滇杨)、冲天柏、桉树、滇楸	滇杨、柳、水冬瓜、乌柏	华山松、楠木、滇楸、柏木、咖啡(南部)、果树(梨、桃)	云南松、油松	杨树、桉树、梧桐、柏木、侧柏	
华南	樟、桉树、红椿、栋、竹类(撑杆竹、莜竹等)、果树	木棉、水松、重杨木、乌椿	果树(柑橘、乌榄、橄榄、荔枝、龙眼等)、咖啡、樟、酸枣、大叶桐、杉木	马尾松、相思、木荷、枫香	榕树、石栗、凤凰木、白千层、桉、木棉	沙地:木麻黄、露兜树、海湾淤地;红茄东
内蒙古和西北地区西南部	榆、杨(小叶杨、胡杨等)杏	柳、怪柳	榆、怪柳	山杏	杨树(胡杨小叶杨)、柳	沙和盐碱地:梭梭怪柳、臭柏、白刺沙蒿、拐枣
西南高原和高山	杨树	柳树、榆核桃	落叶松、云杉	冷杉	杨树、柳、榆、核桃、槭树	

注:摘自《公路养护与管理》(许永明主编,人民交通出版社,1998 年)。

高等级公路绿化中有些部位常用草皮绿化,以增加绿化的效果。公路绿化常用草皮,见表9-3。

公路绿化常用草皮简介表　　　　　　　　表9-3

名称	科目	分布	习性	繁殖方法	用途
假俭草	禾本科	华东、中南、华南	耐旱、喜肥	播种、扦插补植	根深、保护边坡
狗牙根(绊根草)	禾本科	全国各地	阳性、耐旱、耐热、耐贫瘠	播种、补植	保土,固坡

续上表

名称	科目	分布	习性	繁殖方法	用途
聚合草	柴草科	全国各地	喜肥、喜光、覆盖能力强要求土壤排水良好	插茎	用于公路边坡护路
细叶结缕草（天鹅绒草）	禾本科	长江以南,北方不能露地越冬	低矮、喜光、排水良好,耐践踏、不耐阴	插茎、补植	草坪,固坡
野牛草	禾本科	长江以北各地	耐热、耐寒、耐旱	播种、铺草	行到树下,公路草坪
结缕草（老虎皮草）	禾本科	全国各地	喜光、耐旱、耐寒、耐践踏	播种、插茎、补植	护坡
羊胡子草	莎草科	北方地区	喜光、在半阴下可以生长、要求排水良好,具有一定耐旱力	播种、分根	北方草坪
细叶早熟禾	禾本科	东北、西南、黄河流域	低矮、耐旱、耐寒、耐荫、喜湿润土壤,在稍酸土壤可生长	播种、分植	公路草坪、护坡

注:摘自《公路养护与管理》(许永明主编,人民交通出版社,1998 年)。

第二节　公路绿化的要求

一、公路绿化的一般要求

公路绿化工作是在公路两侧用地范围内,包括土路肩、边坡、分隔带、防护带、环岛、隧道出口两端、立体交叉的上下边坡和渡口、广场、养护用房内外环境以及服务性设施场地进行绿化。它主要包括绿化的规划设计、施工栽植、抚育管理、更新、采伐、苗圃育苗、宣传绿化政策等。

(1)公路绿化应根据"因地制宜、因路制宜、适地适树"的原则,在公路绿化实施前,对绿化路段进行现状和自然情况的调查,进行路段绿化总体设计,使之具有目的性、整体性、稳定性和艺术性,充分满足公路绿化功能要求。

(2)高速公路因其车速高、流量大,进行绿化时,公路两侧土路肩、边坡以种植人工草为主,中央分隔带宜种植不同颜色的灌木、花卉和草皮,不应栽植乔木。

(3)一级公路绿化应以乔木为主,可配植一些灌木和花草。平原路段应以人工造景为主,采用不同的绿化植物品种,以不同高度、不同株距分段组合方式进行;山区路段应以自然景观与人造景观相结合的方式绿化,并尽量利用自然景观;位于城市郊区的路段,有中央分隔带或分道行驶隔离带的,可栽植绿篱和花草。绿篱的高度以 0.6~1.2m 为宜;在平曲线处可适当高些,可起防眩目作用,其两侧按平原路段标准绿化。

(4)二级公路绿化应尽量采用乔木与灌木相结合的方式进行,避免单一品种长距离栽植形式,并充分体现当地特色。

(5)三、四级公路车速较慢,可采用行列对称式的栽植方式绿化。为增大两侧透视度,应加大株距,以 4 ~ 6m 为宜。

(6)在平面交叉以及隧道进出口等地,应根据地形条件进行绿化,并符合下列要求。

①平面交叉处应按设计要求留出规定的视距。在设计视距影响范围以内,不应种植乔木,可栽植常绿灌木、绿篱和花草。

②小半径平曲线外侧栽植成行的乔木,以诱导汽车行驶,增加安全感。

③隧道进出口两侧 30 ~ 50m 以内,宜栽植高大乔木,使驾驶员视觉适应隧道内外光线的变化,保证车辆安全行驶。

二、公路不同部位绿化的具体要求

1. 中央分隔带的绿化

中央分隔带绿化要保证道路功能所规定的视距、建筑界限,还要求通视良好,开阔宽敞,主要以草坪等植被类和矮树配合种植为准。当种植有效宽度不足 1.0m 时,会不利于树木的培育与维护管理。因此,当确定建筑界限时,分隔带可能种树的宽度,原则上需要 1.5m 以上。中央分隔带植树既可防眩遮光、节省资金、保证行车安全,同时还能发挥绿化植物特有的美化作用。

防眩植树可选用常绿树或植株较高的花灌木。常绿树、花灌木分段栽植,使景观有所变化,冬季也有绿可观,无萧瑟之感。防眩树可与道路平行栽植成连续不断的树篱,防眩效果较好,但栽植工程量大、投资大,后期养护管理中的修剪量也很大。在中央分隔带不太狭窄的情况下,树篱可与道路平行间断地栽植,或与道路呈直角方向栽植,或单株栽植,但它们垂直于道路的宽度必须足够用以防眩。如果栽植宽度较大,相应地可把树篱间隔扩大。防眩树要适时修剪,根据车灯位置及扩散角度控制树篱的高度,一般取 1.5m 即可。防眩树过高会妨碍驾驶员观察对向车辆的行驶情况,过矮则难以遮掩会车灯光,失去防眩作用。

防眩树侧枝上的反光标志发挥效能。

2. 环境设施带的绿化

环境设施带包括路缘带、边坡、边沟、护坡道、隔离栅平台等。通常环境设施带的绿化规模较大,一般以草坪覆盖地面为主,以高、中、矮树混合为具有自然特征的绿化。环境设施带的绿化应遵循以下原则。

(1)乔木的栽植要与行车道保持足够的距离,以树木的成树高度确定栽植位置,即树木在遇到风雨灾害而倒伏时不致影响交通。否则,一旦发现树木的长势有可能因倒伏而影响交通时,要立即砍伐更新,以确保交通安全。

(2)大面积绿化种植时,树坑与树坑之间应全部填平,并种植覆被植物。

(3)对不易除草的区域应考虑种植藤本植物或者灌木。

(4)高等级公路隔离栅可用植栽灌木绿篱代替,最好栽植多刺类,但应考虑到不至于与农作物争水、争肥。

(5)应考虑到有关植物栽培的某些特点,如对盐碱的承受程度。

(6)地面覆盖植物应与沟渠保持距离。

(7)对于架空或地下设施,应选择合适的植物进行绿化。

（8）应考虑到割草机的有关操作问题（包括机械卷型、旋转半径等）。

（9）在选择绿化植物种类时，还应考虑到诸如水土状况、空气污染程度以及路面反射热量等影响因素。

（10）可考虑栽植经济类植物，既能起到绿化、美化的作用，又能增加经济收益。

边坡的绿化以草坪为主，草坪生长的好坏与土质有很大关系。砂质土容易干燥，播种时不易发芽，但发芽后由于土颗粒空隙多、空气容量大，根部容易吸收水分，致使根部发达，能够充分吸收下层的水分和养料，生长也就茂盛。黏性土则由于含水率高，植物发芽虽比砂质土容易，但根在土中难以深入，根部生长不良，对水分与养料吸收差，一般茎与叶的成长也受到影响。由于人工撒播草种的草坪很难获得成功，所以，边坡草坪应采用如下两种方法进行种植。

①人工植栽。将在苗圃播种培育 2～3 年的草皮移植到边坡上，带土栽植使之扎根。具体方法是将由苗圃带土铲下来的草皮分撮呈梅花状栽植，每撮 20～30 棵，间距 150mm，成活后每平方米可保有 40～45 撮草。在缺少土壤的多岩斜坡上，可铺植方块草皮，即像贴膏药或放绒毯一样，将培育出来的草皮，铺放在地表上。为使之迅速固定、成活，必须创造有利的生长条件：在剥离草块时，剥离的厚度为 30～50mm，并将草根剪短一些，以促其萌蘖。

人工栽植草皮存在着难以克服的缺点：

A. 斜坡上劳作非常吃力。

B. 边坡上不易存水，北方干旱地区浇水困难，而缺少水分则难以使栽植的草皮成活。

C. 为保证人工栽植草皮成活和生长所需的水分，北方干旱地区应在雨季栽植，但由于在栽植操作中使边坡表面稳定性受到破坏，极易遭受雨水冲刷。

②液压喷播法。液压喷播法是将草种、有机复合肥料、覆盖材料、土壤固着剂、土壤改良剂和色素等通过机械均匀混合，而后靠机械液压原理将其高压喷撒到所要绿化的区域。该方法可以同时将数种特性各不相同的草种混合播种，含有多种混合营养，成活后坡面植物品种丰富。施工前，首先要对施工路段的土壤进行酸碱度的测试，根据测试结果添加适量改良剂及决定草种的选用、配合。该方法省时、省工，草坪成活率高，并可减少大量的人工浇水作业。使用液压喷播法，成坪速度快且施工效率高。覆盖的保护薄膜可以起到催芽、保温、防雨水冲刷、防风吹的作用。4～5 天后，种子撑破护膜拔土而出，再适时养护，实行不定期浇水和追肥，及时打药除虫，使各种草取长补短，优势互补尽快形成植被，以起到保持公路边坡水土的作用。喷播草种要达到发芽率高、成活率高的目的，必须以具有足够含水率的湿润土壤为基础，所以在北方干旱地区应在雨季实施。

3. 互通式立交区的绿化

互通式立交区的绿化是指互通式立交匝道所环绕分割而形成区域的绿化。匝道多为小半径弯道，一般均系坡路，设计时速很低。因为内、外侧均设有防撞护栏，路面有标线，能够起到良好的视线诱导作用，故不必考虑以绿化进行视线诱导。

由于车流方向的不同，互通式立交匝道会在同一地点造成数个面积大小不同、平面形状各异的独立绿化区域，相互独立又相距不远。这些区域最适合于以自然式绿化组合方式使景点成为地形、构造物、绿色植被相互有机结合的风景小区，使地形与植被形成趣味盎然的景观空间。

所谓自然式绿化组合，是将多种大小不等的树木花草按不等间距组团布置，使树木花草等植物群轮廓形成非整形绿化。所以,风景空间的绿化要以草坪为主,根据空间大小,适当配栽高矮不等的常绿树和花灌木。要组团栽植,栽植位置要随意、自然,切忌造成死板、对称。在面积较大的地方,也可在远离车行道的部位栽植高大乔木,选择观赏性强的树种,体现立体感。但是,栽植必须保证匝道视距,其视距应遵循有关规范要求。

互通式立交区的绿化重在有立体感的美化造型,期望能够给予人们在车辆行驶过程中视觉上美的享受。但应注意,高速公路上绿化时,因不允许停车休息,所以不论绿化面积大小,不能设置亭榭等休息设施。

在互通式立交匝道包围区可与工程构造物和草坪、花木、盆景组成各式图案,各类植物以不同层次、颜色,不同品种,在不同开花季节,结合地形高低、植物群落的大小、行株间距,拼凑成各式各样图样或文字,在有条件时可采用地方性图案,以体现当地文化特色。

4. 高速公路服务区、管理区、收费站的绿化

高速公路会在适当地点设置服务区,以满足过往车辆的休息、加油、修理、饮食、住宿等需求。这样,服务区的绿化就必须与服务区的功能紧密结合,使旅行者能够在短暂的停留中增加兴趣,消除疲劳。而管理区是高速公路人员办公、生活的场所和设备存放地点,可进行庭院式绿化。因此这些房屋四周及停车场周围宜栽植乔木,也可在场内不同地点栽植独立的大树冠乔木,为停靠休息的车辆提供阴凉。在其他空间和建筑附近要设置草坪和花坛,以及观赏价值高的常绿树木。在面积较大的绿化空间可设置园林小区、亭榭等适宜休息的设施,使整个区域空间形成各种绿色植物的绿化组合,让人感觉舒适、清爽、精神振奋,迅速解除疲劳,开始新的旅程,改善生活气息。

对于收费站的绿化,因限于场地,一般以花卉盆景、草坪为主,并提前进行摆放与种植,以增强绿化效果。

5. 取弃土场的绿化

取弃土场绿化的目的是恢复自然植被,减少水土流失。因此对其所进行的绿化应以防护为主,尽量降低工程造价,在绿化植物选择时应注意以下原则。

(1)以自然式栽植为主。

(2)以植草为主,结合栽植乔灌木。

(3)草种及树种选择遵循"适地适树"的原则。

取弃土场多数远离公路路线,且土层较厚,一旦取弃土完工后,应尽快采取植播固氮速生灌木,种植大量价格低廉、种苗充足、生长迅速的乔木种类,以快速恢复被破坏的植被。在远离城乡路段,公路路域一般用隔离网与毗邻用地隔离,在隔离网附近,多采用自然式绿化方式,形成乡土植物繁衍地带。

三、公路绿化检验

绿化检验主要是检验栽植成活率、保存率和管护情况。"成活率"是指栽植后发芽长叶至少在一个生长季节以上的成活株树(m^2、丛、延米)占总栽植数(m^2、丛、延米)的百分比;"保存率"是指在之后成活两年的株树(m^2、丛、延米)占总栽植株数(m^2、丛、延米)的百分比,具体的指标要求见表9-4。修剪应及时、整齐、美观,病虫害防治应适时进行。

公路绿化栽植成活率、保存率衡量指标　　　　　　　表 9-4

地区类型	成 活 率		保 存 率	
	合格	优良	合格	优良
平原区	90%	95%（含）以上	85%	90%（含）以上
山区	85%	90%（含）以上	80%	85%（含）以上
寒冷草原地区及沙、碱、干旱区	75%	80%（含）以上	70%	75%（含）以上

第三节　公路绿化植物的栽植与管护

根据公路绿化植物种类的不同,应采取针对性的栽植方法和管护措施。

一、公路绿化植物的栽植

公路上绿化植物栽植位置按现行《公路工程技术标准》（JTG B01—2014）和《公路养护技术规范》（JTG H10—2009）的规定栽植,并遵守下列规定。

（1）乔木的株行距,应根据不同树种、冠幅大小决定。速生乔木,株距 4~6m,行距 3~4m。冠大慢生的树种,株行距应适当加大,株距 8~10m,行距 4~6m 为宜。

（2）灌木株行距应以 1m 为宜,灌木球的株距 6~8m 为宜。

（3）各类植物的行间,应以品字形交错种植。

（4）栽植绿化植物,应按照公路绿化工程设计及任务大小,合理组织和安排劳力、机具,做好整地、画线、定点、挖坑;及时选苗,随起苗随运输,在春秋或雨季适当时期进行栽植。栽植应符合下列要求:

①选苗应选择适合当地环境条件、观赏价值较高、发育正常的优壮苗木,具有良好顶芽;根系发达,有较多的根须;没有病虫害和机械损伤等。

②用乔木、灌木绿化公路,应采用明坑种植。坑径比根幅大 100mm,坑深比根长大 200mm 以上,使根苗充分舒展。属于无性繁殖的树种,也可埋干栽植。

③防护林的栽植,应按因地制宜、因害设防的原则进行。用于防洪的林带应密植;防风、防雪林带的透风系数以 30% 为宜;防沙林带的透风系数不超过 20%,护林带的垂直分布应保持一定的密度。防护路基、边坡的灌木丛或经济林应密植,或与小乔木混栽。

④移植较大树木或珍贵树种、果树等,应带土球栽植。土球直径为苗木直径的 10 倍以上,并将土球包装整齐不松散,以保成活。

⑤栽植苗木时,在干旱季节或干燥地区,栽前应浇水洇坑,栽后立即浇透水,半月之内再浇透水 2~3 次。

⑥乔木栽植后,应及时扶正,封土和刷白。

⑦当天栽不完的剩苗应采取假植的方式进行保护。

二、公路绿化植物的管护

公路绿化植物的管护是公路绿化最重要、最经常和最细致的一项工作,公路绿化能不能达到应有的效果关键在于管护。因此,做好公路绿化植物的管护工作意义非常重大。

1. 初期管护

绿化植物成活后到郁闭(绿化植物冠幅投影面积与绿化占地面积之比,达到0.6以上时为郁闭)前,应加强抚育管理。按下列规定及时检查、浇水、除草、松土、施肥、修剪和防治病虫害等。

(1)在干旱季节和干燥地区,应及时进行人工浇水。浇水量和次数根据墒情确定。

(2)除草和松土:在春夏植物生长旺盛季节,除草、松土应结合进行。松土深度随植物种类、大小而定,以50~60mm为宜,应除掉杂草根系,注意不损伤绿化植物根系。风沙较大的地区,可不松土。

(3)对于土壤瘠薄、生长不良的绿化植物,尤其是果树和珍贵苗木种类,应予施肥,促进生长。

(4)各类苗木如栽后枯死,应及时补植。补植的苗木,应与原栽植苗木的种类相同,其规格应大于原植苗木规格。对于已基本成材的行道树,除株距大于20m补栽后不影响生长者外,不可补植。

(5)根据各种绿化植物病虫害发生、发展和传播蔓延规律,及时进行检查。一旦发生病虫害,应采取相应防治措施,确保绿化植物正常生长。

2. 后期管护

绿化植物郁闭后,为了促进其生长发育健壮、形状优美、透光适度、通风良好、减少病虫害的发生、适时开花结果,应及时修剪抚育。修剪应在秋季植物落叶后或春季萌芽前进行,并符合下列要求。

(1)修剪时,主要将乔木、灌木的枯枝、病枝、弯曲畸形枝、过密枝以及已侵入公路建筑限界、遮挡交通标志、影响视距的枝条及时剪除。修枝切口应平滑,并与树干齐平,防止损伤树干、高叉突出和树冠大小不一。

(2)交通繁忙的路段以及风景旅游区的绿化植物或风景林带,应根据不同树种及其特性进行修剪。大树应剪成伞形或椭圆形;靠近大城市或游览区,可剪成球形、塔形。在一定路段内树木冠型应相同,使其整齐美观。绿篱应剪成长方形或梯形。果树应按其特性和要求进行修剪。

(3)分蘖强的灌木丛每年割条一次,新植灌木,次年应全部割掉,以利分蘖。对有特殊防护功能的灌木或乔灌木混栽林,割条时不应削弱其防护能力。

(4)根据花卉植物的生长规律修剪,促进开花结果。

(5)草皮的修剪,随草的种类和生长环境不同而异。草高不超过150mm,以免叶茎过长,影响排水,遮挡阳光,通风不良,诱发病虫害。

每年秋季或春季,可在树干上距地面1.0~1.5m高处刷上涂白剂,以增加公路美观,防止病虫侵染。

靠近村镇、风景游览区和风沙较大路段的新植乔木类,应设置支撑架、护栏架、树池和包扎树干等,防止人畜破坏、风摇,以确保成活率和保存率。所采用的各种保护方法,都应注意与环境协调。

防治绿化植物病虫害应以预防为主,开展生物、化学防治与营林措施相结合的综合防治方法,发现病虫害,应贯彻"治早、治小、治了"的防治方针。严格苗木检疫制度,保持绿化地面卫生,消除越冬虫卵、蛹,烧毁落叶虫婴、虫茧,及时清除衰弱、发生病害的绿化植物,部分常见植物病害防治措施,见表9-5。

常见植物病害防治措施表 表9-5

绿化植物类型	绿化植物名称	病虫害类型	防治措施
常绿乔木	雪松	大衰蛾	①人工摘除护囊,消灭幼虫; ②青虫菌液生物防治; ③根据其趋光性,以黑光灯诱杀成虫; ④喷洒马拉松乳剂或菊杀乳液防治
		白星花金龟	①以糖醋液诱杀; ②在成虫羽化期,黑光灯诱杀; ③在成虫尚未羽化时人工除去幼虫及虫蛹
	桧柏(圆柏)	锈病	①设计时应避免在附近种植梨树等转主寄主; ②及时修剪枯、病枝,剪除孢子角枝并烧毁; ③喷洒石硫合剂
		双条杉天牛	①喷洒菊杀乳液防止产卵; ②利用新鲜柏树枝作为饵木诱杀幼虫
		柏肤小蠹	①及时合理修剪枝叶,改善林木生理状况; ②饵木诱杀成虫; ③保护和利用天敌,如寄生蜂、郭公虫和蒲螨等; ④喷洒菊杀乳液防治
落叶乔木	国槐	槐树烂皮病	①在叶蝉发生危害期喷洒药剂; ②及时剪除病死枯枝,刮除病斑; ③发病较重的主干涂刷涂白剂
		国槐虫蟆	①在树木附近40mm左右深松土,消灭虫蛹; ②于危害期摇动树枝消灭成虫; ③在老幼虫下地化蛹时,扫集幼虫杀死; ④喷洒除虫脲悬浮剂; ⑤保护胡蜂、土蜂、寄生蜂等天敌
		国槐小卷蛾	①对秋冬幼树进行冬态修剪,消灭过冬幼虫; ②以性诱剂灭杀成虫; ③于成虫产卵高峰期喷洒菊杀乳液
	垂柳	星天牛	①成虫盛期于晴天中午进行捕杀; ②合理疏枝修剪,使树体通风透光,降低产卵量; ③对残留众多老熟幼虫的树枝应及早伐除烧毁
	木槿	棉蚜	①保护和利用天敌,如部分瓢虫、草蛉; ②可用硫酸盐精、鱼藤精等稀释液进行药剂防治
灌木	紫穗槐	褐盎蜡蚧	①保护和利用天敌,减少化学农药使用; ②喷洒石硫合剂、辛硫磷等进行药物防治
	丰花月季	月季白粉病	①加强栽培管理,合理施肥,及时修剪,改善植株间通风、透光条件; ②可于早春喷洒石硫合剂消灭越冬菌株; ③发病期可喷洒甲基托布津、国光三唑酮或国光英纳等药剂
		月季黑斑病	①选用抗病菌株; ②坚持每年清除枯枝落叶、病叶,清除病原; ③合理增施磷钾肥,适度修剪,增强抗病力; ④利用百菌清、甲基托布津等进行药剂防治
		月季灰霉病	①及时清扫落叶、病叶,清除病原; ②利用石硫合剂、甲基托布津等进行药剂防治

绿化植物类型	绿化植物名称	病虫害类型	防治措施
花卉及地被植物	芍药	芍药轮纹病	①发病初期,随时摘除病叶,注意植株间通风透光;②喷施代森锌液或苯莱特可湿性粉剂
		芍药红斑病	①冬态彻底清除病株残茎,并集中销毁;②喷洒石硫合剂或多菌灵可湿性粉剂
	景天	竹节蓼白粉病	冬态或早春植物休眠期喷洒石硫合剂,生长季节可喷洒粉锈宁可湿性粉剂或甲基托布津可湿性粉剂进行防治
攀缘植物	金银花	金银花白粉病	①选育抗病品种,合理密植,适时修剪,增施磷钾肥;②喷洒粉锈宁或瑞毒霉防治
	紫藤	变色夜蛾	①夜间持电筒捕捉成虫;②根据成虫产卵部位及幼虫栖息部位,进行刮除或喷洒辛硫磷进行药物防治
草坪	草坪	褐斑病	①增施磷钾肥;②设置合理排灌设施,保持土壤不宜过湿
		白粉病	①选用抗病耐阴品种与其他草种混种;②合理施肥,氮肥不宜过量;③使用粉锈宁、三唑酮等以防治病害
		蝗虫	①发现初孵若虫集中危害叶片的症状,随时捕捉杀死;②危害严重时可喷洒杀螟松
		油葫芦	①草堆诱杀;②耕翻土地后喷施敌百虫粉剂,杀死土中幼龄若虫
		小地老虎	①加强管理,清除杂草,利用黑光灯或糖醋液诱杀成虫;②发生严重时,可用辛硫磷泼浇根际周围

绿化公路的乔木、灌木、花草及防护林、风景林等,不宜在较长路段中采用同一绿化植物品种,应根据情况分段轮换栽植不同品种,以减少病虫害的传播和蔓延。

为了掌握公路绿化的发展变化情况,积累资料,应建立公路绿化档案。从绿化美化工程竣工验收时开始,进行调查登记,统计养护里程、已绿化里程以及绿化植物成活率、保存率。公路绿化美化工程档案,应由业务主管领导和专职技术人员审核并签字。

三、路树采伐

《中华人民共和国森林法》把公路两侧绿化林带列为防护林种,其主要作用是保护公路、改善环境。因此,其采伐必须按照规定的程序进行采伐审批,获取采伐许可后方能采伐。

公路绿化符合下列情况之一者,方可履行报批手续,经批准后采伐或更新。

(1)公路路树过密且不宜移栽,须进行抚育采伐的。

(2)经有关部门鉴定,树木确已进入衰老期或品种严重退化的。

(3)公路改建或者加宽需采伐原有公路绿化林带的。

(4)公路绿化树木发生大规模病虫害,经有关部门鉴定确需采伐或更新的。

(5)生长势弱,绿化效果差,影响路容路貌的。

经批准可以采伐的公路绿化树木,应在冬春季节采伐。公路绿化树木采伐应符合下列规定。

（1）抚育采伐：风景林、防护林在郁闭度达 0.9 以上时，应进行透光伐。伐除过密、生长不良的树木。其原则是间密留匀、伐劣留优、伐密留稀，以促进所留树木的健康生长。

（2）更新采伐：公路改扩建需要采伐的或成段衰老的公路绿化树木，应按批准的采伐计划执行。对采伐后出现的空白路段，应在工程竣工后的第一个绿化季节及时补植，并确保成活率。

【复习思考题】

1. 简述公路绿化的作用。
2. 简述公路绿化的基本要求。
3. 简述公路路树采伐应注意的问题。
4. 简述环境设施带的绿化应遵循的原则。

第十章

公路养护安全作业

【学习目的与要求】

通过本章的学习，了解公路养护安全作业的基本要求，掌握公路养护作业控制区各部分功能及长度要求，掌握公路养护安全设施的主要类型及功能，熟悉公路养护作业控制区的布置要求及布置方法。

劳动者的安全和健康是促进社会生产力发展的基本保证，也是保证社会经济发展的基本条件。公路养护作业与其他作业一样，必须采取各项技术和管理措施，使养护作业人员增强作业安全意识，能够按照有关规定进行养护作业、保证作业安全。公路养护作业的安全不仅要保证作业本身的安全，同时，因为养护作业往往是在不中断交通的情况下进行的，所以还必须保证车辆通行的安全，保证不能因为养护作业而引发交通事故，从而保证公路养护过程中人员、设备以及交通的安全。

公路养护作业单位、公路经营单位和公路管理机构在公路养护作业过程中承担着不同的安全职责，但必须各司其职，协调一致，共同完成公路养护作业安全保障工作。

第一节　公路养护安全作业的基本要求

为保证公路养护作业人员和设备在养护作业过程中的安全生产，以及车辆的安全通行，公路养护作业必须满足下列基本要求。

（1）在养护作业前，应结合施工组织设计，制订安全保障方案，并报有关部门批准。

对于较大规模的公路养护作业，应在施工组织设计的基础上，结合工程的具体情况，例如：公路等级、工程性质、工程规模、施工方式、交通量大小、是否封闭交通等，单独制订安全保障方案，并报送有关部门审批。

（2）养护作业单位均应按国家规定建立安全管理部门，配备专职或兼职安全管理人员，实施对养护作业人员的安全培训和教育。

（3）养护作业人员必须接受安全技术教育，遵守各项安全技术规程。

（4）公路管理单位或经营单位应加强养护安全作业的管理，公路管理机构应对养护安全作业进行监督和检查。

（5）公路养护作业的安全设施应始终处于良好的工作状态，在未完成养护作业前，任何人不得随意撤出或改变安全设施的位置，扩大或缩小控制区范围，以保证养护作业控制区安全控制的有效性。

第二节　公路养护作业控制区及安全设施

一、公路养护作业控制区

公路养护作业需要一定的空间，养护作业控制区是指公路养护作业所设置的交通管理区域，分为警告区、上游过渡区、缓冲区、工作区、下游过渡区和终止区六个区域，见图10-1。

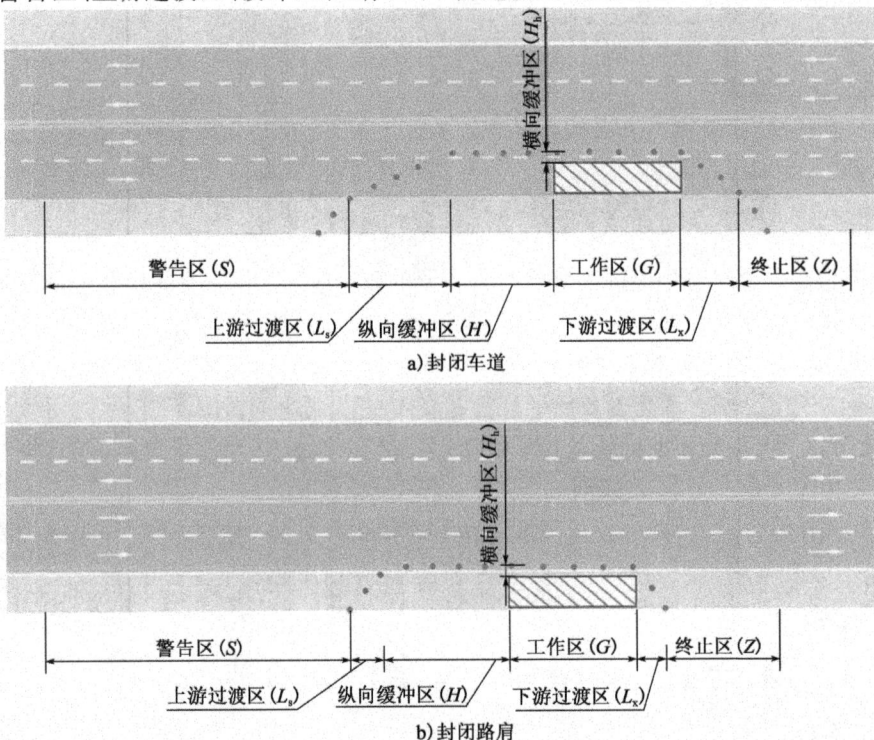

图10-1　养护作业控制区

1. 警告区

从作业控制区起点设置的施工标志牌到上游过渡区之间的路段,用以警告车辆驾驶员已经进入养护作业路段,应按交通标志调整行车状态。

在作业控制区的六个分区中,警告区是最重要的一个分区。当遇到警告区的第一块施工标志牌时,则意味着车辆已经进入作业控制区,在以后的路段上要通过设置于警告区内的交通标志提示车辆驾驶员前方将要发生什么,车辆的行驶状态应按照沿路所设置的交通标志牌的指示而随时改变,并且要使车辆驾驶员在到达工作区之前,能够有足够的时间改变车辆的行驶状态。

一般情况下,警告区的长度由下列因素决定。

(1)车辆在警告区内改变行驶状态所需要的时间。

(2)作业控制区附近车辆发生拥挤时的最大排队长度。

警告区的最小长度:保证驶入警告区的车辆从驶入时的速度减速至工作区规定的限速所需要的路段最小长度。

警告区的最小长度可由下式估算:

$$S = S_1 + S_2 + S_3 \tag{10-1}$$

式中:S——警告区的最小长度(m);

S_1——从正常行驶降至最终限速值所需要的距离(m);

S_2——车辆到达警告区排队尾部时的最小安全距离(m);

S_3——因车道封闭、车道数减少、行车条件改变等因素引起的车辆排队长度(m)。

警告区布设逐级限速标志,限速区域长度 S_1 可按下式计算:

$$S_1 = \frac{v_{xq} - v_{xh}}{10} \times 100 \tag{10-2}$$

式中:v_{xq}、v_{xh}——限速前、后的车辆行驶速度(km/h)。

S_2 是以速度 v_{xh} 行驶的后续车辆在到达警告区下游不会与前面的改道车辆或排队车辆相撞的最小安全距离,可以按照下式计算:

$$S_2 = \frac{v_{xh}}{3.6}t + \frac{v_{xh}^2}{2g(\varphi \pm i) \times 3.6^2} \tag{10-3}$$

式中:t——驾驶员反应时间,通常取 2.5s;

φ——道路纵向摩阻系数,取值范围 0.29 ~ 0.44;

i——道路纵坡,上坡取" + ",下坡取" - ";

g——重力加速度,9.8m/s^2。

不同限制车速下 S_2 的计算结果见表 10-1。

S_2 计算结果　　　　　　　　　　　　　　　　表 10-1

限制车速(km/h)	80	70	60	40	20
安全距离(m)	139	113	90	50	20

S_3 是因为车辆拥堵而产生的排队长度,和交通流量与最终限速值有关。在确定警告区 S_3 长度时,应综合考虑平均排队长度及最大排队长度。在流量较小时,车速较快,排队长度应着重考虑最大排队长度;在流量较大时,车流发生拥挤,车速较慢,可着重考虑平均排队长度。高速公路的排队长度见表10-2,其他等级公路也可根据同样方法确定。

S_3 取 值 表   表10-2

车 道 形 式	通量 $Q[\text{pcu}/(\text{h} \cdot \text{ln})]$	警告区最小长度(m)
双向四车道	$Q \leq 1\,400$	400
	$1\,400 < Q \leq 1\,600$	1\,000
	$1\,600 < Q \leq 1\,800$	1\,200
	$Q > 1\,800$	—
双向六车道	$Q \leq 2\,800$	400
	$2\,800 < Q \leq 3\,100$	1\,000
	$3\,100 < Q \leq 3\,500$	1\,300
	$Q > 3\,500$	—

警告区的最小长度应符合表10-3和表10-4的规定,当交通量 Q 超出表中范围时,宜采用分流措施。

高速公路及一级公路警告区最小长度   表10-3

公 路 等 级	设计速度(km/h)	交通量 $Q[\text{pcu}/(\text{h} \cdot \text{ln})]$	警告区最小长度(m)
高速公路	120	$Q \leq 1\,400$	1\,600
		$1\,400 < Q \leq 1\,800$	2\,000
	100	$Q \leq 1\,400$	1\,500
		$1\,400 < Q \leq 1\,800$	1\,800
	80	$Q \leq 1\,400$	1\,200
		$1\,400 < Q \leq 1\,800$	1\,600
一级公路	100、80、60	$Q \leq 1\,400$	1\,000
		$1\,400 < Q \leq 1\,800$	1\,500

二、三、四级公路警告区最小长度   表10-4

设计速度(km/h)	平曲线半径(m)	下坡坡度(%)	交通量 $Q[\text{pcu}/(\text{h} \cdot \text{ln})]$	警告区最小长度(m)	
				封闭路肩双向通行	封闭车道交替通行
80、60	≤200	0~3	$Q \leq 300$	600	800
			$300 < Q \leq 700$		1\,000
		>3	$Q \leq 300$	800	1\,000
			$300 < Q \leq 700$		1\,200
	>200	0~3	$Q \leq 300$	400	600
			$300 < Q \leq 700$		800
		>3	$Q \leq 300$	600	800
			$300 < Q \leq 700$		1\,000

续上表

设计速度 （km/h）	平曲线半径 （m）	下坡坡度 （%）	交通量 Q [pcu/(h·ln)]	警告区最小长度（m）	
				封闭路肩双向通行	封闭车道交替通行
40、30	≤100	0～4	$Q \leqslant 300$	400	500
			$300 < Q \leqslant 700$		700
		>4	$Q \leqslant 300$	500	600
			$300 < Q \leqslant 700$		800
40、30	>100	0～4	$Q \leqslant 300$	300	400
			$300 < Q \leqslant 700$		
		>4	$Q \leqslant 300$	400	500
			$300 < Q \leqslant 700$		700
20	—			200	

公路养护作业情况千差万别,在警告区内设置何种交通标志、设置多少,应视具体情况而定。但是,在警告区内至少设置三种标志,即施工标志、限速标志和可变标志牌或线形诱导标志,其他标志应根据具体情况另行增加。

当工作区包含了一条或多条车道时,就需要封闭工作区所包含的车道。为防止车流在改变车道时发生突然变道现象,造成交通事故隐患,必须为车辆改变车道设置一个变道过渡区,以使车流在变道过程中缓和平顺。

过渡区一般包括两种:上游过渡区和下游过渡区。

2. 上游过渡区

上游过渡区长度设置是否合理,可以在现场检验。若车辆在通过过渡区时经常有紧急制动或在过渡区附近拥挤较为严重,则可能是前方交通标志设置存在问题,或上游过渡区的长度不足。

如果上游过渡区处于隧道之内,由于隧道内的光线较暗,同时隧道侧墙又会使驾驶员产生压抑感,为了提高安全性,隧道内上游过渡区的长度宜增加0.5倍。

车道封闭上游过渡区的最小长度可按表10-5选取,当在隧道内时,车道封闭上游过渡区的最小长度按表中数值的1.5倍选取。路肩封闭上游过渡区的最小长度可按表10-5中数值的1/3选取。

封闭车道上游过渡区最小长度　　　　　　　　　　表10-5

最终限速值（km/h）	封闭车道宽度（m）			
	3.00	3.25	3.50	3.75
80	150	160	170	190
70	120	130	140	160
60	80	90	100	120
50	70	80	90	100
40	30	35	40	50
30	20	25	30	
20	20			

3. 下游过渡区

保证车辆平稳地从工作区旁边的车道横向过渡到正常车道的路段。设置下游过渡区是为了将车流再重新引回正常车道。若下游过渡区设置得当，会有利于交通流的平顺驶离。其长度只需保证车辆有足够的距离来调整行车状态即可，一般情况下的最小长度宜取 30m。

4. 缓冲区

缓冲区是指过渡区和工作区之间的路段。缓冲区的设置主要是防止万一车辆驾驶员出现判断失误，有可能直接从过渡区闯入工作区，造成人员伤害和设备损坏。因此，设置缓冲区可以提供一个缓冲段，给失误车辆调整状态留有余地，避免发生严重事故。

缓冲区内不允许堆放物品，也不允许养护作业人员在该区域内活动或工作。为了更有效地保护养护作业人员，在过渡区与缓冲区之间可以设置防撞装置，起加强防护作用。

缓冲区可分为纵向缓冲和横向缓冲。纵向缓冲的最小长度宜符合表 10-6 中的规定。当工作区处于下坡路段时，纵向缓冲区的最小长度应适当延长。

纵向缓冲区最小长度　　　　　　　　　　　　　　表 10-6

最终限速值（km/h）	不同下坡坡度的纵向缓冲区最小长度（m）	
	≤3%	>3%
80	120	150
70	100	120
60	80	100
50	60	80
40	50	
30、20	30	

在保障行车道宽度的前提下，工作区和纵向缓冲区与非封闭车道之间宜布置横向缓冲区，其宽度不宜大于 0.5m。

5. 工作区

工作区是指养护作业的施工操作区。工作区是养护作业的工作场所，也是养护作业人员工作、堆放建筑材料、停放工作设备和车辆的地方。为了保证安全，在工作区与开放交通的车道之间必须设置醒目的隔离装置。工作区的长度应根据养护作业的实际需要确定。工作区的布置应考虑为工程车辆提供安全的进出口（工作区的布置参考下节中的有关要求）。

除借用对向车道通行的高速公路及一级公路养护作业外，工作区最大长度不宜超过 4km。借用对向车道通行的高速公路及一级公路养护作业工作区的长度应根据中央分隔带开口间距和实际养护作业而定，工作区的最大长度不宜超过 6km。当中央分隔带开口间距大于 3km时，工作区的最大长度应为一个中央分隔带开口间距。

6. 终止区

终止区设置于工作区下游调整通行车辆至正常运行状态的路段。在终止区的末端应设置解除限速或解除超车等限制性交通标志，提示驾驶员已经通过了养护作业路段，可以恢复正常行车状态。一般情况下，终止区的最小长度不宜小于 30m。

二、公路养护安全设施

公路养护安全设施是保证安全的重要因素之一,公路养护安全设施主要包括警告、提醒和引导车辆和行人通过养护作业控制区域,保护养护作业人员和设备安全等的设施,主要分为临时标志、临时标线和其他安全设施三类。

临时标志应包括施工标志、限速标志等,见表10-7。其中,施工标志宜布设在警告区起点、限速标志宜布设在警告区的不同断面处、解除限速标志宜布设在终止区末端。此外,"重车靠右停靠区"标志应用于控制大型载货汽车在特大、大桥和特殊结构桥梁上的通行。

典型的临时标志 表10-7

标志名称	标志图案	标志名称	标志图案
施工标志		施工距离标志	× × m
施工长度标志	长度× × m	慢行标志	慢
禁止超车标志		解除禁止超车标志	
限速标志	40	解除限速标志	40
减速让行标志	让	警示频闪灯	
附设警示灯的路栏		夜间照明设施	

标志名称	标志图案	标志名称	标志图案
导向标志		车道数减少标志	
改道标志		临时交通控制信号设施	

临时标线应包括渠化交通标线和导向交通标线，应用于长期养护作业的渠化交通或导向交通标线，宜为易清除的临时反光标线。渠化交通标线应为橙色虚实线；导向交通标线应为醒目的橙色实线。

其他安全设施可包括车道渠化设施、夜间照明设施、语音提示设施、闪光设施、临时交通控制信号设施、移动式标志车、移动式护栏和车载防撞垫等。具体如下：

1. 交通锥

锥形交通标由橡胶等柔性材料制成，底部应有一定的摩阻性能，见图10-2。形状为圆锥形或棱锥形，其颜色、尺寸和形状应符合《道路交通标志和标线》（GB 5768）中的规定，布设在上游过渡区、缓冲区、工作区和下游过渡区。布设间距不宜大于10m，其中上游过渡区和工作区布设间距不宜大于4m。用于夜间作业的应有反光功能，并配施工警示灯。

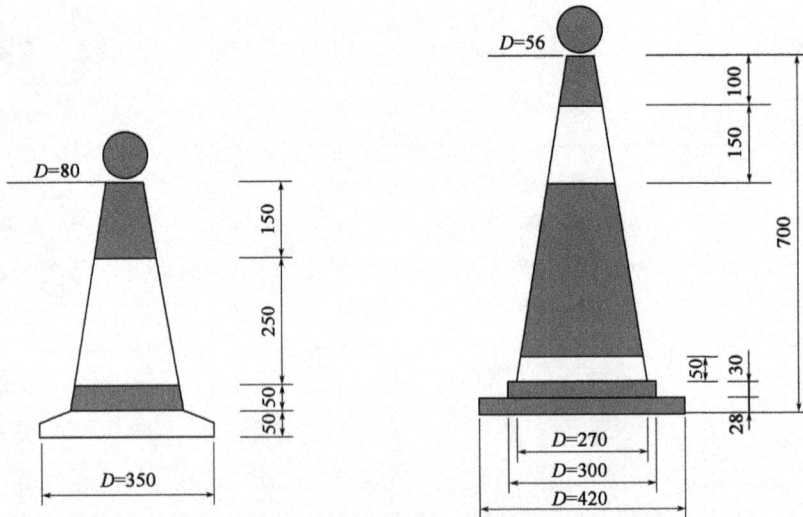

图10-2　配有施工警示灯的交通锥（尺寸单位：mm）

2. 安全带

安全带由布质等柔性材料组成，宽度为100～200mm，带上有红白相间色，用于夜间作业的应有反光功能。宜与其他设施一起组合使用。

3.施工隔离墩

施工隔离墩一般是由线性低密度聚乙烯等高强合成材料制成的空心半刚性装置,其上有黄、黑色和反光器,使用时其内部必须放置水袋或灌水,以达到消能的作用(图 10-3)。如果灌水,一般所设置的水袋或所灌的水应达到其内部容积的 90%。施工隔离墩之间应由连杆相连接,并将整个工作区包围起来。

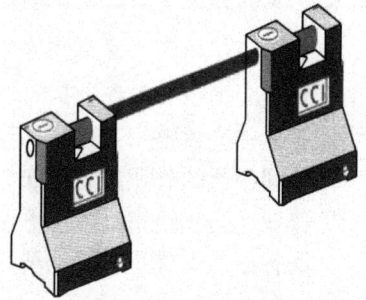

4.防撞桶(墙)

防撞桶(墙)是由线性低密度聚乙烯等高强合成材料制成的空心半刚性装置,其上有黄黑相间色,顶部可安装黄色施工警示灯,使用时其内部应放置水袋或灌水,防撞墙两个为一组组合在一起使用,见图 10-4 和图 10-5。防撞桶和施工隔离墩可用于三级及三级以上公路下坡路段养护作业,宜布设在工作区或上游过渡区与缓冲区之间,并宜组合使用。

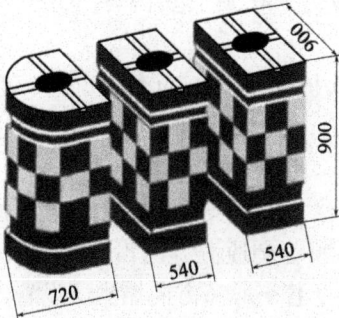

图 10-3 施工隔离墩

图 10-4 防撞桶(尺寸单位:mm)

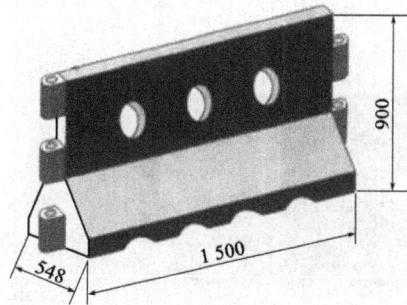

图 10-5 防撞墙(尺寸单位:mm)

5.水马

水马颜色为橙色或红色,高度不得小于 400mm,可用于三级及三级以上公路下坡路段养护作业,宜布设在工作区或上游过渡区与缓冲区之间,见图 10-6。使用前应灌水,灌水量不应小于其内部容积的 90%。在冰冻季节可采用灌沙的方法,灌沙量同样不应小于其内部容积的 90%。

6.移动式标志车

移动式标志车是带有动力装置或可移动装置(拖车)的安全防护设施,颜色为醒目的黄色,装有黄色警示灯,其后部有醒目的标志牌,图案和显示形式可按实际需要改变,见图 10-7。

图 10-6 水马

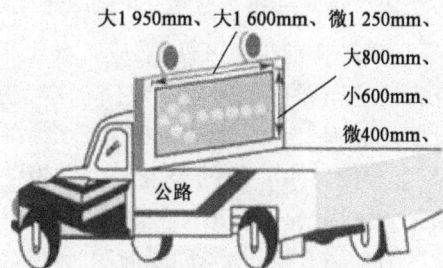

图 10-7 移动式标志车

移动式标志车的显示方式比普通的交通标志更醒目，可以在不同的养护作业情况下改变显示内容，具有较强的适应性。因此，移动式标志车可以为作业内容和地点经常变化的养护作业提供更为方便的安全防护。

7. 照明设施和语音提示设施

当夜间进行养护作业时，应设置照明设施。照明必须满足作业要求，照明设施应布设在工作区侧面并覆盖整个工作区，且照明方向应背对非封闭车道。

夜间作业的作业控制区布置必须设置施工警示灯，所设置的交通标志必须具有反光功能。养护作业期间和结束以后应派专人看护照明设施。

语音提示设施宜根据需要布设在远离居民生活区的养护作业控制区。

8. 闪光设施

闪光设施包括闪光箭头、警示频闪灯和车辆闪光灯。闪光箭头宜布设在上游过渡区，长为1 200mm，宽为400mm，颜色为蓝黑底色配上黄色箭头（图10-8）。警示频闪灯宜布设在需加强警示区域，通常为黄蓝相间的颜色。车辆闪光灯应为360°旋转黄闪灯，可用于养护车辆或移动式标志车。

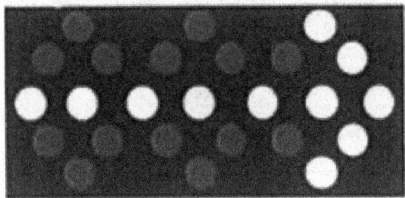

图10-8　闪光箭头

还有移动式护栏、车载式防撞垫、临时交通控制信号设施等安全设施，其设置应符合《公路养护安全作业规程》（JTG H30—2015）的要求，在此不一一罗列。

此外，应当注意养护安全设施的设置与撤除，当进行养护作业时，应顺着交通流方向设置安全设施。当养护作业完成后，应逆着交通流方向撤出所设置安全设施，恢复正常交通。

第三节　公路养护作业控制区布置

公路养护作业控制区布置应考虑养护作业的内容与要求、时间和周期、交通量、经济效益等因素，控制区内交通标志的设置必须合理、前后协调，起到引导车流平稳运行的作用。

一、高速公路及一级公路养护作业控制区布置

1. 基本要求

高速公路及一级公路养护作业控制区的布置应当满足以下要求。

（1）养护作业控制区两侧，应差异化布设安全设施。车道养护作业时，在封闭车道一侧的警告区应布设施工标志和限速标志，在非封闭车道一侧的警告区应布设施工标志，并宜布设警示频闪灯。八车道及以上公路，在非封闭车道一侧尚应增设限速标志。路肩养护作业时，在封闭路肩一侧的警告区应布设施工标志和限速标志，在另一侧仅在警告区起点布设施工标志。

（2）同一行车方向不同断面同时进行养护作业时，相邻两个工作区净距不宜小于5km。

（3）封闭车道养护作业控制区与被借用车道上的养护作业控制区净距不宜小于10km。

（4）养护作业控制区应设置工程车辆专门的出入口，并宜设在顺行车方向的下游过渡区内。当工程车辆需经上游过渡区或工作区进入时，应布设警告标志并配备交通引导人员。

2.养护作业控制区的布置

在警告区内设置施工标志、限制速度标志、可变标志牌、线形诱导标志等；在上游过渡区起点至下游过渡区终点之间应放置交通锥；在缓冲区与工作区交界处应布设路栏。控制区内其他安全设施可以视具体情况而定。

养护作业控制区的布置应按以下要求进行。

（1）四车道公路封闭车道、封闭路肩的养护作业，以设计速度 100km/h 为例，作业控制区布置示例见图10-9、图10-10。

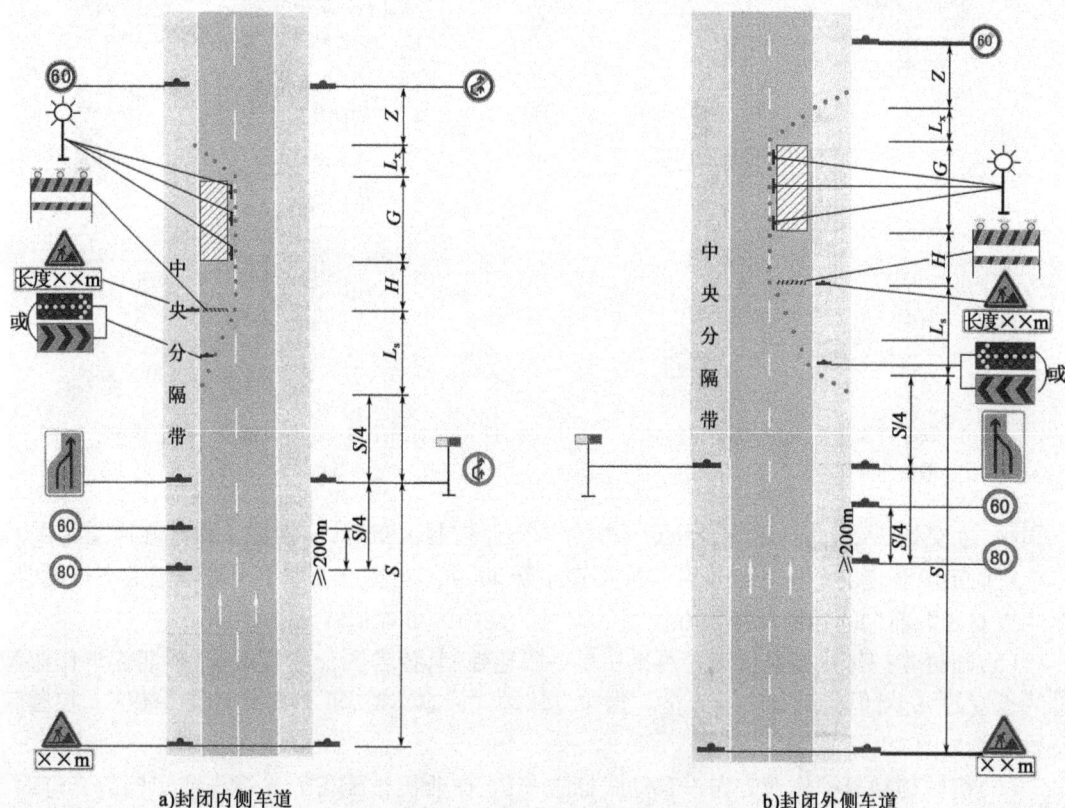

a)封闭内侧车道   b)封闭外侧车道

图10-9 四车道高速及一级公路封闭车道养护作业控制区布置示例图

（2）六车道及以上公路养护作业封闭中间车道时，宜同时封闭相邻一侧车道，并应布置两个上游过渡区，其最小间距不应小于200m。在交通量大的路段养护作业时，不能同时封闭相邻车道时，宜采取必要措施加强现场交通管控。六车道、八车道作业控制区布置与四车道情况相似，可查看现行《公路养护安全作业规程》的相关章节，在此不再给出示例图。

（3）借用对向车道通行的养护作业，应结合中央分隔带的开口位置，利用靠近养护作业一侧的车道通行，双向车道都应布置作业控制区。借用车道双向通行分隔宜采用带有连接的车道渠化设施，并应在前一出口或平面交叉口布设长大车辆绕行标志。以设计速度 100km/h 为例，作业控制区示例如图10-11所示。

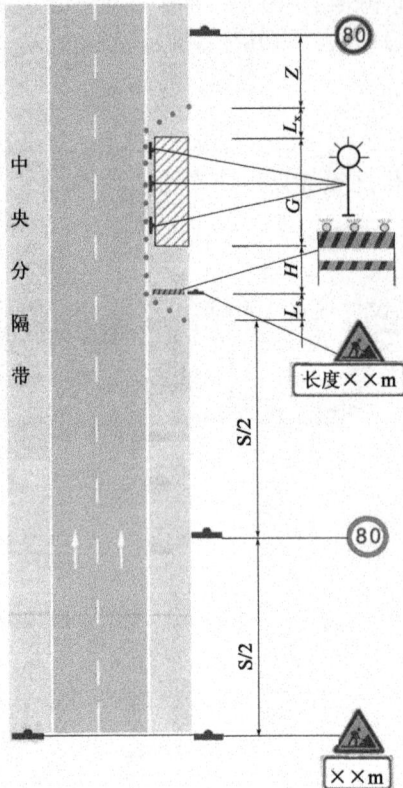

图 10-10　四车道高速及一级公路封闭路肩
养护作业控制区布置示例图

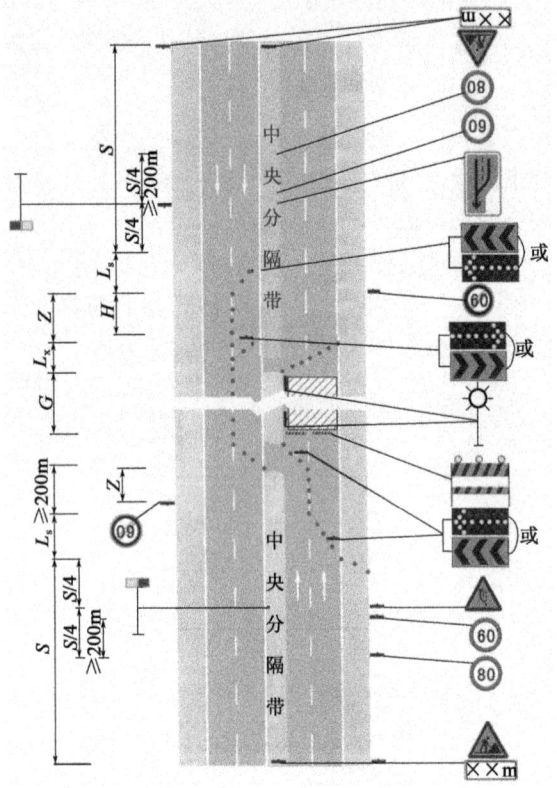

图 10-11　借用对向车道通行的高速及一级公路养护作业
控制区布置示例图

（4）立交处、入口匝道附近及匝道上的养护作业控制区布置，应根据工作区在匝道上的具体位置而定。匝道养护作业警告区长度不宜小于 300m。当匝道长度小于警告区最小长度时，作业控制区最前端的标志应布设在匝道入口处。控制区布置示例见图 10-12。

（5）临时养护作业控制区布置可采用单一限速控制，警告区长度宜取长、短期养护作业警告区长度的一半，但应配备引导人员。当布设移动式标志车时，可不布设上游过渡区。控制区布置示例如图 10-13 所示。

（6）机械移动养护作业宜布设移动式标志车；当作业机械配备闪光箭头或车辆闪光灯时，可不布设移动式标志车。

（7）当占用路面进行人工移动养护作业时，宜封闭一定范围的养护作业区域，并按临时养护作业的有关规定执行。对于路肩清扫等人工移动养护作业，宜布设移动式标志车或交通锥，其距人工移动养护作业起点不宜小于 50m。人工移动养护作业应避开高峰时段。

（8）中央分隔带或边坡绿化内的植被灌溉养护作业，应在灌溉车辆上配备醒目的闪光箭头或车辆闪光灯，也可在车辆后布设移动式标志车。作业人员不得在中央分隔带内休息，且中央分隔带不宜多人集中作业。

（9）中央分隔带内的植被修剪、垃圾清理等养护工作，应封闭中央分隔带的内侧车道，并按临时养护作业控制区布置。

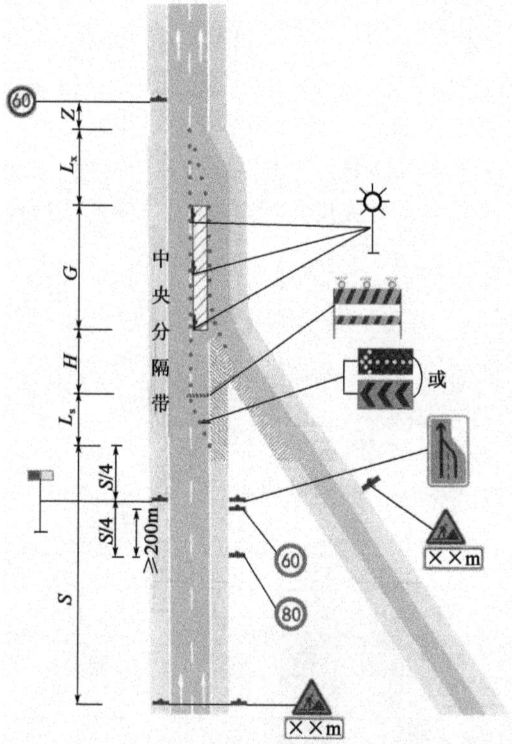

图 10-12 立交入口匝道附近养护作业控制区布置示例图

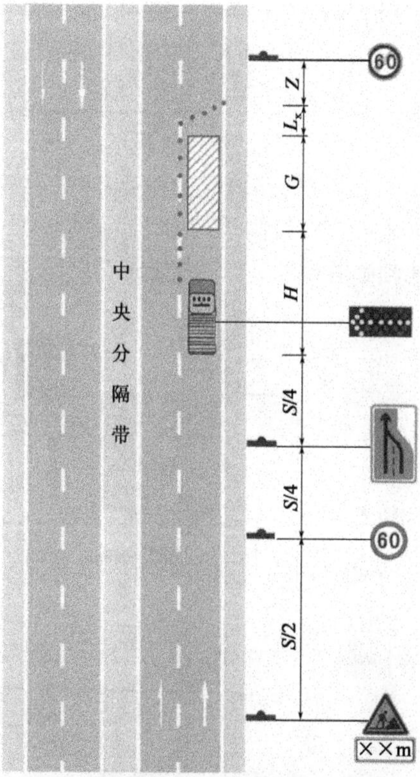

图 10-13 高速及一级公路布设移动式标志车的
临时养护作业控制区布置示例图

二、二级和三级公路养护作业控制区布置

二、三级公路与高速公路和一级公路有所不同,交通的特点是无隔离设施的双向交通,平面交叉,养护作业的情况比较复杂。除应满足上一节中的相关要求外,尚应兼顾养护作业控制区是否交替通行、线形特征等因素。

1. 基本要求

二级和三级公路养护作业控制区的布置应当满足以下要求。

(1)二、三级公路车道养护作业时,本向应布置警告区、上游过渡区、缓冲区、工作区、下游过渡区和终止区,对向应布置警告区和终止区。

(2)警告区应布设施工标志和限速标志,车道封闭养护作业尚应布设改道标志;上游过渡区应布设交通锥、闪光箭头、交通引导人员等;上游过渡区和缓冲区交界处应布设附设警示灯的路栏;终止区应布设解除限速标志。

(3)同一方向不同断面同时养护作业时,相邻两个工作区净距不宜小于 3km。

(4)不满足超车视距的弯道或纵坡路段养护作业控制区布置,应提前布置警告区。

2. 二级和三级公路养护作业控制区布置

(1)双向交替通行路段养护作业,除布设必要的安全设施外,尚宜配备交通引导人员,也可补设临时交通控制信号设施。以设计速度 80km/h 为例的作业控制区布置示例,见图 10-14。

（2）路肩施工保持双向通行路段的养护作业控制区布置，紧靠路肩的预留车道宽度应满足现行《公路养护安全作业规程》中的要求；当不满足要求时，应按封闭车道养护作业控制区布置。警告区可仅布设一块限速标志，工作区作业车辆上应配备警示频闪灯或反光标志。布设移动式标志车时，可不布置上游过渡区。以设计速度80km/h为例，作业控制区布置示例见图10-15。

（3）全封闭路段养护作业，应采取分流措施或修筑临时交通便道。修筑临时交通便道时，控制区内应布设附设警示灯的路栏；作业车辆应配备警示灯或反光标志；临时修建的交通便道宜施画临时标线，可设置交通安全设施。

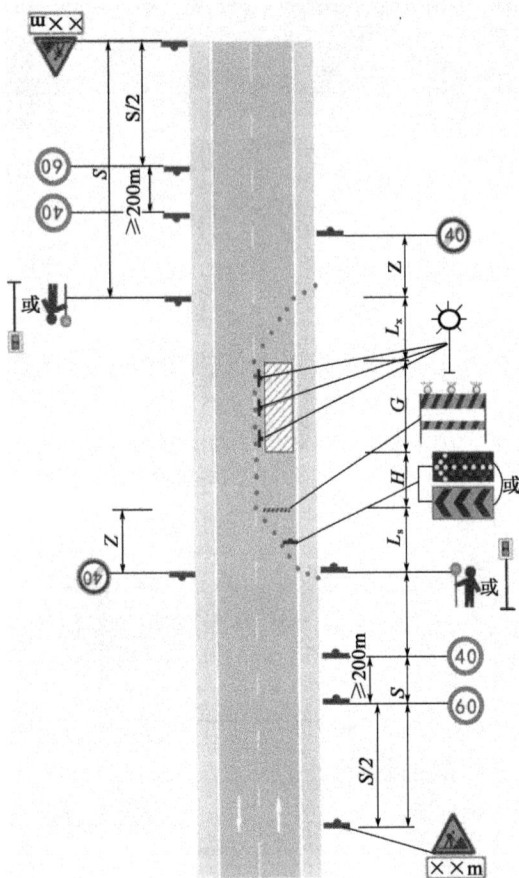

图10-14　二级和三级公路双向交替通行的养护作业控制区布置示例图

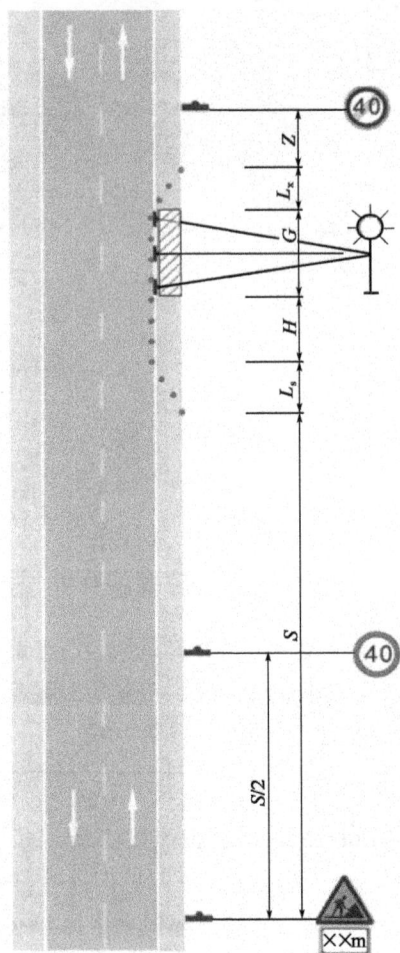

图10-15　二级和三级公路双向通行养护作业控制区布置示例图

（4）弯道路段养护作业，应根据工作区与弯道的相对位置关系确定养护作业控制区的布置方法。弯道养护作业，工作区在弯道前，下游过渡区宜布置在弯道后的直线段；工作区在弯道后，上游过渡区宜布置在弯道前的直线段。连续弯道路段，警告区宜布置在弯道起点上，且警告区长度不宜超出最小长度200m。反向弯道路段，上游过渡区应布置在反向弯道中间的平直路段；当警告区起点在弯道上时，应将其提前至弯道起点。回头弯道路段，回头曲线的作业车道应作为缓冲区。在此给出反向弯道路段养护作业控制区布置示例（图10-16、图10-17），其余情况可参考现行《公路养护安全作业规程》相关内容。

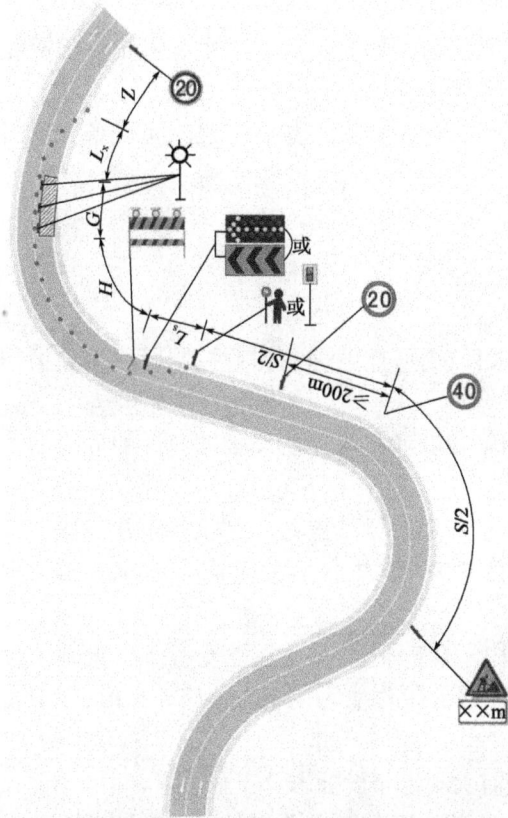

图 10-16　二级和三级公路双向交替通行的反向弯道路
段养护作业控制区布置示例图

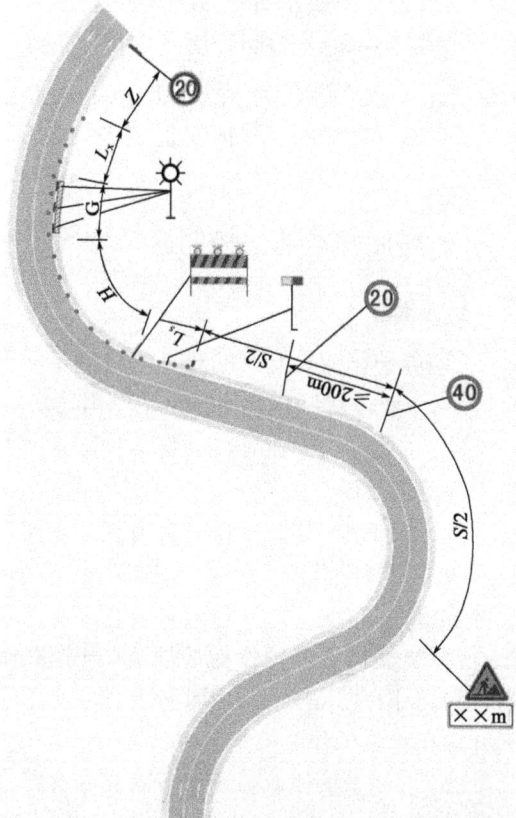

图 10-17　二级和三级公路双向通行的反向弯道路段养
护作业控制区布置示例图

（5）纵坡路段养护作业,应在竖曲线定点配备交通引导人员;工作区在封闭车道行车方向的下坡路段时,在工作区或上游过渡区与缓冲区之间应布设防撞桶、水马、隔离墩等安全设施。

（6）临时养护作业控制区可简化为警告区、上游过渡区、工作区和下游过渡区。警告区宜取长、短期养护作业警告区长度的一半。当布设移动式标志车时,可不布置上游过渡区,移动式标志车与工作区净距宜为 10 ~ 20m。对向车道可仅布置警告区。

（7）机械移动养护作业宜布设移动式标志车,弯道路段养护作业应将移动式标志车移至弯道前。人工移动养护作业,宜封闭一定范围的养护作业区域,并按临时养护作业的有关规定执行。

三、四级公路养护作业控制区布置

1. 基本要求

（1）长期和短期养护作业控制区可仅布置警告区、上游过渡区、工作区和下游过渡区,临时和移动养护作业控制区可仅布设警告区和工作区。

（2）警告区内应布设施工标志、限速标志,上游过渡区、工作区和下游过渡区应布设交通锥,上游过渡区内应配备交通引导人员,视距不良路段养护作业时应增设一名交通引导人员。

2. 四级公路养护作业控制区布置

（1）单车道四级公路通行状态的养护作业,应在工作区两端的错车台或平面交叉处各配备一名手持"停"标志的交通引导人员。

（2）四级公路全封闭车道养护作业，在作业控制区前后的交叉路口应布设道路封闭或改道标志。无法改道时，车辆等候时间不宜超过2h。

（3）四级公路临时养护作业，应在工作区及前后两端布设标志及安全设施，可配备交通引导人员。

四、桥涵养护作业控制区布置

1. 基本要求

（1）养护作业控制区的布置除应满足相关要求外，尚应兼顾养护作业控制区桥梁养护作业特点、作业位置和作业影响范围等因素。

（2）桥梁养护作业时应加强车辆限速、限宽和限载的通行限制。经批准允许的危险品运输车辆应引导通过。

（3）当预判桥梁养护作业会出现车辆排队时，应利用桥梁检查站、收费站、正常路段或警告区布置大型重载汽车停靠区，并布设"重车靠右停靠区"标志，间隔放行重载车辆，不得集中放行。

（4）立交桥上养护作业应注意，当养护作业影响桥下净空时，应在立交桥下布设施工标志、限高及限宽标志，并不得向桥下抛投任何物品。当养护作业占用下方公路路面时，立交桥下方应布置养护作业控制区。

（5）桥梁养护作业影响桥下通航净空时，应按有关规定布设标志及安全设施。

（6）特大、大桥养护作业除应满足桥梁养护作业控制区的基本要求外，尚应符合特大、大桥养护作业的特定技术要求。

2. 桥涵养护作业控制区布置

（1）桥梁养护作业控制区布置应满足相关要求。

（2）中、小桥和涵洞养护作业应封闭整条作业车道作为工作区，纵向缓冲区终点宜止于桥头。控制区布置见图10-18。

（3）特大、大桥养护作业控制区布置，工作区起点距桥头小于300m时，纵向缓冲区起点应提前至桥头。工作区起点距桥头大于或等于300m时，应按相应等级的公路养护作业控制区布置，并在桥头布设施工标志，如图10-19所示。

（4）桥梁半幅封闭养护作业控制区布置，特大、大桥中央分隔带可设开口时，应按表10-6及相关规定执行；中央分隔带不能设开口时，上游过渡区终点应止于桥头。借对向车道通行的桥梁养护作业，应全时段配备交通引导人员。

（5）机动车道与非机动车道分隔的桥梁，非机动车道养护作业，非机动车借用机动车道行驶时，可将缓冲区并入工作区。

（6）桥梁伸缩缝常规检查、清理作业可按临时养护作业控制区布置。桥梁伸缩缝更换作业应半幅封闭或全幅封闭受伸缩缝施工影响的桥孔，且在全幅封闭时应做好分流信息提示，并在作业控制区的前后交叉路口布设桥梁封闭或改道标志。

（7）桥梁拉索、悬索及桥下部结构养护作业影响范围内，应将对应桥面封闭为工作区，并布设养护作业控制区。对影响净高或净宽的养护作业，应布设限宽或限高标志。

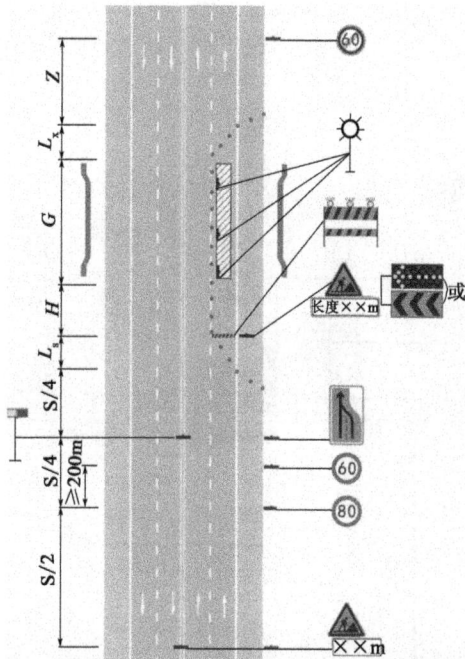

图 10-18　中、小桥桥面封闭车道养护作业控制区
布置示例图

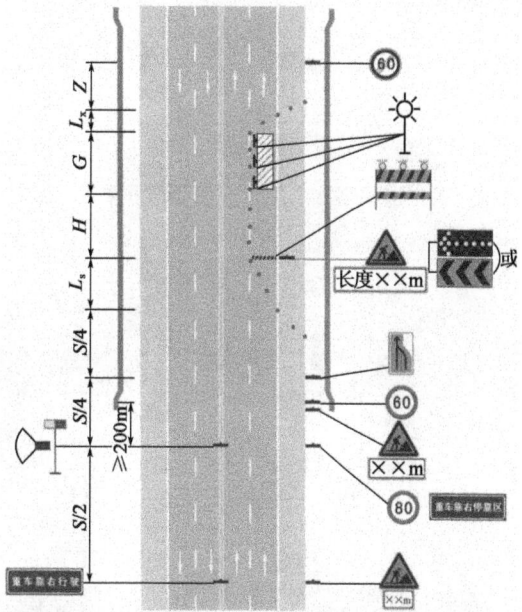

图 10-19　工作区起点距桥头大于或等于 300m 的特大、
大桥封闭车道养护作业控制区布置示例图

五、隧道养护作业控制区布置

1.基本要求

隧道养护作业控制区布置的基本要求是：

（1）隧道养护作业时，当其影响原建筑限界时，应设置限高及限宽标志。

（2）隧道养护作业控制区中的交通锥布设间距不宜大于 4m，缓冲区和工作区照明应满足养护作业的照明要求。

（3）隧道养护作业人员应穿戴反光服装和安全帽，养护作业机械应配备反光标志，施工台架周围应布设防眩灯。

（4）隧道养护作业宜在交通量较小时进行。

（5）特长、长隧道养护作业时应全时段配备交通引导人员，轮换时间不应超过 4h。对于大型载重汽车，应间隔放行。

2.隧道养护作业控制区布置

隧道养护作业控制区按照下述方式进行布置：

（1）单洞双向隧道养护作业控制区布置应注意，当封闭一条车道双向交替通行时，隧道路口应布设临时交通控制信号设施或配备交通引导人员，上游过渡区应布置在隧道入口前。中、短隧道养护作业应封闭隧道内整条作业车道，下游过渡区宜布置在隧道出口外。

（2）单洞双向通行的隧道全幅封闭养护作业时，应做好分流信息提示，并在作业控制区前后的交叉路口布设隧道封闭或改道标志。

（3）双洞单向通行的中、短隧道养护作业应注意，上游过渡区宜布设在隧道入口前，见

图 10-20。隧道群养护作业，当警告区标志位于前方隧道内时，应将标志提前至前方隧道入口处。

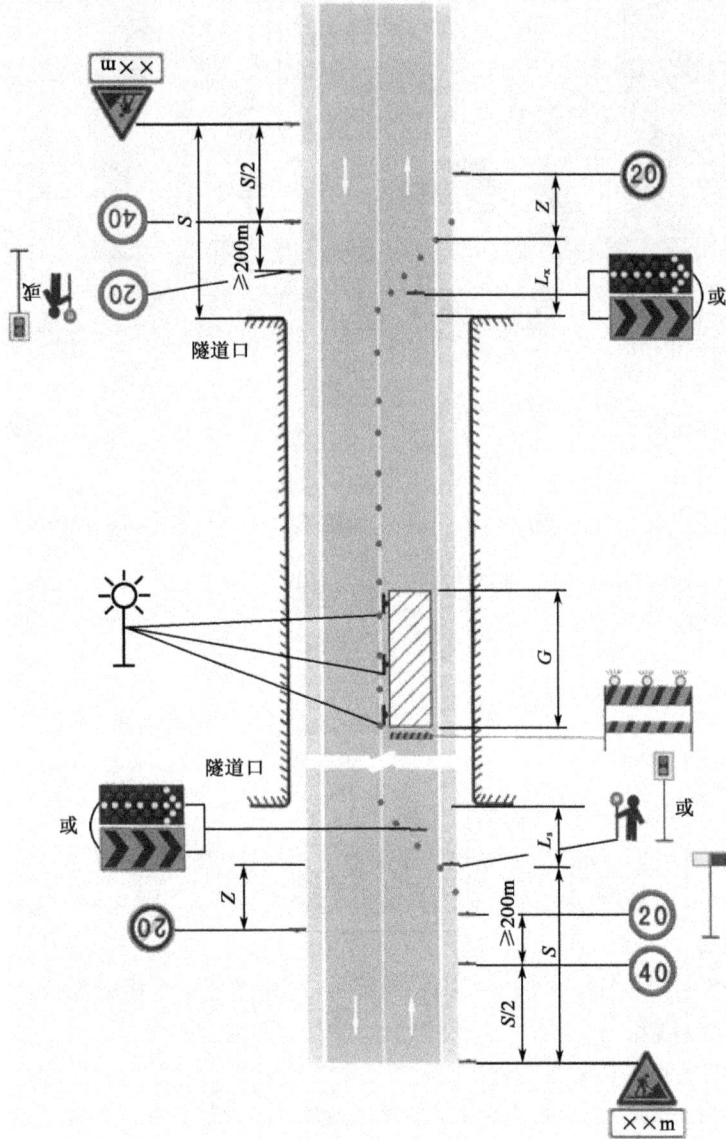

图 10-20　单洞双向中、短隧道养护作业控制区布置示例图

（4）双洞单向通行的特长、长隧道养护作业控制区布置应注意，当工作区起点距隧道入口大于 1km 时，应按路段养护作业控制区布置。隧道入口处增设施工标志。隧道内警告区宜采用电子屏提示。作业控制区布置示例，见图 10-21。

（5）临时和移动养护作业宜布设移动式标志车，并在隧道两端布设施工标志，必要时配备交通引导人员。

六、平面交叉口养护作业控制区布置

平面交叉口养护作业控制区布置应考虑养护作业的内容与要求、时间和周期、交通量、经

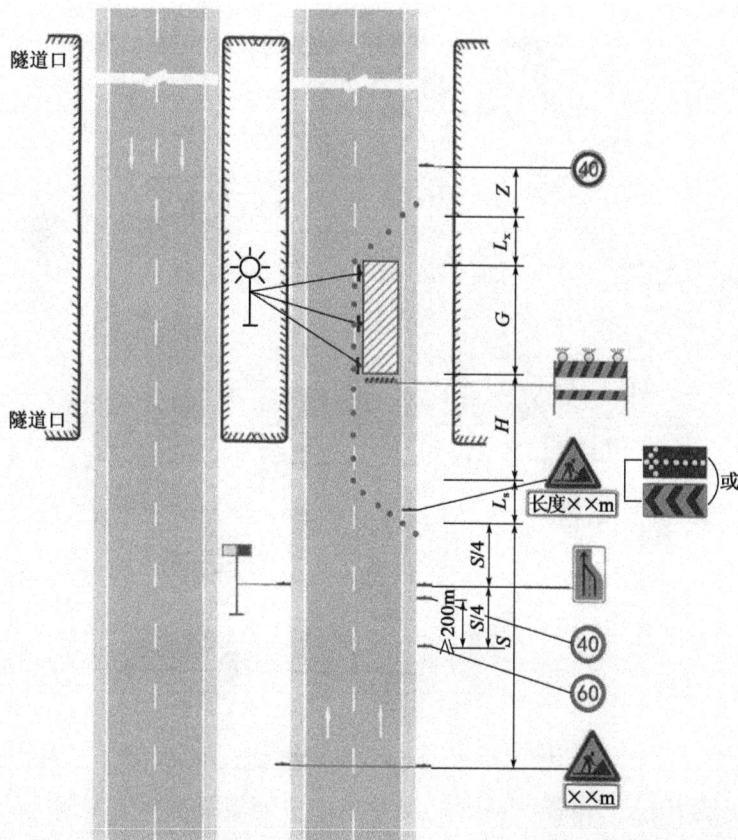

图 10-21 双洞单向通行的隧道在入口附近养护作业控制区布置示例图

济效益等因素,控制区内交通标志的设置要合理、前后协调,起到引导车流平稳通行的作用。

1. 基本要求

(1)有渠化的平面交叉养护作业的范围应包括平面交叉规划及渠化范围;无渠化的平面交叉养护作业的范围距交叉入口不应超过停车视距。

(2)当工作区上游存在交叉,且在养护作业控制区内,可将警告区起点移至其出口处。

(3)平面交叉养护作业控制区的上游视距不良时,可在视距不良处增设施工标志。

(4)平面交叉入口或出口封闭车道改为双向通行时,应画出橙色临时标线;当车道宽度无法满足双向通行时,应配备交通引导人员引导车辆交替通行。

(5)平面交叉养护作业车辆应配备闪光箭头或车辆闪光灯,可布设移动式标志车。

2. 平面交叉养护作业控制区布置

(1)十字交叉出入口养护作业,应根据出入口封闭情况布置养护作业控制区。出入口封闭且需借用对向车道交替通行的养护作业,应布设临时交通信号灯。出入口封闭且需借用对向车道双向通行的养护作业,应在借用车道上布设车道渠化设施分隔双向交通。出口单车道封闭且本向车道维持通行的养护作业,对应入口车道宜封闭一定区域布置上游过渡区和缓冲区。十字交叉中心养护作业时,应同时在四个交叉入口布置养护作业控制区,见图 10-22。

(2)平面交叉时,被交道为单车道四级公路的十字交叉养护作业,主线养护作业的终止区应布置在通过被交道后的位置,被交道可简化作业控制区布置,应在被交道入口配备交通引导人员。

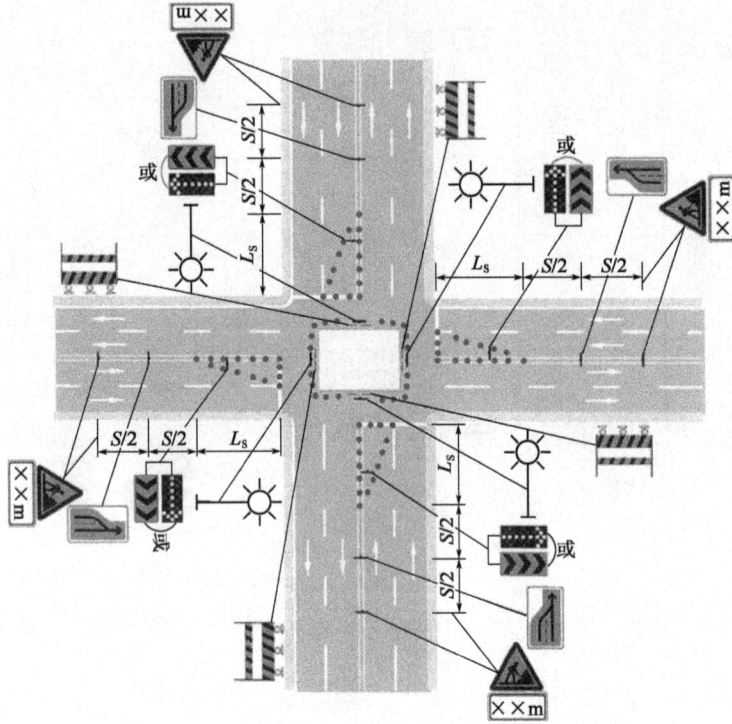

图 10-22 十字交叉中心处养护作业控制区布置示例图

（3）环形交叉封闭入口车道养护作业，应在入口处布置养护作业控制区。当中间车道进行养护时，应封闭相邻一侧车道。环形交叉封闭出口车道养护作业，除应在出口处布设闪光箭头或导向标志和附设警示灯的路栏外，还应在另三个交叉入口处分别布设施工标志。环形交叉中心养护作业，应在交叉入口布设施工标志。

（4）T 形交叉养护作业，可按十字交叉封闭入口车道养护作业控制区布置。

七、收费广场养护作业控制区布置

在收费广场进行养护作业时，应关闭受作业影响的收费车道，并对作业控制区的交通进行管理。在进行各类养护作业时不得全部封闭单向收费车道。

主线收费广场养护作业控制区可简化。工作区在收费车道入口处，可仅布置警告区、上游过渡区、缓冲区和工作区，警告区应布设施工标志，上游过渡区应布设闪光箭头或导向标志，车辆无须变道时，宜布设施工标志。工作区在收费车道出口处，可仅布置工作区和下游过渡区，并关闭对应收费车道。作业控制区布置示例见图 10-23。

匝道收费广场养护作业，应按作业位置确定作业控制区。匝道收费口前养护作业，应在匝道入口处布设施工标志，并关闭养护作业的收费车道，上游过渡区和缓冲区长度均可取 10 ~ 20m。匝道收费口后养护作业，应关闭对应收费车道，并应布置下游过渡区，其长度可取 5 ~ 10m。

八、养护维修安全作业

为实现保障公路养护维修作业人员和设备的安全以及车辆的安全运行，规范养护工程的安全管理和作业行为的目的，这里主要介绍保障车辆通行和作业人员及设备安全的基本规定，有关养护作业的具体操作程序和养护机具的具体安全操作应按相应的操作规定进行。

1. 公路养护安全作业

《公路养护安全作业规程》(JTG H30—2015)对公路养护安全作业作出以下规定。

(1)凡在公路上进行养护作业的人员必须穿着带有反光标志的橘红色工作装(套装),管理人员必须穿着带有反光标志的橘红色背心。

(2)公路路面养护作业必须按作业控制区交通控制标准设置相关的渠化装置和标志,并指派专人负责维持交通。

(3)在高速公路和一级公路上养护作业时,应用车辆接送养护作业人员。养护作业人员不得在控制区外活动或将任何物体置于控制区以外。

(4)在山体滑坡、塌方、泥石流等路段养护作业时,应设专人观察险情。

(5)在高路堤路肩、陡边坡等路段养护作业时,应采取防滑坠落措施,并注意防备危岩、浮石滚落。

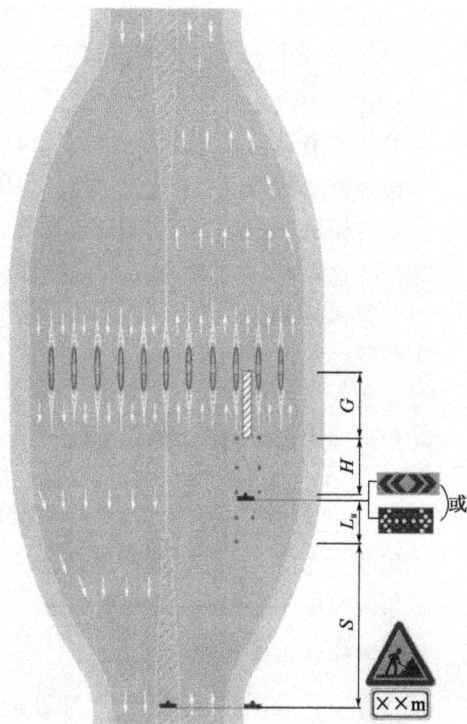

图 10-23　主线收费广场封闭入口中间车道养护作业控制区布置示例图

(6)坑槽修补应当天完成,若不能完成须按规程规定布置养护作业控制区。

2. 桥梁、隧道养护安全作业

桥梁、隧道养护作业有其特殊性,二者均属于公路路线上的关键节点,对交通的畅通起着至关重要的作用,养护作业安全问题格外重要。因此,《公路养护安全作业规程》(JTG H30—2015)对桥梁、隧道养护安全作业作出以下规定。

(1)公路桥梁、涵洞、隧道养护现场要专门设置养护作业时的交通标志。桥面养护应按作业控制区布置要求设置相关的渠化装置和标志,并设专人负责维持交通。

(2)桥梁养护作业时,应首先查明架设在桥面上下的各种管线,并应注意保护公用设施(煤气、水管、电缆、架空线等),必要时应与有关单位联系,取得配合。

(3)在桥梁栏杆外进行作业须设置悬挂式吊篮等防护设施,作业人员须系安全带。

(4)桥墩、桥台维修时,应在上、下游航道两端设置安全设施,夜间须设置警示灯。必要时应与有关单位取得联系,取得配合。

(5)在养护明洞和半山洞前,应及时清除山体边坡或洞顶危石。

(6)在隧道内进行登高堵漏作业或维修照明设施时,登高设施的周围应设醒目的安全设施。

(7)对隧道衬砌局部坍塌进行养护维修作业时,应采取措施保证养护人员安全。

(8)当实测的隧道内一氧化碳浓度或烟尘浓度高于规定的允许浓度时,作业人员应及时撤离,并开启通风设备进行通风。

(9)隧道内不准存放易燃易爆物品,严禁明火作业或取暖。

(10)隧道洞口周围 100m 范围内,未经隧道养护机构许可,不得挖砂、采石、取土、倾倒废弃物,不得进行爆破作业及其他危及公路隧道安全的活动。

（11）养护作业宜选择在交通量较小时段进行。在进行养护作业前,应做好以下工作。

①检测隧道内一氧化碳、烟雾等有害气体的浓度及能见度是否会影响施工安全。

②检测隧道结构状况是否会影响作业安全,如有危险,应先处理后作业。

③检查施工隧道信号灯是否准确、明显,施工标志设置是否规范。

④对养护机械、台架应进行全面的安全检查,并应在机械上设置明显的反光标志,在台架周围设置防眩灯,以反映作业现场的轮廓。

（12）在隧道内进行养护作业时,应遵守以下规定。

①养护作业控制区经划定后不得随意变更。

②作业人员不得在工作区外活动或将任何施工机具、材料置于工作区以外。

③养护施工路段内的照明应满足要求。

（13）电力设施等有特别维护要求的,应按有关部门的安全操作规程执行。

（14）隧道内发生交通事故时,应通知并配合交通安全管理部门到现场处理交通事故。

（15）事故发生后,应尽快清理现场,排除路障,恢复隧道正常行车,并登记相关损失,应认真分析事故原因,恢复或改善隧道的防灾能力。

3. 冬季除雪安全作业

冬季除雪是我国北方特有的公路养护工作内容之一。降雪对冬季交通及其安全影响非常大。因此,做好冬季除雪至关重要。除雪作业时应加强交通管制;除雪应以机械为主,在机械除雪不能操作的地方可辅之以人工除雪;除雪作业人员和除雪机械作业时除满足以上要求外,还应做好防滑措施。

4. 雨季安全作业

雨水对于公路而言大多数情况下起不良作用,给养护工作带来不便甚至安全隐患,因此,雨季养护作业有其安全问题,有其特殊性。《公路养护安全作业规程》（JTG H30—2015）对雨季安全作业作出以下规定。

（1）现场道路应加强维护,斜道板和脚手板应有防滑措施。

（2）暴雨台风前后,应检查工地临时设施、脚手架、机电设备、临时线路,发现倾斜、变形、下沉、漏电、漏雨等现象,应及时修理加固。

（3）在雨季养护维修作业时,作业现场应及时排除积水,人行道的上下坡应挖步梯或铺砂,脚手板、斜道板、跳板上应采取防滑措施。加强对排架、脚手架和土方工程的检查,防止倾斜和坍塌。

（4）在雨季施工时,处于洪水可能淹没地带的机械设备、材料等应做好防范措施,施工人员要提前做好安全撤离的准备工作。

（5）长时间在雨季中作业的工程,应根据条件搭设防雨棚。作业中遇有暴风雨应停止施工。

5. 雾天养护安全作业

雾天由于能见度差,养护活动对交通会有较大影响,特别是车辆驾驶员的视距有限,会影响驾驶员及时看清养护作业警示标志,容易存在交通安全隐患。因此雾天不宜进行养护作业。雾天需要进行抢修时,宜会同有关部门,封闭交通进行作业,所有安全设施上均须设置黄色施工警示灯。

6. 山区养护安全作业

山区公路曲线多、高边坡多、路线坡度大,视距受限。因此,山区公路在视距条件较差或坡度较大的路段进行养护作业时,应设专人指挥交通,作业控制区应增加有关设施;控制区的施工标志应与急弯路标志、反向弯路标志或连续弯路标志等并列设置;在同一弯道不得同时设置两个或两个以上养护作业控制区。

7. 清扫、绿化养护及道路检测安全作业

清扫作业和绿化养护是公路养护工作中最经常性的工作,由于作业次数多、时间长,作业安全问题必须得到足够的重视。大多数情况下,道路检测是在行车道上移动作业,且不封闭交通,因此更应注意作业安全问题。

(1)严禁在能见度差(如夜晚、大雾天)的条件下进行人工清扫。

(2)凡需占用车道进行绿化作业时,必须按作业控制区布置要求设置有关标志。

(3)遇大风、大雨、下雪、雾天等特殊气候时,必须停止绿化养护作业。

(4)高速公路、一级公路中央分隔带绿化浇水作业时,浇水车辆尾部必须安装发光可变标志牌或按移动养护作业控制区布置。

(5)道路检测车在高速公路、一级公路进行道路性能检测时,凡行进速度低于 50km/h 时,均应按临时定点或移动养护作业进行控制区布置,或应在检测设备尾部安装发光可变标志牌。

8. 养护维修机具安全操作

养护维修机具除按相关操作规程进行作业操作外,还应注意以下要求。

(1)养护机械应按其技术性能要求正确使用,不得使用缺少安全装置或安全装置已失效的机械作业,不得操作带故障的机械作业。

(2)操作人员必须执行有关工作前的检查制度、工作中的观察制度和工作后的检查保养制度。

(3)养护机械进入施工现场前,应查明行驶路线上的隧道、跨线桥的通行净空,必要时应验算桥梁的承载力,确保机械设备安全通行。

(4)养护机械在作业时,操作人员应熟悉作业环境与施工条件。

(5)养护机械在靠近架空输电线路作业时,必须采取安全保护措施,养护机械工作装置运动轨迹范围与架空导线的安全距离必须符合相关规定。

(6)养护机械应按时进行保养,严禁养护机械带故障运转或超负荷运转。

(7)禁止在养护机械运转中进行保养、修理作业。各种电气设备的检查维修,应停电作业。

【复习思考题】

1. 试简述公路养护安全作业的基本要求。

2. 简述高速公路及一级公路养护作业控制区布置的基本要求。

3. 公路养护作业控制区由哪些区域组成?

4. 公路养护安全设施有哪些?

5. 桥涵养护作业控制区布置的基本要求是什么?

第十一章

公路管理组织机构与工作内容

【学习目的与要求】

通过本章的学习,了解公路养护管理的组织机构模式,掌握公路养护技术管理的主要内容,熟悉公路养护生产的组织方式及公路养护计划管理的主要内容,了解路政管理的组织结构、职责及具体内容。

公路交通的安全、畅通、经济,对公路的管理十分重要。公路管理主要分为公路基础设施养护管理、路政管理和交通管理三个方面。其中,基础设施养护管理和路政管理由公路部门负责,而交通管理则由公安交通警察部门负责。不同的管理部门担负不同的管理任务。同时,各个部门在实际管理工作中需要相互协调和配合,有时甚至需要一同工作。

第一节　公路养护管理的组织机构

经过多年的实践与发展,我国各省市都已建立起一套行之有效的公路养护管理的组织机构。目前,我国大多数省市采用将高速公路和其他等级公路分开管理的组织模式。高速公路管理基本采用省级设高速公路管理局,一条或几条高速公路一起设高速公路管理处的组织模式,见图 11-1。其他等级公路基本采用省级设公路管理局(各省市的名称略有差别)、地(市、区)设管理处(或公路分局)、县(包括县级市)设公路段三级公路养护管理机构,见图11-2。随着市场经济的不断发展,在不影响公路养护管理组织机构大框架的前提下,很多省市还探索了不同的公路养护管理模式。

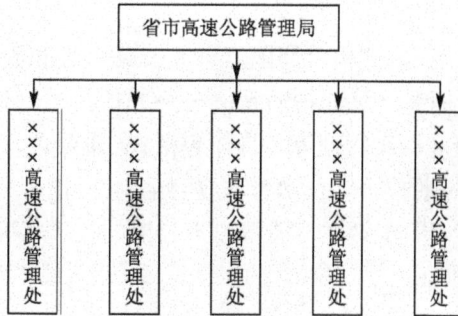

图11-1　高速公路养护管理组织机构

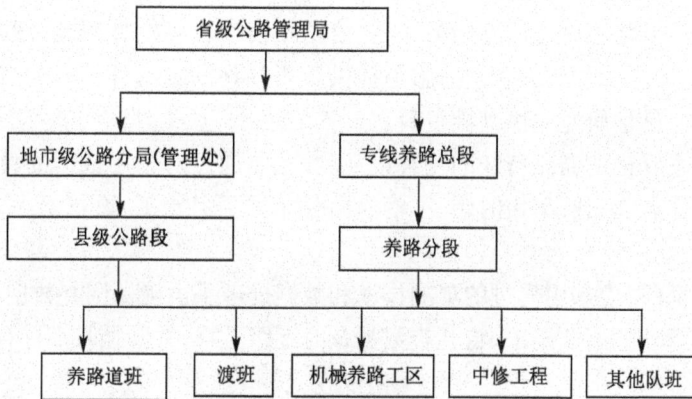

图11-2　公路养护管理组织机构

尽管我国公路养护管理实现了三级管理,但随着经济的发展以及我国开展的管理体制改革,目前的管理工作范畴和具体内容也发生了与时俱进的变化,例如,取消养路费(费改税)之后,养护资金的申请与使用要纳入国家或地方财政预算管理。非政府财政投资建设的公路的养护资金来源于投资方。因此,在养护管理工作源头——养护资金方面发生了很大的变化,这也使得组织管理机构内部要进行相应的调整等。

公路养护管理的基本流程是:下一级公路管理部门进行公路技术状况检查与评定,根据公路技术状况和工程规模,提出下一年度公路养护与管理的年度计划安排,并向上一级公路管理部门提交计划申请;上一级派技术人员进行现场考察、评估与完善后,将计划申请再向其上一级申报,直至省级公路养护管理部门派技术人员对各地市的计划申请逐项进行评估,进而提出省级公路网下一年度养护项目计划和养护资金预算方案,并向省级财政部门申请下一年度的养护资金;获得批复后,按财政部门实际拨款额度实施年度养护计划(按法律法规要求进行招投标)。

我国公路养护将逐步向市场化方向发展,养护工程将逐步实现全面招投标制(包括日常维护)。因此,目前的管理组织机构将来还会逐步发生变化,其主要职能将是公路技术状况管理、养护计划管理、养护维修方案审查、养护工程招投标、养护工程质量过程管理、养护工程质量验收等。

第二节　公路养护的技术管理

公路养护必须加强技术管理,严格贯彻国家有关公路建设和养护的技术政策、标准规范、办法和相应的操作规程,以提高公路养护质量。公路养护技术管理包括:公路养护信息化管理、养护工程管理、公路检查和档案管理等。具体包括:交通调查、公路路况登记与档案管理、养护工程的技术管理、公路定期检查。技术管理应健全制度,依靠科学养护,实行规范化管理,逐步推广应用评价管理手段,巩固、改善和提高现有公路的技术状况和服务水平。

一、交通调查

1.调查的目的及内容

公路交通调查为公路建设总体布局与规划、公路建设项目可行性研究、旧路技术改造、公路工程设计、制订养护计划及交通管理措施等提供重要的基础数据,同时,为交通工程学基础理论研究和其他公路科学研究提供基础资料。

公路交通调查主要指交通流特征的调查或观测,主要通过对原始数据的计算分析获得交通流密度、速度、起讫点、轴载、车头时距、车辆横向分布及服务水平、通行能力、交通事故等特征参数。

各级公路管理部门,应采用先进的观测技术和数据处理手段确保调查数据准确可靠,应按照长期观测和档案管理的有关要求,将调查数据及时逐级上报,并归档长期保存。

2.交通量观测

目前交通量观测主要分为下列两种。

间隙式观测:按预先确定的观测日期,对交通量进行定期观测与统计。

连续式观测:全年分小时连续不断地对交通量进行观测与统计。

（1）交通量观测方法

用人工或仪器将通过规定观测断面的各种类型车辆分车型记录在表格或计数器具上,每小时终了,将记录结果进行整理并登记于规定的表格上。采用现代化观测仪器设备能够增加观测内容,提高观测精度,真正实现连续观测。

（2）观测站(点)的设置原则应符合下列要求

①凡列入管养范围的路段,原则上都应进行交通量观测。观测站(点)的设置应从全局出发,根据公路网布局和所划定的调查区间,分别由省、地(市)级公路管理机构决定。

②各观测站(点)应进行统一编号,并确定其代码。观测站代码结构应与交通运输部路面管理系统中路段编码一致。观测站(点)位置一经设置,不得随意变动。

③连续式观测站应设在主要干线和重要旅游公路交通量有代表性的适当地点,并应注意分布均匀、合理,避免集中在大城市周围。间隙式观测站应设在调查区间范围内能代表所在路段交通量的地点。每个调查区间只设一个观测站。当需要对特定地点,如交叉口、渡口及隧道出入口等进行交通量观测时,可根据使用目的,设立临时补充观测站(点),待完成观测任务后

撤销。

④各类观测站(点)应选择在视线开阔且具备观测条件的地点,并应离开市区适当距离,以免受城市交通量的影响。

⑤高速公路的交通量观测可结合收费站(点)或监控设施实施观测。

⑥观测站(点)的数量可根据公路里程、路线交通量变化情况,由各省自行决定,并划定调查区间。每省(自治区、直辖市)应在国道上设立若干个连续式观测站。各观测站(点)均应配备固定的观测人员:连续式观测站每站或每一个观测断面配10~20人,间隙式观测站(点)每站配4~6人,具体人数可视交通量大小确定。补充观测站人数可视观测断面的个数及交通量大小确定。

⑦连续式观测站应设立固定的观测房,配备必要的观测设备和工具。间隙式观测站(点)和补充观测站(点)可设置简易观测房(棚)或流动观测车,配备必要的观测设备和工具。

(3)观测时间

观测时间应符合下列规定:

①连续式观测站的观测时间可从建站开始,连续不断地长期进行。

②间隙式观测次数因地区而异,一般情况下应每月观测2~3次。每个观测日连续观测24h,观测时间一般定为观测日6时起至次日6时止。为了避免观测资料的偶然性,在确定观测日时,应尽量避开法定节假日。

③在间隙式观测中,观测日若遇地方性集会或一般的雨雪天气,仍应照常进行,但应在附注栏内说明。遇大雪、暴风雨等特殊气候,应改期观测。改期不应超过3日,3日内仍无法补测者,可取消本次观测。由于公路施工等原因阻断交通,短期内不能恢复通车的路段,可停止观测,直到恢复通车后再继续观测,但应在附注栏内说明。

④夜间交通量稀少的路段及北方严寒季节,在充分积累资料取得昼夜交通量换算系数的情况下,可观测白天12h或16h的交通量。观测时间一般为6时至18时或6时至22时,但应计入推算的夜间交通量。

(4)数据处理

交通量观测站(点)对取得的原始观测资料,应及时进行整理、汇总、计算和分析,上报规定的各类报表和图表,以便资料的积累和应用。

3. 车速调查与观测

车速调查与观测的主要目的是通过调查,取得通过地点的车速分布状况,掌握车速变化时态和车速发展变化趋势,研究、分析公路通阻情况、服务质量、通行能力及运营管理水平,为交通规划、交通管理、公路几何设计提供依据,为提高公路通行能力、改善公路质量、改善运营管理提供重要的基础资料。

车速调查与观测包括车辆通过公路较短区间的地点车速调查和较长公路区间(或整条路线)的区间车速调查。

(1)地点车速观测方法

①人工观测

在拟观测车速公路的某观测地点,选定一段30~50m的直线路段(相当于车辆通过时间为 2～3s 的车程），记录车辆进入与驶出该路段的时间差，并计算车速。此方式适用于交通量较小的情况。

②雷达测速仪测速

利用雷达测速仪观测时，应选择地势平坦、视野开阔、线形平直的观测路段，使仪器能够从正面接收到被反射回来的雷达波，以提高观测精度。

③车辆检测仪测速

车辆检测仪一般由检测器（感应器式、气压式、地磁式、电磁式、超声波式、红外线式等）、数字处理机与记录显示装置构成，可自动记录交通量，计算车辆速度和部分统计特征，能够进行长期、连续的交通量观测。

④摄像法

当交通量较大时，可采用现场摄像的方式，记录观测点的 12～24h 交通流，然后利用计算机回放录像，记录固定长度路段内同一车辆进入与驶出的时间差，并计算车速。

（2）区间（路段）车速观测方法

①跟车法

观测时由观测人员乘车跟随被测车辆，记录被测车辆在路段上的行驶时间、停车时间、停车原因及经过的路段长度，计算出行驶车速和综合（路段）车速。跟车法观测车速时，宜在同一路段往返重复 4～6 次。

②记车号法

本方法只适用于综合车速的观测。观测时，在观测路线的两端，由观测员分别记录通过观测断面的车辆牌号和车辆通过该点的时间，计算同一车牌号的时间差和两端距离而得到综合车速。为确保资料准确，数据宜达 50 组以上。对中途交叉口多或中途停车多的路段，本方法不宜采用。

③浮动车观测法

本方法宜用于交通流稳定、岔道较少且交通量较小的路段。观测前，自备一辆观测车，选定观测路段并丈量其长度。观测时，观测车自观测路段的起点向终点行驶，观测员分别记录与观测车对向行驶的车辆数和同向超越观测车的车辆数、被观测车超越的车辆数以及观测车行驶于该路段的行程时间。到达终点后，观测车立即掉头反向行驶，仍做同样观测。应行驶 6 个往返，即可计算路段的车流量及路段平均车速、平均运行时间。

4. 四类公路交通量比重调查

为了掌握公路交通流量的地区分布和路线分布特征，分析和评价国道、省道、县道、乡道四类公路的使用功能，论证和探讨现有公路网的合理性，应开展四类公路交通比重调查。通过调查，为公路规划、可行性研究、技术经济分析论证、设计、改造等提供依据。

（1）调查的范围、内容、时间和观测点的设置

调查的范围为辖区内的各条国、省、县、乡道，调查内容为辖区内机动车保有量、四类公路的里程、各条公路的交通量。

调查日宜选择在运输旺季中的某一天，一般选择间隙式交通量观测日作为调查日。调查日应避开节假日。调查时段可根据需要选定，可为调查日的 6 时起的连续 24h 或 16h，或 7 时起的连续 12h。

按区域路网交通量调查的规定要求,每条路线划分调查区间并设定一个代表性观测站。一般均利用路网中设置的交通量常规调查的观测站,可不再重新设站。

(2)观测的内容、方法和车型分类

观测的内容、方法和车型分类与交通量常规调查的规定相同,分小时、分车型记录通过观测断面的机动车交通量。

在取得比重调查资料后,应对资料进行整理汇总。计算每个观测站日机动车交通量和日汽车交通量(均为绝对值)、每条路线的交通量和日交通量、调查区域内行政区的四类公路里程比重、路线交通量所占比重、日交通量及年路线总交通量。

5.轴载调查

轴载调查是为了预测某一时期内行车对路面的破坏作用,科学地确定公路养护对策、合理地分配公路养护和改造资金。

为确保轴载调查的质量,有效地利用现有交通量调查资料,轴载调查的车辆分类可在现行交通量分类的基础上,对每类车辆再分成若干档次。调查时,应按分类分档记录。

对每档车辆选取一种车型为该档车辆的代表车型。根据该代表车型的轴载和作用次数,换算成标准轴载的当量轴次。再根据每类车辆中若干档代表车型换算成标准轴载的当量轴次的总和,即可计算得到各类车辆的当量轴次换算系数,然后利用现有的交通量调查资料,换算成标准轴载的当量轴次。

不同路面类型的标准轴载换算方法,按现行的《公路沥青路面设计规范》(JTG D50—2006)和《公路水泥混凝土路面设计规范》(JTG D40—2011)的相应规定进行数据处理。

轴载调查时宜同时进行客、货车装载情况抽样调查。如无条件,则可利用交通量调查中现有的实载率资料。

轴载调查以每年一次为宜。每次调查天数可根据每类车辆的代表当量轴载换算系数稳定性而定,每次不宜少于3天。调查时间应具有代表性。

随着科技的进步,目前已经有成熟的技术可以同时进行车速、轴载、车头时距、车辆横向分布等的检测与计算分析系统。

二、公路路况登记与档案管理

公路路况登记、调查与评定是公路养护的重要基础工作,其资料是公路技术档案的主要部分。它反映各条公路及沿线构造物的全面技术状况,是制订公路规划、安排改建项目、编制年度养护计划等的重要基础资料,也是路产管理、资产评估的重要凭据,对实现公路科学化管理、提高养护质量具有重要作用。

1.公路路况登记

公路路况登记一般包括以下内容:

(1)公路基本资料。

(2)路况平面略图。

(3)路况示意图。

(4)构造物卡片:桥梁、隧道、渡口、过水路面、房屋等。

（5）登记表：涵洞、挡土墙、绿化等。

公路路况调查与评定内容与方法按照现行《公路技术状况评定标准》、《公路养护技术规范》（JTG H10—2009）中的规定执行。

进行路况登记时，应以公路现况调查资料、设计文件、施工记录、竣工文件、技术总结等为依据；资料不全的应进行补充调查和测绘工作。路况登记时，必须按表、卡所列内容逐项认真填写。

进行路况登记的路线，应在每年年终将变更部分同时更新、补充到纸质资料和电子版资料中。变更登记的范围包括公路被毁、修复、大修和改建等。变更登记应根据工程竣工验收文件、图表和实地测量的结果进行。当变更内容较多或变化较大，致使登记图表难以继续使用时，应重新绘制路况登记图表，并与原资料并列保存。

路况登记资料应按路线性质（即行政等级）实行分级管理：地（市）级公路管理机构和县（市）级公路管理机构保管所管辖公路的全部资料；省公路管理局保管全省县级以上公路的资料、卡片。

县级以上公路都应建立分线登记图表。乡级公路可只填写公路技术状况汇总表，供各级公路部门存查。县（市）级公路管理机构应在每年年底前完成路况登记资料的修改；地（市）级公路管理机构应在次年一月底前完成资料修改的汇总；省公路管理局应在次年三月底完成全部资料整理，并将国道部分资料报交通运输部备案。

新建公路的路况登记，按公路分级管理规定，应在竣工验收接养后三个月内由接养单位完成。

公路路况登记资料应逐步做到用电子计算机进行数据处理和储存。在采用电子计算机建立数据库时，所有数据应按《公路路况数据处理系统编目编码规范》执行。编目名称包括公路路线、公路路基、公路路面、公路桥梁、公路涵洞、公路渡口、公路工区（站）房屋、公路隧道、综合部分和图例式样十个部分。

近年来，随着路面管理系统和桥梁管理系统的推广应用，公路路况管理数据库越来越完善，已实现了国、省、市、县分级管理、分级统计、数据共享的目标。

2. 公路技术档案管理

加强公路技术档案的管理，是公路养护部门生产技术管理的重要环节，必须按照集中统一管理技术档案的基本原则，建立、健全技术档案，使之达到完整、准确、系统、安全和有效利用的要求。

省公路管理局、地（市）级公路管理机构和县（市）级公路管理机构都应建立、健全技术文件的形成、积累、整理、归档制度，做到每一项科研、工程等活动都有完整、准确、系统的技术文件材料归档。

省公路管理局应成立技术档案室并配备专人管理；地（市）级公路管理机构也应成立技术档案室或综合档案室，配备专人管理；县（市）级公路管理机构要逐步建立综合档案室，配备专职或兼职人员管理。

在工程竣工验收时，技术档案部门应派员参加点检、接收竣工资料，并按专业系统的技术档案分类大纲进行分类、编号、登记、统计和加工整理，编制检索工具和参考资料。对重要的技术档案应当复制副本，分别保存，以保证在非常情况下技术档案的安全。

借阅、复制或销毁技术档案要有一定的批准手续,防止遗失和泄密。保管技术档案应有专用库房,库房内应保持适当的温湿度,并应有防盗、防火、防晒、防虫、防尘等安全措施。应定期检查技术档案的保管状况,对于破损或变质的档案,要及时修补和复制。

为提高技术档案工作管理水平,增强技术档案信息资源的开发能力,宜有计划、有步骤实现技术档案资料的计算机管理、微缩复制技术以及其他现代化保管技术的应用,逐步达到技术档案管理手段的现代化。

三、养护工程的技术管理

养护工程中的公路改善和大中修是技术管理的重点。主要内容包括:公路路况调查与评定结果分析、养护维修方案审查、养护工程招投标、养护工程质量过程管理、养护工程质量验收等。

1. 公路路况调查与评定结果分析

各级公路管理部门对所管辖的公路的技术状况进行定期检测与评定,对评定结果进行分析,对照《公路技术状况评定标准》、《公路养护技术规范》(JTG H10—2009)、《公路桥涵养护技术规范》(JTG H11—2004)以及其他相关规范中规定的标准,进行公路设施养护维修方案的初步确定,提出养护维修计划,并提出养护资金需求计划。

对于突发事件引起的养护维修需求,要及时进行技术鉴定与评价,提出维修技术方案和计划。

2. 养护维修方案审查

对于公路改善和大中修工程项目,要及时组织技术人员进行设计会审。主要审查技术方案是否合理、图纸及说明是否齐全、技术可行性和可靠性、施工工艺是否合适、预算是否合理等。

由于公路改善和大中修工程项目采用一阶段施工图设计,设计单位对设计质量负责,施工图预算严格限定在审批的资金限额之内,所以设计文件经过主管部门审批后,不能随意修改和变更。项目实施过程中确实出现与设计不符的情况需要设计变更时,必须按程序办理变更设计手续。

3. 养护工程招投标

按照相关法律法规规定,公路改善和大中修工程项目的设计与施工采用工程招投标,公路管理部门应做好招投标的前期准备工作,项目交由有相应资质的工程招标中心进行招投标。

4. 养护工程质量管理

为了确保日常养护、中修、大修、改善工程的质量,应对养护工程实施过程进行质量管理,即进行工程检查。

工程检查分为日常作业检查、定期检查、中间检查等,并应分别符合下列要求。

作业检查:由施工单位的现场技术负责人对施工作业班组的每个施工环节、每道工序、工程位置及各部尺寸、所用材料、操作程序、安全质量等通过班组自检后进行检查,填写原始记录,并经工地监理工程师查验核实、签证。

定期检查：省公路管理局每年由总工程师负责组织全省重点改善工程检查；地（市）级公路管理机构每半年由主任工程师负责组织本地区工程检查；担负有工程任务的县级公路管理机构每月由主管工程师负责辖区内工程检查。工程检查的内容包括：施工组织及设备的适应程度及合理与否；工程进度及质量情况；材料计量及规格质量是否符合要求；技术安全措施是否得当；技术操作是否符合规程；各项原始记录中完成的指标与实际是否符合，与设计要求相符程度等，以及岗位责任及存在问题。

中间检查：包括隐蔽工程和已完工局部工程及暂停未完工的工程检查。

（1）隐蔽工程检查的主要内容有：路基填土前的原地面处理；路面铺筑前的基层、垫层和路槽；基础施工前的基底土质、高程和各部尺寸；浇筑混凝土前的埋设钢筋规格、数量、位置；隧道衬砌前的围岩开挖质量以及其他隐蔽部分的检查。

（2）局部工程检查的内容有：路基、路面、桥梁、涵洞、构造物等部分工程或已完工的分部、分项工程的检查。

中间检查后应做好检查记录，必要时还应对隐蔽工程拍照留存。中间检查应经驻地或上级监理工程师检查、签证。

5. 养护工程质量验收

为了确保中修、大修、改善工程质量，应严格执行工程验收制度。

竣工验收检查：当工程已按施工合同及设计文件的要求建成，并已按规定编制完成工程竣工文件，由施工单位提出验收申请，经建设单位核实确已具备验收条件时，可报请主管部门或投资建设单位组织验收。

养护工程项目原则上采用一阶段竣工验收。工程竣工验收前，由竣工验收领导小组组织几个检查组，对全部施工资料、竣工图表、工程决算、财务决算、上级批准的有关文件、工程总结等进行审查并检验评定工程各部的质量；对比各项技术经济指标和使用指标，提出存在的问题及改进措施。竣工验收参照现行《公路工程竣工验收办法》执行，检验评定标准按现行《公路工程质量检验评定标准》执行。工程竣工验收应根据工程规模大小，由上级主管部门或设计文件批准单位，负责组织设计单位、施工单位、养护单位代表和监理工程师等组成验收委员会或领导小组对工程进行竣工验收。

四、公路定期检查

为掌握公路质量的变化情况，考核公路养护生产和管理工作效果以及为计划编制提供依据，应定期对公路养护生产和管理工作进行检查。

县（市）级公路管理机构每季检查一次；地（市）级公路管理机构每半年检查一次；省公路管理局每年检查一次；全国性的公路检查，由交通运输部一般每 5 年组织或委托组织一次大检查。

1. 公路定期检查的一般内容

（1）公路养护质量。按《公路养护质量检查评定标准》执行。

（2）大中修、改善工程。

（3）养路机械化水平与管理。

(4)路政管理。

(5)执行公路养护技术政策情况。

(6)市(地)、县(市)公路管理。

(7)工区(站)管理。

县(市)级公路管理机构的公路养护管理工作检查的内容可适当减少。

各级公路管理机构可结合本地区的养护里程、自然条件、路况、管理水平等实际情况,组织专线、专项公路检查。

工区(站)应坚持每天巡回检查路况。危桥、险路和易出现病害地段应列为检查的重点。巡查后应作出记录。内容包括:路段桩号、公路状况(病害名称及数量、损害程度)、对策措施(修复方法及期限、责任人)等。县道以下公路或交通量很小的省道公路,可适当减少巡查次数。

公路遭受洪水、暴雨、台风、流冰、风沙和积雪等自然灾害毁坏和人为破坏,影响车辆安全通行或阻车时,工区(站)应立即查明情况,迅速向县(市)级公路管理机构报告,国、省道,应逐级向省公路管理局报告,重要国道,省公路管理局应上报交通运输部。

经公路管理机构批准,超过公路限载、限高、限宽、限长的超限运输车辆通行后,县(市)级公路管理机构应及时组织检查。发现公路损坏时,应将损坏的路段桩号、程度、数量等情况向地(市)级公路管理机构报告。

2. 全国性公路大检查

全国性公路大检查(简称国检)由交通运输部组织实施。检查内容包括路况检查和管理规范化检查两个部分,检查范围为全国所有干线公路,检查对象为地方各级公路管理机构和收费公路经营管理单位。

(1)公路路况检查

分别对高速公路和普通干线公路的路况进行检查,对高速公路检测路面平整度、路面损坏和路面车辙三项指标,对普通干线公路检测路面平整度和路面损坏两项指标。按评分组成、组织方式、抽检里程和比例、抽检路线和形成、施工段顺延方式、现场抽检与数据提交等顺序,逐项确定具体内容和方法。

路况检测按照《公路技术状况评定标准》和相关技术标准进行,采用多功能路况快速检测车完成。

(2)管理规范化检查

重点检查交通运输部相关政策的贯彻落实情况和养护管理工作的规范化程度等,主要内容包括综合评价、养护管理、路政管理、收费管理、路网服务与应急、技术保障等。按检查资料准备、确定现场检查地市(区、县)和高速公路路段管理单位、初步评分、检查受检省级交通主管部门或公路管理机构、检查受检地市(区、县)或高速公路管理单位、检查评分、检查组与受检省(自治区、直辖市)交换意见等顺序,确定检查内容和方法。

(3)评分规则

以2015年"十二五"全国干线公路养护管理检查方案为例,采取千分制评分,其中路况评分占65%,管理规范化评分占35%,按高速公路和普通干线公路分别进行评分。图11-3给出了检查评分流程。

路况检查总评分为 650 分,全国受检省(自治区、直辖市)按实际得分由高到低排序,第一名的 650 分,第二名 647 分,按 3 分级差,以此类推。表 11-1 给出了各级公路各评价指标评级分界值及对应的得分值。各评价指标项得分计算方法是按所有抽检的基本路段单元(一般为 1km)评级情况计算累计加权得分,计算式见式(11-1)。

$$PF_j = \frac{\sum_1^n S_i DF_{ij}}{\sum_1^n S_i} \times 100\%\qquad(11\text{-}1)$$

式中:PF_j——受检省(自治区、直辖市)路面平整度 IRI、破损率 DR、车辙 RD 的得分,j 分别为 IRI、DR、RD,当为水泥路面或普通公路时,无 RD 项;

S_i——抽检路段单元长度,一般为 1km;

DF_i——抽检路段单元路面平整度 IRI、破损率 DR、车辙 RD 的得分;

n——评定路段单元数。

路况检查公路路况评价指标分级界限值及得分　　　　表 11-1

| 评级 | 高速及一级公路 | | | 普通公路 | | 得分 |
	破损率 DR 沥青/水泥 (%)	平整度 IRI 沥青/水泥 (m/km)	车辙 RD 沥青路面 (mm)	破损率 DR 沥青/水泥 (%)	平整度 IRI 沥青/水泥 (m/km)	
优	≤0.4/0.8	≤2.3/2.9	≤10	≤0.4/0.8	≤3.0/3.9	1.0
良	≤2.0/4.0	≤3.5/3.8	≤15	≤2.0/4.0	≤4.5/4.7	1.0~0.8
中	≤5.5/9.5	≤4.3/4.3	≤20	≤5.5/9.5	≤5.4/5.4	0.8~0.5
次	≤11.0/18.0	≤5.0/5.0	≤35	≤11.0/18.0	≤6.2/6.2	0.5~0.3
差	>11.0/18.0	>5.0/5.0	>35	>11.0/18.0	>6.2/6.2	0.1

受检省(自治区、直辖市)的路况评价总分计算方法,每次全国公路大检查都会略有不同,但基本思路都是采取类似 PQI 的计算方法,即对各技术指标最终得分进行加权(权重之和等于 1.0)求得。

管理规范化检查总评分为 350 分,按综合评价(55 分)、养护管理(100 分)、路政管理(75 分)、收费管理(15 分)、路网服务与应急(50 分)、技术保障(40 分)、其他(15 分)等项目,分别打分,求和得到总评分。

总评分 = 高速公路评分×0.5 + 普通干线公路评分×0.5

普通干线公路评分 = 普通干线公路路况检查评分 + 普通干线公路管理规范化检查评分

高速公路评分 = 高速公路路况检查评分 + 高速公路管理规范化检查评分

"十二五"全国干线公路养护管理检查评分流程如图 11-3 所示。

高速公路

每公里IRI值 → 每公里IRI得分 → 全省路面平整度得分 (P_{IRI})

每公里DR值 → 每公里DR得分 → 全省路面损坏得分 (P_{DR})

每公里RD值 → 每公里RD得分 → 全省路面损坏得分 (P_{RD})

水泥路面路况综合得分 $PF_{GS}=(0.4\times P_{IRI}+0.5\times P_{DR})/0.9$

沥青路面路况综合得分 $PF_{GL}=(0.4\times P_{IRI}+0.35\times P_{DR}+0.15\times P_{RD})/0.9$

技术状况综合得分 $(PF)=PF_{GL}\times K_L+PF_{GS}\times K_S$

按PF排名进行路况检查得分 + 高速公路管理规范化检查评分

高速公路评分

普通干线公路

每公里IRI值 → 每公里IRI得分 → 全省路面平整度得分 (P_{IRI})

每公里DR值 → 每公里DR得分 → 全省路面损坏得分 (P_{DR})

技术状况综合得分 $(PF)=PF_{GL}\times K_L+PF_{GS}\times K_S$

按PF排名进行路况检查得分 + 高速公路管理规范化检查评分

普通公路干线评分

总评分=高速公路评分×0.5+普通干线公路评分×0.5

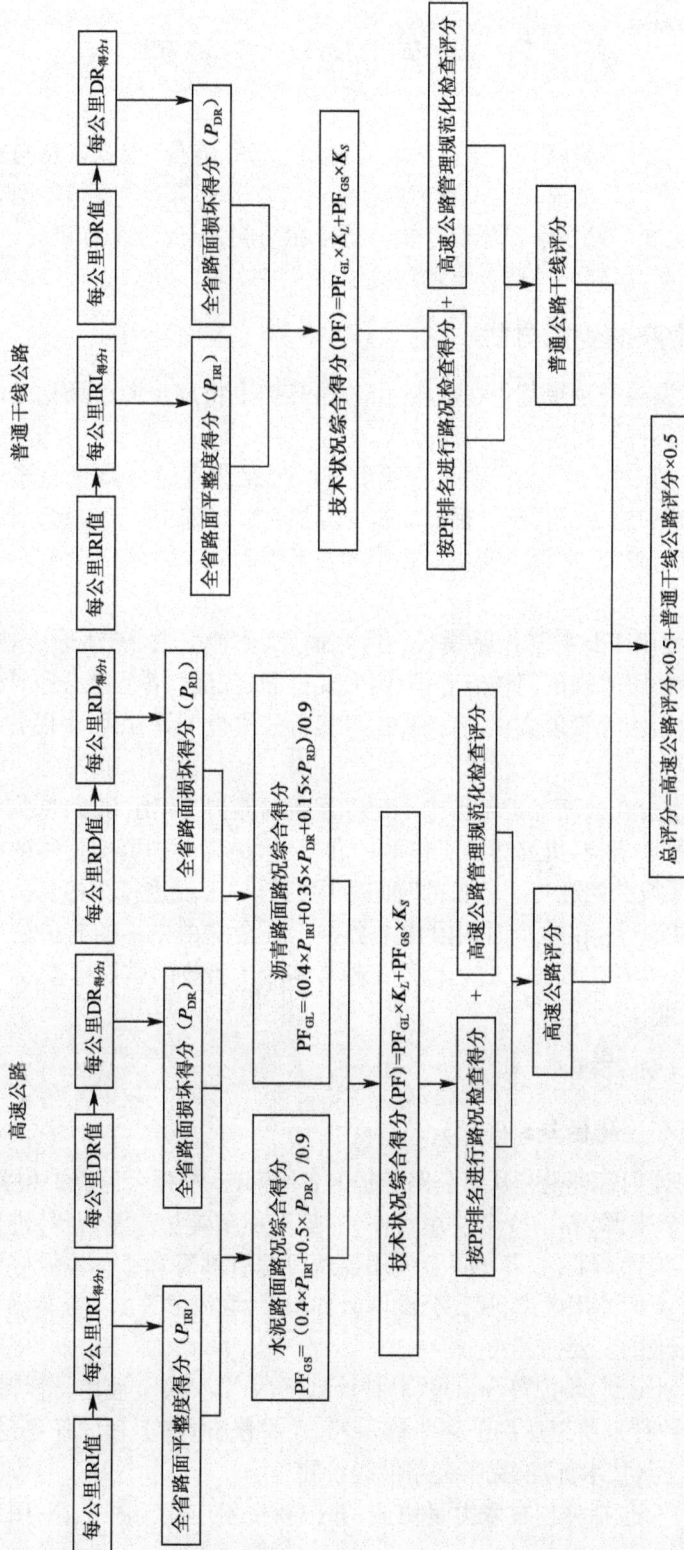

图11-3 "十二五"全国干线公路养护管理检查评分流程

第三节　公路养护生产管理

公路养护生产管理是对公路养护生产活动的计划、组织、实施、控制以及与养护工程项目相关的管理工作的总称。公路养护生产管理的任务是公路管理部门利用在计划、组织、控制等方面的职能，将养护生产各种要素和环节有效地结合在一起，形成一个有机的生产体系，按照最佳方式完成生产任务，达到养护质量要求和最佳的经济效果。

一、公路养护生产的组织方式

随着我国基本建设越来越规范化和市场化，公路养护也将逐步向市场化方向发展。不同规模的养护工程项目实行不同的生产组织方式。

（1）公路改建、大修、中修等工程项目一般由省级公路或高速公路管理部门组织项目立项、申请、设计等，设计和施工实行招投标制。这类养护生产过程中，公路管理部门的主要任务是工程项目各个环节的管理，进行不同生产环节的质量控制，不参与工程项目的具体设计和施工工作。

（2）小修保养工程由于具有工作路线长、点多、面广、作业分散、无法形成规模等特点，一般由省级公路或高速公路管理部门核定养护计划，实行固定定额、各县区公路管理部门或高速公路管理处具体组织实施等管理方式，有条件的可实行分段包干等方式，由民营养护公司承担养护生产作业工作。

目前，我国有些省份在公路养护工作中不断探索新的养护工作组织模式，向着完全市场化方向发展，精简养护管理机构，提高养护工作效率和质量，提高养护资金使用效率。实行公路养护总承包制，即对某段公路在一个较长的时间段内的养护工程进行招标。公路管理部门制订养护计划、申请养护资金，在这个时间段内的养护工程全部由中标的养护公司负责工程施工，公路管理部门负责养护工程施工过程的质量检查和竣工验收的质量检查，最后由公路质量监督检验部门进行验收。

二、公路养护计划管理

1. 公路养护计划管理的任务与作用

公路养护工程的计划管理是指从事公路养护的各级部门，根据公路养护相关技术规范、国家财政政策、养护资金来源、养护资金使用程序、养护工程实施法律法规等，进行养护计划编制、养护资金申报、养护计划下达、养护资金使用监督等综合性管理工作。做好计划管理工作可以提高公路养护资金的使用效率，提高公路网服务水平，取得显著的经济效益。

公路养护计划管理的主要任务：

（1）做好养护计划编制、养护资金申报、养护计划下达、养护资金使用与管理等工作。

（2）确保完成养护计划所下达的公路小修保养、大中修、改善工程的任务，提高路网服务水平等级，不断提高公路技术标准，完善公路沿线设施。

（3）合理组织生产，包括养护技术力量协调、养护新技术应用与推广、采用先进的管理方法和手段等。

（4）依据公路技术状况和其他因素，养护计划安排应遵循先重点路线、后一般路线，先小修保养、后大中修和改善的原则,做到养护计划安排的科学化。

2. 养护计划编制的内容

按照计划内容可分为公路小修保养计划、大中修计划、改善工程计划、公路绿化计划、养护经费收支计划等。通过计划的编制,能够使各级公路养护部门明确各个时期的任务、工作量的大小、掌握工作进度,并按计划要求提前做好各项准备工作,保证养护工作的顺利进行。

以小修保养为例,其养护计划主要内容包括:

(1)工程量指标。公路养护里程和小修保养工程项目及其工程数量和工作量。

(2)质量指标。按照《公路技术状况评定标准》规定的指标和方法,制订公路小修保养后应达到的技术评定不同等级的比例,以及各单位工程质量标准和要求。

(3)公路小修保养工程年公里成本和单项工程成本。

(4)主要材料消耗,如沥青、集料、矿粉、水泥等。

(5)主要机械台班消耗,如灌缝车、修补车、小型压路机、燃油等。

(6)人工数量,如需要技术人员、管理人员、操作人员等工作日数量。

(7)为完成任务、实现进度、保证质量、降低成本所采取的技术组织措施和安全生产措施。

3. 公路养护计划编制的方法

公路养护计划包括制订长远规划,编制、执行、检查年度、季度、月(旬)计划。不同公路养护管理部门编制计划的详尽程度有所不同。

(1)长远规划。公路管理部门根据公路技术状况现状、技术状况预测、未来技术状况目标、养护资金投入预期、经济发展水平等,制订未来(一般5年)的公路养护规划。

(2)年度计划。全年养护任务计划,根据各基层养护部门所管辖公路的技术状况,结合公路网整体规划和养护资金情况,按照先重点路线、后一般路线,先小修保养、后大中修和改善的原则,由各基层养护部门在前一年年底前提出下一年度计划建议书,报上一级管理部门审核并逐级上报。省市公路管理部门对全省的养护计划进行审核、协调、汇总,上报省市交通主管部门审核后,向省市财政部门申请养护资金计划。

(3)季度计划。由公路段或公路管理处按照批复的年度计划编制季度计划,可根据实际情况在年度计划内作出适当的计划调整。季度计划应按时间要求上报,待批准后实施。大、中修和改善工程等实施招投标的养护工程,由临时成立的项目管理机构负责编制,并报省市公路管理部门批准后实施。

(4)月度计划。实施性生产计划,由承担养护工作任务的单位负责编制并实施。

由于养护资金来源和资金使用的法律法规不断向适应市场经济的方向发展,公路养护管理体制也在发生变化,使得公路养护计划管理也在发生局部变化,在实际工作中应当不断调整工作内容,以适应公路养护工作不断向前发展的需要。

第四节　路政管理

公路路政管理,是指县级以上人民政府交通运输主管部门或者其设置的公路管理机构,为维护公路管理者、经营者、使用者的合法权益,根据《中华人民共和国公路法》(以下简称《公路法》）及其他有关法律、法规和规章的规定,实施保护公路、公路用地及公路附属设施(以下统称"路产")的行政管理。

公路路政管理对于加强公路管理,保障公路的完好、安全和畅通具有重要意义。

一、路政管理组织机构

路政管理工作应当遵循"统一管理、分级负责、依法行政"的原则。交通运输部根据《公路法》及其他有关法律、行政法规的规定主管全国路政管理工作。

县级以上地方人民政府交通运输主管部门根据《公路法》及其他有关法律、法规、规章的规定主管本行政区域内国道、省道、县道、乡道的路政管理工作。县级以上地方人民政府交通运输主管部门设置的公路管理机构,根据《公路法》的规定或者根据县级以上地方人民政府交通运输主管部门的委托,负责路政管理的具体工作。

我国各省市路政管理机构设置不尽相同。大多数省份将路政管理机构设置在公路管理局或高速公路管理局内,分别设有路政管理处,其下一级公路管理机构设置相应的科室。

二、路政管理职责

路政管理的职责如下:

(1)宣传、贯彻执行公路管理的法律、法规和规章。

(2)保护路产。

(3)实施路政巡查。

(4)管理公路两侧建筑控制区。

(5)维持公路养护作业现场秩序。

(6)参与公路工程交工、竣工验收。

(7)依法查处各种违反路政管理法律、法规、规章的案件。

(8)法律、法规规定的其他职责。

依照《公路法》的有关规定,受让公路收费权或者由国内外经济组织投资建成的收费公路的路政管理工作,由县级以上地方人民政府交通运输主管部门或者其设置的公路管理机构的派出机构、人员负责。

《公路法》规定,任何单位和个人不得破坏、损坏或者非法占用路产。任何单位和个人都有爱护路产的义务,有检举破坏、损坏路产和影响公路安全行为的权利。

三、路政管理许可

1.路政管理许可内容

(1)除公路防护、养护外,占用、利用或者挖掘公路、公路用地、公路两侧建筑控制区,以及更新、砍伐公路用地上的树木,应当根据《公路法》和相关规定,事先报经交通运输主管部门或者其设置的公路管理机构批准、同意。

(2)因修建铁路、机场、电站、通信设施、水利工程和进行其他建设工程需要占用、挖掘公路或者使公路改线的,跨越、穿越公路,修建桥梁、渡槽或者架设、埋设管线等设施,以及在公路用地范围内架设、埋设管(杆)线、电缆等设施的,建设单位应当按照《公路法》的规定,事先向交通运输主管部门或者其设置的公路管理机构提交申请书和设计图。

申请书包括以下主要内容：

①主要理由。

②地点（公路名称、桩号及与公路边坡外缘或者公路界桩的距离）。

③安全保障措施。

④施工期限。

⑤修复、改建公路的措施或者补偿数额。

（3）因抢险、防汛需要在大中型公路桥梁和渡口周围 200m 范围内修筑堤坝、压缩或者拓宽河床，应当按照《公路法》的规定，事先向交通运输主管部门提交申请书和设计图。

申请书包括以下主要内容：

①主要理由。

②地点（公路名称、桩号及与公路边坡外缘或者公路界桩的距离）。

③安全保障措施。

④施工期限。

（4）铁轮车、履带车和其他可能损害公路路面的机具需要在公路上行驶的，应当按照《公路法》的规定，事先向交通运输主管部门或者其设置的公路管理机构提交申请书和车辆或者机具的行驶证件。

申请书包括以下主要内容：

①主要理由。

②行驶路线及时间。

③行驶过程中采取的防护措施。

④补偿数额。

（5）超过公路、公路桥梁、公路隧道或者汽车渡船的限载、限高、限宽、限长标准的车辆，确需在公路上行驶的，按照《公路法》和交通运输部制定的《超限运输车辆行驶公路管理规定》的规定办理。

（6）在公路用地范围内设置公路标志以外的其他标志，应当按照《公路法》的规定，事先向交通运输主管部门或者其设置的公路管理机构提交申请书和设计图。

申请书包括以下主要内容：

①主要理由。

②标志的内容。

③标志的颜色、外廓尺寸及结构。

④标志设置地点（公路名称、桩号）。

⑤标志设置时间及保持期限。

（7）在公路上增设平面交叉道口，应当按照《公路法》的规定，事先向交通运输主管部门或者其设置的公路管理机构提交申请书和设计图或者平面布置图。

申请书包括以下主要内容：

①主要理由。

②地点（公路名称、桩号）。

③施工期限。

④安全保障措施。

（8）在公路两侧的建筑控制区内埋设管（杆）线、电缆等设施，应当按照《公路法》的规定，事先向交通运输主管部门或者其设置的公路管理机构提交申请书和设计图。

申请书包括以下主要内容：

①主要理由。

②地点（公路名称、桩号及与公路边坡外缘或公路界桩的距离）。

③安全保障措施。

④施工期限。

（9）更新砍伐公路用地上的树木，应当依照《公路法》的规定，事先向交通运输主管部门或者其设置的公路管理机构提交申请书。

申请书包括以下主要内容：

①主要理由。

②地点（公路名称、桩号）。

③树木的种类和数量。

④安全保障措施。

⑤时间。

⑥补种措施。

2. 路政管理许可的权限

除省级人民政府根据《公路法》就国道、省道管理、监督职责作出决定外，路政管理许可的权限如下：

（1）属于国道、省道的，由省级人民政府交通运输主管部门或者其设置的公路管理机构办理。

（2）属于县道的，由市（设区的市）级人民政府交通运输主管部门或者其设置的公路管理机构办理。

（3）属于乡道的，由县级人民政府交通运输主管部门或者其设置的公路管理机构办理。

路政管理许可事项涉及有关部门职责的，应当经交通运输主管部门或者其设置的公路管理机构批准或者同意后，依照有关法律、法规的规定，办理相关手续。

交通运输主管部门或者其设置的公路管理机构自接到申请书之日起15日内应当作出决定。作出批准或者同意的决定的，应当签发相应的许可证；作出不批准或者不同意的决定的，应当书面告知，并说明理由。

四、路政案件管辖

在路政管理过程中出现的路政案件应在管理权限范围内进行处理。

（1）路政案件由案件发生地的县级人民政府交通运输主管部门或者其设置的公路管理机构管辖。

（2）对管辖发生争议的，报请共同的上一级人民政府交通运输主管部门或者其设置的公路管理机构指定管辖。

下级人民政府交通运输主管部门或者其设置的公路管理机构对属于其管辖的案件，认为需要由上级人民政府交通运输主管部门或者其设置的公路管理机构处理的，可以报请上一级人民政府交通运输主管部门或者其设置的公路管理机构决定。

上一级人民政府交通运输主管部门或者其设置的公路管理机构认为必要的,可以直接处理属于下级人民政府交通运输主管部门或者其设置的公路管理机构管辖的案件。

(3)报请上级人民政府交通运输主管部门或者其设置的公路管理机构处理的案件以及上级人民政府交通运输主管部门或者其设置的公路管理机构决定直接处理的案件,案件发生地的县级人民政府交通运输主管部门或者其设置的公路管理机构应当首先制止违法行为,并做好保护现场等工作,上级人民政府交通运输主管部门或者其设置的公路管理机构应当及时确定管辖权。

五、行政处罚

地方人民政府交通运输主管部门或者其设置的公路管理机构有权对违反《公路法》的行为进行行政处罚。

(1)有下列违法行为之一的,依照《公路法》的规定,责令停止违法行为,可处三万元以下的罚款。

①擅自占用、挖掘公路的。

②未经同意或者未按照公路工程技术标准的要求修建跨越、穿越公路的桥梁、渡槽或者架设、埋设管线、电缆等设施的。

③未经批准从事危及公路安全作业的。

④铁轮车、履带车和其他可能损害路面的机具擅自在公路上超限行驶的。

⑤车辆超限使用汽车渡船或者在公路上擅自超限行驶的。

⑥损坏、移动、涂改公路附属设施或者损坏、挪动建筑控制区的标桩、界桩,可能危及公路安全的。

(2)有下列违法行为之一的,依照《公路法》的规定,责令停止违法行为,可处五千元以下罚款。

①造成公路路面损坏、污染或者影响公路畅通的。

②将公路作为检验机动车辆制动性能的试车场地的。

(3)造成公路损坏,未报告的,处以一千元以下罚款。

(4)在公路用地范围内设置公路标志以外的其他标志的,责令限期拆除,可处二万元以下罚款。

(5)未经批准在公路上设置平面交叉道口的,责令恢复原状,处五万元以下罚款。

(6)在公路建筑控制区内修建建筑物、地面构筑物或者擅自埋设管线、电缆等设施的,责令限期拆除,并可处五万元以下罚款。

《公路法》及《路政管理规定》所规定的行政处罚,由县级以上地方人民政府交通运输主管部门或者其设置的公路管理机构依照《公路法》有关规定实施。实施路政处罚的程序,按照《交通行政处罚程序规定》办理。

六、公路赔偿和补偿

按照《公路法》的规定,公民、法人或者其他组织造成路产损坏的,应向公路管理机构缴纳路产损坏赔(补)偿费。经批准占用、利用、挖掘公路或者使公路改线的,建设单位应当按照不低于该段公路原有技术标准予以修复、改建或者给予相应的补偿。

公路赔偿和补偿应按以下规定办理。

（1）路产损坏事实清楚，证据确凿充分，赔偿数额较小，且当事人无争议的，可以当场处理。

（2）当场处理公路赔（补）偿案件，应当制作、送达《公路赔（补）偿通知书》，收取公路赔（补）偿费，出具收费凭证。

（3）除规定可以当场处理的公路赔（补）偿案件外，处理公路赔（补）偿案件应当按照下列程序进行：

①立案。

②调查取证。

③听取当事人陈述和申辩或听证。

④制作并送达《公路赔（补）偿通知书》。

⑤收取公路赔（补）偿费。

⑥出具收费凭证。

⑦结案。

调查取证应当询问当事人及证人，制作调查笔录；需要进行现场勘验或者鉴定的，还应当制作现场勘验报告或者鉴定报告。

（4）对公路赔（补）偿案件处理程序的具体事项未作规定的，参照《交通行政处罚程序规定》办理。

（5）办理公路赔（补）偿案件涉及路政处罚的，可以一并进行调查取证，分别进行处理。

（6）当事人对《公路赔（补）偿通知书》认定的事实和赔（补）偿费数额有疑义的，可以向公路管理机构申请复核。公路管理机构应当自收到公路赔（补）偿复核申请之日起15日内完成复核，并将复核结果书面通知当事人。本条规定不影响当事人依法向人民法院提起民事诉讼的法定权利。

（7）公路赔（补）偿费应当用于受损公路的修复，不得挪作他用。

七、行政强制措施

地方人民政府交通运输主管部门或者其设置的公路管理机构有权对违反《公路法》规定的行为采取行政强制措施。

（1）对公路造成较大损害、当场不能处理完毕的车辆，公路管理机构应当依据《公路法》的规定，签发《责令车辆停驶通知书》，责令该车辆停驶并停放于指定场所。调查、处理完毕后，应当立即放行车辆，有关费用由车辆所有人或者使用人承担。

（2）在公路用地范围内设置公路标志以外的其他标志，依法责令限期拆除，而设置者逾期不拆除的，依照《公路法》的规定强行拆除。

（3）在公路建筑控制区内修建建筑物、地面构筑物或者擅自埋设管（杆）线、电缆等设施，依法责令限期拆除，而建筑者、构筑者逾期不拆除的，依照《公路法》的规定强行拆除。

（4）依法实施强行拆除所发生的有关费用，由设置者、建筑者、构筑者负担。

（5）依法实施路政强行措施，应当遵守下列程序：

①制作并送达路政强制措施告诫书，告知当事人作出拆除非法标志或者设施决定的事实、理由及依据，拆除非法标志或者设施的期限，不拆除非法标志或者设施的法律后果，并告知当

事人依法享有的权利。

②听取当事人陈述和申辩。

③复核当事人提出的事实、理由和依据。

④经督促告诫,当事人逾期不拆除非法标志或者设施的,制作并送达路政强制措施决定书。

⑤实施路政强制措施。

⑥制作路政强制措施笔录。

实施强行拆除涉及路政处罚的,可以一并进行调查取证,分别进行处理。

(6)有下列情形之一的,可依法申请人民法院强制执行。

①当事人拒不履行公路行政处罚决定。

②依法强行拆除受到阻挠。

《公路法》及《路政管理规定》所规定的行政强制措施,由县级以上地方人民政府交通运输主管部门或者其设置的公路管理机构依照《公路法》有关规定实施。

八、监督检查

交通运输主管部门、公路管理机构应当依法对有关公路管理的法律、法规、规章执行情况进行监督检查。

(1)交通运输主管部门、公路管理机构应当加强路政巡查,认真查处各种侵占、损坏路产及其他违反公路管理法律、法规和本规定的行为。

(2)路政管理人员依法在公路、建筑控制区、车辆停放场所、车辆所属单位等进行监督检查时,任何单位和个人不得阻挠。

(3)公路养护人员发现破坏、损坏或者非法占用路产和影响公路安全的行为应当予以制止,并及时向公路管理机构报告,协助路政管理人员实施日常路政管理。

(4)公路经营者、使用者和其他有关单位、个人,应当接受路政管理人员依法实施的监督检查,并为其提供方便。

(5)对公路造成较大损害的车辆,必须立即停车,保护现场,并向公路管理机构报告。

(6)交通运输主管部门、公路管理机构应当对路政管理人员的执法行为加强监督检查,对其违法行为应当及时纠正,依法处理。

九、人员与装备

公路管理机构应当配备相应的专职路政管理人员,具体负责路政管理工作。路政管理人员的配备标准由省级人民政府交通运输主管部门会同有关部门按照"精干高效"的原则,根据本辖区公路的行政等级、技术等级和当地经济发展水平等实际情况综合确定。

路政管理人员录用应具备以下条件。

(1)年龄在 20 周岁以上,但一线路政执法人员的年龄不得超过 45 岁。

(2)身体健康。

(3)大专毕业以上文化程度。

(4)持有符合交通运输部规定的岗位培训考试合格证书。

路政人员及装备使用要求:

（1）路政管理人员实行公开录用、竞争上岗，由市级公路管理机构组织实施，省级公路管理机构批准。

（2）路政管理人员执行公务时，必须按规定统一着装，佩戴标志，持证上岗。

（3）路政管理人员必须爱岗敬业，恪尽职守，熟悉业务，清正廉洁，文明服务、秉公执法。

（4）交通运输主管部门、公路管理机构应当加强路政管理队伍建设，提高路政管理执法水平。

（5）路政管理人员玩忽职守、徇私舞弊、滥用职权，依法给予行政处分；构成犯罪的，依法追究刑事责任。

（6）公路管理机构应当配备专门用于路政管理的交通、通信及其他必要的装备。用于路政管理的交通、通信及其他装备不得用于非路政管理活动。

（7）用于路政管理的专用车辆，应当按照《公路法》和交通运输部制定的《公路监督检查专用车辆管理办法》的规定，设置统一的标志和示警灯。

十、内务管理

公路管理机构应当建立健全路政内务管理制度，加强各项内务管理工作。路政内务管理制度如下：

（1）路政管理人员岗位职责。

（2）路政管理人员行为规范。

（3）路政管理人员执法考核、评议制度。

（4）路政执法与办案程序。

（5）路政巡查制度。

（6）路政管理统计制度。

（7）路政档案管理制度。

（8）其他路政内务管理制度。

公路管理机构应当公开办事制度，自觉接受社会监督。

【复习思考题】

1. 高速公路养护管理组织机构是什么？

2. 公路养护管理的主要流程是什么？

3. 公路养护技术管理的主要内容是什么？

4. 区间（路段）车速观测可选用的方法是什么？

5. 公路路政管理的主要职责是什么？

第十二章

公路管理系统简介

【学习目的与要求】

通过本章的学习,掌握公路路面管理系统的概念、基本模型、养护对策表的制订方法,了解公路路面养护规划及年度计划的制订方法;了解桥梁管理系统的构成及基本模型;了解高速公路绿化管理系统的构成、数据采集内容及编码系统;掌握公路资产管理系统的概念,熟悉公路资产管理系统的构成,了解公路资产价值评估及风险评估的方法。

纵观世界各发达国家的公路发展过程,公路交通的发展一般都经历了以建为主、建养并重、以养为主的三个阶段。虽然路网的发展极大地促进了各国经济的持续繁荣,但发达国家几乎无一例外地存在着路网养护资金不足的问题。如何科学有效地优化分配有限的养护资金,一直是公路管理系统需要解决的根本性问题。

截至 2015 年底,我国公路网总量已达到了 453.73 万 km。由于我国公路网的建设速度一直维持在较高的水平,交通管理部门也因此巨额负债,严重地压缩了公路养护资金,造成养护资金严重不足。公路管理系统首先是为解决养护资金分配问题而产生的,近几年来在内容上得到了较大的扩展。它的根本任务是实现公路信息的数字化管理,其主要目的不仅是将检测到的各种技术数据通过中心数据库存档,同时还要回答两个最根本性的问题:即求解满足一定养护投资条件下的最优路况水平和测算维持一定路况水平目标的最优养护投资水平。

顾名思义,公路管理系统包括公路养护与管理的全部内容,由路面管理系统、桥梁管理系统、隧道管理系统、路基管理系统、交通安全设施管理系统、绿化管理系统、养护人员管理系统、养护设备管理系统、养护生产组织管理系统组成，最近逐渐发展成为公路资产管理系统。本章重点介绍目前应用较广的路面管理系统、桥梁管理系统、绿化管理系统三个分项系统和公路资产管理系统。

第一节 路面管理系统概述

一、路面管理系统的构成

所谓路面管理系统（Pavement Management System，PMS）就是采用现代技术手段，根据路面现状和未来的使用需求，以一系列评价与分析模型为基础的投资决策过程。路面管理系统一般由数据采集、数据管理、统计评价、对策设定、优化决策、报表输出等各个子系统构成。

1. 数据采集

数据采集包括公路几何信息、路面损坏状况、路面行驶质量、路面结构强度、路面抗滑性能、路面车辙、交通量、车速、轴重、轴载谱等内容。公路几何信息来源于设计文件，路面损坏状况、路面行驶质量、路面结构强度、路面抗滑性能、路面车辙等数据由道路自动化检测设备提供，交通量、车速、轴重、轴载谱等数据依赖于交通量连续观测站、车速采集装置和收费站称重装置。

2. 数据管理

按几何属性、路面状况、交通信息、养护历史等分为 4 大类，其功能有数据编辑、打印、检索、查询等。作为数据管理的最终结果之一，它还必须为网级路面管理系统提供决策数据和为项目级路面管理系统提供工程分析数据。

3. 统计评价

统计评价包括评价标准设定、多指标权重管理，路面损坏状况指数 PCI、路面行驶质量指数 RQI、路面抗滑性能指数 SRI、路面结构强度系数 PSSI、路面车辙深度指数 RDI 等指标的计算以及根据评价标准的统计分析等内容。

4. 对策设定

对策设定包括被选对策、对策使用性能模型、费用模型、各评价指标分级的实施对策、各种病害的养护对策等内容的管理。

5. 优化决策

采用各种优化方法，求得满足目标函数和约束条件要求的资金优化方案，以及满足一定养护目标的最小资金量。

6. 报表输出

对原始数据、各种统计结果、优化决策结果等进行规范化报表输出，报表格式满足相应的规范要求。

路面管理系统按其适用范围又分为网级路面管理系统和项目级路面管理系统（图 12-1 和图 12-2）。二者既有区别又有联系。二者的区别在于网级路面管理系统主要完成路网的路况分析、路网规划、计划安排、预算编制、资源分配等任务,侧重于财政规划;而项目级路面管理系统重点在于提供满足对策目标、费用目标和使用性能目标的养护方案,侧重于技术方案的比选与优化。二者的联系在于项目级路面管理系统所确定的最优养护对策构成网级路面管理系统进行决策分析的前提条件。

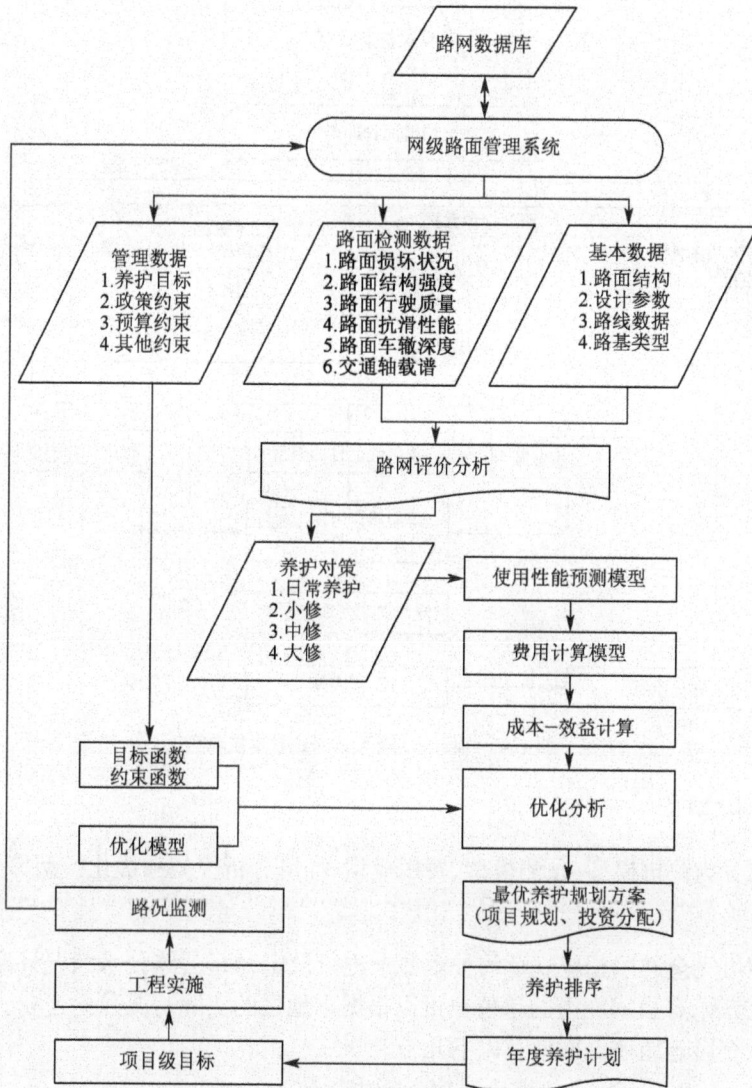

图 12-1 网级路面管理系统基本流程

二、数据库

数据库由各种基本数据表、中间结果生成表、最终结果数据表等不同功能的数据表组成。基本数据表是存放各种原始数据或基础数据的,如路线、路面结构、交通量、弯沉、平整度、路面病害、摩擦系数或构造深度、养护历史、养护对策、评价标准等基本数据;中间结果生成表主要是存放评价、统计、优化计算过程中的最基本单元的分类统计量或中间计算量,是进一步统计、优化分析的基础数据,从而可以省去很多对原始数据库的重复统计、分析计算,提高了最终结果的计算速度;最终结果数据表主要是按照相应规程对统计报表的规范性要求,或优化决策的结果输出格式要求,与最终报表输出内容完全一致的结果数据表。三类数据表之间是有密切关联的。如果表与表之间的关联性不清晰,就会严重影响数据库的整体效率。

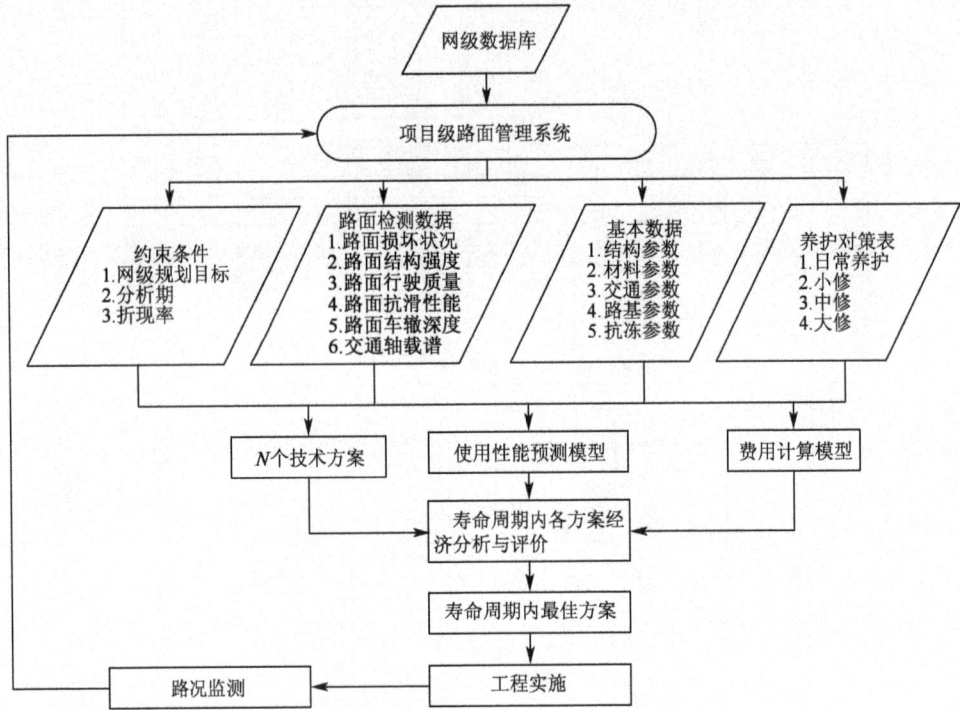

图 12-2　项目级路面管理系统基本流程图

三、基本模型

基本模型分为评价模型、预测模型、费用模型、经济分析模型和优化模型等几个方面。

1. 评价模型

评价模型可完全遵照相应规范的技术要求进行设定,如《公路技术状况评定标准》、《公路养护技术规范》等,有技术能力的单位也可以根据本地区的实际情况独立建立。

国外比较有影响的评价模型有以下几个。

（1）PSI（Present Service Index,现时服务能力指数）

PSI 是美国 AASHTO 协会于 20 世纪 60 年代根据其著名的大型环道试验路的试验结果,建立的路面使用性能状况与各主要破损指标间数量关系式。采用 5 分制,考虑了路面平整度、裂缝、修补、车辙等对路面使用性能的综合影响,是一个综合评价指标。当 PSI < 2.5 时,认为路面的服务能力不能满足交通需求,需采取不同程度的维修措施进行养护维修。

$$\text{PSI} = 5.03 - 1.911g(1 + sv) - 0.01\sqrt{c + p} - 1.38\text{RD}^2 \quad (\text{沥青路面,美国}) \quad (12\text{-}1)$$

$$\text{PSI} = 5.41 - 1.801g(1 + sv) - 0.5\sqrt{c + 3.3p} \quad (\text{水泥路面,美国}) \quad (12\text{-}2)$$

式中:sv——轮迹处纵向平整离散度;

　　c——裂缝度($\text{m}^2/1\,000\text{m}^2$);

p——修补度($m^2/1\,000m^2$);

RD——平均车辙深度(cm)。

$$PSI = 4.53 - 0.5181g\sigma - 0.371\sqrt{c} - 0.174D^2 \quad (\text{沥青路面,日本}) \tag{12-3}$$

式中:σ——纵向平整度标准偏差(mm);

c——裂缝率(%);

D——平均车辙深度(cm)。

(2)PCI

由美国空军工兵部队于20世纪70年代创立,主要用于评价机场道面使用状况。由于其物理概念明确,后来被多个国家的交通部门所采纳。该方法采用百分制,认为刚刚竣工投入使用前的路面PCI为100分。当进行路面评价时,将路面已发生的损坏分为若干类,每一类又分为若干种严重程度,根据专家咨询的结果,确定每一类损坏每一种严重程度的单位损坏密度的扣分值,并绘制成图,以便于使用者查阅。

$$PCI = 100 - \sum_{i=1}^{n}\sum_{j=1}^{m(i)}a(T_i,S_j,D_{ij})F(t,q) \tag{12-4}$$

式中:$a(\cdots)$——损坏类型T_i、严重程度S_i、损坏密度D_{ij}时的扣分值;

i——损坏类型下标;

j——严重程度下标;

n——总损坏类型数;

$m(i)$——第i种损坏的严重程度数;

$F(t,q)$——重复损坏修正系数,是累计扣分数t和扣分次数d的函数。

(3)MCI(Maintenance Condition Index,养护状况指数,日本)

$$MCI = 10 - 1.48C^{0.3} - 0.29D^{0.7} - 0.47\sigma^{0.2} \tag{12-5}$$

$$MCI_0 = 10 - 1.51C^{0.3} - 0.30D^{0.7} \tag{12-6}$$

$$MCI_1 = 10 - 2.23C^{0.3} \tag{12-7}$$

$$MCI_2 = 10 - 0.54D^{0.7} \tag{12-8}$$

式中:σ——纵向平整度标准偏差(mm);

C——裂缝率(%);

D——平均车辙深度(cm);

MCI、MCI_0、MCI_1、MCI_2——考虑不同参数的养护状况指数。

2.预测模型

预测模型一般需要结合本地区长期的观测数据积累,建立某一类路面结构在某一养护对策下的路面使用性能(PCI、PSSI、RQI、SRI、RDI)与使用年限或累计标准轴次之间关系。预测模型一般有两种基本形式,即确定型和概率型。所谓确定型的预测模型是指给定一个自变量,一定会给出一个与之一一对应的因变量,而概率型的预测模型则是给定一个自变量,一定会给出一个因变量的概率分布来与之对应。前者反映了路面使用性能的总体变化规律,而后者则能更好地反映出路面使用性能变化的随机性。目前,使用确定型的预测模型的案例较多,而概率型的预测模型还仅限于对PCI和路面残余寿命的预测上。

(1)路面使用性能的衰变

路面使用性能在车辆荷载和环境荷载的反复作用下,随着路龄的增长而发生衰变。根据国内的研究成果,在使用期内不采取养护维修措施的情况下,路面使用性能的衰变曲线可以概括为图 12-3 的四种衰变形式。在使用期内采取养护维修措施的情况下,其衰变曲线不能简单地概括为图 12-4 的四种衰变形式,其衰变形式可能十分复杂,需要进行路面长期使用性能观测才能建立起真实的衰变曲线。

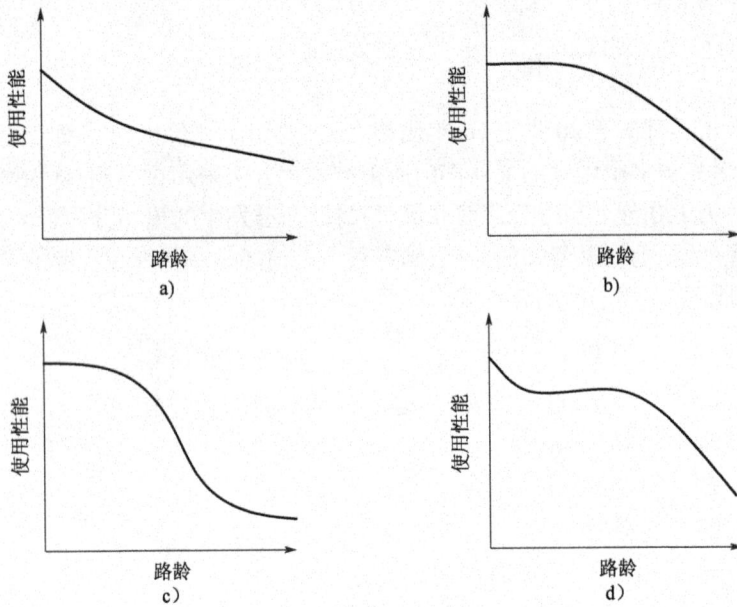

图 12-3　路面使用性能的一般衰变规律

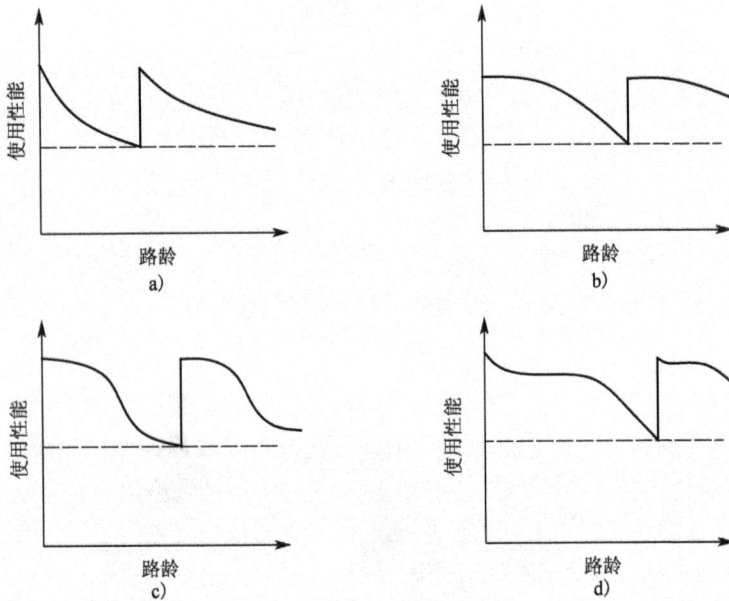

图 12-4　实际路面使用性能的衰变规律示例

(2)确定型预测模型

包括基本反应模型(如弯沉、应力、应变随时间的变化等)、结构性能模型(如路面单一损坏或综合损坏状况的预测)、功能性能模型(如行驶质量指数 RQI 或抗滑性能指数 SRI)、使用寿命模型(如预测路面达到某一损坏状况或服务水平时的使用寿命)等几类预测模型。

该类预测模型可采取典型路段调查的方式,综合考虑各主要影响因素后,通过回归分析建立起路面使用性能与路龄或累计标准轴次的定量关系式。同济大学孙立军教授经过多年研究,建立了路面使用性能的标准衰变方程,见式(12-9)。

$$PPI = PPI_0\left[1 - e^{-(\alpha/y)^\beta}\right] \tag{12-9}$$

式中:PPI——路面使用性能指数(PCI,RQI,或者二者综合);

PPI$_0$——路面使用性能初值;

y——路龄(年);

α、β——回归系数,α 称为规模参数 $=3\sim15$,代表路面使用寿命;β 称为形状参数 $=0.2\sim1.8$ 表示达到使用寿命的过程;当 $y=\alpha$ 时,PPI/PPI$_0=0.632$,故 α 为 PPI 衰变到初值的63.2%时的路龄。

美国华盛顿州建立了不同养护措施情况下的综合路面使用性能预测模型,见式(12-10)~式(12-12)。该类公式反映了不同养护水平下路面使用性能衰变的差异。因此,建立不同路面结构类型在不同养护水平下、不同交通荷载和环境荷载条件下的路面使用性能衰变规律,对路面管理系统的决策分析是十分重要的。

$$R = 99.85 - 0.211\,12y^{2.25} \quad (\text{日常养护}) \tag{12-10}$$

$$R = 100 - 1.408\,8y^{2.00} \quad (25mm\ \text{厚加铺层}) \tag{12-11}$$

$$R = 100 - 0.136\,37y^{2.50} \quad (45mm\ \text{厚加铺层}) \tag{12-12}$$

显然,能建立起标准衰变模型固然是我们所希望的。但由于我国幅员辽阔,各地区地理条件、水文地质条件、气候条件、交通组成、轴载谱分布、典型路面结构、施工工艺水平等都存在较大的差距,因此,各地区路面使用性能的衰变模型还是存在较大的差别的。例如,20 世纪 90 年代建立起来的部分地区的路面使用性能的预测模型就表现出较大的差异性,如表 12-1 所示。

路面使用性能预测模型示例 表12-1

预测模型类别	公式形式	参数说明
路面损坏	$PCI = 100e^{-ay^b}$(北京)	y-路面建成后或新近一次改建后的年数; a、b-回归系数
	$PCI = 100e^{-bN}$(天津)	N-路面新建成或最近一次改建后的累计标准轴次; b-回归系数
行驶质量	$RQI = ce^{-dy}$(北京) $RQI = 5.0e^{cyd}$(广东)	c、d-回归系数
弯沉	$l = l_0 e^{UVBy}$(黑龙江)	U-土基潮湿类型影响系数; V-面层透水影响系数; B-衰变指数; y-路面建成后或新近一次改建后的年数; l_0-初始弯沉
抗滑系数	$SFC = ae^{-by}$	y-路面建成后或新近一次改建的年数; a、b-回归系数

（3）概率型预测模型

概率型预测模型包括马尔可夫（Markov）随机过程、半马尔可夫随机过程、残存曲线等几类预测模型，主要用于网级路面管理系统。较为常用的是马尔可夫（Markov）过程。它有三个基本假设：

①路面使用性能指标存在着有限个状态。

②路面使用性能从某一状态转移到另一状态的概率只与当前的状态有关，而与以前的状态无关，即无后效性。

③转移过程是静态的，即转移概率不随时间变化。

设路况状态分为优、良、中、次、差五个等级，用 $i, j = 1 \sim 6$ 表示，则各状态之间相互转移的可能性 $\tilde{p}\{p_{ij}\}$，即为转移概率矩阵。其中，p_{ij} 表示路况状态 i 向路况状态 j 转移的概率，可通过对路况多年的连续观测结果进行统计分析获得。

若定义路网在 y、$y+1$ 年的路况状态矩阵为 $\tilde{P}_y$、$\tilde{P}_{y+1}$，则根据假设，有：

$$\tilde{p}_{y+1} = \tilde{p}_y \cdot \tilde{p}$$

$$\tilde{p}_{y+2} = \tilde{p}_{y+1} \cdot \tilde{p} = \tilde{p}_y \cdot \tilde{p} \cdot \tilde{p} = \tilde{p}_y \cdot \prod_{t=1}^{2} \tilde{p}$$

以此类推，$y+n$ 年后：

$$\tilde{p}_{y+n} = \tilde{p}_y \cdot \prod_{t=1}^{n} \tilde{p} \tag{12-13}$$

（4）建模过程

①明确建模目标，定义路况状态，选择路面使用性能变量。

②分析影响建模的主要影响因素，确定数据收集范围。

③选择典型路段，收集所需数据。一般包括路面结构的设计数据、竣工验收数据、路基路面养护与改建数据、历年路面使用性能检测数据、交通组成及轴载谱分布数据、环境因素（温度、降水量、路基湿度、冻深、冻融、太阳辐射）等方面数据。

④初步分析数据，包括路面使用性能的计算、累计轴次计算、数据分类、单因素分析等，构建模型所需要的基本数据。

⑤选择模型结构形式，一般常用的包括一元线性、指数、幂函数、对数、抛物线、多元线性等几种形式。

⑥建立模型，确定模型参数，明确模型的物理意义。

⑦扩大试验路段范围，对模型进行检验和标定。

⑧对试验路段进行长期跟踪观测，不断完善模型。

3. 费用模型

费用模型主要是用来计算各种养护对策的费用，包括管理费和用户费。管理费用一般包括设计费、初期修建费、各类养护费用、管理人员工资等，因其有各种定额作为依据，所以比较容易建立起计算模型。用户费用包括车辆运营费、延误费、行程时间费、事故费、环境污染治理费用等，涉及道路线形、路况、气候环境、车辆类型、车龄、驾乘人员等众多复杂的影响因素，建立模型的过程非常繁杂。有条件时，建立符合本地区实际的模型当然最好，但也可以采用世界银行的模型，比较省事，只需要对其中的某些参数进行标定即可。

4.经济分析模型

经济分析方法主要包括等额年费用法 AC、净现值法 NPV、收益率法 IRR、效益费用比法 BCR 四种常用的方法。这些方法与道路工程经济中的国民经济评价方法一致。

除此之外,寿命周期成本分析法也是项目级路面管理系统中常用的方案必选的分析方法。寿命周期成本是指在一定的分析期内(一般 5 ~ 10 年)、一定的折现率(国家发改委公布的数据)情况下的各对策方案现值总费用。该现值总费用应该包括管理费用和用户费用在内,计算起来相当复杂。有时,为了简化计算,从管理者的角度仅计算管理费用,但其分析结果可能与考虑用户费用在内的结果之间存在本质的不同。

5.优化模型

优化模型主要有线性规划、动态规划、近似优化等优化方法。线性规划法用起来比较简单,基本条件比较容易满足,得到的结果是静态环境下的最优结果。动态规划法虽然能很好地反映出路况变化的动态性和随机性,但进行动态规划的基本条件不容易满足,对预测模型的要求更高,因此更难以实现。近似规划法虽然得不到最优结果,但可以得到次优结果,也能够满足工程需要,实现起来相对简单。

线性规划方法是比较常用的优化方法。一般采用多目标优化模型,目标函数以社会效益最大、路况最好、日常养护工作量最小或它们组合的数学表达为主,以修复资金投入额度、需修复的路面面积、规划期内重复维修的次数等作为约束条件。

以 0 ~ 1 整数规划为例。设路网中有 n 条路段需要养护,路段编号 i 的养护对策有 k 种,用 k_i 表示,规划期为 T 年。

决策变量:

$$x_{ijt} = \begin{cases} 1 & \text{若第 } i \text{ 条路段的第 } j \text{ 种对策在第 } t \text{ 年实施} \\ 0 & \text{否则} \end{cases}$$

优化目标(目标函数):

使 T 年内的总效益最大,若以总净现值表示,则为

$$\max \text{NPV} = \sum_{i=1}^{n} \sum_{j=1}^{k_i} \sum_{t=1}^{T} V_{ijt} \cdot x_{ijt} \tag{12-14}$$

式中:V_{ijt}——第 i 条路段的第 j 种对策在第 t 年实施的净现值。

约束条件:

(1)资金约束条件

$$b_t - d_t \leqslant \sum_{i=1}^{n} C_{ijt} \cdot x_{ijt} \leqslant b_t + d_t (t = 1,2,3\cdots T) \tag{12-15}$$

(2)养护次数约束条件

$$\sum_{t=1}^{T} x_{ijt} \leqslant 1 \text{(一条路段在 } T \text{ 年内只能被养护一次)} \tag{12-16}$$

$$(i = 1,2,3\cdots,n; j = 1,2,3\cdots k_i)$$

式中:C_{ijt}——第 i 条路段的第 j 种对策在第 t 年实施的费用;

　　n——所考虑的路段数;

　　k_i——第 i 路段所考虑的方案数;

　　b_t、d_t——第 t 年的预算额和允许偏差。

除了上述两条约束外,还有如技术约束条件、政策约束条件等。

四、养护对策表

在本书的第四章中,根据路面技术状况各指标的评定结果给出了基本养护对策,是原则性的。而各地区在长期的养护实践中,形成了具有区域特色的、经过时间检验过的、切实有效的养护维修对策,包括各种病害的处理、罩面、加铺层、大修路面结构等,在路面管理系统中,都要将当地成功的养护对策作为备选对策列入养护对策表中,其形式如表 12-2 所示。

备选养护对策表 表 12-2

对 策 分 类	沥青路面养护对策	水泥路面养护对策
病害处理	A1:坑槽处治 A2:龟裂处治 A3:松散处治 A4:车辙处治 A5:拥包、推移处治 A6:灌缝处理 A7:泛油处治 A8:沉陷处理	C1:接缝修补 C2:裂缝修补 C3:板边、板角修补 C4:错台处治 C5:拱起处治 C6:坑洞处治 C7:沉陷处理
小修保养	A9:病害处理 + 稀浆封层 A10:病害处理 + 微表处 A11:病害处理 + 沥青表处	C8:唧泥处治 C9:板块脱空处治 C10:表面起皮处治
中修	A12:病害处理 + 超薄磨耗层 A13:病害处理 + 30mm 罩面 A14:病害处理 + 50mm 罩面	C11:病害处理 + 稀浆封层 C12:病害处理 + 微表处 C13:病害处理 + 超薄磨耗层
大修	A15:病害处理 + 沥青混凝土双层补强 A16:单基层 + 单层沥青混凝土补强 A17:单基层 + 双层沥青混凝土补强 A18:双基层 + 单层沥青混凝土补强 A19:双基层 + 双层沥青混凝土补强 A20:翻浆处治 + A16 A21:翻浆处治 + A17 A22:翻浆处治 + A18 A23:翻浆处治 + A19	C14:更换破碎板 C15:病害处理 + 沥青混凝土加铺层 C16:病害处理 + 水泥混凝土加铺层
改扩建	A24:加宽,提高路线等级 A25:改线,改善线形条件 A26:旧沥青路面再生利用	C17:加宽,提高路线等级 C18:改线,改善线形条件 C19:旧水泥混凝土路面再生利用

以养护对策表为基础,根据路面技术状况评定结果,进行路面养护对策决策。在形式上,决策过程可参照图 12-5 的决策树法。

五、路面养护规划与年度计划

路面养护规划是在科学决策的基础上制定的,是满足一定约束条件下的最优结果。第一,需要确定决策优化的目标函数,一般是以社会总效益最大为主要的目标函数;第二,是明确各种约束条件,如年投入费用限额、路况水平限值、养护面积限值、规划期限等;第三,选择参与优化决策的目标对象;第四,给出不同工况条件下的优化结果;第五,绘制不同工况的比较曲线;第六,确定最合适的规划结果,明确规划方案。在每个规划方案中,都会给出每一年的养护费用额度、参与养护的某一类路段单元清单及其所需费用。

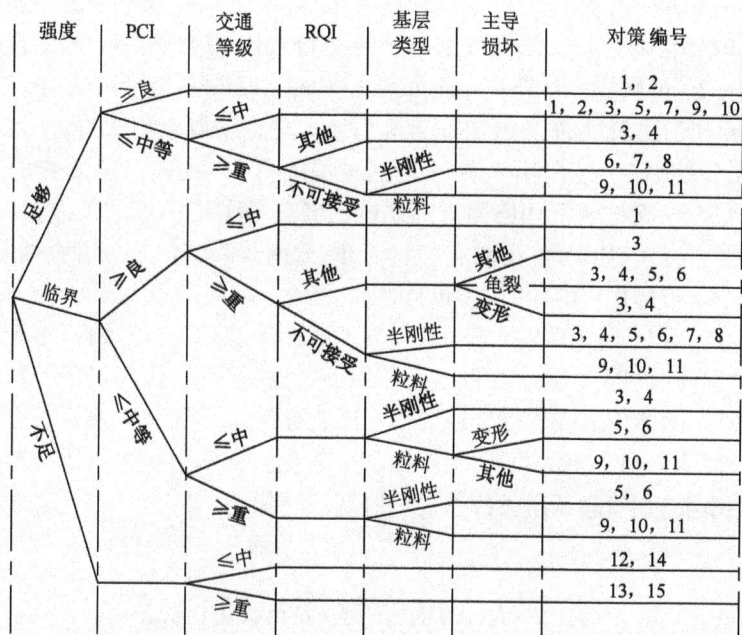

图12-5　决策树示例

养护决策规划的结果将在宏观上对制订每年的养护计划起到指导作用。但要制订可供实施的年度养护计划,还必须经过排序和还原。排序是为了确定某一类路段单元的各具体养护单元的养护先后顺序,是为了将优化结果具体化到各个实际的路段单元上,以便按年度实施具体的养护活动。排序可按某一评价指标进行排序(如 PCI、SSI、RQI 等),也可按重要性(如道路等级、交通量、政治影响等)排序,或者按经济性指标(如社会效益、收益等)的大小进行排序。表12-3 给出了养护计划表示例。

养护计划表示例 　　　　　　　　　　　　　　　　　　　　　表12-3

路线代码	起点桩号	止点桩号	等级	路面类型	单元长度(km)	路面宽度(m)	处理对策	单价(元/ m²)	处理费用(万元)	实施时间
G209422822	1 874.77	1 876.77	三级	水泥路面	2	7	原有结构+15mm 面层	50	74.405 9	2003
G209422823	1 466.905	1 426.927	二级	水泥路面	10.022	7	路面加宽	57	474.982 5	2003
S232422825	23.8	24.8	二级	水泥路面	1	7	原有结构+30mm 面层	65	47.702 9	2004
S232422827	49	50	三级	水泥路面	1	4	路面加宽	57	27.082 2	2004

六、路面养护管理系统的发展

路面管理系统起源于美国,于 20 世纪 70 年代起步,逐渐由最初的路面设计系统发展成为项目级路面管理系统。到 80 年代初期又进一步发展为网级路面管理系统,并得到了迅速的推广应用。这一阶段国际上比较有代表性的路面管理系统有:美国加利福尼亚州路面管理系统(1978 年),华盛顿州路面管理系统(1980 年),亚利桑那州路面管理系统(1980 年),陆军工兵团 PAUER 系统(1983 年),空军机场道面管理系统(1980 年)等;加拿大的阿尔伯特省路面信息与需求分析(PIAS,1983 年)、改建信息与优化系统(RIPPS,1984 年)、城市路面管理系统(MPMS,1987 年)等;英国的公路养护与评价系统(CHART,1980 年)等。

我国于 1984 年引进英国的 BMS 路面管理系统。在辽宁省营口市进行了成功的移植,积累了宝贵的应用经验。"七五"期间,国家重点攻关项目《干线公路路面养护系统成套技术(CPMS)》的顺利完成,标志着我国路面管理系统已经具备了推广应用条件。1991 年,开始在全国 14 个省市推广应用,如安徽、山东、北京、天津、云南、河北、广东、江西、新疆等,后来又开展了第二批 10 个省市的推广应用,包括吉林、黑龙江等。

目前,我国路面管理系统已发展成为一个集 GIS、GPS、路况自动采集、多媒体合成技术于一体的综合性的信息管理系统。而我国近几年路面自动检测车技术的发展,特别是交通运输部公路科学研究院、哈尔滨工业大学交通科学与工程学院、武汉大学、南京理工大学等在道路多功能检测车技术方面所取得的成功,为路面管理系统的推广应用提供了真实可信的数据支持。可以断言,我国路面管理系统发挥作用的时期已经到来。

第二节　桥梁管理系统概述

一、桥梁管理系统构成

桥梁管理系统(Bridge Management System)是指对既有桥梁进行技术状况检测、评价分析、养护决策和状态预测的综合性管理系统,它涉及桥梁结构工程、桥梁基础工程、病害机理诊断、桥梁状况检测技术和数据管理等多方面技术。一般由数据采集、数据管理、统计查询、评价决策、状态预测和维修计划等几个子系统组成。

1.数据采集

数据采集包括桥梁基础、承台、桥墩、盖梁、支座、梁、桥面、栏杆等方面基本数据、设计参数、各部位病害类型、病害几何尺寸与严重程度、病害图片、历年交通量及轴载谱、历年维修信息、管养单位信息等数据。

2.数据管理

对桥梁数据库实施录入、删除、插入、更新、批量修改、查询修改、数据校验、数据汇总、数据备份、输出、导入导出、图片存档、用户管理、系统参数设置等管理。

3.统计查询

完成日常管理工作中所需要的各项统计、查询工作,包括桥梁的基本信息、病害信息、养护信息等的报表分类处理、统计结果输出和高级查询输出等。

4.评价决策

完成对桥梁各部位及各构件的评价、评分、性能排序以及技术状况指数 BCI 分析等,采用层次分析法、模糊理论评判法、人工智能决策理论等决策模型,确定不同层次的养护维修对策,并完成费用分析,为不同层次的管理者服务。

5. 状态预测

根据桥梁各时期的动态反应数据和动态参数,针对不同桥型,采用不同的力学模型和退化模型,对桥梁状况发展趋势进行预测,对加固方案进行性能与利弊分析,为桥梁养护决策提供技术支持。

6. 维修计划

根据每座桥梁养护决策的结果及其重要性,确定桥梁维修顺序和桥梁检查计划,完成年度养护维修计划和预算报告。

桥梁管理系统按其适用的行政范围可分为国家级、省级、县级三个级别。县级桥梁管理系统是省级系统的基础,而省级系统的又是国家级系统的基础。

同路面管理系统一样,桥梁管理系统也分为网络级和项目级两类。网络级管理系统主要针对特定区域的桥梁群体的管理,需要综合考虑结构退化、维修措施、交通量、道路等级、政治因素等对路网服务水平的要求,其主要目的是评估每座桥梁的工作状态,在满足一定的服务水平的情况下,合理分配养护维修资金。项目级管理系统的对象是某个独立的桥梁或桥梁的组成部分,主要考虑桥梁本身的病害与性能退变规律、维修效果、维护时机和相关费用,其主要目的是确定科学合理的养护维修计划。项目级管理系统可作为网级管理系统的组成部分。

二、数据库

桥梁管理系统数据库包括桥梁识别标志、桥梁结构、经济指标、桥梁档案、桥梁病害、桥梁水毁、交通量及轴载谱、重车过桥、桥面交通事故、气候环境、评价准则、桥梁评价、桥梁计算参数、桥梁计算模型、桥梁健康监测、桥梁维修对策、桥梁养护历史及桥梁病害图片库等多个数据表。在数据库设计过程中,一定要注意表与表之间数据的关联性设计,以减少数据的冗余。

三、基本模型

基本模型分为评价模型、预测模型、费用模型、经济分析模型和优化模型等几个方面。

1. 评价模型

桥梁状态评价包括安全性、适用性和耐久性评价三个方面。安全性评价主要指对桥梁承载力的评价,是状态评价的主要内容,可采用动静载试验来完成。适用性评价是对结构运营状态的评估,确定其是否适应现实交通量和轴载分布的要求。耐久性评价则侧重于结构损伤及材料物理特性的变化,确定其能否达到设计要求。可完全采用公路桥梁技术状况评定标准、桥涵养护技术规范等规定的评价内容、评价方法和评价标准,也可根据本地区的实际情况建立自己的评估标准。评价结果是给出每座桥梁的状态评级。

2. 预测模型

预测模型依据桥梁结构形式、气候环境条件、交通荷载等内外部条件的不同而不同,因此模型的建立过程是极其复杂的。例如,水泥混凝土模量与强度、钢筋的有效截面积、发生损伤后结构承载力、构件的剩余寿命等的变化规律预测,都是复杂因素(施工质量、荷载、徐变、预应力损失、冻融循环、疲劳损伤等)共同作用的结果,需要长期的观测数据积累才能建立起预测模型。可以通过回归分析建立一个少因素的预测模型，也可以通过可靠度理论、马尔可夫链法、人工智能系统、灰色系统模型以及组合预测法等建立多因素复杂预测模型，主要是依赖于所掌握的数据积累情况。

3.费用模型

费用模型主要是用来计算各种养护维修措施对策的费用组成及资金数量，其主要依据是国家或行业的概预算规程。

4.经济分析模型

路面管理系统中的经济分析方法也同样适用于桥梁养护维修对策的经济分析。

5.优化模型

常用的优化方法有动态规划、线性和非线性规划、人工神经网络及遗传算法等。优化的目标函数一般是寿命周期内的费用最小化或结构等级（包括承载力和耐久性）最大化，其约束条件包括结构失效概率临界值、可接受的结构状态等级、承载力水平、结构剩余寿命等。

四、桥梁管理系统的发展

一般认为，桥梁管理系统经历了三个发展阶段。第一阶段，建立一个简单的数据库，建立桥梁的电子档案；第二阶段，在桥梁数据库的基础上，增加了桥梁及其构件的检测及维修信息；第三阶段，增加了桥梁病害维修决策和优化功能，并引进了寿命周期成本分析、预防性养护、可靠度方法与优化技术等新技术，进一步将建立以提高桥梁无破损检测、评价技术和管理水平为目的的桥梁资产管理系统。

美国开发的桥梁管理系统，是目前世界上最先进的桥梁管理系统，它被美国和其他许多国家或地区所采用，已成为桥梁管理系统的典范。20世纪70年代，由于多起桥突然倒塌事故的触动，美国率先开始制定桥梁检查标准，强化桥梁的养护管理，建立桥梁档案数据库，形成桥梁管理系统的雏形。1987年起，由美国联邦公路管理局投资，并与各州的交通局协作，逐步开发完成了具有现代意义的桥梁管理系统PONTIS系统。该系统运用动态整体规划法、概率条件状态劣化模型等手段对桥梁数据进行处理，以预测桥梁未来的维修管理和改建需要等。该系统目前在美国约有80%以上的州的公路桥梁管理中得到推广应用。

在欧洲，典型的桥梁管理系统有丹麦目前使用的系统DANBRO、法国的EDOUARD、英国的NATS、挪威的BRUTUS、芬兰的国家公路署管理系统等。在亚洲，较为典型的管理系统有日本的道路公用桥梁管理系统、韩国的SHBMS等。日本建设省1995年完成的此系统的优点之一为可逐年更新桥梁的实际检测资料。建设省土木研究所于1998年结合营建信息运筹管理与产品资料交换标准技术，进一步开发了桥梁维护管理信息系统。2006年韩国开发了一种基于ISO 10303的钢桥产品模型的集成框架。

我国桥梁管理系统起步较晚。虽然在1980—1990年也开发了一些各具特色的桥梁管理系统，如四川省桥梁数据库管理系统、广东省桥梁管理系统、北京市公路桥梁管理系统、河南省桥梁管理系统等，但影响最大、使用最广的还是中国公路桥梁管理系统CBMS。它于20世纪90年代初，由交通部公路科学研究所首先开发，后经多次升级，已经发展成集数据管理、统计查询、评价决策、投资分析、状态预测、GIS、多媒体应用等于一体综合性的桥梁管理系统（CBMS3000），适用于各级公路的桥梁养护管理。

第三节 高速公路绿化管理系统概述

一、系统构成

高速公路绿化管理系统由文档管理、影像管理、数据管理、统计查询、对策评价、打印输出、编码管理等功能的各个子系统构成。

1.文档管理

文档管理主要是对各种关于绿化的文字文件进行存档、编辑、查询、备份等。这些文件包括政策文件、设计文件、设计图纸、招标文件、合同文件、验收文件、会议纪要、课题报告、论文资料等。

2.影像管理

影像管理主要是对公路路线、沿线景点、苗木基地、管护单位、施工单位等录像资料、图片资料进行存档、配文编辑、查询、播放、备份等管理。

3.数据管理

数据管理包括对线路、景点、苗木基地、管护单位、施工单位等数据进行录入、个别修改、批量修改、数据导入导出等功能。由于各部分的数据类型差别较大,因此,要形成统一的管理模式比较困难。

4.统计查询

统计查询包括对线路、景点、苗木基地、管护单位、施工单位等数据进行按固定条件或按任意条件进行统计查询等功能。所谓固定条件是指系统的使用单位常用的统计分析模式,而任意条件是在数据库所涵盖的字段内,可以自由组合统计查询条件。统计查询完成后直接显示结果数据。

5.对策

对策包括本地区植被种类与特性、植物病害与防治、常用药物性能及使用方法等方面,是绿化预案和绿化管理知识的储备库。

6.评价

评价主要是对主线绿化和景点绿化的植被保存率、覆盖率和郁蔽度进行评价。同时,也可以对环境评价中的自然景观、人文景观、公路影响、综合评价等进行分析,并输出分析结果。

7.打印输出

打印原始数据表、各种统计报表与统计图。具有自主确定输出内容的选择功能。

8.编码管理

对植被种类、路线、景点、苗木基地、施工单位、对策措施等均实行编码管理,以方便数据管理、统计查询等有序进行。

二、数据采集

数据采集包含了路线路段横断面数据、路线路段基本数据、路线路段绿化数据、景点基本数据、景点绿化数据、苗木基地基本数据、苗木基地植被数据、施工单位数据等。

1. 路线横断面宽度数据

采集内容包括路线编码、路段起点桩号、路段终点桩号、路段长度、横断面类型、地势、土质、养护水源、村屯、左隔离栅外侧宽度、左隔离栅内侧宽度、左挡土墙宽度、左碎落台（挖）宽度、左排水沟宽度、左护坡道（填）宽度、左边坡宽度、左路肩宽度、左路面宽度、左中央分隔带宽度、中央排水沟宽度、右中央分隔带宽度、右路面宽度、右路肩宽度、右边坡宽度、右护坡道（填）宽度、右排水沟宽度、右碎落台（挖）宽度、右挡土墙宽度、右隔离栅内侧宽度、右隔离栅外侧宽度等。

2. 路线绿化数据

采集内容包括路段数据和绿化数据两部分内容。

（1）路段数据

路线编码、路段起点桩号、路段终点桩号、路段长度、横断面类型编码、管护单位编码。

（2）绿化数据

植被编码、计量单位、植被位置编码、植被数量、规格、行距、株距、主要作用编码、管护时间、管护单价、管护措施编码、管护费、建设时间、建设单价、建设费。

3. 景点绿化数据

景点绿化数据指主线路侧景点、互通立交绿地、管理处庭院绿地、服务场区绿地、收费站绿地等。

采集内容包括基本数据和绿化数据两部分。

（1）基本数据

路线编码、景点编码、管护单位编码、景点位置、景点面积。

（2）绿化数据

植被编码、计量单位、植被数量、规格、行距、株距、主要作用编码、管护时间、管护单价、管护措施编码、管护费、建设时间、建设单价、建设费。

4. 苗木基地数据

采集内容包括基本数据和植被数据等两部分内容。

（1）苗木基地基本数据

苗木基地编码、所在地、联系人、联系电话。

（2）苗木基地植被数据

植被编码、计量单位、苗龄、规格、数量、单价。

5. 绿化施工单位数据

采集内容包括基本数据和工程数据等两部分内容。

（1）基本数据

单位编码、所在地、法人代表、联系电话。

（2）工程数据

技术力量、施工设备、工程履历、工程位置、工程内容、工程数量、工作量、信誉度、苗源状况。

6.影像数据采集

采用数码摄像机或数码照相机进行录像或拍照。录像方式采用全程录像或典型路段录像均可。照相则是针对典型的路段或有代表性的绿化措施。为了数据与图像对应显示的方便,一条路的录像文件可以划分为若干段,分别存储。

三、编码系统

编码系统设置具有简单灵活的特点,用户可根据自己使用的方便,按一定的规则确定。

1.编码标识

为了使用户能够根据自己实际情况设置编码系统,特别设置了编码标识表。请注意,编码标识是编码系统的基础,以下任何编码的变动,都必须与编码标识保持一致。为了防止引起编码系统的混乱,任何与编码标识不一致的编码变动,系统都会自动禁止。编码标识为编码中的前 1~4 个字符(表 12-4)。

编 码 标 识 示 例 表 12-4

编 码 类 型	编 码 标 识	编 码 类 型	编 码 标 识
路线编码	JLGS	植被藤本类	ZBTB
管护单位	GHDW	植被宿根花卉类	ZBSG
横断类型	DXHD	主要作用	ZYZY
横断部位	HDBW	管护措施	GHCS
植被草本类	ZBCB	固定景点	GDJD
植被灌木类	ZBGM	苗木基地	MMJD
植被乔木针叶类	ZBQZ	施工单位	SGDW
植被乔木阔叶类	ZBQK		

2.路线编码

编码格式:采用 6 位编码(编码标识 + 编号),可以根据用户要求自行确定。

例如:JLGS01 ~ JLGS99。JLGS:吉林高速的拼音缩写。

3.管护单位编码

编码格式:采用 6 位编码(编码标识 + 编号),可以根据用户要求自行确定。

例如:GHDW01 ~ GHDW99。GHDW:管护单位的拼音缩写。

4.桩号组成

采用公路里程桩以 0.000 ~ 9 999.999 的形式表示,整数部分表示千米,小数部分表示米。

5.典型横断面类型编码

编码格式:采用 6 位编码(编码标识 + 编号),可以根据用户要求自行确定。

例如:DXHD01 ~ DXHD99。DXHD:典型横断的拼音缩写。

6.横断面各部位编码

编码格式:采用 6 位编码(编码标识 + 编号),可以根据用户要求自行确定。

例如:HDBW01 ~ HDBW99。HDBW:横断部位的拼音缩写。

7.植被种类编码

编码格式:采用6位编码(编码标识+编号),可以根据用户要求自行确定。

例如:

草本类:ZBCB01~ZBCB99。ZBCB:植被草本的拼音缩写。

灌木类:ZBGM01~ZBGM99。ZBGM:植被灌木的拼音缩写。

乔木针叶类:ZBQZ01~ZBQZ99。ZBQZ:植被乔针的拼音缩写。

乔木阔叶类:ZBQK01~ZBQK99。ZBQK:植被乔阔的拼音缩写。

藤本类:ZBTB01~ZBTB99。ZBTB:植被藤本的拼音缩写。

宿根花卉类:ZBSG01~ZBSG99。ZBSG:植被宿根的拼音缩写。

8.主要作用编码

编码格式:采用6位编码(编码标识+编号),可以根据用户要求自行确定。

例如:ZY ZY 01~ZY ZY 99。ZY ZY:主要作用的拼音缩写。

9.管护措施编码

编码格式:采用6位编码(编码标识+编号),可以根据用户要求自行确定。

例如:GHCS01~GHCS99。GHCS:管护措施的拼音缩写。

10.景点编码

编码格式:采用8位编码(编码标识+编号),可以根据用户要求自行确定。

例如:JD&&0101~JD&&9999。JD:景点的拼音缩写、&& 表示部位。

11.苗木基地编码

编码格式:采用7位编码(编码标识+编号),可以根据用户要求自行确定。

例如:MMJD001~MMJD999。MMJD:苗木基地的拼音缩写。

12.施工单位编码

编码格式:采用6位编码(编码标识+编号),可以根据用户要求自行确定。

例如:SGDW01~SGDW99。SGDW:施工单位的拼音缩写。

第四节　公路资产管理系统概述

一、基本概念

公路资产管理(也可称为交通资产管理)已成为一种战略性投资的决策方式。在国际上,一般将公路资产管理定义为一个商业过程,一个决策框架,覆盖了一个寿命周期,经济和工程因素均考虑在列。管理的资产范围也非常宽泛,并不仅仅局限于道路桥梁等基础设施,还包括运营性硬件装备、车辆、不动产、材料、人力资源及数据等,其目的就是实现公路资产的保值和增值。

我国公路网总规模已达到世界第二位,高速公路网总规模已达到世界第一位,其固定资产规模庞大,仅2006—2015年的十年间,我国公路建设与养护的投资就超过了11.5万亿元。面对这么庞大的固定资产,如何实现其保值增值,如何使其服务质量保持在一个较高的水平上,是一个非常复杂的研究课题。

1.公路资产的属性

公路资产的经济属性包括自然垄断性、准公共产品属性、规模效益性、范围效益性、级差效益性。

（1）自然垄断性

交通行业是垄断性极强的产业。由于具有稀缺资源和规模经济效益的特点,作为基础设施的公路不得不在政府的统一规划下进行建设,以避免在完全市场经济条件下的重复建设而造成的资源浪费。因此,公路具有自然垄断性。

（2）准公共产品属性

介于纯公共物品和个人物品之间有一种社会产物,这就是准公共物品。准公共物品在消费方面具有非竞争性但是却不具有排他性,同时在收益方面具有排他性但是却不具有非竞争性。公路具有很强的社会福利性,一般是国有的,可以在全社会共同使用,在本质上属于公共物品。由于在消费方面具有不完全竞争性,而且在收益方面具有排他性,所以是典型的准公共产品,具有准公共物品属性。

（3）规模效益性

以高速公路为例,在某些条件下,公路上具有一个明显的规模效益递增。以单条高速公路的通行能力为例,当由4车道变为6车道时,车道数增大1.5倍,但是通行能力增大2倍;在从4车道改为8车道的情况下,车道数增加了2倍,但通行能力却提高了4倍,如表12-5所示。这种将产品的数量按比例增加时,使得收益增加的数量远远大于投资增加的数量的特征,正是规模效益性的本质。所以,可以确定公路资产具有规模效益性。

高速公路车道数与通行能力表 表12-5

高速公路车道数	一般通行能力（pcu/d）	高速公路车道数	一般通行能力（pcu/d）
4车道	25 000左右	8车道	100 000左右
6车道	50 000左右		

（4）范围效益性

公路在技术上是车辆的载体,而在经济上,公路只要不完整就会失去它原有的功能。只有保持公路一直是完整的,才能完全地发挥公路的功能和作用,也就是公路的范围效益性。公路的这一特性要求公路间必须紧密相连,形成逐步完整的网状结构。

（5）级差效益性

公路产品在市场经济条件下,运输一批相同的物品,在等级不同的公路上所需要的运输成本也各不相同,于是就造成了收益的不同。这种现象即为"级差效益"。

一般来说,理论界认为各级公路间级差效益主要表现为车辆运营成本的节约效益、货物和驾乘人员的时间效益、里程缩短的行程效益、交通事故减少和环境污染减轻的社会效益等。这些效益都是公路使用者能够直接体会到的,还有一些使用者不容易直接体会到的效益,包括驾乘人员舒适性提高效益、货损率降低效益等。如果将高速公路与普通公路相比,高速公路全封闭、中间设有隔离带、平纵面技术指标高、路面状况好、拥挤程度低,会提高使用者的行驶速度、减少车辆磨损、降低交通事故率、减少空气污染等,都会给使用者带来相应的级差效益。

2. 公路资产组成

公路资产是指公路所有的基础设施，包括路基、路面、桥梁、各类设施及人员、资金等，具体内容如表 12-6 所示。

公 路 资 产 组 成 表 12-6

序号	公路资产	具体对象
1	路面	刚性路面、柔性路面
2	路基	土路基、石路基、土石路基
3	桥梁	各种类型的桥梁
4	公路构造物	涵洞、挡墙
5	路基设施	路肩、防护设施、排水设施管线
6	绿化设施	分隔绿化带、行道树、地被、苗圃
7	交通安全设施	护栏、进入栅、分隔带、隔音墙、照明、防眩设施、标志标线
8	公路沿线设施	养护房屋、服务设施、收费处
9	其他附属设施	交叉口、监控设施、非机动车道
10	人员	施工人员、设计人员、养护人员等
11	资金	建设资金、养护资金等

二、系统构成

公路资产管理系统是在路面管理系统、桥梁管理系统、隧道管理系统等的基础上发展而来的，进一步融合各类设施、人力资源、建养资金等管理系统后，逐步成为公路管理最具综合性、最具系统化的决策支持系统。

1. 系统组成元素

公路资产管理系统是由相互关联且相互之间有着连接关系的元素组成，主要包括：

（1）目标

目标就是为了实现公路资产的保值增值。

（2）政策

政策是指为了实施公路资产管理所需要的方法、管理标准、经济指标以及环境状况等。

（3）资产数据

资产数据包括对公路现有的状态进行评估，对人力、环境的信息进行调查与归档等。

（4）系统优化

系统优化是指通过比较、修改和调整公路资产管理的不同方法，不断完善、优化公路资产管理方法。

（5）资产评估

资产评估即公路资产价值的评估，是指聘用专门的机构或专门的评估人员，按照法定或公允的标准和程序，运用科学的方法，以货币作为计算权益的统一尺度，对公路资产在某一时间点的价值进行估算。

2. 系统功能构成

与路面、桥梁等管理系统一样，公路资产管理系统包括数据采集、信息管理、综合分析、优化决策、计划管理等子系统。

（1）数据采集子系统

数据采集子系统主要实现公路设施的静、动态数据的采集，一般应采用自动化的采集设备，也可根据公路设施的实际特点和管理部门的具体情况选择合适的设备。

（2）信息管理子系统

信息管理子系统主要是对空间数据和属性数据进行录入、查询、统计、分析、处理、维护及更新等，使数据存储、处理、分析和维护更有效和方便。

（3）综合分析子系统

综合分析子系统包括技术评价分析、资金分配与管理两个相辅相成的部分。在网级层面上，要完成对基础设施的性能预测和评价、需求分析、资产评估、年度大中修计划及资金分配、中长期项目规划及资金分配等；在项目级层面上，要依据具体项目时空分布信息，确定长期规划项目的具体实施方案和年度维修项目的具体实施方案。

（4）优化决策子系统

优化决策子系统以综合分析子系统为基础，为决策者提供实施正确决策的各种支持。要求公路资产优化决策子系统必须能够提高资产经营效益，必须有能力带动存量资产的输出，必须能够提供优化公路资产功能的方案，必须能够为企事业单位提供具有科学依据的"公路资产再投资决策"，以尽可能小的风险获得尽可能大的投资效益。

（5）计划管理子系统

计划管理子系统主要是显示和输出年度维护计划报告、长期规划报告、每年维修项目的具体实施计划报告和长期规划项目的具体实施计划报告。

3. 系统框架及流程

根据以上分析内容，确定了公路资产管理系统框架的基本内容，如图 12-6 所示，其各组成部分的流程如图 12-7 所示。

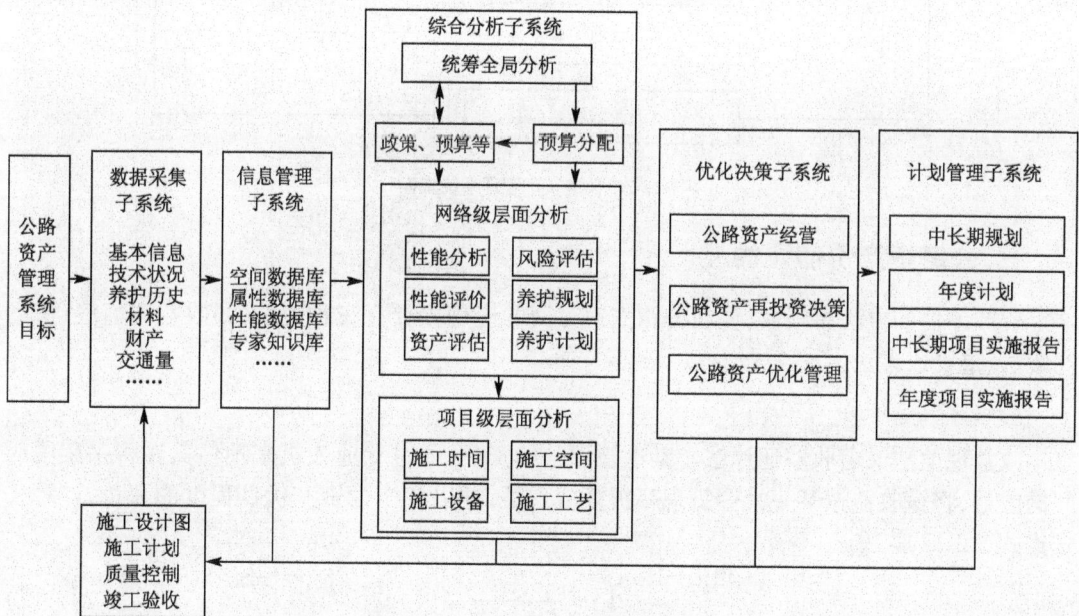

图 12-6　公路资产管理系统框架

```
                    ┌─────────────────────────────┐
                    │     公路资产管理目标和政策        │
                    └──────────────┬──────────────┘
                    ┌──────────────┴──────────────┐
                    │      公路资产详细信息           │
                    └──────────────┬──────────────┘
                    ┌──────────────┴──────────────┐
                    │   公路资产现状及剩余使用寿命      │
                    └──────────────┬──────────────┘
                    ┌──────────────┴──────────────┐
                    │    公路资产养护需求分析          │
                    └──────────────┬──────────────┘
                    ┌──────────────┴──────────────┐
                    │     养护对策备选方案            │
                    └──────────────┬──────────────┘
                    ┌──────────────┴──────────────┐
                    │     公路资产价值评估            │
                    │ (名义价值、重置成本、逾期养护的价值) │
                    └──────────────┬──────────────┘
        ┌──────────────────────────┴──────────────────────────┐  ┌──────────────┐
        │          公路资产性能评价                               │  │  公路资产管理报告 │
        │  (技术状况评价、使用性能预测、剩余寿命预测)                  │  │   (图、表)     │
        └──────────────────────────┬──────────────────────────┘  └──────────────┘
        ┌──────────────────────────┴──────────────────────────┐
        │          经济分析与优化                                │
        │ (价值评估、养护资金需求、全寿命周期成本效益分析)             │
        └──────────────────────────┬──────────────────────────┘
                          ◇  满足约束条件?  ◇
                                   │是
                    ┌──────────────┴──────────────┐
                    │     编制中长期养护规划          │
                    └──────────────┬──────────────┘
                    ┌──────────────┴──────────────┐
                    │     编制年度养护规划           │
                    └──────────────┬──────────────┘
                    ┌──────────────┴──────────────┐
                    │       计划实施               │
                    └──────────────┬──────────────┘
                    ┌──────────────┴──────────────┐
                    │       性能检测               │
                    └─────────────────────────────┘
```

政策分析　数据信息　否　是

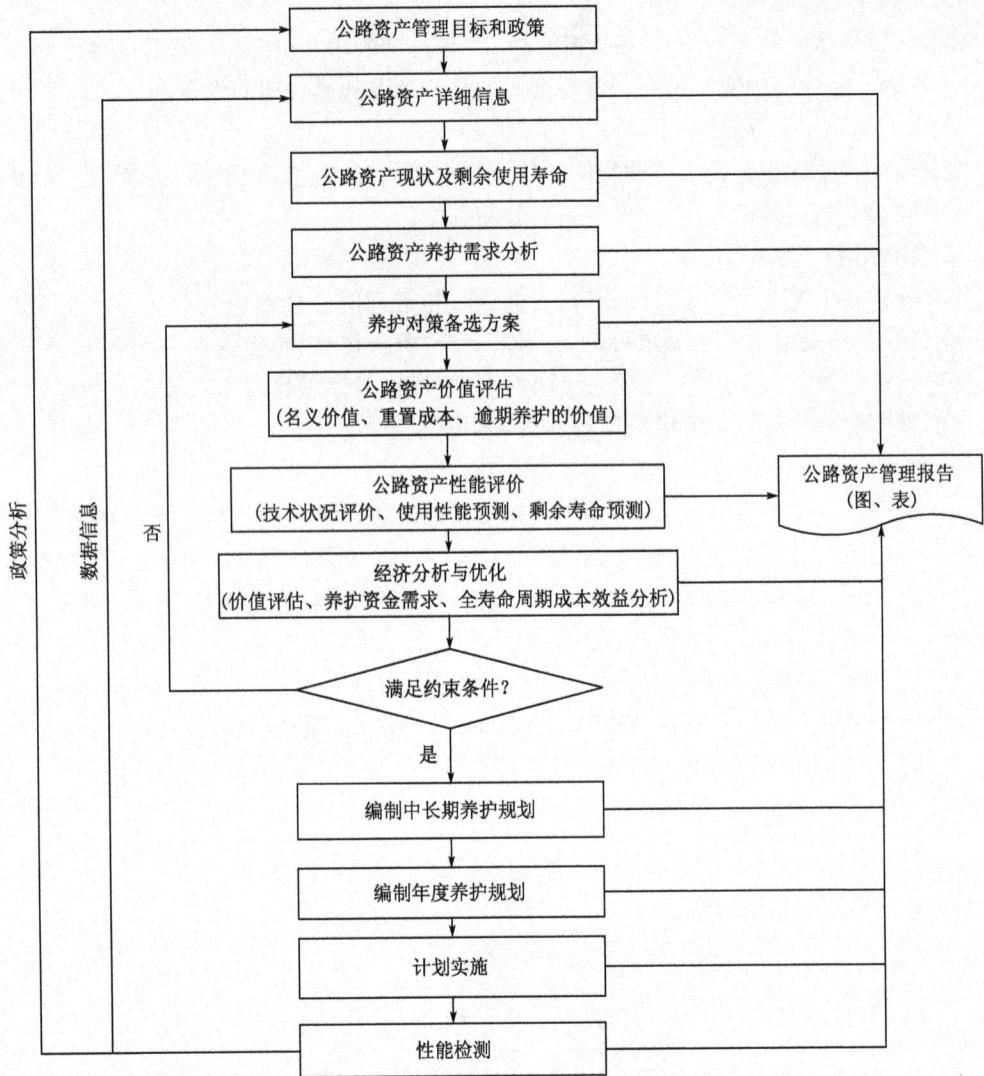

图 12-7　公路资产管理系统流程

三、公路资产价值评估

资产评估的方法有很多，但在公路交通方面的应用主要有三种方法，即收益现值法、市场比较法、重置成本法。

1. 收益现值法

收益现值法又名收益还原法。某项被评估的资产，通过专业人员来预估其在将来某段时间的收益，将该收益按某一社会折现率折算成现值，并以此作为资产优良程度的评价，计算公式见式(12-17)。

$$V = \frac{\sum_{i=1}^{n} R_t}{(1 + r)^t} \tag{12-17}$$

式中：R_t——逐年的预计收益；

r——折现率。

由于公路资产对社会经济具有重要的作用，集政策性、区域性及公益性于一体，其效益多以不断促进社会经济发展作为表现形式。采用收益现值法对公路资产进行评估时，需要将其从社会的整体经济效益中剥离开来，具有较大的不稳定性，因此该方法可能存在较大的评估误差。

2. 市场比较法

市场比较法也称为市场价格比较法。基于市场最近出售的相同或类似的资产的价格，通过比较已出售资产和被评估资产的差异，从而确定被评估资产价值的方法。市场法是一种最简单、有效的方法，因为评估过程中的资料直接来源于市场，同时又为被评估资产的即将发生的市场行为进行估价，所以市场法的应用与市场经济的建立和发展、资产的市场化程度密切相关。在我国，随着社会主义市场经济的建立和完善，为市场法提供了有效的应用空间，市场法日益成为一种重要的资产评估方法。

3. 重置成本法

所谓重置成本，即重新建造一条公路所需要的全部成本。而重置成本法即在现在的时间点上建造一条公路的重置成本，减去实体性贬值、功能性贬值、经济性贬值后所得到的价值来评估公路资产价值的方法。其中，实体性贬值是在使用期内，在内外因素的共同作用下，导致公路资产不断消耗、磨损而引起的贬值；功能性贬值是在公路技术不断发展，新公路建设不断增多的情况下，旧的公路逐步丧失其原有的功能而引起的贬值。经济性贬值是指由于公路以外的因素（政治因素、宏观政策因素）变化而引起的公路资产价值降低。

重置成本法包括复原重置成本和更新重置成本。复原重置成本是采用与原资产相同的材料、设计结构、建造标准和技术条件等，以现时价格水平重新构建与评估对象相同的全新资产所需的全部成本。而更新重置成本指利用新材料、新结构、新标准、新技术条件等，以现时价格水平构建与评估对象具有相同功能的全新资产所需的全部成本。对路龄较短的公路或新建公路进行资产价值评估时可选用复原重置成本进行计算，而路龄较长的公路往往应选用更新重置成本进行计算。

4. 公路资产保值途径

国内外研究公路资产管理的目的就是为了实现公路资产的保值和增值。公路资产的保值，顾名思义是公路资产保持其原有价值，即在某段时间的公路资产所具有的价值等于初期公路资产所具有的价值。为实现公路资产的保值，需要从建设、养护及管理等方面探索公路资产保值的技术途径。

在建设方面，为使公路长期保持在较高的使用品质和服务水平，一是要使用耐久性良好的建筑材料，二是要有积极的技术措施，保证施工质量。

在养护方面，要按照使用性能和服务水平的要求，对公路资产采取及时、正确的维修和保养措施，积极实施预防性养护，延长大修或重建的时间，增加公路资产的使用寿命。

在管理方面，一是对公路资产要依法进行监督管理，防止公路资产流失；二是要处理好资产评价、清产核资等问题，根据"谁投资，谁拥有产权"的原则进行产权界定；三是要建立公路资产管理预算和预警体系，完善公路资产责任制，将预算和管理单位业绩考核挂钩，使公路资产始终得到严格有效的管理。

四、风险评估

1. 基本概念

风险：某一不确定性事件可能带来的消极影响。

概率：是一种对可能性程度的量化，分为极其可能、很可能、可能、很不可能、极其不可能五个等级。

风险分析：明确公路资产管理过程中不受主观控制的因素，评估各种风险发生的概率并排序，分析各种风险的影响范围和影响方式。风险分析分为定性分析和定量分析风险，包括三个组成部分，即风险评估、风险管理以及风险信息交流。

定性风险分析：明确已识别的风险在公路资产管理系统中的影响和可能性的过程。

定量风险分析：在对风险进行定性分析的基础上，计算出各种风险对公路资产管理系统的影响程度。

风险评估：在知道某一风险可能会发生的情况下，计算出该风险给公路资产管理带来的影响。

风险管理：风险管理是管理者用以降低公路资产管理系统风险的工作程序，是通过风险识别、风险评估等，实现最大限度地降低风险对系统造成影响的过程。

风险信息交流：评估人员、风险管理者、消费者和其他相关单位就有关风险的信息进行交换意见的过程。

2. 公路资产管理的风险

在对公路资产进行管理时，会遇到各种各样的风险。如何识别这些风险以及意识到这些风险可能给系统带来的影响就格外重要。表 12-7 给出了公路资产管理系统在养护、政策及环境等方面可能存在的风险及其影响。

系统存在的风险来源与影响

表 12-7

风 险 因 素	来源与影响
环境（自然）风险	如雨雪、洪水、泥石流等不可抗的自然因素影响，不仅延缓工程进度，还造成工程的财产损失，导致资产流失
经济风险	公路工程的成本受市场价格上涨影响，导致预算增多；公路工程的经济效益受到金融市场的利率变动、货币贬值等因素的影响，导致资产减少；公路资产的价值会贬值，导致资产数量的降低
政策风险	工资、税收、税率的调整等国家政策给公路工程项目带来一定的经济风险
人为风险	在进行资产评估、养护管理等步骤时，人为的主观或客观因素造成的公路资产损失
其他风险	包括公路占用田地或者管理单位缺少管理经验等造成的风险

因此，风险分析对公路资产管理的作用是决定性的。风险分析实际上是对公路资产管理实施过程的每一个步骤进行风险识别、评估、预防和管控等，其目的是使得风险造成的影响最小。

3. 风险分析的方法

风险分析的方法有很多种，本章简要介绍综合分析法、专家调查法和蒙特卡洛模拟法。

（1）综合分析法

风险综合分析法中最简单最常见的方法就是通过调查专家们的意见并进行总结归纳,进而得到产生风险的概率或风险成分占的比重,从而评估公路资产管理系统整体的风险程度。

一般需要通过风险调查表进行风险识别,列出公路资产管理系统的主要风险清单,并根据专家们的意见判断出风险的权重,确定风险等级。

（2）专家调查法

专家调查法就是通过专家们的知识、直觉、经验等因素找出未知风险的方法。其优势在于使用时不需要初始数据、不需要烦琐的算法,使用起来简明直观,适用范围广且适用于项目的整个周期;其劣势在于耗时比较长,而且所获得的结果比较依赖于专家的水平、主观能动性和专家数量。因此,采用专家调查法时,应注重专家的个人文化修养和人数,一般人数宜为 10 ~ 20 人。

常用的专家调查法有头脑风暴法和德尔菲法。头脑风暴法是邀请不同领域的权威人物进行无限制的自由联想和讨论,就一个特定的问题发表意见、畅所欲言,共同探讨损益。该方法适用于分析目标单一的、范围窄的项目,适用范围比较有限,其结果也需要辩证地分析,不能盲目地采用。德尔菲法是就某一项目匿名询问众多专家们的意见,再将专家们的意见分析汇总后,反馈给专家们继续征询新的意见,如此往复循环,以得到更加准确的意见。

（3）蒙特卡洛模拟法

蒙特卡洛模拟法就是把风险的影响以概率的形式表现出来。对于公路资产管理,采用随机抽样方法获得一组公路资产要素的随机输入变量的数值模拟,在随机抽样次数达到 200 ~ 500 次时,就可以获得评估目标的整体概率分布、累计概率分布、方差、期望值等参数,进而评估公路资产管理所承担的风险。该方法适用于大量样本的风险事件或者有确定概率的风险事件。

【复习思考题】

1. 路面管理系统的构成要素是什么?
2. 网级路面管理系统与项目级路面管理系统的区别是什么?
3. 简述路面管理系统的基本模型。
4. 桥梁管理系统的基本构成要素是什么?
5. 绿化管理系统与路面管理系统、桥梁管理系统在功能上的异同是什么?
6. 设计一套公路资产管理实施方案。

参 考 文 献

[1] 中华人民共和国行业标准. JTG H10—2009　公路养护技术规范[S]. 北京:人民交通出版社, 2009.

[2] 中华人民共和国行业标准. JTJ 073.1—2001　公路水泥混凝土路面养护技术规范(附条文说明)[S]. 北京:人民交通出版社,2001.

[3] 中华人民共和国行业标准. JTG F41—2008　公路沥青路面再生技术规范[S]. 北京:人民交通出版社,2008.

[4] 中华人民共和国行业标准. JTJ 034—2000　公路路面基层施工技术规范(附条文说明)[S]. 北京:人民交通出版社,2000.

[5] 中华人民共和国行业标准. JTJ 073.2—2001　公路沥青路面养护技术规范(附条文说明)[S]. 北京:人民交通出版社,2001.

[6] 中华人民共和国行业标准. JTG H30—2015　公路养护安全作业规程[S]. 北京:人民交通出版社股份有限公司,2015.

[7] 中华人民共和国行业标准. JTG D50—2006　公路沥青路面设计规范[S]. 北京:人民交通出版社,2006.

[8] 中华人民共和国行业标准. JTG D40—2011　公路水泥混凝土路面设计规范[S]. 北京:人民交通出版社,2011.

[9] 中华人民共和国行业标准. JTG F40—2004　公路沥青路面施工技术规范[S]. 北京:人民交通出版社,2004.

[10] 中华人民共和国行业标准. JTG H20—2007　公路技术状况评定标准(附条文说明)[S]. 北京:人民交通出版社,2007.

[11] 中华人民共和国行业标准. JTG F71—2006　公路交通安全设施施工技术规范[S]. 北京:人民交通出版社,2006.

[12] 中华人民共和国行业标准. JTG H11—2004　公路桥涵养护规范[S],北京:人民交通出版社, 2004.

[13] 中华人民共和国行业标准. JTG D80—2006　高速公路交通工程及沿线设施设计通用规范[S]. 北京:人民交通出版社,2006.

[14] 中华人民共和国行业标准. JTG D81—2006　公路交通安全设施设计规范[S]. 北京:人民交通出版社,2006.

[15] 中华人民共和国公路法[M]. 北京:中国法制出版社,1997.

[16] 中华人民共和国公路管理条例[M]. 北京:中国法制出版社,1987.

[17] 中华人民共和国交通部. 路政管理规定,2002.

[18] 交通部公路科学研究院. JTG/T F40-02—2005　微表处和稀浆封层技术指南[S]. 北京:人民交通出版社,2005.

[19] 交通部公路科学研究所. JTG E20—2011　公路工程沥青及沥青混合料试验规程[S]. 北京:人民交通出版社, 2011.

[20] 中华人民共和国行业标准. JTG/T E61—2014　公路路面技术状况自动化检测规程

[S]. 北京:人民交通出版社有限公司,2014.

[21] 高速公路养护管理编委会. 高速公路养护管理[M]. 北京:人民交通出版社,2008.

[22] 中华人民共和国交通部. JTJ 002—87 公路工程名词术语[S]. 北京:水利水电出版社出版,1987.

[23] 中华人民共和国国家标准. GBJ 124—88 道路工程术语标准[S].北京:人民交通出版社,1988.

[24] 徐剑,黄颂昌. 沥青路面预防性养护理念与实践[M]. 北京:人民交通出版社,2011.

[25] 虎增福. 乳化沥青及稀浆封层技术[M]. 北京:人民交通出版社,2001.

[26] 姜云焕,钦兰成,王立志. 改性稀浆封层施工技术[M]. 北京:石油工业出版社,2001.

[27] 交通部阳离子乳化沥青课题协作组. 阳离子乳化沥青路面[M]. 北京:人民交通出版社,1990.

[28] 吕伟民,严家伋. 沥青路面再生技术[M]. 北京:人民交通出版社,1989.

[29] 徐剑,黄颂昌,邹桂莲. 高等级公路沥青路路面再生技术[M]. 北京:人民交通出版社,2011.

[30] 黄晓明,赵永利. 沥青路面再生利用理论与实践[M]. 北京:科学出版社,2014.

[31] 常魁和,高群. 公路沥青路面养护新技术[M]. 北京:人民交通出版社,2001.

[32] 郭忠印,李立寒. 沥青路面施工与养护技术[M]. 北京:人民交通出版社,2003.

[33] 徐培华. 高等级公路路基路面养护技术[M]. 北京:人民交通出版社,2003.

[34] 李万莉,朱福民. 高等级公路快速养护方法及设备[M]. 北京:人民交通出版社,2005.

[35] 王玉顺,朱敏清. 高速公路沥青路面预防性养护技术与应用[M]. 北京:中国建材工业出版社,2008.

[36] 许永明. 公路养护与管理[M]. 北京:人民交通出版社,2003.

[37] 刘自明. 桥梁工程养护与维修手册[M]. 北京:人民交通出版社,2004.

[38] 黄平明,等. 桥梁养护与加固[M]. 北京:人民交通出版社,2009.

[39] 北京市路政局.公路路政管理文件汇编.

[40] 美国沥青再生协会. 美国沥青再生指南[M]. 北京:人民交通出版社,2006.

[41] 郭贵平. 高等级公路养护技术与养护机械[M].北京:人民交通出版社,2001..

[42] 黎明亮. 公路养护工程[M]. 北京:人民交通出版社,2000.

[43] 王红霞. 公路养护与管理技术[M]. 北京:人民交通出版社,2006.

[44] 赵卫平. 路基路面检测技术[M]. 北京:人民交通出版社,2006.

[45] 资建民. 路面管理和管理系统[M].华南理工大学出版社,2003..

[46] 姚祖康.路面管理系统[M].北京:人民交通出版社,1993.

[47] 潘玉利.路面管理系统原理[M].北京:人民交通出版社,1998.

[48] AASHTO. AASHTO guidelines for pavement management systems, American Association of State Highway and Transportation Officials, Washington, D. C. 1990.

[49] WorldBank[1990]. Road Monitoring for Maintenance Management, OCED, 1990.

[50] Haas Ralph, Hudson W R, Zaniewski John. Modern Pavement Management. Krieger Publishing Company, Malabar, Florida, USA, 1994.

[51] Kenneth H McGhee. NCHRP Synthesis 334: Automated Pavement Distress Collection Tech-

niques: A Synthesis of Highway Practice. National Cooperative Highway Research Program, Transportation Research Board, Washington, D. C. , USA, 2004.

［52］ UK Roads Board. SCANNER Surveys for Local Roads, User Guide and Specification, Halcrow Group Limited, UK, April 2007.

［53］ 潘玉利. 路面管理系统基础教程［M］. 北京:人民交通出版社,2002.

［54］ 李华,缪昌文,金志强. 水泥混凝土路面修补技术［M］. 北京:人民交通出版社, 1997.

［55］ 李世华,张建捍. 道路桥梁养护手册［M］. 北京: 中国建筑工业出版社,2002.

［56］ 周洪文,余正武,周本涛. 公路绿化与施工质量管理［M］. 北京:人民交通出版社,2008.

［57］ 郭普金,王亚忠. 高速公路绿化养护手册［M］. 北京:人民交通出版社,2011.

［58］ 李中秋. 公路养护与管理［M］. 北京:中国水利水电出版社,2012.

［59］ 中华人民共和国行业标准. GB 5768—2009　道路交通标志和标线　第 1 部分:总则［S］. 北京:中国标准出版社,2009.

［60］ 中华人民共和国行业标准. JTG B01—2014　公路工程技术标准［S］. 北京:人民交通出版社有限公司,2014.

［61］ 中华人民共和国森林法［M］. 北京:中国法制出版社,1998.

［62］ 中华人民共和国行业标准. JTJ 075—94　公路养护质量检查评定标准［S］. 北京:人民交通出版社,1994.

人民交通出版社股份有限公司 公路教育出版中心
土木工程/道路桥梁与渡河工程类本科及以上教材

注:◆教育部普通高等教育"十一五"、"十二五"国家级规划教材
  ▲建设部土建学科专业"十一五"规划教材

教材详细信息，请查阅"中国交通书城"（www.jtbook.com.cn）
咨询电话：（010）85285867，85285984
道路工程课群教学研讨 QQ 群（教师）　328662128　　桥梁工程课群教学研讨 QQ 群（教师）　138253421
交通工程课群教学研讨 QQ 群（教师）　185830343　交通专业学生讨论 QQ 群　　　　　　433402035